Uma história secular do Oriente Médio

Dados Internacionais de Catalogação na Publicação (CIP)
(Câmara Brasileira do Livro, SP, Brasil)

Filiu, Jean-Pierre
   Uma história secular do Oriente Médio : do ano 395 aos nossos dias / Jean-Pierre Filiu ; tradução de Fábio Creder. – Petrópolis, RJ : Vozes, 2023.
   Título original: Le Milieu des mondes: une histoire laïque du Moyen- Orient de 395 à nos jours
   Bibliografia.

   2ª reimpressão, 2024.

   ISBN 978-65-5713-739-0

   1. Egito – Antiguidades 2. Oriente Médio – História I. Título.

22-132933   CDD-956

Índices para catálogo sistemático:
1. Oriente Médio : História 956
Inajara Pires de Souza – Bibliotecária – CRB PR-001652/0

Jean-Pierre Filiu

Uma história secular do Oriente Médio

Do ano 395 aos nossos dias

Tradução de Fábio Creder

Petrópolis

© Éditions du Seuil, 2021
© Éditions du Seuil, 2022 para la conclusion

Tradução do original em francês intitulado *Le Milieu des mondes – Une histoire laïque du Moyen-Orient de 395 à nos jours*

Direitos de publicação em língua portuguesa – Brasil:
2023, Editora Vozes Ltda.
Rua Frei Luís, 100
25689-900 Petrópolis, RJ
www.vozes.com.br
Brasil

Todos os direitos reservados. Nenhuma parte desta obra poderá ser reproduzida ou transmitida por qualquer forma e/ou quaisquer meios (eletrônico ou mecânico, incluindo fotocópia e gravação) ou arquivada em qualquer sistema ou banco de dados sem permissão escrita da editora.

CONSELHO EDITORIAL

Diretor
Volney J. Berkenbrock

Editores
Aline dos Santos Carneiro
Edrian Josué Pasini
Marilac Loraine Oleniki
Welder Lancieri Marchini

Conselheiros
Elói Dionísio Piva
Francisco Morás
Gilberto Gonçalves Garcia
Ludovico Garmus
Teobaldo Heidemann

Secretário executivo
Leonardo A.R.T. dos Santos

PRODUÇÃO EDITORIAL

Aline L.R. de Barros
Marcelo Telles
Mirela de Oliveira
Otaviano M. Cunha
Rafael de Oliveira
Samuel Rezende
Vanessa Luz
Verônica M. Guedes

Conselho de projetos editoriais
Isabelle Theodora R.S. Martins
Luísa Ramos M. Lorenzi
Natália França
Priscilla A.F. Alves

Editoração: Priscila Pulgrossi Câmara
Diagramação: Sheilandre Desenv. Gráfico
Revisão gráfica: Nilton Braz da Rocha / Fernando Sergio Olivetti da Rocha
Capa: Editora Vozes

ISBN 978-65-5713-739-0 (Brasil)
ISBN 978-2-02-142024-1 (França)

Este livro foi composto e impresso pela Editora Vozes Ltda.

Este livro é dedicado à minha colega e compatriota Fariba Adelkhah, que, estando detida desde junho de 2019 na prisão iraniana de Evin, lançou um apelo pungente a "salvar os pesquisadores, salvar a pesquisa para salvar a história". Ela permanece sob o peso de uma pena iníqua de cinco anos por "atentado contra a segurança nacional" e "propaganda contra o regime".

A tirania é uma terra de esquecimento. Um isolamento geral. É também por isso que se revoltar contra ela é sair do anonimato e dirigir-se à possibilidade de uma sociedade de memória. É sair da prisão. É voltar do exílio.

Yassin Al-Haj Saleh,
"Síria, terra de esquecimento", escrito na clandestinidade em Damasco em janeiro de 2013.

Nenhuma minoria será protegida, no futuro, se não fizer parte de um projeto político secular. A união da filiação religiosa e do exercício do poder é uma calamidade. Compromete de fato a noção de cidadania, a coesão social, a coexistência das diferenças, a edificação de um Estado.

Dominique Eddé, *Le Monde*, 2 de abril de 2021.

Sumário

Uma história secular, 13

1 Bizantinos, Sassânidas e Árabes (395-661), 23
    1.1 Uma construção política, 23
    1.2 O imperador e sua Igreja, 26
    1.3 As controvérsias cristológicas, 29
    1.4 Os persas na Mesopotâmia, 32
    1.5 Justiniano e Cosroes, 35
    1.6 A onda persa e seu refluxo, 39
    1.7 Os reinos árabes pré-islâmicos, 41
    1.8 A Meca pagã, 44
    1.9 Muhammad, o Mensageiro, 47
    1.10 Os dois primeiros califas, 51
    1.11 A grande discórdia, 54
    1.12 Uma "era de ouro" bem obscura, 56
    Para saber mais, 59

2 Dos Omíadas aos Abássidas (661-945), 60
    2.1 Um império diverso e contestado, 61
    2.2 Abdal Malique e seus sucessores, 64
    2.3 A revolução abássida, 67
    2.4 O califado de Bagdá, 70
    2.5 O surgimento tardio do sunismo, 75
    2.6 Jihad Maior e Jihad Menor, 78
    2.7 Política e religião no Islã, 80
    2.8 O nascimento do messianismo xiita, 84

 2.9 Minoritários e rebeldes, 86
 2.10 Os bizantinos na Ásia Menor, 89
 2.11 Um califado sob tutela, 92
 2.12 Um Oriente Médio califal, 94
 Cronologia, 96
 Para saber mais, 97

3 A era dos dois califados (945-1193), 98
 3.1 A ambição fatímida, 99
 3.2 A batalha pela Síria, 101
 3.3 O imã de todos os excessos, 103
 3.4 Dissidentes e endógamos, 106
 3.5 Abássidas sob tutela, 109
 3.6 A restauração seljúcida, 111
 3.7 Bizantinos e cruzados, 113
 3.8 Meio século de coexistência, 116
 3.9 A luz da religião, 120
 3.10 A ascensão aiúbida, 123
 3.11 Rumo à terceira cruzada, 125
 3.12 A interrogação egípcia, 127
 3.13 Pensar o único no plural, 129
 Cronologia, 132
 Para saber mais, 133

4 Sultões e invasores (1193-1501), 134
 4.1 A cruzada contra Bizâncio, 135
 4.2 Recomposições aiúbidas, 137
 4.3 De um sultanato egípcio ao outro, 139
 4.4 O fim do califado de Bagdá, 143
 4.5 O laboratório mameluco, 146
 4.6 O último capítulo das cruzadas, 148
 4.7 "Verdadeiro" e "falso" Islã, 150
 4.8 A ceifadora, 152
 4.9 A devastação do Coxo, 154
 4.10 A queda de Bizâncio, 158
 4.11 Os otomanos em face dos mamelucos, 161
 4.12 Um Oriente Médio militarizado, 164

Cronologia, 167
Para saber mais, 168

5 Otomanos e Safávidas (1501-1798), 169
   5.1 O guardião dos dois lugares sagrados, 170
   5.2 Duas religiões de Estado, 173
   5.3 A aliança franco-otomana, 175
   5.4 Vizires, janízaros e xeiques, 177
   5.5 Um império de mares e de terras, 179
   5.6 Uma fronteira de impérios, 181
   5.7 A corte safávida, 182
   5.8 A Síria vista de Alepo, 184
   5.9 O grande jogo das minorias, 186
   5.10 Crises otomanas, 188
   5.11 A era das tulipas, 190
   5.12 Os insubmissos da Arábia, 192
   5.13 Os mamelucos vassalizados, 194
   5.14 Dos safávidas aos cajares, 196
   5.15 O desafio iraquiano, 199
   Cronologia, 202
   Para saber mais, 203

6 A expansão colonial (1798-1912), 204
   6.1 A primeira guerra dos Estados Unidos, 206
   6.2 A aposta egípcia da França, 208
   6.3 Grandes manobras imperiais, 210
   6.4 A Guerra da Crimeia, 211
   6.5 Cristãos bastante mal "protegidos", 213
   6.6 O Canal de Suez, 216
   6.7 O Grande Jogo anglo-russo, 218
   6.8 A invenção do *Middle East*, 220
   6.9 O nascimento do sionismo, 222
   6.10 O rega-bofe, 225
   6.11 A questão do Ocidente, 228
   Cronologia, 230
   Para saber mais, 231

7 Reformas, renascimento e revoluções (1798-1914), 232
   7.1 A influência do Egito, 234
   7.2 A era do Tanzimat, 236
   7.3 A Pérsia de Naceradim Xá, 241
   7.4 A diversidade da Nahda, 243
   7.5 O absolutismo hamidiano, 245
   7.6 A crise armênia, 247
   7.7 O constitucionalismo persa, 250
   7.8 A Revolução dos Jovens Turcos, 252
   7.9 Uma convivência médio-oriental, 255
   Cronologia, 260
   Para saber mais, 261

8 O tempo dos mandatos (1914-1949), 262
   8.1 A "Revolta Árabe", 263
   8.2 O genocídio armênio, 266
   8.3 A paz de todas as guerras, 268
   8.4 De Sèvres a Lausanne, 272
   8.5 A saudização da Arábia, 274
   8.6 Da Pérsia ao Irã, 277
   8.7 O confessionalismo à francesa, 279
   8.8 A impossibilidade palestina, 282
   8.9 Mobilizações curdas, 285
   8.10 A Segunda Guerra Mundial, 287
   8.11 A fundação de Israel, 290
   8.12 A falência das elites árabes, 293
   Cronologia, 297
   Para saber mais, 298

9 Guerra fria e conflito árabe-israelense (1949-1990), 299
   9.1 Nacionalismo e anticomunismo, 302
   9.2 A República Árabe Unida, 305
   9.3 A Guerra Fria Árabe, 306
   9.4 O sétimo dia, 309
   9.5 A crise do petróleo, 313
   9.6 A *Pax* americana, 316
   9.7 A Revolução Islâmica, 320

9.8 A Guerra do Golfo, 323
9.9 A invasão do Líbano, 325
9.10 A reviravolta iraniana, 327
9.11 Os gases de Saddam, 329
9.12 A primeira intifada, 332
9.13 O afegão desconhecido, 333
9.14 Os fronts derrubados, 336
Cronologia, 339
Para saber mais, 340

10 Vida e morte do Oriente Médio americano (1990-2020), 341
10.1 Tempestade no Deserto, 342
10.2 A nova ordem, 345
10.3 O processo de paz, 347
10.4 O colapso do processo, 349
10.5 Guerras globais, 352
10.6 A ocupação do Iraque, 354
10.7 O eixo de resistência, 357
10.8 O discurso do Cairo, 361
10.9 O retorno da Nahda, 364
10.10 A Revolução Síria, 367
10.11 A falha de Obama, 369
10.12 O momento Putin, 372
10.13 Trump, o liquidatário, 374
10.14 O fim da hegemonia, 377
Cronologia, 381
Para saber mais, 382

A França médio-oriental, 383

O berço das crises, 395

Índice onomástico, 403

Índice de lugares, 415

Uma história secular

Uma reflexão histórica não invoca espontaneamente o secularismo para qualificar o seu método. Mas o terreno do Oriente Médio está minado demais por controvérsias teológicas, tanto em uma ótica de exclusão como de reconciliação, para que o secularismo não seja uma bússola bastante prática. Reduzir esta parte do mundo a ser apenas o berço dos três monoteísmos já é obscurecer setores inteiros do seu patrimônio. Tanto mais que as "histórias sagradas", o que pudicamente se costuma chamar em inglês de *narratives*, "grandes narrativas", no Oriente Médio não são todas religiosas, longe disso. De fato, existe uma "história sagrada" da colonização, uma "história sagrada" do sionismo, uma "história sagrada" do nacionalismo árabe e uma "história sagrada" da Pérsia eterna. A saturação simbólica do espaço do Oriente Médio torna importante, aí ainda mais do que em qualquer outro lugar, abster-se dessas inclinações à sacralização. Além disso, o recurso a narrativas assim sacralizadas, inclusive por interlocutores de boa vontade, geralmente leva a considerações desenganadas sobre o caráter inexpiável dos conflitos no Oriente Médio e a irredutível alteridade do seu mosaico confessional. Como se esta região e as suas populações estivessem condenadas à fatalidade da guerra, assim como à sua absurdidade.

A recusa a uma abdicação intelectual como essa alimentou a concepção e a redação deste livro. Com efeito, existe uma grande expectativa de perspectivação na longuíssima duração de uma atualidade médio-oriental que suscita interesse e paixões, mas também confusão e até mesmo angústia. Trata-se de uma autêntica demanda de sentido que, do ponto de vista da disciplina histórica, exige o cruzamento de fronteiras cronológicas entre especialistas deste ou daquele período. Como historiador do tempo presente, restringi-me a essa abordagem desde *L'Apocalypse dans l'Islam* [O Apocalipse no Islã] (Fayard, 2008), inspirado em minha habilitação para orientar pesquisas, até *Histoire de Gaza* [História de Gaza] (Fayard, 2012) e *Le Miroir de Damascus* [O espelho de Damasco] (La Découverte, 2017). Também lecionei na Sciences Po, na formação comum dos programas de mestrado, de 2017 a 2020, um curso dedicado à história do Oriente Médio desde 395. A dimensão pedagógica desse ensino foi adaptada ano a ano em função das expectativas e dos questionamentos dos alunos. É no mesmo espírito didático que cada um dos dez capítulos desta obra é seguido de uma cronologia indicativa e de sugestões bibliográficas, todas necessariamente incompletas[1]. Além dos dois índices de nomes de pessoas e topônimos, um caderno extratexto de vinte mapas apresenta, para cada um dos capítulos, uma visão de conjunto do Oriente Médio no início do período em questão e um mapa dedicado a uma das dimensões da história regional, sempre diversa. O aportuguesamento desses nomes pode chocar os puristas, embora seja apenas um meio entre outros de tornar mais acessível a realidade do Oriente Médio.

A escolha de 395 como ano de abertura deste livro corresponde à fundação do Império Romano do Oriente. O Oriente Médio surge então como uma entidade específica, livre de uma dominação externa, enquanto se afirma um cristianismo oriental, voltado para Bizâncio e não para Roma. Esta escolha responde à vontade de seguir dinâmicas propriamente médio-orientais, e não a simples projeção nessa região de rivalidades de potências externas, ainda que estas venham a ter o seu lugar, sobretudo na época contemporânea. O limite de 395 também permite colocar o Oriente Médio como polo de estabilidade estatal e de construção institucional perante um "Ocidente" então submetido às invasões bárbaras e aos sucessivos saques de Roma. Não é inútil sublinhar essa inversão de perspectiva,

---

1. Os livros de referência são mencionados apenas uma única vez, no fim do capítulo no qual parecem mais relevantes, mesmo que abranjam um período ou assunto mais amplo.

nesses tempos em que a Cristandade inventava no Oriente, fora da hierarquia clerical, e às vezes contra ela, o culto aos santos e a vocação monástica, que tanto moldaram o "Ocidente cristão". Além disso, 395 está, enquanto ano do estabelecimento de um conjunto político, livre da carga vinculada às datas de fundação dos calendários monoteístas que são 0 e 622. Ele oferece assim uma oportunidade mais segura de se emancipar da influência simbólica desses dois anos zero, ao mesmo tempo que integra a importância de um monoteísmo desaparecido, o zoroastrismo, religião oficial da Pérsia Sassânida.

De maneira geral, a periodização seguida na divisão dos dez capítulos pretende ser contraintuitiva. O primeiro capítulo cobre o período que vai de 395 a 661, data do estabelecimento da primeira dinastia do Islã. Ao ir além da difusão fulgurante da pregação corânica, ele se presta a outra questão, igualmente fecunda: por que o Império Romano do Oriente, mesmo reprimido na Anatólia, resistiu aos assaltos da jihad, enquanto a Pérsia Sassânida, em toda parte na ofensiva no início do século VII, foi submergida algumas décadas mais tarde? Outro exemplo dessa digressão cronológica: os dois séculos durante os quais ocorrem as cruzadas, em vez de encontrarem-se no cerne de um desenvolvimento contínuo, são tratados em dois capítulos diferentes, com a rivalidade entre os califados de Bagdá e do Cairo dominando um e as invasões turco-mongóis dominando o outro. Uma última ilustração entre outras: em vez de 1453 e da tomada otomana de Constantinopla, tantas vezes escolhida como data de mudança de era, é 1501 que é destacado, porque este ano da fundação da monarquia safávida abre a sequência em que o desafio persa leva os otomanos a conquistarem a maior parte da região.

O Mar Negro, os contrafortes do Cáucaso e o Mar Cáspio definem ao norte os contornos do Oriente Médio, que, ao sul, se estende até o Alto Egito e inclui a Península Arábica. É o Saara e seu deserto da Líbia que representam seus limites africanos, necessariamente imprecisos. A região se estende a leste até Coração [*Khorāsān*], o Levante da Pérsia, cujas fronteiras flutuam ao longo dos séculos, incorporando por vezes uma parte do Afeganistão e do Turcomenistão atuais. Tais deslizamentos geográficos levarão a evocar as periferias ocidentais e orientais do Oriente Médio sempre que necessário, mesmo que não possam ocupar o cerne dessa reflexão histórica. O Oriente Médio, situado entre a Ásia e a África, impõe-se como encruzilhada entre esses dois continentes, assim como entre a Ásia e a Europa. Encontra-se no centro nevrálgico de duas rotas terrestres destinadas a marcar o seu tempo, a "Rota da Seda", em direção à Ásia Central e à China, e a "Rota das Índias"[2]. Estende-se sobre pouco mais de 7 milhões de quilômetros quadrados, abrange os grandes desertos da Arábia e do Egito, e representa cerca de 5% da superfície terrestre.

Em 395, o Oriente Médio contava cerca de 40 milhões de habitantes, representando então entre um quinto e um quarto da humanidade, contra um sexto da Europa. Sua população era predominantemente rural, e suas duas metrópoles, cada uma com centenas de milhares de habitantes, eram as capitais imperiais de Constantinopla e Ctesifonte. A pandemia de peste de meados do século VI, assim como as devastações das guerras entre bizantinos e persas, fez com que a população do Oriente Médio despencasse, no início do século VII, para cerca de 30 milhões de pessoas. Ela se estabilizou em torno desse patamar durante os seis séculos seguintes, antes de cair para cerca de 20 milhões em meados do século XIII. Oscilou em torno deste nível mais baixo, devido, entre outros fatores, às invasões mongóis e à grande peste, e assim permaneceu até a partilha da região, no início do século XVI, entre os impérios Otomano e Safávida. O Oriente Médio então recuperou sua população de cerca de 30 milhões de habitantes e a conservou até meados do século XIX. Mas isso não representava mais do que cerca de 3% da humanidade e um sexto da população da Europa. A explosão demográfica do século XX permitiu ao Oriente Médio superar um pouco desse atraso. Mais de 400 milhões de pessoas vivem aí hoje, cerca de 5,5% da humanidade e um pouco menos do que a população da

---

2. O Oriente Médio atua como uma barreira às duas invasões mongóis do fim da Idade Média, impedindo que a primeira chegue à África e a segunda à Europa. Quanto à "paz mongol", ela favorece a disseminação da peste em meados do século XIV. A pandemia, que então devasta o Oriente Médio, espalha-se em seguida pela Europa e pela África.

União Europeia. A região tem duas megalópoles com mais de 10 milhões de habitantes, Cairo e Istambul, e cinco aglomerações de mais de 5 milhões, Teerã, Alexandria, Bagdá, Riad e Ancara.

O Oriente Médio articula-se historicamente em torno dos três polos do Egito, da Síria e do Iraque. Desde o terceiro milênio antes da nossa era, sistemas autocráticos administram o recurso primordial da água, a oeste, no Vale do Nilo, e, a leste, na Mesopotâmia do Tigre e do Eufrates. O poder assim centralizado em torno dessas duas bacias hidrográficas depende dos recursos humanos e econômicos das áreas irrigadas para resistir às ameaças que emanam do vasto deserto. Em contrapartida, a Síria dos geógrafos, território central do Oriente Médio, está disponível em uma variedade complexa de ambientes (planícies costeiras, cadeias de montanhas que se projetam sobre elas, vales interiores, planaltos intermediários e redes de cidades-oásis) que alimentam uma formidável diversidade de povoamento e organização. O espaço sírio há muito tem sido, dos faraós aos partas, o que está em jogo na rivalidade entre as potências estabelecidas no atual território do Egito e do Iraque. O Império Romano do Oriente controlou a Síria e o Egito a partir de Constantinopla, mas o Iraque estava então sob o domínio da Pérsia Sassânida, que aí, aliás, instalou, em Ctesifonte, a sua capital. Esse equilíbrio de forças gradualmente cedeu sob a pressão dos sassânidas, que tomaram a Síria e o Egito no início do século VII. Ele foi apenas brevemente restaurado pelo Império Romano do Oriente, antes de ser varrido por uma invasão sem precedente. Esta emanou da Arábia Central, que até então permanecera fora das disputas geopolíticas no Oriente Médio.

Esta será a primeira e única vez que a região será reorganizada em profundidade a partir da Península Arábica[3]. O poder islâmico não tarda, aliás, em deixar uma Arábia traumatizada pela guerra civil entre os primeiros califas. A dinastia fundada pelos omíadas, em Damasco, amolda-se ao modelo bizantino para melhor subjugar o Iraque e o Egito, eles

---

3. A "revolta árabe", que começou no Hejaz em 1916, não conseguiu consolidar seu "reino árabe" em Damasco. Quanto à Arábia Saudita, ela até agora tem se mostrado incapaz, apesar da sua fabulosa riqueza, de desempenhar um papel dominante no Oriente Médio.

próprios estribos para uma expansão espetacular. Durante quase um milênio, de 661 a 1516, o poder islâmico foi organizado em torno desses três polos. A Síria dos omíadas foi suplantada pelo Iraque dos abássidas em 750, antes que ele mesmo fosse desafiado por um califado rival, o dos fatímidas, que veio da Tunísia para conquistar o Egito e aí se consolidar. Enquanto Damasco, assim como Alepo, é uma das cidades mais antigas da humanidade, Bagdá e o Cairo são capitais de Estado fundadas por dinastias triunfantes, os abássidas para a primeira, em 762, e os fatímidas para a segunda, em 969. A rivalidade entre esses dois califados favorece, na Síria, as incursões bizantinas, e depois as expedições dos cruzados. A mobilização tão laboriosa contra os cruzados mostra-se afinal fatal para os fatímidas, com a emergência, em 1171, de um sultanato siro-egípcio.

Este sultanato, formalmente submetido ao Iraque abássida sob os aiúbidas, emancipou-se dessa tutela sob os mamelucos, após a devastação de Bagdá pelos mongóis em 1258. Seguiram-se dois séculos e meio de hegemonia egípcia, a qual foi encerrada pelo Império Otomano, há muito mais orientado para a Europa do que para a Ásia. O Oriente Médio reata com a gestão a partir de Constantinopla, que mantivera sob o Império Romano do Oriente. Os otomanos, no entanto, encontram-se em uma posição muito melhor perante os persas do que os bizantinos, uma vez que a fronteira traçada em 1639 ancora o Iraque no seu domínio[4]. É sob o Império Otomano que as rivalidades entre potências europeias se formalizam em uma competição por privilégios qualificados de "capitulações", com a abertura de consulados nas diversas "escalas do Levante". As cidades italianas, ativas na costa mediterrânea, e Portugal, engajado no Golfo Pérsico, esvanecem gradualmente atrás da França e da Grã-Bretanha. A "questão do Oriente" foi, no século XIX, o grande assunto diplomático de um "concerto das nações" que acreditava, depois das aventuras napoleônicas, ter resolvido o destino da Europa.

---

4. Essa fronteira corresponde amplamente àquela que ainda separa o Iraque do Irã e que a terrível guerra de 1980-1988 não afetou.

Londres e Paris apoiavam-se respectivamente em Constantinopla e no Cairo, antes que o Reino Unido suplantasse a França no Egito, ocupado militarmente em 1882. Esses são os mesmos dois países que concordam em compartilhar o Oriente Médio pós-Otomano (uma vez que os acordos denominados "Sykes-Picot", de 1916, nunca foram aplicados, é a conferência internacional de San Remo, em 1920, que estabelece os "mandatos" da França e da Grã-Bretanha no Oriente Médio). Este conluio franco-britânico faz parte da dinâmica de um Oriente Médio onde se forjam, além dos seus próprios desafios, as vocações de poder em escala mundial. Inversamente, é em Suez, em 1956, vitória militar e derrota política, que franceses e britânicos assinam o fim do seu *status* imperial. Essa internacionalização do Oriente Médio ganha uma nova dimensão com a "guerra fria" entre os Estados Unidos e a URSS. Os fundadores de Israel conseguem mobilizar o apoio de ambos para o projeto sionista, antes de alinharem-se sem reserva ao campo americano em 1967. Os líderes árabes, ao contrário, encadeiam derrotas, não obstante o apoio de uma potência soviética ela própria bem desamparada perante os antagonismos entre seus parceiros. O que foi o triângulo de um equilíbrio regional entre o Egito, a Síria e o Iraque enceta um lento processo de decomposição, tendo como pano de fundo a persistência da "questão palestina". Foi depois de terem alistado a Síria e o Egito em uma coalizão dedicada a expulsar o Iraque do Kuwait que os Estados Unidos lançaram, em 1991, no Oriente Médio, os fundamentos pós-soviéticos da sua "nova ordem mundial".

Seria, no entanto, equivocado ver na história contemporânea do Oriente Médio apenas o resultado de conflitos que aí opõem, diretamente ou por procuração, diferentes atores externos. Os governos israelenses e o regime de Assad provaram a capacidade dos "clientes" locais de manipular em seu próprio benefício as grandes potências mobilizadas ao seu lado. A revolução islâmica que triunfou em Teerã, em 1979, pretendia promover uma "terceira via" entre Washington e Moscou, antes de reatar, uma geração depois, com as veleidades expansionistas da Pérsia Sassânida. Os povos, sobretudo, demonstraram que sua exclusão da tomada de decisões pode levar a insurreições⁵, na Cisjordânia e em Gaza em 1987 e em 2000, no Iraque em 1991 e em 2004, e no Egito, na Síria e no Iêmen em 2011; insurreições cuja contenção deixa tantas "questões" em aberto: a questão palestina, a questão curda, que não poderia limitar-se à "questão do Iraque", e mais recentemente, e por muito tempo, a questão síria. Essas questões permanecerão tragicamente sem solução enquanto prevalecer o mito de um Oriente Médio "gerenciável" a partir do exterior, quer esse exterior emane de potências estrangeiras, quer de regimes em seus estertores, porquanto isolados de sua sociedade. Um século depois de a região ser dividida entre a França e a Grã-Bretanha, as últimas três décadas de dominação dos Estados Unidos acabaram, diante dos nossos olhos, num desengajamento em que a confusão compete com a humilhação. O tempo das hegemonias estrangeiras está definitivamente acabado, a despeito das ditaduras que apostam tudo em um protetor distante para melhor negar as aspirações de seus povos.

A escolha de uma história política, inclusive no domínio religioso, leva a conceder uma atenção prioritária aos processos de constituição dos poderes e aos seus espaços de dominação. É por isso que as fronteiras e as batalhas serão regularmente evocadas, sem nenhum fascínio pelos desenvolvimentos militares, mas porque se combate muito no Oriente Médio, e isso até hoje. Essa pregnância da guerra também transformou a região em uma horrível "terra de sangue" pelo menos quatro vezes, durante as duas ondas de invasões mongóis de 1256-1261 e de 1393-1404, durante a Primeira Guerra Mundial e desde a contrarrevolução árabe de 2011, ou mesmo desde a invasão do Iraque em 2003. A abordagem assim privilegiada não permite o desenvolvimento de uma reflexão abrangente sobre as sociedades envolvidas. Quanto aos atores assinalados, praticamente todos são homens, e as mulheres só são mencionadas enquanto esposas, com exceção da sufi Rabia Aladauia [Rābiʿah al-ʿAdawīyah], da sultana Xajar Aldur [Shajar al-Durr] e das feministas da Nahda [al--nahḍah]. Não há dúvida de que uma longa reflexão histórica, conduzida

---

5. "Intifada", tradução árabe de "revolta", passou à linguagem corrente.

desde a perspectiva das sociedades ou do gênero, seria fascinante, mas não é esse o propósito desta obra.

O Oriente Médio encontra-se literalmente no centro do conjunto continental composto da Ásia, da África e da Europa. Este meio dos mundos, em muitos aspectos o berço da humanidade, é uma terra de mistura e trocas, tanto na guerra como na paz. Tal centralidade geográfica alimenta uma forma de centralidade política, estruturada em 395 em torno de dois dos mais poderosos impérios de seu tempo. É do Oriente Médio que irradiam forças que estendem sua influência aos espaços vizinhos, evolução coroada com a expansão islâmica dos séculos VII e VIII. O próprio Império Bizantino hauriu da Anatólia uma parte dos recursos que lhe permitiram controlar os Bálcãs até o século XI. Essa tendência foi apenas parcialmente revertida durante os dois séculos do ciclo das cruzadas, contidas na costa levantina, enquanto Constantinopla voltava a ser bizantina em 1261, meio século após sua conquista pelos "latinos". As duas ondas de invasões mongóis de 1256-1261 e de 1393-1404 entregaram o Oriente Médio ao terror de uma invasão destrutiva, mas ainda assim pouparam o Egito. Além disso, depois que esses invasores partiram, a região permaneceu em grande medida entregue a si mesma[6], com a consolidação dos impérios Otomano e Safávida. A Constantinopla islamizada foi durante muito tempo a capital de uma potência voltada mais para a Europa do que para a Ásia, onde estabeleceu-se sobretudo para barrar o caminho às ambições persas.

A expedição francesa no Egito inaugurou, em 1798, a era da apropriação colonial desse Oriente Médio dos médio-orientais. Mas foi só no início do século XX que um almirante americano conceituou o *Middle East* como o que há de mais importante em jogo na hegemonia mundial. O meio dos mundos é efetivamente entregue, com o desaparecimento do Império Otomano, às ambições concorrentes da França e da Grã-Bretanha. Faz agora um século que dividiram a região entre elas, em detrimento das

---

6. A dinastia mongol, que reinou sobre o Irã e o Iraque, de 1260 a 1353, atuou sua integração ao Oriente Médio por meio da sua conversão, em 1295, ao Islã.

aspirações dos povos concernidos. Um século que este *diktat* imperialista pesa sobre o destino da região, não tanto pela imposição de fronteiras artificiais quanto pela negação persistente do direito à autodeterminação, outrora pelas potências coloniais, hoje por implacáveis ditaduras. Tais regimes só podem travar uma guerra, latente ou aberta, contra os seus próprios povos com o apoio, direto ou indireto, de potências estrangeiras. É assim que a internacionalização das crises do Oriente Médio frequentemente se transforma em pesadelo para os milhões de civis apanhados nessa armadilha. A atual decomposição da dominação americana favorece a escalada de novas ingerências, donde a proliferação de conflitos dos quais os povos são por toda parte as primeiras vítimas.

Procurar-se-á em vão neste livro pelo fio condutor de um fantasmático "choque de civilizações". As guerras, frequentes, violentas e por vezes terríveis no Oriente Médio, muito raramente aí opuseram dois blocos coerentes em termos de filiação religiosa ou étnica. Mesmo a polarização interna ao Islã entre sunitas e xiitas fez com que inúmeras gerações se consolidassem e só assumiu sua dimensão moderna no contexto do confronto entre o Império Otomano e a Pérsia safávida. Isso não significa, entretanto, que a concórdia e a tolerância tenham sido a regra no Oriente Médio, longe disso, mas que as contradições aí degeneram em formas mais complexas do que as redes comunitárias hoje apresentadas como intangíveis. A construção e a evolução de tais contradições serão estudadas ao longo deste livro, cuja ambição cronológica requer uma seleção severa dos eventos e sequências abordados. Essa história secular, por conseguinte, só pode estar inacabada, em um momento em que as mulheres e os homens do Oriente Médio continuam a lutar por recuperar, com a narrativa da sua própria história, o direito de finalmente definir o seu destino.

1
BIZANTINOS, SASSÂNIDAS E ÁRABES (395-661)

Os dois séculos durante os quais a bizantina Constantinopla e a persa Ctesifonte compartilharam o Oriente Médio, de 395 a 602, são frequentemente negligenciados. No entanto, representam um período muito longo de paz efetiva, e depois relativa, do qual toda a região se beneficiou por sua maior prosperidade. É, portanto, na Europa, e não na Ásia, que os romanos do oriente combateram os "bárbaros", fossem eles lombardos, ostrogodos ou ávaros. Este Oriente Médio, cujo avanço civilizatório contrasta com a "barbárie" contemporânea do Ocidente, foi estruturado em torno da coexistência de duas teocracias imperiais, uma cristã e outra masdeísta. Ambas escolheram refrear sua aspiração à universalidade, a fim de melhor se concentrarem na repressão das suas próprias dissidências internas. Durante essa Antiguidade tardia, nem o Egito, nem a Síria, nem a Mesopotâmia tiveram uma existência independente, absorvidos como estavam, os dois primeiros no domínio bizantino, e a terceira no território persa. Foi de um espaço situado às margens dos dois impérios dominantes, e fora da sua influência direta, que surgiria, na Arábia, no início do século VII, uma nova potência, chamada a recompor todo o Oriente Médio.

1.1 Uma construção política

Constantino, o primeiro dos imperadores cristãos de Roma, convocou e presidiu em 325 um concílio de caráter universal, denominado "ecumênico"[7] devido justamente a essa ambição. Esta assembleia, reunida em Niceia, hoje Iznik, na Turquia, concluiu-se com a proclamação de Jesus como "Deus verdadeiro de Deus verdadeiro, gerado, não criado, consubstancial ao Pai". No ano seguinte, Helena, mãe de Constantino, oportunamente descobriu relíquias sagradas em Jerusalém, inclusive um pedaço da Vera Cruz. Em 330, o imperador estabeleceu sua capital no local da antiga Bizâncio e a batiza de "Nova Roma", embora tenha prevalecido o nome de Constantinopla, a "cidade de Constantino". Ele assim aproximou o coração do império de duas das suas províncias mais prósperas, a Síria e o Egito. Constantino, dessa forma, enraizou seu poder em face da dupla ameaça das "invasões bárbaras" (no Danúbio) e da Pérsia Sassânida (no Eufrates). As evocações posteriores do "Ocidente cristão" geralmente esquecem que o primeiro soberano desse cristianismo estabeleceu a sede do seu poder no espaço situado entre a Europa e a Ásia, e no Oriente ao invés do Ocidente.

Foi somente em 380 e no reinado de Teodósio I que o cristianismo se tornou a doutrina oficial do império. Urgia então tanto lutar contra o paganismo quanto impor o dogma de Niceia aos dissidentes que contestavam a Trindade. Esse primeiro cisma, designado pelo nome de "arianismo", difundiu-se amplamente entre os godos e os vândalos. Teodósio I preparou-se em vida para a gestão conjunta do império pelos seus dois filhos, Honório e Arcádio. Mas, com sua morte, em 395, essa partilha teórica do poder rapidamente levou a uma divisão efetiva entre um ocidente e um oriente do império, geridos respectivamente a partir de Ravena e Constantinopla. Ao norte do Mediterrâneo, a linha divisória entre as duas entidades passaria hoje entre a Bósnia e a Sérvia. Ao sul, ela dividia o território da Líbia atual, no Golfo de Sirte, com a Tripolitânia a oeste e a Cirenaica a leste. A fronteira entre os dois impérios não era, por conseguinte, nada "natural", deixando por arbitragem à entidade do Oriente o conjunto dos territórios asiáticos, mas também uma parte dos domínios europeus e africanos do espaço imperial. A data de 395 não é menos fundadora, porquanto constitui,

---

7. *Oikoumené* significa em grego "terra habitada".

literalmente, uma potência autônoma no leste do Mediterrâneo, potência cuja prosperidade logo contrastará com a decadência da Península Itálica.

Esse Império do Oriente era uma construção política e não religiosa, uma vez que compartilhou o cristianismo de Estado com o seu irmão gêmeo do Ocidente. Tal império, mesmo que fosse chamado de Bizantino, do antigo nome de Constantinopla, pretendia-se "romano", e sua pretensão de universalidade era corroborada pela sua missão "católica"[8]. O latim era sua língua oficial, mas o grego era o idioma mais corrente, enquanto o siríaco/aramaico na Síria e o copta no Egito permaneciam tão populares que alcançaram um *status* litúrgico. Antioquia e Alexandria eram historicamente as duas principais cidades, com cerca de 200 mil habitantes, uma cifra populacional que Constantinopla não demorou a ultrapassar após a ampliação das suas muralhas em 413. O Império Romano do Oriente era um polo de estabilidade tanto mais notável porque Roma foi saqueada pelos visigodos em 410, e depois pelos vândalos em 455, antes de ser sitiada e pilhada durante a guerra civil de 472. As insígnias imperiais chegaram a ser remetidas, em 476, de Roma para Constantinopla, agora sede do único Império Romano, o do Oriente. Não é inútil lembrar dessa transferência de legitimidade imperial do Oeste para o Leste, porquanto hoje se lamenta o fardo que as crises supostamente incuráveis do Oriente Médio fariam pesar sobre o Ocidente.

As fronteiras do império de Constantinopla, traçadas por arbitragem ao oeste, estavam empenhadas ao leste em um duradouro equilíbrio de forças com a Pérsia. Os sassânidas, que a governavam desde 224, estabeleceram sua capital em Ctesifonte, no curso do Tigre, cerca de trinta quilômetros ao sul da atual Bagdá. O Eufrates constituía o limite ocidental do controle efetivo do território sassânida, que uma *no man's land* desértica separava das primeiras guarnições romanas. Líderes árabes patrulhavam essas zonas intermediárias, negociando seus serviços pela maior oferta e mantendo o nível das hostilidades ao de razias bastante suportáveis. Mais ao norte, o reino da Armênia foi convertido ao cristianismo no início do século IV. Ele

---

8. *Katholikos* significa em grego "universal".

foi compartilhado por volta de 387 entre uma "Armênia Menor" (a quinta parte do seu território), incorporada ao Império Romano, e uma província gerida por vassalos dos sassânidas, e depois anexada pela Pérsia em 428. Tão política quanto a divisão entre os impérios romanos do Ocidente e do Oriente era essa fronteira entre dois outros impérios, o bizantino e o persa, cada um dos quais valia-se de uma religião de Estado. Abordaremos mais adiante os motivos da teocracia sassânida.

Cumpre salientar nesta altura que o eixo principal do Império Romano do Oriente era a estrada que ligava Constantinopla a Antioquia, que se prolongava, via Beroia/Alepo, em direção a Palmira e Damasco. A costa levantina e o Egito comunicavam-se mais facilmente com a capital pelo mar, enquanto Gaza era a saída das rotas das caravanas da Arábia. A gestão administrativa era centralizada por um "pretório do Oriente", com mil funcionários em Constantinopla. O prefeito à frente desse pretório tinha autoridade, no Oriente Médio, sobre as províncias do Oriente (Antioquia), do Egito (Alexandria), da Ásia (Éfeso) e do Ponto (İzmit)[9]. A fim de evitar a criação de feudos, os representantes provinciais dos vários serviços obedeciam à sua hierarquia na capital em vez de ao governador local. O desenvolvimento do comércio era estimulado pela estabilidade monetária, ela própria garantida pela corporação dos cambistas: o vintém (*solidus*) de 4,51 gramas de ouro quase puro[10] manteria o valor e o peso por quase seis séculos. Uma importante mina de ouro foi então explorada no Egito Central, a meio-caminho entre Tebas e o Mar Vermelho. Outros depósitos auríferos estavam ativos na Núbia e nos Bálcãs.

1.2 O imperador e sua Igreja

O imperador herdou de Roma os ritos de acesso ao trono, quais sejam a proclamação pelo exército, a aclamação pelo povo e a ratificação pelo Senado. Ele encarnou tudo isso, mas também muito mais, enquanto tenente

---

9. As três outras províncias são a Trácia, a Dácia e a Macedônia, administradas respectivamente desde Constantinopla, Sofia e Salônica.
10. São necessários 72 vinténs para uma "libra" de ouro (na verdade 325g).

de Deus na Terra. Sua legitimidade como autocrata derivava diretamente daquela do Cristo Pantocrátor[11]. É por isso que a transmissão dinástica do poder, embora a mais comum, levaria muito tempo para impor suas rígidas regras de sucessão. A liturgia imperial lançou mão, entre outras, da cor púrpura, reservada aos eleitos de Deus. Nessas condições, a hierarquia clerical só poderia estar sujeita ao imperador. Cabia a ele convocar e presidir os concílios, o de Niceia, que reconheceu, em 325, os três patriarcados de Roma, de Antioquia e de Alexandria, e o de Calcedônia, em 451, que promoveu Constantinopla e Jerusalém à categoria de patriarcados. Era o imperador quem nomeava sozinho o Patriarca de Constantinopla, certamente escolhido a partir de uma lista de propostas do Sínodo. Leão I foi o primeiro imperador a receber, após sua coroação em 457, a bênção do Patriarca de Constantinopla.

O patriarca da capital imperial alimentava cada vez mais abertamente uma ambição ecumênica, que contrariava as pretensões do papa a exercer, a partir de Roma, um magistério universal. Do ponto de vista oriental, a preeminência daquele que é considerado o "Patriarca de Roma" é, na melhor das hipóteses, simbólica, enquanto Antioquia e Alexandria contestavam, ainda mais do que Jerusalém, a ascensão de Constantinopla ao poder. Segundo o princípio conhecido como "acomodação", a hierarquia eclesiástica reproduziu as categorias da hierarquia administrativa: as cidades, unidades básicas da estrutura romana, tornaram-se as sedes das dioceses competentes para esta subdivisão territorial; seus bispos eram chamados de "sufragâneos" por causa de sua participação na eleição de um bispo metropolitano, também chamado de "metropolita", para chefiar uma província. O imperador podia redesenhar o mapa dos bispados como achasse adequado. No entanto, ele respeitava o caráter inalienável dos bens da Igreja, que se tornou a segunda proprietária de terras do império, depois da Coroa.

O cristianismo reuniu as elites urbanas, que viam nele o único baluarte da civilização greco-romana em face do perigo bárbaro. Teodósio II baniu

---

11. *Pantokratôr*, "senhor de tudo" em grego, tem a mesma raiz de *autokratôr*/"autocrata", o senhor sem rival nem superior.

os pagãos do exército e da administração em 415, ordenando, vinte anos mais tarde, a destruição dos seus templos. Ainda que essa ordem estivesse longe de ser seguida por unanimidade, a cristianização das populações do Império do Oriente foi profunda e demonstrativa. Ela se organizou na cidade em torno de uma rede de igrejas de diversos graus de proximidade, sem que fosse então formalizada a vinculação a uma paróquia. As celebrações da missa dominical ou da festa de um santo eram precedidas de uma vigília de orações, por vezes acompanhada de uma procissão. As campanhas, por outro lado, só muito gradualmente foram assumidas pela hierarquia clerical. Esta falta de supervisão religiosa era compensada por leigos cujo nível de escolaridade, mesmo elementar, lhes permitia exercer o ofício hebdomadário. Os fiéis também se voltaram para os "homens santos" que optaram por retirar-se do mundo, sozinhos ou em comunidade. Peregrinações locais desenvolveram-se aos arredores do seu local de reclusão e, após o seu desaparecimento, ao seu túmulo. A Igreja decidiu reconhecer os "santos" assim venerados para melhor apropriar-se do seu carisma.

O "monaquismo", qual seja a vontade de tornar-se um[12] com Cristo, surgiu no Egito do século IV. Seu pioneiro é o futuro Santo Antão, que distribui terras e bens para se dedicar ao ascetismo no deserto. Essa exigência de piedade suscita tanto entusiasmo, que Antão, nem que seja para fugir dele, impôs a si mesmo provações e um isolamento cada vez mais severos. Ele teria morrido em 356, com mais de cem anos, não muito longe de Tebas. Logo depois, o Patriarca de Alexandria publicou uma hagiografia em grego, cujo imenso sucesso e cujas traduções para o latim, o siríaco e o copta alimentaram as vocações de eremitas[13]. As tentações às quais Antão teria resistido no deserto, à imagem de Cristo, inspirarão séculos de arte cristã. Um dos seus discípulos egípcios, Pacômio, menos rigoroso, preferiu organizar os retiros na "vida comum", qual seja a etimologia da palavra "cenobitas". Eremitas solitários e mosteiros cenobitas, geralmente para homens, mas também para mulheres, estruturarão assim o campo mo-

---

12. Em grego, *monos*.
13. Este termo é derivado do grego érémos ("deserto").

nástico. De fato, é no Oriente que essas formas da espiritualidade cristã, chamadas a uma difusão extraordinária, encontraram seu cadinho.

Jerônimo, um dos Padres da Igreja, fundou em 386, em Belém, um mosteiro duplo, cuja parte feminina era administrada por Paula, uma viúva da nobreza romana. Ele aí completou, em 405, uma tradução latina da Bíblia a partir do hebraico, que seria referida, durante um milênio, sob o nome de Vulgata e forneceria, em 1455, a matéria do primeiro livro impresso. Jerônimo também é o autor de uma popular hagiografia de Hilarião (291-371), fundador de uma comunidade monástica perto da sua cidade natal, Gaza. O complexo edificado em torno do túmulo deste santo atraía cada vez mais vocações e peregrinos. Um complexo de dimensão comparável foi constituído em seguida ao noroeste de Antioquia, onde Simeão viveu até 459, no cimo de uma coluna. A transferência dos restos mortais deste "homem santo" para Antioquia e depois para Constantinopla não diminuiu a popularidade da peregrinação a "São Simeão", como era chamado o local dessas austeridades. Finalmente, no início do século VI, uma comunidade do deserto da Judeia tentou uma síntese entre eremitas e cenobitas. Tratava-se da lavra [ou laura], com retiro durante a semana, partilha aos sábados e celebração coletiva aos domingos. Esses diversos ascetas constituem referências e modelos para toda a Cristandade, e isso muito além do Oriente. Seu prestígio é proporcional à distância que tomaram deste mundo inferior, mas também da corte e suas intrigas.

1.3 As controvérsias cristológicas

A Igreja do Oriente, justamente devido à sua multiforme vitalidade, foi atravessada por inexpiáveis querelas, que a sua sujeição orgânica ao Império Romano apenas exacerbou. Nestório, nomeado arcebispo de Constantinopla por Teodósio II em 428, acreditava que o favor do soberano o autorizava a desafiar Cirilo, o poderoso Patriarca de Alexandria. Nestório, portanto, recusou-se a aceitar que Maria seja a "mãe de Deus", e não apenas a de Cristo. Absorvido pelas manobras de serralho, Nestório deixou de mensurar a profunda popularidade de um culto mariano em plena expansão. Ele manteve suas posições no Concílio de Éfeso em 431, que o privou de seus títulos e invalidou suas teses. Nestório terminou seus dias no exílio em um oásis do Alto Egito. A dissidência "nestoriana", relativamente circunscrita ao Império do Oriente, floresceu na Pérsia Sassânida, que até mesmo encorajou suas veleidades missionárias em direção à distante China. É a primeira vez que cristãos expulsos do domínio cristão por um monarca cristão encontram refúgio em uma parte do Oriente Médio cujo soberano não é ele mesmo cristão. Este precedente será seguido de uma série de outros.

As querelas acerca da natureza de Cristo estão efetivamente longe de serem resolvidas pelo Concílio de Éfeso, com Cirilo e seus seguidores em Alexandria levando ao extremo sua vantagem dogmática. O Imperador Marciano, entronizado em 450, se esforçou desde o ano seguinte para promover o apaziguamento por meio do Concílio de Calcedônia. A fórmula de compromisso então proposta e validada por Roma[14] defendia que Jesus é ao mesmo tempo Deus e homem em "uma única pessoa e duas naturezas". Mas Constantinopla, em seu desejo de neutralizar, ou mesmo suplantar Roma, subestimou a virulência das sensibilidades orientais. Uma resistência "miafisita"[15] (por "uma natureza") mobilizou-se contra o novo dogma e o poder imperial que o pretendia impor. Os monges e os fiéis de Jerusalém, unidos em sua rejeição a Calcedônia, designaram bispos dissidentes que tomaram a Cidade Santa durante vinte meses, até a intervenção do exército imperial. Essas controvérsias cristológicas ancoram-se, ademais, na afirmação, em torno do copta e do siríaco, de uma identidade linguística protonacional.

A língua copta é tão identificada com o Egito que dele deriva o seu próprio nome[16]. Seu *status* litúrgico ajudou a consolidar o particularismo do

---

14. Os trezentos e quarenta e três bispos reunidos em Calcedônia são orientais, com exceção de dois legados de Roma e dois bispos "africanos" (de fato, tunisianos).
15. O termo "monofisita" (para "uma única natureza"), considerado muito redutor, foi hoje abandonado pelos especialistas em favor de "miafisita".
16. Através do grego *aiguptios*.

Patriarcado de Alexandria, que ergueu o estandarte da funda sob a autoridade de Dióscoro, o sucessor de Cirilo. Deposto pelo Concílio de Calcedônia, foi imediatamente confirmado pelos fiéis coptas na "sede de São Marcos", como é chamado o Patriarcado de Alexandria, em referência ao evangelista que aí viveu no início da nossa era. Somente a repressão sangrenta dos motins populares permitiu ao clero leal a Constantinopla continuar a oficiar no Egito. Mas este clero pouco pesou contra a Igreja copta, que se organizava de forma autocéfala, isto é, sob a sua autoridade exclusiva. O patriarca copta até mesmo reativou o seu desusado título de "papa", em uma assumida provocação contra as capitais dos dois impérios romanos. Um processo comparável levou, em 506, ao estabelecimento de uma Igreja da Armênia, também autocéfala, com base na rejeição do dogma de Calcedônia. Um século depois da consolidação do Oriente cristão em um império, três Igrejas, a Nestoriana, a Copta e a Armênia, já se haviam constituído em oposição a Constantinopla.

A ruptura foi menos brutal no Levante, embora a generalização do siríaco como língua litúrgica alimente aí, especialmente no campo, uma hostilidade silenciosa para com a doutrina oficial. Miafisita declarado, Severo chegou a alcançar o Patriarcado de Antioquia em 512, mas foi expulso seis anos depois por uma onda de repressão imperial das dissidências cristãs. Constantinopla, no entanto, teve de poupar as tribos árabes que protegiam as fronteiras do império contra os persas. Foi a intercessão do mais poderoso desses chefes árabes, convertido ao miafisismo, que permitiu, em 542, a nomeação de dois bispos desta observância, um em Bosra, a sudeste de Damasco, e o outro em Edessa, atual cidade de Urfa/Sanliurfa na Turquia. Jacob Baradeus, assim tornado bispo de Edessa, percorreu a região durante trinta anos para nela organizar a Igreja Miafisita de rito siríaco. É em sua memória que esta Igreja dita "siríaco-ortodoxa" é às vezes chamada de "jacobita". Autocéfala como as três primeiras igrejas cismáticas, ela passa a ser governada a partir da Síria por um "patriarca de Antioquia e de todo o Oriente", título disputado por quatro outros dignitários cristãos.

Para não se perder nesta eflorescência das Igrejas do Oriente, uma realidade pouco conhecida deve ser sublinhada: a esmagadora maioria dos fiéis desta ou daquela Igreja ignora a substância e os detalhes das controvérsias teológicas que estavam no fundamento do seu credo e a sua especificidade. Foram antes de tudo as solidariedades locais e os vínculos de proximidade que enraizaram, sobretudo no meio rural, a pertença transmitida de geração em geração a um ou outro grupo. Cada um obviamente se adorna com o brilho da ortodoxia para lançar seu adversário e correligionário nas trevas da heresia. A intervenção das massas, amiúde conflagrada por pregadores fanáticos, só pode inflamar essas querelas até a vontade de eliminar o outro, pelo menos simbolicamente. Soma-se a isso a determinação dos bispos e dos patriarcas de conservarem seus títulos nas suas respectivas igrejas, embora tivessem autoridade para promover um compromisso dogmático. Ao longo dessas recomposições cristãs, o Egito, a Síria e a Mesopotâmia seguiam um curso divergente: a primeira com a consolidação de uma Igreja nacional copta; a segunda com uma diversidade de Igrejas que sobrevivia às repressões de uns e ao proselitismo de outros; a terceira com uma "Igreja da Pérsia", também chamada de "Igreja do Oriente", de inspiração nestoriana, que contava com a proteção dos sassânidas. Agora é chegado o momento de nos voltarmos para este lado persa do Oriente Médio.

1.4 Os persas na Mesopotâmia

A Dinastia Sassânida, que sucedeu aos partos na Pérsia em 224, estabeleceu sua capital em Ctesifonte. Situada na margem esquerda do Tigre, ligada por canais ao Eufrates, esta cidade enfrentou Selêucia, onde os monarcas selêucidas estiveram instalados de 305 a 240 a.C., deslocando em seguida a sede do seu poder para Antioquia. O reinado excepcionalmente longo de Sapor II [*Shāpūr II*], de 309 a 379, foi marcado pela forte centralização do poder sassânida. O soberano adotou o título de "rei dos reis" (*xainxá*), o que lhe permitiu distribuir generosamente aos seus vassalos, sobretudo nas regiões fronteiriças, um título de "rei" (xá) sem grande substância. Mas a maior parte do império estava organizada em províncias, cada uma administrada por um governador (*marzobã*) escolhido entre a alta nobreza. Os cofres do Estado eram aprovisionados pelo imposto territorial (calculado sobre a fertilidade da terra), pela capitação (da qual os militares, os sacerdotes e os funcionários são isentos), pela renda dos domínios imperiais e pelos direitos alfandegários. Esse *Eranshahr* [*Iranshahr, Ērānšahr*], qual fosse o império dos arianos/iranianos, tinha como língua de administração e de comunicação o pálavi, também chamado de "persa médio".

O culto a Ahura Mazda, o "Senhor da Sabedoria", impunha-se gradualmente enquanto religião de Estado. Esse masdeísmo também era chamado de zoroastrismo, pois retomaria os ensinamentos dispensados na antiga Pérsia por Zoroastro/Zaratustra, um milênio a.C. O seu livro sagrado, o Avesta, é composto de dois conjuntos litúrgicos, um ligado a um sacrifício solene, o outro dividido em diferentes cerimônias. O caráter ao mesmo tempo hereditário e iniciático das funções clericais, assim como a preservação atual de apenas uma parte do Avesta, limitam a apreensão dessa religião fortemente ritualizada. Os exegetas sopesam a tendência monoteísta à veneração exclusiva de Ahura Mazda/Ormuz, de um lado, e o confronto dualístico entre os princípios cosmogônicos do Bem e do Mal, de outro. A criação do mundo pela Luz divina de Mazda, ela mesma uma manifestação da sua Sabedoria, levou à manutenção de um fogo sagrado nos templos que lhe são dedicados, o que era feito por sacerdotes chamados em persa de "magos" ou "mestres do fogo". Os hierarcas religiosos, conhecidos como mobede [*mowbed*], eram chefiados por um "mobede dos mobedes" (*mowbedān mowbed*), um "sumo sacerdote dos sumos sacerdotes", título inspirado no de rei dos reis no poder[17].

O ciclo de guerras recorrentes entre persas e romanos se apaziguou em 387 com a partilha da Armênia, muito favorável aos sassânidas. A paz formalmente concluída entre Arcádio, o primeiro imperador do Oriente, e Is-

---

17. Somente no século V essa hierarquia religiosa foi formalizada em uma religião nacional autêntica. O Avesta não foi registrado por escrito até o século seguinte em um texto canônico, sob a égide do poder sassânida.

digerdes, ascendido ao trono persa em 399, foi duradoura e sólida. Ela confiou a Isdigerdes a tutela simbólica do filho de Arcádio, o futuro Imperador Teodósio II, a quem o soberano sassânida enviou um de seus conselheiros mais próximos. Um importante fluxo comercial desenvolveu-se entre os dois impérios, tendo a Alta Mesopotâmia como centro. As localidades vizinhas de Dara, a romana, e de Nísibis/Nusaybin, a persa, compartilhavam a mesma língua siríaca. A população cristã, até então percebida como persa, e muitas vezes tratada como uma quinta coluna dos romanos, só pôde beneficiar-se dessa paz dos impérios. Um concílio regional reuniu-se em Ctesifonte em 410, colocado sob a autoridade formal do rei dos reis. O cisma nestoriano, consumado em 431, encontrou refúgio em solo sassânida, longe da ira dos patriarcados do Oriente. O mesmo acontece com a escola teológica de Edessa, cujos membros fogem de sua condenação por Constantinopla em 489 e juntam-se a Nísibis. A Igreja da Pérsia organizava-se de modo autocéfalo, tendo no comando um "católico", de caráter, portanto, universal. A administração sassânida recompensou a lealdade dos nestorianos abrindo as rotas da Ásia Central para a sua pregação.

Ctesifonte foi uma das metrópoles mais densamente povoadas de seu tempo, contando, como Constantinopla, várias centenas de milhares de habitantes. Estendia-se agora por ambas as margens do Tigre, com áreas comerciais onde as safras dos arredores da Mesopotâmia eram comercializadas e as mercadorias transportadas por caravanas. Canais e diques foram cuidadosamente mantidos para conter o fluxo do rio. A capital sassânida era profundamente diversa, a língua siríaca era, dentre outras, a mais falada, e a elite masdeísta, apesar de sua dominação indiscutível, era menos numerosa do que as notabilidades cristãs e judaicas. O palácio imperial, ricamente decorado com mármore e estuque, pintado de cores vivas, combinava apartamentos privados, um complexo religioso e um imenso salão de audiências[18]. O soberano sassânida passava todos os invernos em Ctesifonte, mas veraneava de bom grado em Hamadan, quinhentos quilômetros

---

18. O arco deste salão, conhecido como Taq Kasra, com 37 metros de altura, ainda está preservado.

a nordeste, para, ao mesmo tempo, escapar da canícula mesopotâmica e aproximar-se do coração de seu domínio persa. Apenas o círculo íntimo de conselheiros acompanhava o rei dos reis nessa transumância, enquanto a burocracia imperial continuava a gerir o Estado a partir da capital.

À exceção de um surto de violência em 421-422, a paz prevaleceu entre romanos e persas durante o século V. Um protocolo elaborado rege as relações entre as duas cortes, havendo em cada uma delas um órgão especializado na língua e na cultura da outra parte. Os dois imperadores concordavam tacitamente em compartilhar o mundo, ou o que eles percebiam como tal, sem negar nada do caráter incompatível das suas duas religiões de Estado. Assim consolidados em sua fronteira ocidental, os sassânidas puderam desenvolver um poder marítimo no Golfo Pérsico, e de lá em direção ao Oceano Índico. Seu *direm* (dracma) de prata[19] foi tão bem aceito quanto o vintém de ouro, cunhado por Constantinopla, e ostentava, de um lado, o retrato do rei dos reis e, do outro, um altar masdeísta dedicado ao fogo sagrado. Os romanos, por vezes, consentiram em contribuir para as fortificações sassânidas no Cáucaso, a fim de ali conter as incursões bárbaras, ameaçadoras para ambos os impérios. Foi a recusa a uma dessas contribuições que, em 502, levou ao início de hostilidades pelos persas. O conflito com Constantinopla concluiu-se em 506 com um retorno ao *status quo* durante cerca de quinze anos.

1.5 Justiniano e Cosroes

O destino dos dois impérios mudou com o advento de Justiniano em Constantinopla, em 527, seguido, quatro anos mais tarde, pelo de Cosroes [*Khosrow*] I em Ctesifonte. As longas décadas no poder, tanto de um como do outro, transformaram profundamente o Oriente Médio. Justiniano herdou de seu predecessor um conflito com os sassânidas. A vitória lhe sorriu em Dara, em 530, mas suas forças foram vencidas, no ano seguinte, em Calínico, atual Raqqa [*Al-Raqqah*]. Os persas, no entanto, decidiram não

---

19. Seu peso então oscila entre 3,65 e 3,94g.

abusar da sua vantagem e a tendência geral era ao apaziguamento. A ascensão de Cosroes I ao trono permitiu a Justiniano selar com ele, em 532, uma "paz eterna", empenhada por um financiamento romano das defesas persas no Cáucaso. Esta paz sobreveio no momento em que uma insurreição popular sacodiu Constantinopla, antes de ser esmagada em um banho de sangue. Uma vez restabelecida a ordem na capital, Justiniano lançou em direção ao oeste uma formidável campanha de restauração da unidade da cristandade romana em torno exclusivamente da sua pessoa. O termo "bizantino", que os historiadores só usariam um milênio depois para designar o Império Romano do Oriente, pareceu tanto mais pertinente porque o grego gradualmente suplantou o latim como língua de administração.

Em cerca de vinte anos, de 533 a 554, Justiniano conseguiu conquistar a "África" (quais sejam a Tunísia e a Argélia atuais), a Ilíria, a Itália e o sul da Espanha. O Império Bizantino controlava, assim, dois terços da bacia do Mediterrâneo Ocidental. Mas essa expansão realizou-se ao preço da devastação da Itália e a um custo exorbitante para as finanças imperiais. Cosroes I, por outro lado, aproveitou a "paz eterna" com seu vizinho ocidental para reorganizar seu sistema tributário e sua instituição militar. Ele alistou de maneira permanente os nobres sem dinheiro em uma cavalaria cada vez mais profissionalizada. Cedeu as terras na zona fronteiriça em contrapartida pelo engajamento na mobilização pela sua defesa. Dividiu seu império em quatro regiões militares, cada uma sendo a incumbência de um general (*aspabede*) colocado sob seu comando supremo. O palácio de Ctesifonte, no topo da hierarquia sassânida, encontrava-se ele mesmo nesta Baixa Mesopotâmia, que era a mais próspera das províncias persas.

Em 540, Cosroes I soube que Justiniano estava demasiado absorto no Mediterrâneo para opor-se a uma ofensiva contra Antioquia. A "Cidade de Deus", a *Theopolis* da retórica bizantina, com muralhas enfraquecidas por um recente terremoto, só resistiu por alguns dias às máquinas de cerco persas. Antioquia não só foi pilhada e incendiada, como milhares de seus artesãos foram deportados para Ctesifonte. Eles foram aí designados à construção de uma nova cidade para a glória do conquistador, chamada de *Weh*

Antiok Khusro, a "Melhor Antioquia de Cosroes", e construída conforme a planta da cidade devastada. O rei dos reis, no entanto, fracassou em capturar Edessa, em 544. As hostilidades prosseguiram, entrecortadas de tréguas e pagamentos de tributos, e atingiram antes o território da atual Geórgia. As comunidades cristãs do Império Sassânida foram regularmente vítimas desse conflito, às vezes aberto e sempre lancinante. Uma paz, com uma duração hipotética de cinquenta anos, foi finalmente concluída em 561.

Quanto a Justiniano, ele liderou sua campanha do Ocidente e realizou uma obra considerável como legislador e construtor. O código e as coletâneas que levam seu nome reestruturaram em profundidade a administração, a justiça e o comércio no Império do Oriente. Justiniano inaugurou com pompa, em 537, em Constantinopla, a nova basílica de Santa Sofia[20], cinco anos depois de o edifício original de Constantino ser destruído pelo incêndio do motim. O imperador, cuja glória foi exaltada pelas proporções sem precedentes do monumento e pelo ouro reluzente de seus mosaicos, proclamou nesta ocasião ter "ultrapassado" Salomão. Seu código, aliás, sistematizou as discriminações contra a comunidade judaica, notadamente a proibição de estabelecer novas sinagogas. Justiniano ordenou a construção de oito mosteiros em Jerusalém, dois dos quais dedicados aos peregrinos desta Transcaucásia, onde ele guerreou contra os sassânidas. Ele inscreveu em seus tratados com os persas cláusulas que garantiam a liberdade de culto da Igreja local. Ele também mandou construir um mosteiro fortificado[21] no sopé do Monte Sinai, no local associado à sarça ardente. Mas sua demolição do santuário pagão de Philae, o mais importante do Egito, não foi suficiente para lhe obter a adesão da Igreja Copta. Ele tampouco conseguiu, alternando gestos de tolerância e tensões dogmáticas, associar-se à Igreja Siríaca Ortodoxa.

O nome de Justiniano está associado à praga que assolou o Oriente Médio de 541 a 544. A pandemia irrompeu no Egito, onde as fontes da

---

20. Santa Sofia remete à "Sabedoria Divina" e não a uma santa, daí a preservação do nome Ayasofya durante sua islamização (cf. *infra*, p. 159).
21. Este mosteiro receberá o nome de Santa Catarina no século IX.

época a atribuem a uma família etíope, proveniência ainda hoje muito debatida. É certo, entretanto, que essa "praga de Justiniano" se espalhou por todo o Império Romano do Oriente bem antes de ser relatada no domínio persa. As tropas sassânidas, vitoriosas em Antioquia, teriam mesmo acelerado sua retirada do território bizantino para escapar do contágio. Constantinopla, sem dúvida, perdeu metade da sua população, com restos mortais sendo empilhados em valas comuns, preenchidas em uma cadência aterrorizante. O próprio Justiniano não foi poupado do flagelo, ao qual acabou sobrevivendo. O esplendor que nós associamos hoje à magnificência de Santa Sofia foi, portanto, para os contemporâneos, manchado, alguns anos antes, pelo banho de sangue da insurreição da capital e, alguns anos mais tarde, pelo massacre da epidemia. A praga, aliás, alimentou um registro apocalíptico que misturou as devastações do flagelo e a destruição de Antioquia. A onda da praga de Justiniano seria seguida, durante dois longos séculos, de retornos epidêmicos a cada dez ou vinte anos[22].

O desaparecimento de Justiniano, em 565, deixa Cosroes I com as mãos livres na encruzilhada estratégica entre o Mar Vermelho e o Oceano Índico. O Iêmen havia passado para a órbita de Bizâncio após a tomada do poder em Sanaã, por volta de 535, por um ambicioso general, Abramo, até então vassalo da Etiópia. Durante suas três décadas de reinado, Abramo, fiel aliado de Justiniano, desenvolveu a peregrinação cristã a Sanaã e multiplicou o número de campanhas no resto da Arábia. As disputas pela sucessão do filho de Abramo, que começaram por volta de 570, desta vez favoreceram a intervenção dos sassânidas. Sua frota desembarcou, não muito longe do atual Porto de Áden, um contingente chamado ao resgate por um pretendente árabe ao trono. Um poder tributário da Pérsia foi pela primeira vez estabelecido em Sanaã. As veleidades de independência do Iêmen foram esmagadas no fim do século VI com a integração do território sul-arábico como província sassânida. Foi nesse teatro periférico que se perfilou, assim, um novo equilíbrio de poder no Oriente Médio.

---

22. O Oriente Médio é duramente atingido entre 627, com um massacre em Ctesifonte, e 639, ano da "praga de Amwas" (Emaús), que dizima os conquistadores muçulmanos da Síria. A última onda, também muito mortal, ocorre de 740 a 750.

1.6 A onda persa e seu refluxo

O grandioso edifício legado por Justiniano não tardou a desmoronar logo após sua morte, notadamente devido à reconquista da Itália pelos lombardos. A retomada das hostilidades por Constantinopla contra os persas, em 572, em um contexto conturbado na Armênia, não se traduziu em nenhuma vantagem duradoura para nenhuma das partes, com exceção da conquista sassânida da fortaleza de Dara. Cosroes I morre em 579 sem ter restaurado a paz e o conflito se arrasta, para a desgraça das populações fronteiriças. O General Maurício, à frente das tropas bizantinas contra os persas, tornou-se ele mesmo imperador em 582. O impasse militar pesava cada vez mais na política sassânida, onde também acentuava o poder dos generais. A revolta do comandante da frente armênia acarretou uma revolução palaciana em Ctesifonte, em 590, na qual o sucessor de Cosroes I foi assassinado, e o seu filho, neto, portanto, de Cosroes I, proclamado rei dos reis sob o nome de Cosroes II.

O jovem monarca sassânida precisou fugir imediatamente da sua capital, ocupada pelos rebeldes. Ele refugiou-se na guarnição bizantina de Circésio [*Circesium*], perto da atual Deir Zor, no curso médio do Eufrates. Cosroes II ofereceu a Maurício devolver-lhe Dara e isentá-lo de qualquer forma de tributo em troca do seu apoio contra os rebeldes. Mas o líder dos insurgentes persas apresentou, paralelamente, propostas ainda mais tentadoras. O soberano bizantino levou muitos meses para decidir, em 591, a favor da legitimidade dinástica ao trono sassânida. Ele então colocou parte do seu exército, assim como protegidos armênios, a serviço de Cosroes II, logo restabelecido no poder em Ctesifonte, embora sua autoridade sobre todo o território persa só fosse restaurada gradualmente. A paz celebrada vividamente entre os dois impérios não apagou a dívida que Cosroes II acreditava ter contraído durante seu exílio para com Maurício. O rei dos reis multiplicou, assim, a consideração para com seus súditos cristãos, enquanto abriu sua corte para pensadores e artistas gregos. Esse apaziguamento entre persas e bizantinos, no entanto, durou apenas alguns anos, devido a lutas pelo poder, desta vez em Constantinopla.

Em 602, o General Focas, chefe do exército dos Bálcãs, amotinou-se contra Maurício, assassinado com seus cinco filhos, e autoproclamou-se imperador. Cosroes II, chocado com o assassinato do seu salvador, condenou esse golpe de Estado e lançou na prisão o embaixador enviado por Focas. A guerra recomeçou com uma série de vitórias persas em Edessa e em Dara, em 604. Os brutais ataques sassânidas semearam a desordem no seio do Estado-Maior bizantino. Uma rebelião iniciada em Cartago tomou o Egito em 609, logo depois derrubou Focas, sumariamente executado, e instalou em seu lugar o General Heráclio. As tentativas de conciliação do novo imperador[23] foram postas de lado por Cosroes II, cuja expansão para o território bizantino parecia irresistível: ele tomou Antioquia em 611, Damasco em 613 e Jerusalém no ano seguinte. As relíquias, exumadas em 326 por Santa Helena, a mãe do Imperador Constantino, inclusive a Vera Cruz[24], foram transportadas triunfalmente da Cidade Santa para Ctesifonte. Cosroes II levou alguns anos para absorver tais ganhos territoriais, antes de retornar à ofensiva. A captura de Gaza, em 618, lhe abriu o caminho para o Egito, o celeiro do Império Bizantino. Com a queda de Alexandria, em 619, os sassânidas puderam apresentar-se como herdeiros dos conquistadores aquemênidas, os únicos persas a terem avançado tão longe na África, um milênio antes.

O apogeu de Cosroes II foi, no entanto, de muito mais curta duração do que o de seus antigos predecessores. Heráclio implantou, à frente das tropas bizantinas, uma combatividade impressionante na Armênia e na Anatólia. Em 623, ele rompeu as defesas persas no Azerbaijão e destruiu o mais venerado dos santuários masdeístas, em Takht-e Soleyman[25]. A profanação do fogo sagrado teve o valor de vingança pela captura da Vera Cruz pelos sassânidas em Jerusalém. Cosroes II reagiu ao sacrilégio decidindo atacar os bizantinos no coração mesmo da sua capital. Mas embora o cerco de Constantinopla pelos sassânidas, no verão de 626, tenha sido coordenado com

---

23. Heráclio adota o título grego de *basileus* ("rei"), em vez do romano *augustus*.
24. Cf. *supra*, p. 24.
25. O santuário, denominado "Fogo do garanhão" (*Adur Gushnasp*), está associado à casta masdeísta dos guerreiros, e, portanto, ao seu representante supremo, qual seja o rei dos reis.

um avanço bárbaro, o dos ávaros, a partir da Europa, a marinha bizantina repeliu os agressores, infligindo-lhes pesadas perdas. Heráclio estabeleceu então a sua própria aliança reversa, muito mais temível do que a que associa persas e ávaros: em 627, as hordas turco-mongóis que acampavam no norte do Cáucaso romperam as fortificações sassânidas e juntaram-se, na Geórgia, ao exército bizantino. Heráclio obteve uma vitória retumbante sobre os persas em Nínive, a atual Mossul. Moveu-se em direção a Ctesifonte, onde Cosroes II, assim como o seu pai antes dele, foi assassinado por uma conspiração militar que levou o seu próprio filho ao trono.

A paz concluída em 628 obrigou os sassânidas a restituir todos os territórios conquistados aos bizantinos, assim como a pagar-lhes tributo. Enquanto a Pérsia afundava-se nas lutas entre facções e na guerra civil, a Vera Cruz era solenemente exaltada na Basílica de Santa Sofia em Constantinopla, em 629, antes de retornar com grande pompa a Jerusalém no ano seguinte. Essa restauração simbólica foi acompanhada por um reinício das perseguições realizadas em nome da "ortodoxia" bizantina contra os coptas no Egito e os miafisitas no Levante, seguida da decisão de impor o batismo a todos os judeus do império. Heráclio pôde acreditar na solidez do seu triunfo tão legitimamente quanto Cosroes II o fizera uma década antes, durante a ocupação persa do Egito. A realidade é que os dois impérios que partilharam o Oriente Médio a partir de 395 foram exauridos por um quarto de século de conflitos devastadores. A queda de braço entre bizantinos e sassânidas, favorável primeiro a estes e depois àqueles, terminou na ilusão de um retorno ao *status quo*. As duas estruturas imperiais estavam, no entanto, ofegantes e se mostrariam incapazes de conter a ascensão de uma potência profundamente original, vinda da Arábia Central para impor-se em toda a região.

1.7 Os reinos árabes pré-islâmicos

O geógrafo Ptolomeu distinguiu, no século II d.C., três espaços "árabes" bem distintos, de norte a sul: a "Arábia Pétrea", que correspondia à província romana da Arábia, estabelecida em 106, tendo Bosra como capital, no sul da atual Síria (o qualificativo "pétrea" é derivado de Petra, a casa histórica do Reino Nabateu, há muito florescente e independente, agora absorvido no conjunto imperial); a "Arábia Deserta", um imenso território com uma população muito pequena, onde a domesticação dos dromedários permitiu as trocas comerciais das caravanas, mas também as razias das tribos nômades (duas das principais cidades da região do Hejaz, na costa do Mar Vermelho, são Yathrib/Medina e Meca); e a "Arábia Feliz", associada desde a Antiguidade aos fabulosos reinos do Iêmen e unificada, no fim do século III, sob a autoridade dos himiaritas, eles próprios convertidos ao Judaísmo um século mais tarde (era pela rota de camelos que atravessava o Hejaz até Gaza, assim como pelos portos do Mar Vermelho, que as especiarias e outros produtos raros do Iêmen eram transportados para o Mediterrâneo).

Essa descrição clássica das três arábias, pétrea, deserta e feliz, foi expandida com o surgimento gradual, mais a leste, de um reino árabe, vassalo do Império Sassânida. A capital deste reino estava situada na margem direita do Eufrates, em Hira, a menos de duzentos quilômetros ao sul de Ctesifonte. A família árabe dos lacmidas[26] organizava aí a transmissão do poder de forma hereditária. Inru Alcais [*Imru' al-Qays ibn Ḥujr*], que morreu em 332 após um longo reinado, foi apresentado, na inscrição póstuma em sua tumba, escrita em árabe arcaico, como "rei [*malik*] de todos os árabes". Tal afirmação naturalmente diz respeito apenas a "todos os árabes" submetidos ao poder persa. No entanto, ela revela uma autoridade substancial, que os lacmidas iriam mesmo mobilizar durante as lutas pelo poder em Ctesifonte, impondo, em 420, o seu favorito no trono sassânida. Na sua fase de maior expansão, o domínio lacmida se estendeu por uma boa parte da costa meridional do Golfo Pérsico. A próspera cidade de Hira acolheu uma importante comunidade cristã, ligada ao rito nestoriano da Igreja da Pérsia. No entanto, os soberanos lacmidas só se uniriam ao cristianismo muito mais tarde, em 580.

---

26. Eles também são chamados de Nasridas.

O Império Romano do Oriente não dispunha inicialmente, nas suas *limes*[27] do deserto sírio, de um entreposto tão sólido quanto a Dinastia Lacmida para a Pérsia. Foi só no início do século VI que uma aliança foi formada entre Constantinopla e a poderosa família árabe dos Gassânidas[28], certamente cristã, mas adepta da dissidência miafisita. Justiniano, para realizar seus projetos de expansão no Mediterrâneo, precisava impreterivelmente que a calma nas fronteiras orientais do império estivesse assegurada. Para tanto, ele decidiu, em 529, promover o chefe gassânida Alarite/Aretas [*Harith/Arethas*] ao posto de filarco, ou "comandante das tribos". Um soberano gassânida, submetido a Constantinopla, podia doravante opor-se ao rei lacmida, dependente de Ctesifonte. Em 541, Alarite conduziu uma ofensiva devastadora no território persa, em represália pela humilhação bizantina em Antioquia. Alarite era poderoso o suficiente para defender com sucesso a causa miafisita em Constantinopla e obter a ordenação de dois bispos dissidentes[29]. Alarite chegou a obter de Justiniano, em 563, o privilégio de organizar a sua própria sucessão, que se efetivou por ocasião da sua morte, em 569, em favor do seu filho Almondir/Alamúndaro [*Mondhir/Alamoundaros*].

As relações entre Almondir e Justino II, no poder em Constantinopla de 565 a 578, deterioraram-se, entretanto, muito rapidamente, em meio a acusações de traição e querelas cristológicas. Os gassânidas retiraram-se da aliança bizantina em 572, deixando os sassânidas e os lacmidas operarem sem resistência nesta zona estratégica. A reconciliação entre bizantinos e gassânidas só foi selada três anos depois, com juramentos trocados sobre o túmulo de São Sérgio, em Resafa, no curso médio do Eufrates. Almondir deu garantias de sua lealdade partindo ao assalto de Hira, cujas riquezas ele saqueou, poupando apenas as igrejas da capital lacmida. Ele era tratado com mais respeito em Constantinopla, onde recebeu das mãos do Imperador Tibério, em 580, uma coroa real. Essa consagração durou

---

27. Zona fronteiriça de uma província do Império Romano [N.T.].
28. Eles também são chamados de Jafnidas.
29. Cf. *supra*, p. 31.

pouco, porque o desaparecimento de Tibério, em 582, reavivou as diferenças entre os partidários da ortodoxia bizantina e os árabes miafisitas. Almondir foi exilado na Sicília, onde logo juntou-se a ele o seu filho, que em vão havia sublevado as tribos árabes para tentar libertá-lo. Ao contrário dos lacmidas, firme pilar do poder sassânida durante três séculos, os gassânidas só exerceriam uma função semelhante, em proveito dos bizantinos, durante algumas décadas.

A corte gassânida, situada no sopé das colinas de Golã, tampouco algum dia teria o esplendor ou o fausto da corte de Hira, não obstante as artes fossem valorizadas em ambas as dinastias árabes. Composições literárias desenvolveram-se neste ambiente privilegiado e foram difundidas pelos circuitos de caravanas em direção ao Hejaz. Aí encontraram o entusiasmo das populações beduínas pelas disputas verbais, onde o confronto entre os campeões às vezes substituía os duelos armados. Os poetas árabes são, então, tanto mais respeitados quanto estejam associados aos heróis cujos feitos e amores eles celebram. As suas obras, transmitidas e enriquecidas pelo boca a boca, ficaram conhecidas apenas por antologias publicadas no século VII, cuja riqueza atesta a sofisticação de uma cultura tão amplamente oral. Ao mito de uma língua saída completamente armada da revelação do Corão opõe-se, portanto, a refinada realidade de uma poesia árabe forjada ao longo dos séculos. Outrossim, a epopeia dos primeiros tempos do Islã muito amiúde relegava à sombra a herança dos reinos árabes que por tanto tempo mantiveram as fronteiras siro-iraquianas, sem, no entanto, serem meros auxiliares dos dois grandes impérios do momento.

1.8 A Meca pagã

Bem longe da opulência das capitais da Mesopotâmia, do Iêmen e da Síria, todas ligadas a um poder forte, as cidades caravaneiras do Hejaz conheciam apenas uma prosperidade muito relativa, geralmente assegurada por uma vigilante autonomia. Elas representavam, propriamente, ilhotas no oceano do deserto árabe, cujo ambiente hostil ditava sua lei aos habitantes regularmente ameaçados em sua própria sobrevivência. O indivíduo não podia existir fora do grupo que o definia e o defendia. As famílias pertenciam a diferentes clãs, cuja coalizão constituía uma tribo que afirmava ter um ancestral epônimo. O chefe, chamado respeitosamente de "xeique"[30], era frequentemente designado pelos sufrágios do grupo, que podia decidir substituí-lo se ele falhasse em sua missão de interesse geral. Cada vida era tão preciosa que o clã devia se comprometer a cobrar o preço do sangue em caso de morte ou ferimento de um de seus membros. O caráter dissuasivo de tal ameaça de vendeta ajudava a conter a violência de uma sociedade sem Estado. A tentação dos nômades de saquear os camponeses também estava contida nos acordos de "fraternidade", na verdade de proteção, celebrados entre beduínos e sedentários. A palavra dada tem um valor supremo e a honra era a mais celebrada das virtudes.

O cristianismo implantou-se profundamente no Iêmen, com um centro importante em Najrã, mas estava dividido entre um nestorianismo leal à Igreja da Pérsia e um miafisismo compartilhado com o reino da Etiópia. O judaísmo, também muito presente no Iêmen, conseguiu, mais do que o cristianismo, arraigar-se na Arábia Central, especialmente em Medina, onde as comunidades judaicas desempenhavam um papel preponderante na agricultura local. Quanto ao masdeísmo, malgrado as veleidades das autoridades sassânidas, permaneceu confinado à costa meridional do Golfo Pérsico. A maioria dos habitantes da Arábia Deserta preocupava-se pouco com a religião e tentava, sobretudo, obter os favores de um "mestre" ou de uma "mestra"[31] sobrenatural, em temidos arrebatamentos. As três "mestras" (Allat, "a Deusa", Uzza [*Ozza*], "a Poderosa" e Manat, "o Destino") eram objetos de um culto muito popular no Hejaz. Allah, "o Deus" em árabe, designava tanto uma das divindades pagãs assim reverenciadas quanto o Deus único dos cristãos. A crença nos espíritos, os djinns, também alimentava uma superstição perene, com vários amuletos para conjurar o mau-olhado. A adivinhação interpretava a direção das flechas, o voo dos pássaros e a marcha dos dromedários.

---

30. O significado inicial de xeique [*sheikh*], "velho" ou "velhote", evoluiu para "sábio" e até mesmo "mestre". O termo saíde [*sayyid*], "senhor", é mais enfático.

31. "Mestre" se diz *rabb*, no feminino, *rabba*.

Meca é o local de peregrinação (haje [*ḥadjdj*]) mais importante da Arábia. Com efeito, a Caaba, literalmente "o Cubo", supostamente abriga, engastada em seu ângulo oriental, "a Pedra Negra", uma rocha basáltica que alimenta múltiplas lendas. O ângulo sul do edifício encerra além disso "a Pedra Afortunada", apontando na direção do Iêmen. Local onde cada tribo pagã venera a sua própria pedra sagrada, carregando-a, se necessário, em seus deslocamentos nômades, Meca acumula assim os bétilos oferecidos de maneira permanente à devoção dos peregrinos. A Caaba está perto do poço de Zamzam, ela própria associada a ritos imemoriais. Muitas vezes reconstruído ao longo dos séculos, o edifício teria abrigado um panteão de ídolos, dentre os quais a deusa Manaf e o deus Hubal, cuja intercessão era buscada pelos adivinhos. Os fiéis circundam a Caaba várias vezes, tocando as pedras sagradas, antes de irem sacrificar animais na colina vizinha de Marwa. A este haje propriamente mecano acrescenta-se, próximo à cidade, uma reunião outonal de invocação da chuva. O calendário religioso coincide a cada ano com importantes feiras, em meio a banquetes, libações e regozijos. O Islã militante se empenharia em apagar, no período contemporâneo, todos os traços desse esplendor pagão, em um caso extremo de arqueologia de eliminação em vez de preservação.

A tribo dos Coraixitas assumiu o controle de Meca no fim do século V, por iniciativa do seu chefe, Qusai [*Quṣayy ibn Kilāb*], que distribuiu entre seus homens de confiança as missões de acompanhamento da peregrinação (arrecadação de impostos, programação do ritual, fornecimento de água e alimentos). O caráter inviolável do santuário (*haram*)[32] permitiu aos coraixitas apresentarem-se como mediadores entre as diferentes tribos da Arábia, o que só poderia favorecer a atração do haje de Meca. Situada a meio-caminho entre a Arábia Feliz e sua saída mediterrânea de Gaza, a cidade também era ligada por caravanas a Hira, porta da Mesopotâmia, e ao Golfo Pérsico. Ela escapava da mira tanto dos bizantinos como dos sassânidas, e a expedição iemenita, lançada contra ela por volta de 570, permaneceu sem futuro. A prosperidade de Meca, no entanto, não era equitativamente

---

32. *Haram* remete, em árabe, à noção de proibido, portanto, ao "sagrado".

distribuída entre todos os coraixitas: Haxim [*Hāshim*], um dos netos de Qusai, teve, portanto, de curvar-se ao seu próprio sobrinho Omayya, que monopolizou para a sua linhagem, denominada "Omíada", as funções mais prestigiosas e lucrativas do haje. Haxim e seus descendentes "haxemitas", dentre os quais seu filho, Abdal Mutalibe [*'Abd al-Muṭṭalib*], tinha, no entanto, de se contentar, bem modestamente, com o fornecimento de água aos peregrinos. Convém enfatizar que esses relatos se baseiam apenas em compilações tardias de transmissões orais. Isso não seria suficiente para invalidá-los enquanto tais, mas não os previne, de forma alguma, à semelhança do que se passa com a biografia de Muhammad[33], de reconstruções apologéticas.

1.9 Muhammad, o Mensageiro

Muhammad, filho de Abedalá [*'Abd Allāh*], neto de Abdal Mutalibe[34], nasceu por volta de 570 em uma família haxemita de Meca. Perdeu seu pai muito cedo e depois sua mãe, razão pela qual seu tio paterno, Abu Talibe [*Abū Ṭālib*], um pagão fervoroso, devotado ao culto da deusa Manaf[35], encarregou-se da sua educação. Muhammad teria se juntado, desde a adolescência, às caravanas fretadas por seu tio, impregnando-se das lendas e profecias que judeus e cristãos difundiam numa linguagem de muitas cores. Tanto uns como os outros não duvidavam do castigo que atingiria "Roma", a Roma dos romanos, punida por ter destruído o templo judeu de Jerusalém, mas também a Constantinopla dos bizantinos, castigada por ter perseguido os nestorianos e os miafisitas. Mais verossímil é

---

33. A primeira biografia (*sira*) de Muhammad [ou Maomé] foi, portanto, escrita por Ibne Ixaque mais de um século após sua morte. Já havia sido necessário esperar até 170 para que a primeira das "harmonias evangélicas" tentasse conciliar as discrepâncias entre os evangelhos sobre a vida de Jesus.

34. Em árabe, Muḥammad ibn 'Abd Allāh ibn 'Abd al-Muṭṭalib ibn Hāshim (ibn/ben significa "filho de"). De modo mais geral, a designação pela descendência paterna permaneceria em vigor até a adoção dos sobrenomes "modernos" nos séculos XIX e XX.

35. A literatura islâmica prefere, para poupar o tio do Profeta, utilizar seu *kunya*, uma denominação respeitosa em que Abu ("pai de") é seguido do nome do filho mais velho (Abu Talibe, "pai de Talibe"), em vez de seu nome Abd Manaf, literalmente "adorador de Manaf".

que Muhammad, já adulto, conduzisse as suas próprias caravanas, casado como estava com uma viúva rica de Meca. A retomada da guerra entre persas e bizantinos encorajou então divagações apocalípticas, sobretudo ao desmoronarem os pilares árabes de cada um dos dois impérios: após a fragmentação dos gassânidas, foi o soberano lacmida que foi executado em 602 por ordem de Cosroes II, cego por sua ambição expansionista. Nesses tempos de distúrbios e ruínas, vários pregadores na Arábia Central defendiam a supremacia de uma única divindade, a exemplo de Musailima [*Musaylimah*], que proibiu o consumo de álcool e de carne de porco em nome do "Misericordioso" [*ar-Rahmān*].

Por volta dos quarenta anos, Muhammad começou a pregar, em Meca, um monoteísmo rigoroso. Segundo ele, "não há Deus senão Deus [Alá]", ato de fé equivalente a um compromisso de submissão, significado literal de "Islã", aos desígnios do Altíssimo. Este Deus todo-poderoso se exprimiu pela boca de Muhammad, e essa revelação tomou a forma de uma recitação (em árabe, *Qur'ān*, Corão). A aristocracia de Meca, conduzida pelos omíadas, temia que uma mensagem tão subversiva ameaçasse a própria economia da peregrinação. Ela perseguiu os primeiros convertidos, forçando um pequeno grupo deles a refugiar-se na Etiópia. Muhammad foi, por muito tempo, preservado por pertencer à tribo dominante dos Coraixitas. Seu tio, embora permanecendo um pagão ferrenho, concedeu-lhe ainda a proteção de todo o clã haxemita. Mas a morte de Abu Talibe, em 619, acarretou o isolamento de Muhammad, forçado a depender da generosidade de seus vizinhos, em vez de seus parentes. A situação tornou-se gradualmente insustentável e Muhammad decidiu juntar-se, quatrocentos quilômetros mais ao norte, ao núcleo de seus partidários implantado no oásis de Medina.

Esta Hégira ocorreu em 622 e marcou o acontecimento fundador do calendário islâmico. Com efeito, Muhammad rompeu com a solidariedade tribal para opô-la à comunidade dos fiéis, a *umma*, literalmente a "mátria". As suras, quais sejam os capítulos do Corão, que lhe foram reveladas em Medina, acusam os habitantes de Meca de terem desviado a natureza monoteísta da Caaba: o próprio Adão teria recolhido a Pedra Negra, e Abraão, ancestral dos árabes, a teria depositado em Meca. A veneração das três mestras, Allat, Uzza e Manat, era agora caricaturada numa adoração sacrílega das "filhas de Alá"[36]. Quanto a Jesus, Ele realmente teria nascido de Maria/Mariam, milagrosamente virgem, mas não poderia ser o "filho de Deus", e apenas seu sósia teria sido crucificado em seu lugar. A reivindicação por Muhammad dos profetas do judaísmo e, portanto, da Cristandade, era um desafio para a população judaica de Medina. A Hégira foi transfigurada no equivalente muçulmano do Êxodo de Moisés. A contenda agravou-se quando Muhammad afirmou-se "Mensageiro de Deus" e "Selo dos Profetas".[37] A crise eclodiu em 624, com a expulsão de uma das tribos judaicas (logo seguida por outras) e a reorientação em direção a Meca da oração muçulmana (*qibla*), que até então era realizada em direção a Jerusalém.

Foi ainda em 624 que os muçulmanos conquistaram a sua primeira vitória em Badr contra os habitantes de Meca, liderados por Abu Sufiane [*Abū Sufyān*], o chefe dos omíadas. Este vingou-se, no ano seguinte, em Uude [*Uḥud*]. A coalizão pagã, reunida em 627 em torno de Medina, não conseguiu, porém, tomar a cidade, protegida por uma trincheira que interrompeu a investida da cavalaria inimiga. A inspiração dessa trincheira é atribuída a "Salmã, o Persa"[38], possivelmente filho de um sacerdote masdeísta que se converteu ao islamismo em Medina. Após a retirada dos mecanos, Muhammad voltou-se contra a última das tribos judaicas do oásis, cujos homens ordenou que fossem massacrados. Agora senhor incontestado de Medina, ele decide negociar com Abu Sufiane. Ele afastou as objeções do impetuoso Ali [*'Alī ibn Abū Ṭālib*], ao mesmo tempo seu primo, seu genro[39] e um dos seus escribas favoritos. Muhammad soube

---

36. A associação (*shirk*) de ídolos ao Deus único é um dos piores pecados do Alcorão.
37. Jesus, Issa, em árabe, seria o penúltimo profeta desse ciclo aberto por Adão e encerrado por Muhammad.
38. Salman al-Farsi em árabe, Salman Pak em persa, *pak* significando "puro". Seu mausoléu é reverenciado em Ctesifonte, a capital sassânida.
39. Ali é na verdade filho de Abu Talibe e marido de Fátima, filha de Muhammad, que será sua única esposa.

contar com o apoio incondicional de Abu Baquir [Abacar, *Abū Bakr*] e Omar, dois dos primeiros muçulmanos, que mais tarde se tornariam seus sogros[40]. Graças à trégua celebrada em 628, ele pôde fazer a peregrinação a Meca, com a espada embainhada e acompanhado por centenas de partidários desarmados.

A manobra do chefe muçulmano de Medina foi coroada de sucesso: o choque do seu retorno, ainda que temporário, ao coração da sua cidade natal acelerou as deserções no campo coraixita. Desta vez Muhammad sentiu-se poderoso o bastante para quebrar a trégua e, em 630, sitiar Meca. Abu Sufiane, para evitar uma derrota muito provável, decidiu converter os omíadas ao Islã e abrir os portões de Meca. Muhammad entrou na Cidade Santa à frente das suas tropas, a um só tempo triunfante e pacificador. Ele abateu os ídolos da Caaba para que aí fosse celebrado o único Alá. É *al-Fath*, literalmente a "Abertura", na verdade a Vitória, ou mesmo a Conquista. Pouco depois, os muçulmanos, com as suas fileiras infladas pelas manifestações de Meca, derrotaram, em Hunain [*Hunayn*], as tribos tradicionalmente hostis aos Coraixitas. Esses sucessos de Muhammad coincidiram com a organização por Heráclio, em Jerusalém, do retorno solene da Vera Cruz, quando a Pérsia devastada se afundou na guerra civil. Tendo voltado a Medina, o Mensageiro de Deus recebeu uma delegação de cristãos de Najrã, a quem ofereceu sua proteção, mediante tributo.

A última campanha de Muhammad, no comando de um contingente de uma amplitude inédita, o levou a Tabuque [*Tabuk*], seiscentos quilômetros ao norte de Medina. Uma tamanha mobilização de força foi suficiente para reunir ao Islã, sem combate, chefes árabes das margens bizantinas, notadamente o pequeno rei do atual porto israelense de Eilat. Ao retornar dessa expedição, Muhammad teria dito: "Eis-nos retornados da pequena jihad para entregar-nos à grande jihad". Essa citação fundamenta até hoje a distinção entre a "jihad menor", de caráter militar, e a "jihad maior", de natureza espiritual, assim como a superioridade desta sobre aquela. De

---

40. Abu Baquir é o pai de Aixa, e Omar é o pai de Hafsa, ambas casadas com Muhammad.

qualquer maneira, a jihad não é um dos cinco pilares do Islã, quais sejam a profissão de fé, a oração, a esmola, o jejum no mês do Ramadã[41] e a peregrinação a Meca. Muhammad, líder político, religioso e militar, também se afirmou como senhor do tempo: ele aboliu o mês intercalar que permitia ajustar o ano lunar ao calendário solar, impondo a exclusividade do cômputo lunar, tendo a Hégira como data de fundação. O haje a Meca e seus arredores, assim desligado do ciclo das estações[42], foi realizado em 632 por Muhammad, que fixou seus ritos ao longo de vários dias, seguido por uma multidão de fiéis. Os muçulmanos, que hoje convergem aos milhões, todos os anos, a Meca, procuram cumprir as prescrições do que chamam de "peregrinação do adeus". Com efeito, logo após ter realizado esse haje fundador, o profeta do Islã retornou a Medina, onde, abatido pela doença, morreu e foi sepultado.

1.10 Os dois primeiros califas

Na ausência de um testamento político de Muhammad, mas também de um herdeiro homem[43], os chefes muçulmanos designam-lhe um "sucessor", significado literal da palavra "califa", de acordo com o processo tradicional de lealdade tribal aos melhores dentre os notáveis. Omar, um dos favoritos do momento, apoiou com sucesso a designação de Abu Baquir. Ali valeu-se da sua legitimidade como genro e primo do Profeta para recusar-se a prestar o juramento. Mas sua surda oposição foi rapidamente subjugada pela ameaça existencial que se erguia contra o Islã nascente: muitas tribos árabes, recentemente convertidas, consideravam que a morte de Muhammad as liberava de seu compromisso, tanto que Musailima

---

41. O Ramadã, o nono mês do calendário islâmico, está associado ao advento da revelação corânica. Termina com a "Festa da quebra do jejum" (*Eid al-Fitr*), também conhecida como "Pequena Festa" (*Eid al-Saghir*).
42. O mês da peregrinação (*dhou al-hijja*) é o décimo segundo e último do calendário islâmico. O décimo dia desse mês corresponde à "Festa do sacrifício" (*Aïd al-Adha*), também conhecida como "Grande Festa" (*Aïd al-Kabir*), marcada pela imolação de uma ovelha, em memória do gesto de Abraão. A peregrinação a Meca, se for realizada fora desse período consagrado, é chamada de *umra* em vez de *haje*.
43. Todos os filhos de Muhammad morreram em tenra idade.

relançou suas pretensões ao magistério profético. Abu Baquir confiou a Calide ibne Ualide [Khālid ibn al-Walīd], o antigo chefe da cavalaria de Meca, o comando da reconquista muçulmana nessas "guerras de apostasia" (*ridda*). O levante foi esmagado à custa de massacres terríveis. A presença pagã, que Muhammad havia tolerado fora de Meca e de Medina, foi combatida em todo o território muçulmano. O imenso perigo que o Islã enfrentou, logo após o falecimento do seu profeta, pesou muito na proibição, agora absoluta, da apostasia. Esse interdito permanece em vigor até hoje, punindo com a morte toda renegação por um muçulmano da sua fé. Um período em que a liberdade de consciência foi ignorada lega assim sua herança funesta aos nossos dias, nos quais essa liberdade está legitimamente erigida como um dos direitos fundamentais da pessoa humana.

Depois que a Península Arábica foi pacificada e convertida, a expansão pela jihad armada pareceu ser a maneira mais segura de canalizar a violência das tribos exclusivamente sob o estandarte do Islã. Calide ibne Ualide lançou um ataque à Mesopotâmia, antes de vir respaldar dois filhos de Abu Sufiane, Iázide [Yazīd ibn Abī Sufyān] e Moáuia [Mu'āwiyah ibn Abī Sufyān], em sua campanha na Síria. Abu Baquir, que morreu após dois anos no poder, foi substituído por Omar ['Umar I, 'Umar ibn al-Khaṭṭāb], o primeiro califa a ostentar o título de "Comandante dos Crentes". Com efeito, foi sob sua liderança que os muçulmanos triunfaram sucessivamente, em 636-637, sobre o exército bizantino, ao longo do curso do Jarmuque [Yarmūk] e, em seguida, sobre as tropas persas na Cadésia [al-Qādisiyyah, al-Qādisīyah], na margem esquerda do Eufrates. O soberano sassânida teve que evacuar sua capital, Ctesifonte, logo saqueada pelos muçulmanos[44] que ocuparam a Mesopotâmia. A Batalha de Niavende [Nahavand], travada por volta de 642, abriu o planalto iraniano aos conquistadores, um empurrão que uma nova derrota sassânida, desta vez em Isfahan, tornou irreversível. Os bizantinos, após uma contraofensiva de curta duração em Homs, preferiram abandonar a Síria e recuar para o contraforte do Tauro.

---

44. A peça mais bonita do palácio imperial de Ctesifonte, um suntuoso tapete de 27 metros quadrados, chamado de "Jardim de Cosroes", foi dividido entre os vencedores.

Quanto ao Egito, este passou às mãos dos muçulmanos entre 640 e 642. Eles aí instalaram a capital do país em Fostate [*al-Fusṭāṭ*], na margem direita do Nilo. Os diferentes loteamentos da nova cidade foram repartidos entre as tribos árabes que participaram da conquista. Este mesmo sistema de cidade-guarnição foi aplicado na Mesopotâmia, com a fundação de Cufa [Kufa, *Al-Kūfah*], nas margens do Eufrates, e Baçorá [Basra, *Al-Baṣrah*], no curso comum aos dois rios.

As razias das guerras recentes entre persas e bizantinos explicavam amplamente a rapidez do avanço islâmico, acelerado pelo colapso do glacis[45] árabe, que por tanto tempo protegera os dois impérios. A relativa tolerância dos conquistadores para com os "povos do Livro", quais fossem os cristãos e os judeus, cuja proteção era garantida pelo pagamento de um tributo (jizia)[46], também facilitava os acordos, na falta de alianças. Os nestorianos da Igreja da Pérsia, e mais ainda os miafisitas do Egito e da Síria, viam sem arrependimento o Império Bizantino rechaçado para o noroeste do Oriente Médio. Eles, às vezes, até mesmo recuperavam igrejas que lhes haviam sido confiscadas por ordem de Constantinopla. Os governantes muçulmanos eram menos dispostos a conceder aos masdeístas o *status* de povo do Livro, porque o Avesta, seu "livro" sagrado, não pertence à herança judaico-cristã que o Islã reivindica. Eles então equiparavam os discípulos de Zaratustra a "magos"[47] idólatras, a seus olhos o equivalente persa dos feiticeiros. As conversões forçadas de masdeístas eram tão mais frequentes quanto seus locais de culto eram amiúde demolidos ou transformados em mesquitas. Certamente, o santuário do fogo sagrado em Takht-e Soleyman, saqueado pelos bizantinos em 623 e depois restaurado pelos sassânidas, permaneceria em atividade durante os três primeiros séculos do Islã[48]. Mas o contraste era gritante com a Síria, onde os arqueólogos falam mesmo de uma "conquista

---

45. Zona de proteção formada por nações vizinhas controladas por uma superpotência [N.T.].
46. A *jizia* é mencionada na nona sura do Alcorão.
47. Cf. supra, p. 33.
48. A migração para o Guzerate [*Gujarat*], a partir do século VII, de Masdeístas fugindo de perseguições com seus sacerdotes, deu origem à atual comunidade indiana dos Parses. O zoroastrismo é hoje oficialmente reconhecido pela República Islâmica do Irã, com um deputado que representa essa comunidade no parlamento.

invisível", na ausência de vestígios de destruição sistemática. Enquanto Damasco logo brilhou sob a bandeira do Islã, Ctesifonte jamais se recuperou da pilhagem infligida pelos invasores em 637.

1.11 A grande discórdia

Após o desaparecimento de Omar, assassinado por um escravo rancoroso em 644, Otomão [Osmã, *Uthmān ibn 'Affān*] o sucede como califa. Filho de um primo de Abu Sufiane, ele foi um dos raros omíadas a converter-se bem cedo ao Islã[49]. No entanto, é cruel o paradoxo de ver a família que combateu Muhammad com tanta obstinação alcançar tão rapidamente o poder supremo. Otomão consolidou e completou as imensas conquistas territoriais: lançou, em 649, uma expedição contra Chipre, obrigado a pagar tributo; determinou que se ocupe o Azerbaijão e os contrafortes do Cáucaso; e perseguiu o último dos sassânidas, morto em 651 em Merve [*Merv*], onde hoje é o Turcomenistão. O califa procurou impor em 653 uma única versão do Corão[50], devido às tensões já suscitadas pelas transcrições contraditórias da revelação profética, elas próprias frutos de transmissões orais por definição complexas. Mas é o fausto cada vez mais insolente da corte de Medina e o nepotismo desavergonhado dos omíadas que suscitaram a desordem nas cidades-guarnições da jihad, no Egito e na Mesopotâmia. Moáuia, o filho de Abu Sufiane que governava a Síria, não pôde proteger Otomão do levante de Fostate, Cufa e Baçorá. Os insurgentes convergiram do leste e do oeste para sitiar Medina em 656. Em sua fúria vingativa, eles mataram o califa e profanaram seus restos mortais. As consequências desse sacrilégio continuam pesando até hoje nas disputas internas dos muçulmanos, conquanto tenha levado muito tempo para que essas disputas estruturassem formas específicas do Islã.

---

49. Otomão é o marido de duas filhas de Muhammad, uma, Rocaia [*Ruqayyah*], casada durante a sua vida, e a outra, Um Cultum [*Umm Kulthum bint Muhammad*], após sua morte.
50. As cento e quatorze suras do Alcorão são classificadas por ordem de comprimento mais ou menos decrescente, e não segundo a sequência de sua revelação ao longo de cerca de duas décadas (assim, a sura 96 é frequentemente considerada a primeira a ter sido revelada).

Foi num contexto tão conturbado que Ali, há tanto tempo candidato à "sucessão" de Muhammad, finalmente alcançou o califado. Mas, longe de ser um "comandante dos crentes" incontestado, ele devia, de antemão, aguentar acusações infames da parte dos omíadas. Unindo-se em torno de Moáuia, os pais de Otomão exigiram o castigo de seus assassinos, castigo que, aos seus olhos, seria a única coisa que poderia livrar Ali da suspeita de cumplicidade. O novo califa tergiversou, hesitou e viu levantar-se contra ele uma nova dissidência, conduzida por Aixa [ʾĀʾishah bint Abī Bakr], a esposa preferida de Muhammad. Conquanto conseguisse sufocar, no Iraque, o desafio dos apoiadores de Aixa, Ali parecia cada vez mais incapaz de conter o flagelo da guerra civil, a "Discórdia" (Fitna) tão temida entre os muçulmanos. Os cinco anos do califado de Ali são, aliás, referidos como a "Grande Discórdia", enquanto o fosso aumentava entre o Iraque leal e a Síria omíada, cada qual formando um exército em nome da sua própria visão do Islã e do herói que devia encarná-la.

O choque ocorreu em 657, na fronteira entre os espaços sírios e iraquianos, na margem direita do Eufrates, em Sifim [Ṣiffīn], não muito longe da atual Raqqa. Após semanas de confrontos, Moáuia apostou no esgotamento de ambos os lados e convenceu Ali a aceitar uma arbitragem. O califa consentiu, assim, que a legitimidade do seu poder fosse posta em causa, o que provocou a dissidência dos Carijitas [Khawārij], literalmente os "dissidentes", opostos ao princípio mesmo da arbitragem. Satisfeito por ter assim dividido a parte adversa, Moáuia prolongou a arbitragem por mais de um ano de conversações. Ali esgotou seu crédito em tais conversações, aparecendo não mais como o chefe supremo de todos os muçulmanos, mas como o líder de uma facção, de um partido (Shīʿah), donde o termo "xiitas" foi associado doravante aos pró-Ali. O califa teve, aliás, de reprimir a dissidência carijita, ao custo das matanças pelas quais os Carijitas se vingaram, em 661, assassinando o próprio Ali, em Cufa. O desaparecimento de Ali levantou a hipoteca que o parentesco de Muhammad fazia pesar sobre as ambições dos omíadas. Moáuia se autoproclamou califa, instituiu uma sucessão de tipo dinástico e instalou sua capital em Damasco, longe das intrigas e vendetas de Medina.

1.12 Uma "era de ouro" bem obscura

Durante o período coberto, desde o ano 395, por este capítulo, o Oriente Médio foi, por mais de dois séculos, dividido entre dois impérios governados a partir de Constantinopla e Ctesifonte. O Império Bizantino controlava a Síria e o Egito, enquanto a Mesopotâmia, sede da capital sassânida, estendia seu domínio muito além do atual Irã, em direção ao Cáucaso, ao norte, e à Ásia Central, a leste. Essa divisão do Oriente Médio foi relativamente estável, não obstante os conflitos que às vezes eclodiam na Armênia e na Alta Mesopotâmia, mas geralmente permaneciam circunscritos a essas zonas fronteiriças. Os persas, provavelmente devido à proximidade da sua capital, desde muito cedo conferiram grande importância à solidez dos seus aliados árabes, os lacmidas, ao passo que os bizantinos aguardaram o século VI para consolidar o poder dos gassânidas. Os cismas que dilaceravam a Cristandade do Oriente abrangiam de maneira reveladora os espaços regionais: a Igreja da Pérsia, de inspiração nestoriana, dominava na Mesopotâmia sassânida, ao passo que a contestação miafisita do dogma bizantino permitia que os coptas do Egito se constituíssem como Igreja protonacional e que uma Igreja Siríaca se desenvolvesse no Levante.

A ofensiva sassânida, a partir de 602, penetrou profundamente no território bizantino, com a ocupação da Síria, depois do Egito, e mesmo o cerco de Constantinopla. O restabelecimento pelos bizantinos de suas fronteiras orientais, por volta de 630, ocorreu quando Muhammad conseguiu federar no Hejaz uma potência livre de suas querelas intestinas e portadora de uma mensagem de caráter universal. A expansão fulgurante do território muçulmano logo abrangeu todo o Oriente Médio, exceto a maior parte do que hoje é a Turquia. Medina, a capital deste império nascente, foi, no entanto, abalada, a partir de 656, por uma guerra civil que terminou, cinco anos mais tarde, com a transferência do centro do poder para Damasco. Essa "saída da Arábia", uma geração após um profeta árabe pregar aí a sua nova religião em árabe aos árabes, é impressionante por sua rapidez. Na verdade, esta foi a primeira e a última vez que um poder oriundo da Arábia conseguiu remodelar o Oriente Médio. A vitória dos omíadas, por outro lado, inaugurou um período de seis séculos no qual os califas árabes iriam dominar a região a partir da Síria, do Iraque ou do Egito.

Os nostálgicos da Cristandade imperial ou das origens do islã tinham agora muita dificuldade em alimentar suas fantasias acerca da realidade histórica. Em vez de uma "idade de ouro" idealizada, houve, de fato, um ciclo de confrontos e rupturas, de perseguições infligidas por cristãos a outros cristãos, de abusos perpetrados por muçulmanos contra outros muçulmanos. A vontade de Constantinopla de impor uma doutrina ao mesmo tempo "católica" e "ortodoxa" rejeitou os nestorianos no aprisco sassânida e os miafisitas na resistência interna. O próprio princípio das Igrejas autocéfalas residia na afirmação de uma identidade específica em detrimento da proclamada unidade dos crentes em torno do trono bizantino. Quanto aos quatro primeiros califas, embora a tradição islâmica os tenha qualificado coletivamente como "Bem Guiados" (*Rashidun, ar-Rāšidūn*), três morreram de morte violenta, dos quais dois sob os golpes de assassinos muçulmanos. E os conquistadores árabes, mal foram lançados para fora do Hejaz, não tardaram a identificarem-se, uns com a Síria, outros com o Iraque, a fim de melhor se destruírem. Tais contradições não são aberrantes nem marginais, tanto que são constitutivas da própria trama desses eventos fundadores, tanto para a Cristandade quanto para o Islã. O Oriente Médio está impregnado dessas contradições, cujas justificativas religiosas escondem mal a dinâmica profundamente política.

Cronologia

395-408	Arcádio, primeiro imperador romano do Oriente.
399	Paz entre romanos e persas.
405	Conclusão da Vulgata por São Jerônimo em Belém.
410	Saque de Roma pelos visigodos.
431	Concílio de Éfeso e cisma nestoriano.
451	Concílio de Calcedônia e contestação miafisita.
457	Bênção de Leão I pelo patriarca de Constantinopla.
459	Morte de São Simeão Estilita.
476	Fim do Império Romano do Ocidente.
502-506	Guerra limitada entre romanos e persas.
506	Independência da Igreja da Armênia de Constantinopla.
525	Expedição etíope no Iêmen.
527-565	Justiniano I, imperador romano do Oriente.
531-579	Cosroes I, rei dos reis sassânida.
535-565	Abramo, o Abissínio, à frente do Iêmen.
537	Consagração da Basílica de Santa Sofia em Constantinopla.
542	Epidemia de peste em Constantinopla.
573-591	Dara nas mãos dos persas.
Cerca de 575	Intervenção persa no Iêmen.
591-602	Paz entre bizantinos e persas.
591-628	Cosroes II, rei dos reis sassânida.
610-641	Heráclio, imperador romano do Oriente.
Por volta de 612	Início da pregação de Muhammad em Meca.
614	Conquista sassânida de Jerusalém.
622	Hégira de Muhammad de Meca a Medina.
624	Primeira vitória muçulmana em Badr.
625	Derrota muçulmana para os habitantes de Meca em Uude.
627	"Batalha da trincheira" em Medina.
628	Tratado de paz entre bizantinos e persas.
630	Conquista islâmica (*Fath*) de Meca.
632	Morte de Muhammad, Abu Baquir nomeado califa.
634-644	Omar ibne Alcatabe, o "califa da jihad".
636	Vitória muçulmana contra os bizantinos em Jarmuque.
637	Vitória muçulmana contra os sassânidas na Cadésia.
640-642	Conquista islâmica do Egito.
644-656	Otomão ibne Afane [ʿUthmān ibn ʿAffān], terceiro califa, assassinado em Medina.
651	Morte do último sassânida em Merve.
656-661	Ali, quarto e último califa "Bem Guiado".

Para saber mais

AMIR-MOEZZI, M.A.; DYE, G. (dirs.). *Le Coran des historiens*. Paris: Le Cerf, 2019.

CHABBI, J. *Le Seigneur des tribus. L'islam de Mahomet*. Paris: CNRS Éditions, 2013.

CHATONNET, F.B.; DEBIÉ, M. *Le Monde syriaque. Sur les routes d'un christianisme ignore*. Paris: Les Belles Lettres, 2017.

CHEYNET, J.-C. *Histoire de Byzance*. Paris: PUF, 2013.

DEMANGE, F. (dir.). *Les Perses sassanides*. Paris-Sully-la-Tour: Paris-Musées Findakly, 2006.

DÉROCHE, F. *Le Coran, une histoire plurielle*. Paris: Seuil, 2019.

DJAÏT, H. *La Grande Discorde. Religion et politique dans l'Islam des origines*. Paris: Gallimard, 1989.

KAPLAN, M. *Pourquoi Byzance? Un empire de onze siècles*. Paris: Folio, 2016.

MARAVAL, P. *Justinien. Le rêve d'un empire chrétien universel*. Paris: Tallandier, 2016.

RODINSON, M. Mahomet. Paris: Seuil, 1994.

2
Dos Omíadas aos Abássidas
(661-945)

Os omíadas unificaram o Oriente Médio sob sua autoridade, e em nome de uma comunidade islâmica (*umma*) reconciliada consigo mesma, após cinco anos de guerra civil. A ascensão do clã mecano, outrora o mais ferozmente pagão, triunfou sobre as reivindicações da família do falecido profeta. Essa expropriação dos herdeiros de Muhammad foi reforçada pela transferência da sede do poder de Medina para Damasco, que despojou a Arábia de sua preeminência política. Moáuia concedeu uma anistia geral, em 661, em troca da adesão de Haçane [*Ḥasan ibn ʿAlī ibn Abī Ṭālib*], o primogênito de Ali, e seus partidários, chamados "xiitas", ao seu califado. O coração do Império Omíada era a Síria, abandonada pela aristocracia bizantina, cujos ritos e palácios foram apropriados pelos novos senhores muçulmanos. A construção de mesquitas-catedrais e a instituição do sermão de sexta-feira (*khutba*), proferido do púlpito (*mimbar*) em nome do califa, fizeram parte desta reciclagem islâmica da pompa bizantina. Mas enquanto o soberano de Constantinopla impunha-se como lugar-tenente de Deus na Terra, o comandante dos crentes teve o cuidado de ancorar sua legitimidade aqui embaixo. Moáuia, portanto, organizou em vida, em 678, uma cerimônia de lealdade dos grandes chefes do Islã ao seu filho Iázide [*Yazīd ibn Muʿāwiyah ibn Abī Sufyān*], que o sucederia, por ocasião da sua morte, dois anos mais tarde, no trono do califado.

2.1 Um império diverso e contestado

Conquanto reunido sob um poder muçulmano, o Oriente Médio omíada estava, no entanto, apenas parcialmente islamizado: a maioria da população, sobretudo na Síria, permanecia cristã, embora a tributação discriminatória contra os povos do Livro constituísse, ao longo do tempo, um poderoso incentivo à conversão; a relíquia de João Batista, profeta do Islã sob o nome de Iáia [*Yaḥyā*], atraía fiéis muçulmanos e cristãos a um espaço sagrado há muito compartilhado em Damasco; Moáuia dependia, entre outras coisas, de altos funcionários cristãos para administrar seu império. A permanência, sob uma forma islamizada, das práticas bizantinas de poder reforçava o peso persistente dos cristãos tanto na elite quanto na população. Foi somente na Península Arábica que, retomando-se a proteção concedida aos cristãos do Iêmen por Muhammad, empreendeu-se um processo de islamização sistemático, de fato anterior aos omíadas e alimentado pela dinâmica revanchista das guerras de apostasia[51]. De modo geral, a conversão, malgrado as injunções proféticas, não foi suficiente para assegurar a plena igualdade: os novos muçulmanos deviam afiliar-se a um clã árabe, e seu *status* inferior era expresso em sua designação como mauali [*mawālī*][52], ou seja, "clientes" ou mesmo "servos". Contrariamente aos clichês, por vezes em voga hoje, é, portanto, errado afirmar que o Oriente Médio se tornou subitamente árabe e muçulmano no século VII: neste conjunto com um componente cristão muito forte, os conquistadores árabes constituíam apenas uma pequena minoria, e a arabização das populações, sobretudo no meio urbano, nem sempre foi sinônimo de islamização.

A dominação árabe aconteceu de maneiras diferentes entre a Síria, o Egito e o Iraque. O "País de Sham" [*Bilād ash-Shām*, ou Grande Síria], Sham designando tanto Damasco quanto a Síria em sentido amplo, era dividido em quatro jundes [*jund*, pl. *ajnad*], circunscrições militares cujas respectivas capitais eram Damasco, Homs, Lida [*Lod*] (para a "Palestina",

---

51. Cf. *supra*, p. 51. Deve-se notar que a marginalização omíada do Iêmen favoreceu a manutenção de uma comunidade judaica ali.
52. Mauali [*mawālī*] é o plural de maula [*mawlā*].

estendida aos desertos da Arábia e do Sinai) e Tiberíades (para a "Jordânia", província que cobria a Galileia e a costa de Tiro). Os invasores muçulmanos frequentemente substituíam os latifundiários bizantinos para auferirem a renda das suas terras, cujos agricultores permaneciam no local. No Egito, a cidade guarnição de Fostate, no local atual do Velho Cairo, era, ao contrário, o polo de atração de uma significativa imigração proveniente da Península Arábica e do Vale do Nilo. Essa situação híbrida refletia-se na coexistência de procedimentos fiscais, por um lado, herdados da era bizantina, e, por outro, instituídos pelo novo regime. No Iraque, os combatentes árabes que vieram povoar as cidades de Cufa e Baçorá viviam do arrendamento das províncias vizinhas, e a hierarquia social correspondia às diferentes ondas de assentamento, sendo os imigrantes mais recentes os menos nobres. Quanto às campanhas e às marchas iranianas, elas permaneceram por muito tempo nas mãos de governadores sassânidas mantidos em seus cargos mediante o pagamento de um tributo anual. O Império Omíada, também aqui nos antípodas de certos estereótipos atuais, foi uma construção bem mais empírica do que ideológica, empirismo este que garantiu sua solidez. E as contradições que o atravessaram, à imagem do califado de Medina antes dele, opuseram fundamentalmente as facções do Islã umas às outras.

Foi assim que Iázide, desde a sua ascensão ao califado, em 680, ascensão, entretanto, preparada há muito tempo por Moáuia, foi desafiado por Huceine [*al-Ḥusayn ibn ʿAlī*], filho de Ali e irmão de Haçane, falecido dez anos antes. Huceine endossava as pretensões de Ali ao estabelecimento de um califado que seria, portanto, "xiita" em vez de omíada. Ele acreditava, seguindo o exemplo de seu pai, encontrar em Cufa, e de modo mais geral no Iraque, a base de tal movimento revolucionário. No entanto, apenas uma escolta de leais seguidores o acompanhava quando ele foi cercado pelo exército omíada em um lugar chamado Carbala, ao norte de Cufa. Huceine e os seus foram massacrados, antes que a cabeça do filho de Ali fosse levada como troféu para Damasco. Ela foi aí exibida em público, para maior vergonha dos xiitas, nesta mesma grande mesquita onde a cabeça de João

Batista/Iáia foi, em contrapartida, subtraída à vista dos fiéis para ser melhor reverenciada. Levará séculos para que a piedade xiita supere o choque desse sacrilégio, escolhendo venerar Ali e seu filho Huceine no local iraquiano do seu martírio e do seu mausoléu, Najaf para o primeiro, e Carbala para o segundo. Um fervor pungente exaltou então a figura de Huceine, abandonado por todos perante seus algozes. Por enquanto, os xiitas vencidos contavam com a vingança divina que um justiceiro oculto, o Mádi [*al-Mahdī*] (o "Bem Guiado"), exerceria um dia contra os omíadas.

A principal importância desse crime fundador para a estruturação posterior do Islã não nos pode fazer esquecer que, aos olhos dos contemporâneos, a sedição de Huceine parecia limitada, até mesmo marginal. Muito mais formidável era o outro desafio lançado ao Califa Iázide, em 680, desta vez da Arábia, por Ibne Zubair [*ibn al-Zubayr*], neto de Abu Baquir, o primeiro califa do Islã. Os rebeldes contestavam aos omíadas o direito de transmissão hereditária de um poder que, segundo eles, deveria reverter aos melhores dos descendentes dos companheiros de Muhammad. O contingente enviado de Damasco sufocou a sedição em Medina, mas não conseguiu tomar Meca, onde Ibne Zubair, proclamado califa por seus partidários em 683, permaneceria por quase dez anos. A dissidência alimentou-se dos riscos da sucessão omíada: Moáuia II [*Muʿāwiyah ibn Yazīd*], que se tornou califa após a morte do seu pai, Iázide, em 683, morreu alguns meses depois, trazendo para o trono um dos seus primos distantes, Maruane I [*Marwān ibn al-Ḥakam*][53]. Os exércitos dos dois califas concorrentes se enfrentaram nos arredores de Damasco, em 684, uma batalha que redundou muito amplamente na vantagem dos omíadas, a despeito da sua inferioridade numérica. Este conflito levou a uma profunda recomposição das lealdades tribais, cada campo identificando-se, amiúde em detrimento da genealogia real, aos "iemenitas", os cálbidas [*Kalb*], para os omíadas, e aos partidários de Ibne Zubair, os cáicidas [*Qays*], para os "Árabes do

---

53. A numeração dos soberanos não tem nenhum sentido no Islã, onde prevalece a filiação paterna (*ibn*/*bin*, "filho de"). Ela é aqui mantida pela clareza da exposição e sua conformidade com a historiografia corrente, como já era o caso para os soberanos sassânidas Cosroes I e Cosroes II.

Norte". O cerco de Meca por tropas leais, em 692, foi acompanhado de grandes destruições, inclusive na Caaba, que foi atingida por tiros de catapultas. Terminou com a execução de Ibne Zubair e o esmagamento da sua dissidência. Esse esmagamento sancionou a submissão da Arábia ao poder de Damasco, enquanto vencedores e vencidos, conscientes do caráter sacrílego do seu confronto até o coração de Meca, evitaram conservar sua memória.

2.2 Abdal Malique e seus sucessores

O Califa Abdal Malique [*Abd al-Malik ibn Marwān*][54], filho de Maruane I, no poder de 685 a 705, foi em muitos aspectos o mais importante dos soberanos omíadas. Pouco antes de finalmente recuperar o controle de Meca, ele concluiu em Jerusalém a construção de um suntuoso "Domo da Rocha", impropriamente denominado "Mesquita de Omar", em referência ao califa que conquistou a Palestina. Este monumento não foi, no entanto, dedicado à oração de sexta-feira: supõe-se que celebre o encontro místico entre Muhammad e Abraão, enquanto se amplia o mito de um Abraão, ancestral dos árabes, através do seu primeiro filho, Ismael. Assim como a revelação corânica pretende fechar o ciclo das profecias, o Domo da Rocha islamiza o local onde, segundo uma interpretação muito difundida do Gênesis, Abraão estava pronto para sacrificar seu segundo filho Isaac. Este espaço sagrado corresponde, além disso, na piedade judaica, ao "Monte do Templo", duas vezes destruído pelos babilônios e pelos romanos. Por fim, as grandiosas inscrições em mosaico retomam os versículos de afirmação da unicidade divina e da humanidade de Jesus, em soberano desmentido do dogma cristão. O Império Árabe proclamava-se definitivamente muçulmano, embora a maioria da sua população ainda não o fosse.

Esta consagração simbólica funcionou como uma arabização voluntarista da administração omíada, onde o grego, o copta e o pálavi conti-

---

54. "Abdallah" significa "adorador de Deus", uma denominação declinada em cada um dos noventa e nove nomes atribuídos a Deus, incluindo "Al-Malik", "o Rei/Senhor".

nuavam a ser usados. A própria arabização andou de mãos dadas com o aumento da tributação e a pressão centralizadora, que suscitaram reações regionalistas e jacqueries localizadas. O estabelecimento de colonos sírios no coração das áreas rebeldes, particularmente no Iraque, fez parte desta grande obra imperial. Um embrião de exército profissional, com patentes e soldos, visava a substituir os recrutamentos em massa que promoviam a expansão pela jihad. A homogeneização dos manuscritos do Corão, com base na vulgata fixada uma geração antes, foi completada pela destruição metódica dos exemplares "dissidentes"[55]. Enquanto os bizantinos privilegiavam as moedas de ouro e os sassânidas as de prata, Abdal Malique instituiu o bimetalismo entre o dinar/denário de ouro e o dirrã/dracma de prata[56]. As poucas moedas cunhadas em nome do "Califa de Deus" revelavam uma tentação teocrática de tipo bizantino e não islâmico.

De qualquer forma, tais pretensões já não vigoravam sob o reinado dos quatro filhos e do sobrinho de Abdal Malique, que o sucederam no trono omíada. O primeiro deles, Ualide [*al-Walīd ibn 'Abd al-Malīk*], no poder de 705 a 715, distinguiu-se pela sua atividade de construtor, com a "Mesquita dos omíadas" de Damasco, que doravante consagra exclusivamente ao culto muçulmano as relíquias de João Baptista/Iáia; a mesquita de Medina, cujo pátio abriga o túmulo de Muhammad em seu ângulo oriental; e a Mesquita de Al-Aqsa, que completa o Domo da Rocha, em Jerusalém, numa "Esplanada das Mesquitas", destinada a tornar-se o terceiro lugar mais sagrado do Islã, depois do recinto da Caaba, em Meca, e da Mesquita do Profeta, em Medina. O Califa Ualide continuava as campanhas de expansão de um império que já se estendia do Marrocos à Ásia Central, não sem reprimir comandantes considerados demasiado independentes (foi assim que Muça ibne Noçáir [*Mūsā ibn Nuṣayr*], apesar de ser o artesão, em 711, da conquista da maior parte da Península Ibérica, islamizada sob o nome de Al-Andalus, caiu em des-

---

55. Os xiitas acusarão por muito tempo os omíadas de terem "falsificado" um Corão cujo texto original teria sido favorável a Ali.
56. O dinar pesa 4,25g de ouro e o dirrã 2,97g de prata.

graça). O curto reinado do Califa Solimão [Sulaymān ibn 'Abd al-Malik], de 715 a 717, foi marcado pela construção da segunda mesquita dos omíadas, desta vez em Alepo, ao lado da Catedral de Santa Helena, cujo culto foi preservado. Solimão, ex-governador da Palestina, fundou a cidade de Ramla e aí estabeleceu a capital desta província, até então administrada a partir de Lida. Consagrou-se sobretudo a uma campanha encarniçada contra os bizantinos, sitiando, em vão, Constantinopla por terra e mar durante um longo ano. Em um último gesto de desafio, Solimão é enterrado em Dabique [Dabiq], ao norte de Alepo, no local onde reunia suas tropas antes de invadir o território bizantino.

O Califa Omar ['Umar ibn 'Abd al-'Azīz][57], sobrinho e genro de Abdal Malique, permaneceu no poder de 717 a 720. Tão piedoso quanto erudito, atribui-se a Omar uma das primeiras compilações de fatos e ditos de Muhammad, designados sob o termo genérico de "hádice" [Ḥadīth]. Ele suspendeu as expedições militares, a começar pelo cerco de Constantinopla, a fim de concentrar-se melhor nos desafios internos ao império. O mais grave era a discriminação muito duramente sentida pelos convertidos não árabes, os mauali. O reinado de Omar foi breve demais para dirimir esse litígio, o que não impediu que uma aura excepcional aureolasse este califa até hoje[58]. A política expansionista, interrompida por Omar, foi retomada com energia por seus sucessores Iázide II [Yazīd ibn 'Abd al-Malik] (720-724) e Hixame [Hishām ibn 'Abd al-Malik] (724-743), ambos filhos de Abdal Malique. Um século depois da morte do profeta do Islã, o domínio omíada atingiu sua extensão máxima, desde a Narbonense [Narbonnaise], a oeste, até o Vale do Indo, a leste. Este imenso território era estruturado por uma rede de postos de cavalo, muito eficiente para a época, com revezamentos de abastecimento, e até mesmo um caravançará (khan) em cada etapa. Ao lado de Cufa, para o Iraque, de Fostate, para o Egito, e de Medina, para a Arábia, Mossul afirmava-se como o centro do poder omíada para

---

57. Ele é conhecido como Omar ibne Abdalazize ['Umar ibn 'Abd al-'Azīz] para distingui-lo de Omar ibne Alcatabe ['Umar ibn al-Khaṭṭāb], o segundo califa do Islã.
58. Com efeito, alguns muçulmanos o veem como o quinto e último dos califas "Bem Guiados", depois dos quatro primeiros califas do Islã.

a Alta Mesopotâmia e a Armênia. O Califa Hixame ordenou a construção de complexos palacianos no Vale do Jordão, no deserto de Palmira e no seu feudo de Resafa [Reṣafa, ou Rusafa][59], no curso médio do Eufrates. O requinte destes "castelos do deserto" é equivalente, em termos de arte de corte, ao esplendor das mesquitas dos omíadas de Damasco e Alepo.

2.3 A revolução abássida

O regime omíada entrou em crise durante os últimos anos do reinado de Hixame, uma crise agravada em sua morte, em 743, por lutas de poder que viram quatro califas sucederem-se em menos de dois anos. Maruane II [Marwān ibn Muḥammad ibn Marwān ibn al-Ḥakam] conquistou o trono em 744 apenas apostando sem reservas nas chamadas tribos árabes "do Norte", os cáicidas, em detrimento dos chamados clãs "iemenitas". Embora a ancestralidade real de ambos fosse discutível, os líderes árabes da Síria organizaram-se por meio século em torno dessa divisão Norte/Sul[60]. Abdal Malique e seus sucessores foram sábios o bastante para cooptar a ambos, a fim de preservar a paz interna. Maruane II, ao contrário, cometeu o erro, provavelmente fatal, de deixar Damasco para instalar-se em Harã, na Alta Mesopotâmia, onde certamente foi protegido por seus seguidores cáicidas, mas duradouramente isolado de seus demais súditos. Ao mesmo tempo, o esgotamento da dinâmica de expansão pela jihad exauriu os recursos do Império Omíada, manteve em suas periferias massas de soldados amargurados pelas derrotas e alimentou revoltas internas cada vez mais violentas, no Egito e no Magrebe.

A ameaça mais séria, entretanto, provinha dos mauali, convertidos não árabes que já não suportavam seu *status* de segunda classe, sobretudo em matéria fiscal, perante os muçulmanos de origem árabe. A revolta foi particularmente virulenta em Coração [Khorāsān] (território que cobriria

---

59. Resafa, onde encontra-se o túmulo de São Sérgio, foi desde o século VI um polo de atração dos árabes então cristianizados (cf. *supra*, p. 43).
60. Cf. *supra*, p. 63.

hoje a província de mesmo nome no leste do Irã), assim como no oeste do Afeganistão e no sul do Turcomenistão. É nesse extremo oriente do Islã que um agitador persa genial, Abu Muslim [*Abū Muslim al-Khurāsānī*], desenvolveu uma propaganda revolucionária e igualitária que logo obteve formidável sucesso entre os mauali. Ele então convocou os militantes xiitas pela restauração dos descendentes de Ali, militantes que o esmagamento de uma recente revolta em Coração deixou desamparados. Abu Muslim também recrutou nas fileiras dos contingentes árabes das guarnições de fronteira, que acusam os omíadas de tê-los abandonado nos confins do império. Por fim, ele reciclou temas ligados ao imaginário popular do Fim dos Tempos, notadamente as Bandeiras Negras, cujo advento marcará o triunfo do Mádi, o Bem Guiado, e a restauração por seu sabre da justiça aqui na terra.

Abu Muslim amalgamou todos esses componentes em um discurso e um movimento que contestava os próprios fundamentos do califado omíada. Ele afastou as acusações de *Fitna*[61], a discórdia entre os muçulmanos, opondo-lhes o imperativo religioso de derrubar um dirigente ímpio; e deixou os xiitas acreditarem que ele apoiava seu herói, Jafar [Alçadique, *Ja'far al-Ṣādiq*], bisneto de Huceine. A insurreição eclodiu em Coração em 747, tomou Merve no ano seguinte e avançou inexoravelmente para o oeste. A entrada triunfal dos rebeldes em Cufa, em 749, foi acompanhada por uma reviravolta dramática: Abu Muslim proclama califa, não Jafar, mas Abulabás [Açafá, *Abū al-'Abbās al-Saffāḥ*], um descendente distante de um dos tios do Profeta, Abas (donde o qualificativo abássida atribuído a este ramo da família). Jafar aceitou o fato consumado, perturbando seus apoiadores que esperavam uma vingança histórica da linhagem de Ali. Abulabás lança suas tropas ao assalto da Alta Mesopotâmia, despedaçando o exército omíada, em 750, na Batalha do Grande Zabe. Maruane II foge para o Egito, onde é capturado e executado pouco depois. Os parentes do califa deposto foram sistematicamente massacrados, e apenas um dentre eles, Abderrahmane [*'Abd al-Raḥmān*], escapou da carnificina para refu-

---

61. Cf. *supra*, p. 55.

giar-se na Andaluzia. Por essa série de assassinatos, Abulabás ganhou a alcunha de Açafá [*al-Saffāḥ*], "o Sanguinário".

O triunfo abássida, no entanto, resultou apenas na substituição de um princípio dinástico por outro. O termo *"Dawla"*, inicialmente associado à revolução dos astros, e então à revolução de tipo político, passou doravante a significar "Estado". Essa ruptura institucional era muito diferente da Grande Discórdia da qual, em 661, Moáuia saíra vitorioso contra Ali. Com efeito, ela era parte de uma dinâmica de tomada de poder que Ibne Caldune [*Ibn Khaldūn*], um pioneiro das ciências sociais árabes do século XIV, conceituaria segundo o tríptico *assabiyya/da'wa/mulk*. O *assabiyya* era um "grupo" estritamente solidário, devido a laços tribais e/ou ao seu espírito de equipe, que difundiu uma "pregação" *da'wa*, que fundamentava a sua ambição de apoderar-se do "poder" *mulk* e exercê-lo. O "grupo" abássida fez assim prevalecer seus interesses coletivos sobre as reivindicações xiitas e conseguiu, graças ao poder da "pregação" de Abu Muslim, substituir o *mulk* dos omíadas pelo seu. A *da'wa* pertencia ao registro islâmico, embora esse termo possa, hoje, ser traduzido como "discurso" ou "propaganda", porque todos os atores dessas lutas pelo poder afirmavam ser muçulmanos (e, portanto, melhores muçulmanos do que os seus adversários). Além disso, Ibne Caldune relacionou o enfraquecimento do poder central e o surgimento da sua contestação na periferia, esquema que se encontra na ascensão ao poder da alternativa abássida, desde Coração até o centro do Oriente Médio.

A era omíada durou menos de um século, mas depois dela nunca um império muçulmano controlaria um território tão vasto. A saída da Arábia, operada por Moáuia em 661 e completada com a liquidação de Ibne Zubair em 692, favoreceu a duração de um império que não poderia ter sido administrado tão eficazmente a partir de Medina, uma das lições menos ponderadas da Grande Discórdia. A centralidade da Síria sob os omíadas também facilitou a promoção de Jerusalém como terceira cidade santa, ao lado de Meca e Medina, nenhuma das quais aliava a dimensão política ao seu *status* sagrado. O principal legado dos omíadas aos seus descendentes abássidas residiu na hereditariedade dinástica, que, ao excluir a descendência direta de Muhammad, sancionou a derrota histórica do "partido" xiita. Seriam, no entanto, necessários mais dois séculos para que a dissidência xiita se constituísse um dogma específico do Islã, em oposição a um "sunismo" estruturado gradualmente em torno de quatro escolas canônicas. Quanto à arabização, conduzida com voluntarismo desde o califado de Abdal Malique, ela teria encorajado entre os convertidos da Pérsia, eles mesmos arabizados, veleidades de emancipação que a insurreição abássida mobilizou com sucesso.

2.4 O califado de Bagdá

Abulabás designou como herdeiro o seu meio-irmão[62], Almançor [al-Manṣūr], "o Vitorioso", que o sucedeu após sua morte, em 754. O novo califa encarregou Abu Muslim, governador de Coração, de reprimir aí qualquer forma de oposição. Uma vez cumprida essa missão, ele voltou-se contra Abu Muslim, e o liquidou juntamente com seus partidários, antes que estes se tornassem poderosos demais. Para além das intrigas do serralho, disso dependia a estabilização de uma dinastia ameaçada pelo fervor messiânico de alguns dos mesmos que a levaram ao poder. Já não era hora de invocar Bandeiras Negras, nem de exaltar um Mádi vingador, mas de consolidar um poder realmente terreno. Veremos tal processo repetir-se durante o advento dos fatímidas e dos safávidas[63]. Quanto aos abássidas, caberá ao segundo soberano da linhagem, uma vez cumprida a obra do fundador, eliminar os extremistas cujo entusiasmo, canalizado para a conquista do poder, se torna perigoso em sua fase de institucionalização.

Em 758, o Califa Almançor lançou o colossal canteiro de uma nova capital, inaugurada quatro anos mais tarde com o nome de Bagdá e a alcunha de "Cidade da Salvação" (Almedina Alçalam [Madīnat al-Salām]), segundo um plano circular com um diâmetro de dois quilômetros e meio. O

---

62. Abulabás e Almançor têm o mesmo pai, mas a mãe de Almançor é berbere.
63. Cf. *infra*, p. 99 e p. 159.

califa então deixou Cufa, demasiado marcada pelas solidariedades xiitas, mas não sem ter esmagado, em Medina e Baçorá, as revoltas fomentadas por dois descendentes distantes de Ali. A dinastia triunfante impôs assim a sua única e exclusiva legitimidade, fazendo, com Bagdá, tábula rasa das ancoragens de seus rivais e predecessores. O Oriente Médio abássida era governado a partir do Iraque, enquanto a Síria, identificada com os omíadas derrotados, era frequentemente tratada como território ocupado. Assim como ao instalarem-se em Damasco os omíadas retomaram parte da pompa bizantina, a escolha pelos abássidas de uma capital próxima a Ctesifonte foi acompanhada de uma reciclagem de certos ritos de poder sassânidas. O califa agora recebia, atrás de um véu[64], pessoas privilegiadas que deviam prosternar-se e beijar o chão. A alcunha do soberano era associada à pessoa divina, ainda que apenas pela invocação de sua graça[65]. O título de "Califa de Alá", que somente Abdal Malique reivindicara de forma intermitente durante a era omíada, era cada vez mais frequentemente utilizado. A política geral de promoção dos mauali, os convertidos não árabes, beneficiava principalmente os muçulmanos de origem persa, muitos dos quais alcançavam as mais altas funções do Estado. Era o início da síntese árabo-persa que marcaria a idade de ouro deste primeiro século abássida.

A administração central estava organizada em diferentes gabinetes (do Tesouro, do Exército, dos Domínios e dos Correios[66]), sendo cada gabinete (divã [*dīwān/dīvān*]) dirigido por um secretário (*kātib*). Foi apenas gradualmente que o título honorífico de vizir[67] passou a designar a coordenação dos assuntos governamentais. Os recursos fiscais eram principalmente de três tipos: o imposto territorial (caraje [*kharāj*]), coletado sobre propriedades imobiliárias ou agrárias; o dízimo (*ushr*), empenhado nas

---

64. O camareiro encarregado do protocolo também é chamado de hájibe [*al-ḥājib*] ("aquele que vela").
65. A alcunha completa de Almançor é "Vitorioso pela graça de Deus".
66. Os agentes postais também têm uma função de inteligência, devido aos relatórios diários enviados ao califa desde as províncias (uma função assegurada na capital pelo gabinete de Informação/*Khabar*).
67. O termo "vizir" é um afrancesamento do árabe *wazir*, ele próprio traduzido como "ministro".

transações comerciais e na produção agrícola; e o imposto *per capita* (jizia [*jizyah*]), pago por não muçulmanos. Mas a imaginação abássida era fértil quanto a instituir e cobrar novos impostos. Esses vários impostos eram cobrados pelo governador antes de serem transferidos para o Tesouro de Bagdá. Essencial para a prosperidade do Estado abássida era a centralização da administração por departamentos, e não por territórios, sendo cada responsável subordinado ao seu superior em Bagdá, e não ao governador local. Este governador, em caso de disputa com o representante, em sua província, de determinado divã, encontrava-se assim à mercê de uma eventual arbitragem da capital em seu desfavor. Tal dispositivo limitava grandemente as tendências centrífugas em um império tão vasto[68] (somente a Andaluzia fez secessão, em 756, sob a autoridade do único sobrevivente da família omíada).

Harune Arraxide [*Hārūn ar/al-Rashīd*], o quinto califa abássida, reinou em Bagdá de 786 a 809, conquanto passasse muito tempo em Raqqa, no Eufrates, para ir regularmente guerrear contra os bizantinos. Os contos nos quais ele aparece nas *Mil e uma noites*, os quais contribuíram para a sua reputação lendária, têm pouca conexão com a realidade, porquanto foram escritos séculos mais tarde na Síria e no Egito. Esses contos referem-se frequentemente aos vizires da família barmecida [*Al-barāmika*][69], cujo patriarca, Calide [ibne Barmaque, *Khālid ibn Barmak*], veterano da revolução abássida, era um dos homens de confiança dos califas Abulabás e Almançor. Iáia [ibne Calide, *Yaḥyā ibn Khalid*], filho de Calide, estava encarregado da tutela do jovem Harune e, em sua ascensão ao califado, tornou-se seu mui temido ministro. Tal posição favoreceu os dois filhos de Iáia, tendo Jafar [ibne Iáia, *Ja'far ibn Yaḥyā*] sucedido seu pai como ministro de Harune Arraxide, enquanto seu irmão Alfadle [ibne Iáia, *al--Faḍl ibn Yaḥyā*] ocupava importantes comandos militares. A desgraça dos

---

68. O Império Romano do Oriente havia, pelas mesmas razões, adotado um sistema comparável de centralização administrativa (cf. *supra*, p. 27).
69. Antes de sua conversão ao Islã, os barmecidas eram dignitários budistas do mosteiro de Bactro [*Báktra, Balkh*], no norte do Afeganistão.

barmecidas, em 803, só foi mais brutal com a decapitação de Jafar e o encarceramento dos seus pais.

Por esse suplício, que impressionou seus contemporâneos, Harune Arraxide afirmou o caráter absoluto do seu poder. Ele arruinou as aberturas de seus vizires à corrente xiita, e não hesitou em mandar prender ou mesmo assassinar os descendentes de Ali. Também sancionou a tolerância religiosa e intelectual que prevalecia na corte de Bagdá. Porque o califa professava uma ortodoxia meticulosa, alternando, ao longo do seu reinado, os anos de peregrinação a Meca e os de campanha contra os bizantinos. Veremos que ele conduziu suas tropas, em 806, até Ancara, impondo sua "proteção" ao imperador cristão[70]. A piedade de Harune Arraxide o levou a depositar em Meca o testamento que confiava o califado ao seu filho Alamim [al-Amīn], nascido de uma esposa legítima de sangue árabe. Ele assim relegou à segunda posição o meio-irmão de Alamim, Almamune [al--Ma'mūn], nascido alguns meses antes do herdeiro, mas de uma concubina persa. Harune Arraxide acreditava, portanto, que a sua sucessão estivesse garantida quando, em 809, tendo partido em uma expedição para reprimir uma rebelião em Coração, ele aí morreu e foi enterrado. Seu mausoléu, em Mexede [Mashhad/Meshed], está hoje integrado ao local que gradualmente tornou-se o mais sagrado do xiismo iraniano. Estranha posteridade a deste califa, que constantemente reprimira os descendentes de Ali antes de repousar junto a um deles[71].

Malgrado as precauções tomadas em vida por Harune Arraxide, a guerra civil logo eclodiu entre os dois meios-irmãos, o Califa Alamim, em Bagdá, e Almamune, governador de Coração. Almamune finalmente venceu, em 813, após um cerco particularmente sangrento a Bagdá. Um poeta da época descreveu a utilização de catapultas e projéteis incendiários, acesos com "nafta", portanto, petróleo. A desolação foi imensa, em-

---

70. Cf. *infra*, p. 90.
71. Com efeito, Mexede é o local do mausoléu de Reza [Arrida], o oitavo imã do xiismo, que morreu em 818, provavelmente envenenado por ordem do Califa Almamune, filho de Harune Arraxide.

bora a vitória de Almamune sobre Alamim, que foi massacrado e depois decapitado, tenha sido completa. Durante os cinco primeiros anos de seu reinado, Almamune estabeleceu sua corte em Merve, em Coração, e envolveu-se em aberturas ousadas para com a família de Ali, cujo verde ele chegou mesmo a arvorar em sua bandeira, no lugar do preto abássida. Mas, em 818, Almamune retornou brutalmente à política antixiita, que era a do seu pai. O Califa devolveu o preto à sua bandeira e voltou a estabelecer-se em Bagdá. Mandou que aí fosse aberta uma "Casa da Sabedoria" [*Bayt al--Ḥikmah*], dedicada ao intercâmbio intelectual, com traduções de filósofos gregos e romanos, a partir de manuscritos adquiridos em território bizantino. Aí destacaram-se, entre outros, o médico nestoriano Hunaine ibne Ixaque [*Ḥunayn ibn Isḥāq*], intérprete de Galeno, e o matemático Alcuarismi [*al-Khwārizmī*] (cujo nome latinizado resultou em "algoritmo")[72].

O Califa Almamune passou a encorajar, cada vez mais publicamente, uma interpretação do Islã de tipo racionalista, a de uma corrente chamada mutazilita [*Mu'tazilah*], literalmente "que se isola" (para abstrair-se de considerações profanas e concentrar-se nas realidades sagradas). As obras dos principais autores dessa corrente desapareceram, mas é certo que se baseavam em duas concepções revolucionárias à época: o caráter criado e histórico do Corão, por um lado, e o livre-arbítrio do homem, plenamente responsável pelos seus atos, por outro. Uma coisa é tratar essas questões filosóficas nos cenáculos da corte, outra totalmente diferente é alçar o mutazilismo ao *status* de doutrina oficial do califado e reprimir brutalmente as opiniões divergentes. Este passo foi dado em 833, no fim do reinado de Almamune, que lançou a *Mihna* [*miḥnah*], qual seja o "Ordálio", o equivalente, sem as fogueiras, a uma Inquisição, em que os clérigos relutantes ao mutazilismo eram perseguidos. A morte súbita do califa, em uma expedição contra os bizantinos, logo após o desencadeamento da *Mihna*, foi interpretada pelos opositores do mutazilismo como um castigo divino. No entanto, este episódio só ganha sentido pleno no contexto da formalização da tradição profética, a suna [*sunnah*], ao lado da mensagem corânica.

---

72. Alcuarismi conceitualiza o cálculo por "restauração" (*al-jabr*), que se tornará a "álgebra".

2.5 O surgimento tardio do sunismo

A mobilização de uma temática xiita pela revolução abássida e as tergiversações dos califas de Bagdá em relação aos descendentes de Ali sublinham a fluidez persistente das fronteiras dogmáticas durante os dois primeiros séculos do Islã. É uma transposição arriscada das categorias cristãs datar da Grande Discórdia entre Ali e Moáuia, e posteriormente do martírio de Huceine, em 680, um "cisma" irreconciliável entre sunitas e xiitas. A ausência de uma Igreja no Islã proíbe esse tipo de assimilação, embora a categoria "sunita" só tenha surgido muito gradualmente com a elaboração da suna, ou seja, da "tradição" ligada a Muhammad e fundada sobre o hádice, literalmente a "citação" atribuída ao Profeta. A disciplina do hádice, da qual um califa omíada teria sido um dos pioneiros[73], visa a constituir um *corpus* de referência, processo no qual a validação é tão importante quanto a exclusão. A tarefa é ainda mais imensa na medida em que as citações apócrifas de Muhammad proliferaram desde a sua morte em 632. Foi em meados do século IX que uma dezena de coletâneas monumentais de hádices foram compiladas, não por autores árabes, mas arabizados. Seu critério de seleção era a cadeia de transmissão (*isnad*), que devia remontar por transitividade aos companheiros mais próximos do Profeta. Diz-se que um hádice é mais ou menos "sólido" em função da confiabilidade dessa cadeia de transmissão.

As duas coletâneas de hádices mais respeitadas, organizadas por temas, são ambas intituladas "O Autêntico"[74]. São obra de dois persas arabizados por longas estadias no Iraque e na Arábia, e até mesmo no Egito: Muhammad ibne Ismail Albucari [*Muḥammad ibn Ismāʿīl al-Bukhārī*], que morreu perto de Samarcanda [*Samarqand*] em 870, e Abu Huceine Muslim [*Abū Al-ḥusayn Muslim*], falecido em 875 na sua cidade de Nixapur [*Neyshābūr*]. O trabalho normativo dos especialistas em hádice é

---

73. Cf. *supra*, p. 66.
74. Esses dois "Autênticos" são completados na ortodoxia sunita pelos quatro *Sunan* (o plural de *sunna*), escritos na mesma época por Abu Daúde [*Abū Dāʾūd*], Altirmidi [*al-Tirmidhī*], Alnaçai [*al-Nasāʾī*] e Ibne Maja [*Ibn Mājāh*].

contemporâneo da formalização de quatro escolas jurídicas, conhecidas no singular como *madhhab*, que elevam a tradição profética, a suna, a uma fonte de legitimidade canônica, tal como o Corão. A revelação divina é assim completada pelos fatos e gestos atribuídos àquele que foi seu Mensageiro, por causa da sacralização abássida da própria pessoa de Muhammad. Cada escola sunita deriva seu nome da sua figura tutelar, mencionada abaixo em ordem cronológica de aparecimento, a fim de não estabelecer uma hierarquia entre esta ou aquela *madhhab*.

O primeiro desses inspiradores de escola foi Abu Hanifa [*Abū Ḥanīfah*], nascido em Cufa, em uma família de maualis persas. Foi nesta cidade iraquiana que ele ministrou um ensinamento que logo se tornaria muito popular. Mas ele se recusou a servir ao Califa Almançor, que se vingou ordenando a sua prisão em Bagdá. Abu Hanifa morreu na prisão em 767, acusado de simpatias xiitas. Ele nunca teve consciência de constituir por seus escritos o *corpus* doutrinal de uma futura escola sunita, aliás batizada com o seu nome. Esta obra fundadora pertence aos seus discípulos diretos que gozam do favor de Harune Arraxide, um sendo promovido a cádi [*qāḍī*] (juiz religioso) de Bagdá e, portanto, chefe de todos os cádis do império, e o outro tornando-se conselheiro do califa, antes de ser nomeado cádi de Raqqa. Tais posições estratégicas facilitaram a difusão das teses de Abu Hanifa em todo o território abássida. Foi, séculos depois, a adoção do hanafismo [*Madhhab Ḥanīfah*] pelos seljúcidas, e depois pelos otomanos, que tornaria essa doutrina dominante no mundo turco de hoje. Ela distingue-se por um relativo pragmatismo e valida o eventual recurso à opinião pessoal (*ra'y*) em prol do mal menor.

Em seguida vem Malique ibne Anas [*Mālik ibn Anas*], denominado "o Imã de Medina", porque foi nesta cidade santa que passou a maior parte da sua existência, até sua morte em 796. Ele também sofreu o açoite e a masmorra, antes de ser agraciado pelo Califa. Malique redige o *Muwatta*, "o Caminho aplainado", considerado o primeiro tratado de *fiqh*, como é denominada a "lei islâmica". As diferentes recensões deste tratado fundador permitem uma variedade de interpretações que justificam tanto o rigor como a tolerância para com o misticismo. Diferentemente do brilhante intelectual Abu Hanifa, Malique privilegiava a coesão moral em detrimento da coerência lógica. Com efeito, ele temia que um espaço demasiado grande deixado ao raciocínio pessoal aumentasse as divergências entre os crentes, cujo interesse geral participava, ao contrário, do consenso (*ijma'*). Seu aluno mais brilhante, Sanune [*Saḥnūn*], deixou Medina em 807 para ensinar em Cairuão [*Kairouan, Al-Qayrawān*] até 854. Essa implantação precoce contribui para que o maliquismo [*Madhhab Mālikī*] seja, hoje, a escola mais popular do Magrebe e da África Subsaariana.

Muhammad Ibne Idris Xafei [*Muḥammad ibn Idrīs al-Shāfiʿī*] nasceu em Gaza em 767, no mesmo ano da morte de Abu Hanifa. Poeta apreciado e arqueiro incomparável, afastou-se dessas considerações profanas para seguir os ensinamentos do Imã Malique em Medina. Muito envolvido nas controvérsias em Bagdá, a ponto de ser aí preso, optou por se estabelecer em Fostate, onde foi enterrado em 820. Xafei publicou um volumoso "Livro Fundamental" de direito islâmico, assim como um tratado de interpretação do hádice. Ele propôs o raciocínio por analogia (*qiyas*), ao mesmo tempo que traçou limites intelectuais e jurídicos ao consenso dos clérigos, até então pouco contestado. Ele acreditava que o Corão deveria ser lido à luz da suna, acentuando o processo de valorização da tradição profética. Ele estabeleceu assim as quatro fontes da Lei, as fontes primárias, que são o Corão e a suna, e as fontes derivadas, que são a analogia e o consenso. O xafeísmo [*Madhhab al-Shāfiʿī*] era agora a doutrina dominante no Egito e no Iêmen, assim como na Indonésia, para cuja islamização os comerciantes iemenitas contribuíram.

Amade ibne Hambal [*Aḥmad ibn Ḥanbal*], o mais recente dos criadores das quatro escolas sunitas, nasceu em 780, em Bagdá. Ele passou uma parte de sua vida estudando no Hejaz, na Síria e no Iêmen, compondo tardiamente uma ambiciosa coletânea de hádices, intitulada *Musnad*. Ele privilegiava uma abordagem literalista do Corão e da suna, e uma rejeição de fontes derivadas que rompeu com a relativa flexibilidade de seus predecessores. Tal dogmatismo, argumentado e reivindicado, levou Ibne

Hambal a combater abertamente a imposição, em 833, do mutazilismo como doutrina oficial. Preso em Bagdá, ele foi levado sob custódia para o acampamento do califa, então em campanha no sul da Anatólia. A morte brutal de Almamune fez com que Ibne Hambal, que só havia chegado a Raqqa, fosse enviado de volta a Bagdá. Mas ele aí foi preso por ordem do novo califa, Almotácime [al-Mu'taṣim], que se manteve fiel ao mutazilismo até o fim do seu reinado, em 842. Ibne Hambal recusou-se a retratar-se e só foi libertado ao fim de dois anos e meio, sob a interdição expressa de pregar.

O símbolo é forte, ainda que possa ter sido forçado: Ibne Hambal atraiu por sua resistência passiva o respeito da população de Bagdá, que Almotácime deixa para estabelecer, em 836, sua nova capital em Samarra, no curso superior do Tigre. Os abássidas sentiam-se mais seguros ali, longe da multidão e de suas paixões, sob a proteção de uma guarda turca onde serviam cada vez mais escravos convertidos, chamados mamelucos. Seria preciso esperar pelo reinado de Mutavaquil [al-Mutawakkil], filho de Almotácime, para que o mutazilismo deixasse, em 848, de ser um dogma de Estado. Ibne Hambal, reabilitado com esplendor, recusou-se, no entanto, a exercer uma função oficial junto do novo califa. Cultivou, até sua morte, em 855, sua imagem de incorruptível, insensível tanto aos encantos quanto às ameaças da corte. A escola hambalita [Madhhab Ḥanbal] se distingue por sua hostilidade ao xiismo e sua exaltação da hisba, qual seja a obrigação imposta a cada muçulmano "de ordenar o bem e proibir o mal". Veremos como essa doutrina, em sua versão wahabita, se tornaria dogma de Estado na Arábia Saudita[75].

2.6 Jihad Maior e Jihad Menor

Esse movimento multiforme de afirmação sunita, longe de limitar-se apenas ao registro jurídico, foi acompanhado de uma efervescência mística, designada pelo termo genérico sufismo[76]. Seus pioneiros são dois

---

75. Cf. infra, p. 193-194 e p. 274-275.
76. Nenhuma das etimologias aventadas para o termo "sufi" é plenamente convincente.

ascetas de Baçorá, o pregador Haçane de Baçorá [*al-Ḥasan al-Baṣrī*] (642-728), famoso por suas exortações à renúncia, e a poetisa Rabia Aladauia [*Rābiʿah al-ʿAdawīyah*] (713-801), cantora da aniquilação em Deus. Muhasibi [*al-Muḥāsibī*], que morreu em Bagdá em 857, é frequentemente considerado o primeiro verdadeiro sufi, porque desenvolveu os exercícios espirituais do "exame de consciência", o *muhasaba* [*muḥāsabah*]. Ele opôs-se ao seu contemporâneo Ibne Hambal, acreditando que o crente deveria primeiro prestar contas a si mesmo, em vez de acertar contas com os outros[77]. Desde então, permanece aberta a polêmica entre os defensores da prioridade do êxtase interior e os defensores da ordem moral exterior. Junaide [*al-Junayd*], discípulo de Muhasibi, tentou conciliar as duas abordagens prescrevendo o respeito secular pela moral islâmica, qualquer que seja o grau de desenvolvimento espiritual do fiel.

Alhalaje [*al-Ḥallāj*], um dos alunos de Junaide, no entanto, pretendia difundir para a massa dos crentes os ensinamentos reservados a uma elite esotérica. A agitação que ele assim alimentou levou-o a ser preso por muitos anos em Bagdá. Ele foi torturado em 922 por ter questionado a obrigatoriedade da peregrinação a Meca, alegando que o crente estaria livre para encontrar Deus em seu coração. Os mausoléus desses vários místicos no Iraque atraíram o fervor popular, com uma veneração perpetuada, e até mesmo amplificada, ao longo dos séculos. Tal popularidade alimentaria a hostilidade dos fundamentalistas, que acusavam o sufismo de ser uma manifestação perversa de paganismo islamizado. Esses mesmos extremistas negam, hoje, qualquer validade à jihad maior, que é a luta espiritual do místico contra as forças do Mal. Seu obscurantismo moderno reconhece apenas a forma militar da jihad, não obstante considerada uma jihad menor[78].

A formalização das quatro escolas sunitas acarretou, na era abássida, a codificação progressiva das regras de engajamento e conduta dessa jihad armada, numa forma de "direito da guerra" islâmico. A distinção fundamental reside entre a jihad chamada "ofensiva" e a jihad chamada "defen-

---

77. Os dois termos *hisba* e *muhasaba* são derivados dessa noção de "contas".
78. Cf. *infra*, p. 336.

siva". A jihad defensiva é imposta a todos, obrigação que pode se tornar "individual" (farḍ al-'Ayn) em caso de defesa de uma população ameaçada na "terra do Islã". A jihad ofensiva é, no entanto, uma obrigação suscetível de ser delegada e, por conseguinte, "coletiva" (farḍ al-kifāya), sob a autoridade do califa ou de seu representante. Em ambos os casos, a doutrina e a prática do Islã estabelecem um vínculo fundamental entre a jihad militar e um território específico, a ser defendido ou conquistado, assim como com a população desse território, a ser protegida ou submetida.

Essa ligação entre jihad menor e território contribuiu para a estabilização relativa das fronteiras abássidas, com o abandono, de fato, da ambição de um Islã universal. A polarização omíada entre o "domínio do Islã" e o "domínio da guerra" (ou "da impiedade") era agora matizada pela categoria intermediária do "domínio da conciliação" (ou "do pacto"), onde acordos locais justificam a suspensão duradoura das hostilidades. A trégua celebrada pelo próprio Muhammad, em 628, com os mecanos[79] foi invocada para legitimar, nessas zonas fronteiriças, as trocas multiformes entre antigos beligerantes. Quanto à jihad maior da corrente mística, ela permaneceu muito respeitada, tanto quanto, senão mais, do que a luta pelas armas, por vezes realizada por procuração, com o recrutamento de mercenários para esse fim. O Islã não é, portanto, uma "religião de guerra", como insistem seus detratores, nem tampouco uma "religião de paz", como o fantasiam seus apologistas. É uma religião que, à semelhança de outras, formaliza gradativamente sua relação com a guerra e a paz, desde a expansão inicial, passando pela conquista militar, até a consolidação abássida.

2.7 Política e religião no Islã

Em face do direito divino do xiismo, do qual alguns abássidas tentam, em vão, derivar sua legitimidade, o sunismo construiu de maneira paulatina sua relação problemática com o poder. O cansaço da massa de fiéis perante os ciclos de guerras civis conferiu uma autêntica popularidade a

---

79. Cf. *supra*, p. 49-50.

uma doutrina que recusa tanto a obediência cega às autoridades vigentes quanto sua contestação sistemática. Para apreender esta realidade é necessário precaver-se contra projeções enganosas de conceitos cristãos sobre a realidade muçulmana. A equiparação do califa ao papa é apenas a mais frequente dessas confusões, à qual é associada a recorrente aspiração a difundir a partir de cima um "bom Islã", que se oporia ao chamado "mau Islã". Essa visão, além de seu forte paternalismo, baseia-se no mito demasiado difundido de um Islã organizado em Igrejas, com um dogma claramente decretado e uma hierarquia clerical encarregada de garantir sua aplicação. O período omíada, e depois abássida, no entanto, não conheceu nenhum equivalente dos concílios então regularmente convocados pelo imperador bizantino (e mesmo por Carlos Magno, em Frankfurt, em 794). A única tentativa de impor, a partir de Bagdá, um dogma de Estado, o mutazilismo, chegou ao fim em uma quinzena de anos. Foi, então, menos o caráter racionalista dessa doutrina oficial que causou sua perda do que a repressão do Estado que, ao tentar difundi-la pela força, minou sua legitimidade popular.

O truísmo, segundo o qual, sendo Muhammad ao mesmo tempo profeta, chefe militar e chefe de Estado, não poderia haver distinção entre política e religião no Islã, leva diretamente a um impasse intelectual. A realidade histórica, ao contrário, é fruto de uma tensão permanente: os califas sempre procuraram submeter os clérigos do Islã, designados pelo termo genérico "ulemá" [*'ulamā'*][80], literalmente os "eruditos"; esses ulemás, por sua vez, esforçaram-se constantemente para preservar sua autonomia, com exceção da minoria de ambiciosos e gananciosos que, como sob todos os céus e em todas as épocas, associaram-se ao trono para acumular poder e riqueza. Esses eram os "ulemás de corte", como os designavam, sem respeito excessivo, os outros clérigos. Cada campo do poder executivo e do poder religioso insiste que "o Islã é religião e Estado" (*al-Islam din wa dawla*), mas cada campo utiliza essa máxima de encontro ao outro:

---

80. "Ulemá" é o aportuguesamento do plural árabe *alim* ("erudito").

os califas para invalidar toda pregação religiosa fora do Estado, e os ulemás para admoestar os califas a respeitarem as prescrições definidas pelos profissionais da religião. E nós vimos que todos os quatro fundadores das escolas sunitas conheceram a prisão abássida, tendo Abu Hanifa chegado mesmo a encontrar aí a morte.

O domínio das referências sagradas no Islã pertence à ciência (*ilm*), essa mesma que dá seu nome aos ulemás. E é de modo jurisprudencial, por dedução, comentário e interpretação (*ijtihad*), que esses ulemás elaboram os fundamentos (*usul*), e depois os ramos (*furu'*) do direito islâmico, o *fiqh*. Esses termos árabes são tanto mais dificilmente traduzíveis quanto pertençam a um registro específico, ele próprio declinado em cada uma das quatro escolas do sunismo. A título de exemplo, as escolas hanafita, maliquita e xafeíta recomendam que as mulheres permaneçam em seu domicílio para a oração de sexta-feira, enquanto a escola hambalita, embora reputada mais rigorista, encoraja as mulheres a irem rezar coletivamente na mesquita. Além disso, as escolas hanafita, xafeíta e hambalita permitem que uma mulher dirija a oração de outras mulheres, enquanto a escola maliquita, muitas vezes considerada mais tolerante, reserva apenas aos homens esse privilégio sobre os crentes. Se somarmos a isso o fato de que a prática no Egito xafeíta confia aos homens a direção da oração das mulheres, podemos medir a complexidade da relação reivindicada por essas escolas com a norma islâmica.

Uma questão tão fundamental quanto a dos versículos do Corão revogados por uma revelação posterior continua sendo debatida até hoje, ainda que implique a invalidação de uma parte do livro sagrado em favor de outra. Não há, portanto, uma xaria [*Sharī'ah*][81], "lei islâmica", fixada definitivamente sobre cada assunto, mas uma gama de interpretações e usos resultantes de um equilíbrio de poder que é tanto político quanto social. É assim que todas as tentativas abássidas de estabelecer um equivalente

---

81. O termo "xaria" aparece apenas uma vez no Corão.

muçulmano do código de Justiniano[82] são postas em causa pelos ulemás. Em geral, os poderes políticos podem, em um determinado momento, tirar proveito deste ou daquele aspecto da xaria, ou mesmo da xaria enquanto tal, com o apoio ativo ou passivo dos ulemás envolvidos. Em contrapartida, dimensão muitas vezes esquecida, alguns ulemás chegam a opor as normas da xaria à arbitrariedade de um poder em determinado momento. Quanto aos cristãos e aos judeus, eles conservam sua jurisdição própria, e a xaria só lhes é imposta em caso de disputa com os muçulmanos.

O Califa Almançor, fundador de Bagdá em 762, considerava que os quatro pilares do seu poder fossem o cádi, o chefe de polícia, o diretor do Tesouro e o chefe dos correios (devido a sua função de inteligência). No entanto, foi preciso esperar por Harune Arraxide para que o cádi colocado junto dele tivesse autoridade hierárquica sobre os outros juízes religiosos do império. Abu Iúçufe [*Abū Yūsuf*], o primeiro titular do cargo, de 791 a 798, empregou seus talentos casuísticos em assuntos muito profanos, nomeadamente na publicação de um tratado sobre o imposto territorial. Tal grão-cádi era literalmente chamado de "cádi dos cádis", um título que entra em ressonância com aquele de "mobede dos mobedes" sob os sassânidas[83]. Mas enquanto o masdeísmo de Estado estava organizado em forma de pirâmide, o Islã se presta mal a esse tipo de configuração, mesmo no caso de uma fátua [*fatwa*], ou parecer jurídico, que seria emitido sob a pressão do poder político. A perseguição realizada de 833 a 848 por um grão-cádi com ares de grande inquisidor o desacreditou duravelmente aos olhos da massa dos fiéis. Se o grão-cádi ainda podia nomear seus subordinados nas províncias, ele deveria, doravante, poupar as sensibilidades locais e evitar controvérsias doutrinárias. Quanto ao seu intervencionismo fiscal, ele frequentemente esbarrava numa instituição muçulmana, o *waqf*, bem inalienável que escapava às taxações e às requisições. O califa abássida, mesmo respaldado por um grão-cádi às suas ordens, poderia assim opor-se aos argumentos e às tradições do Islã.

---

82. Cf. *supra*, p. 37.
83. Cf. *supra*, p. 37.

2.8 O nascimento do messianismo xiita

Enquanto o sunismo estabelecia os cânones das suas escolas jurídicas durante o terceiro século do islamismo, a sensibilidade xiita estava dividida quanto à atribuição do título supremo de "imã" [*imām*][84], eleito de Deus, a um ou outro dos descendentes de Ali. A morte, em 740, de Zaíde [*Zayd ibn ʿAlī*], bisneto de Ali, à frente de uma revolta antiomíada no Iraque, levou seus partidários "zaiditas" [*Zaydiyyah*] a defenderem exclusivamente a luta armada. Nove anos depois, a aceitação do califado abássida por Jafar, apesar de ser o herói declarado dos xiitas, foi rejeitada por uma dissidência obstinada, que se associou a um filho de Jafar, Ismail [*Ismāʿīl ibn Jaʿfar*]. Essa contestação "ismaelita" [*Ismāʿīliyyah*] engajou-se num ativismo subterrâneo de grande fôlego, antes de constituir-se uma Dinastia "Fatímida" na Tunísia, e depois no Egito[85]. O xiismo legitimista continuava, por sua vez, a declinar a linhagem dos imãs, aberta por Ali, e depois por seus filhos Haçane e Huceine. O filho mais novo de Huceine, Ali [*ʿAlī ibn al-Ḥusayn*], era venerado como o quarto imã sob o nome Zain Alabidin [*Zayn al-ʿĀbidīn*], "o brilho dos adoradores" de Alá, e o seu próprio filho, o muito estudioso Muhammad [*Muḥammad ibn ʿAlī*], ostentava como quinto imã o título de Albaquir [*al-Bāqir, Baqir al-ʿilm*], "Aquele que aprofunda o conhecimento". O imamato continuava a ser transmitido de pai para filho, desta vez para Jafar [*Jaʿfar ibn Muḥammad*], reverenciado, portanto, como o sexto imã. Sua submissão à nova ordem abássida, condenada pelos ismaelitas, foi, ao contrário, exaltada pelos xiitas como um modelo de integridade, daí sua alcunha Alçadique [*al-Ṣādiq*], "o Fiel".

Esses três imãs sucessivos viveram e morreram em Medina, mas os soberanos abássidas, preocupados com a popularidade dos descendentes de Ali, decidiram a partir de então interná-los no seu entorno. O sétimo imã, Muça [*Mūsā*], ganha a alcunha Alcazim [*al-Kāẓim*] ("o Reservado"), por seu estoicismo na provação. Ele foi assassinado em Bagdá por ordem

---

84. A noção de imã ("aquele que está na frente") está envolta em respeito místico no xiismo, ao passo que se refere mais à direção da oração e ao magistério moral no sunismo.

85. O fenômeno fatímida será estudado no próximo capítulo.

de Harune Arraxide. Seu filho Ali [*Abū al-Ḥasan ibn Mūsā ibn Ja'far 'Alī al-Riḍā*], conhecido como Arrida [*al-Riḍā*, em persa: Reza] ("o Aprovado"), foi enterrado no leste do Irã, onde as peregrinações ao seu túmulo levaram à fundação de uma verdadeira cidade, Mexede. O filho de Ali Arrida, Muhammad [*Muḥammad ibn 'Alī*], tornou-se o nono imã sob o qualificativo Aljauade [*al-Jawād*] ("o Generoso"). Ele repousa com seu avô Muça em Bagdá, no distrito chamado em sua memória de Kazimain [*Al-Kāẓimayn*], "os dois Kazim". Os dois imãs seguintes viveram à margem da corte abássida, instalada em sua nova capital, Samarra: Ali [*'Alī ibn Muḥammad al-Hādī*] e seu filho Haçane [*al-Ḥasan ibn 'Alī al-'Askarī*] foram denominados Alascari [*al-'Askarī*], porque sua existência estava confinada ao acampamento militar (*askar*) do comandante dos crentes.

Quando Haçane Alascari morreu, em 873, este décimo primeiro imã não parecia ter descendência. Algumas fontes afirmam, no entanto, que ele deixou, numa rigorosa clandestinidade, um filho de quatro anos, Muhammad [*Muḥammad ibn al-Ḥasan ibn 'Alī al-Mahdī al-Ḥujjah*]. Este foi o tempo da "pequena ocultação", durante a qual Muhammad, tendo se tornado adulto, comunicava-se por meio de quatro "embaixadores" sucessivos. Eles identificavam a figura deste décimo segundo imã com a do Mádi [*al-Mahdī*], o instrumento do cumprimento das profecias, já invocado com suas Bandeiras Negras durante a revolução abássida[86]. Em 941, o último dos "embaixadores" declara que o imã oculto, teoricamente com setenta e dois anos, decidiu retirar-se completamente do mundo. Eis chegada a "grande ocultação", na qual o xiismo vive até hoje. O imã oculto transfigurou-se no "Mádi esperado", cuja ausência física não impede que se descreva sua beleza radiante, seus longos cabelos negros e sua barba escura. O Mádi pode manifestar-se em um dado período como o "senhor do tempo" e seu retorno definitivo marcará o fim do ciclo da criação.

Essa visão xiita do Mádi amalgama diferentes elementos que surgiram durante três séculos de angústia milenarista. O tema da ocultação, nascido durante os tempos mais sombrios da opressão omíada, dramatizou essa

---

86. Cf. *supra*, p. 68.

dinâmica complexa. Foi durante o século X que essa construção se impôs às outras interpretações do imamato e que o xiismo foi qualificado como "duodecimano", em referência à linhagem infalível dos doze imãs. Estudiosos xiitas reivindicavam um hádice profético já validado pela tradição sunita: "Se não restasse no mundo senão um dia para existir, Alá prolongaria esse dia, até que se manifestasse um homem de minha posteridade, cujo nome será meu nome". A grande ocultação corresponde, na dogmática xiita, a esse dia que não para de se esticar até o retorno do Mádi. É a partir dessa grande ocultação que os clérigos xiitas se empenharam em recensear em volumosas coletâneas as citações atribuídas não apenas ao Profeta Muhammad, mas também a cada um dos doze imãs. Como os tradicionalistas sunitas do século precedente, eles realizaram um trabalho colossal de seleção, comentário e compilação[87]. Nascia, assim, uma *madhhab* xiita, na verdade a quinta do Islã, ao lado das quatro escolas sunitas[88]. Os ulemás xiitas esmeraram-se para refutar em seus tratados os desvios extremistas (*ghulat*) que floresceram nos séculos anteriores. Eles agora recusavam-se a acreditar na tese de uma "falsificação" do Corão pelos omíadas em detrimento de Ali[89]. Por outro lado, sublinhavam a dimensão esotérica do texto revelado, do qual os sucessivos imãs do xiismo deteriam a chave, ao contrário da interpretação literalista do Corão, em voga no sunismo.

2.9 Minoritários e rebeldes

A diversidade abássida não poderia, no entanto, ser reduzida à dialética entre o sunismo e o xiismo, ambos engajados em um laborioso processo de consolidação doutrinária. A Baixa Mesopotâmia, onde os novos califas, depois dos sassânidas, estabeleceram a sua capital, foi, durante o primeiro

---

87. Assim como seis coletâneas sunitas têm valor canônico (cf. *supra*, p. 75-76), quatro compilações têm esse *status* no xiismo, redigidas pelos xeiques *Kulaynī* (falecido em Bagdá em 939) e *Ibn Babūyā* (falecido em Ray em 991), assim como, para as outras duas, pelo Xeique Abu Jafar Tuci [*Abū Ja'far al-Ṭūsī*] (falecido em Najaf em 1067).
88. É assim que, segundo a lei xiita, um casal que tenha apenas filhas lega-lhes a integralidade da sua herança, ao passo que, no sunismo, avós, tios e primos paternos podem, neste caso, beneficiar-se dela.
89. Cf. *supra*, p. 65.

século do seu reinado, palco de uma intensa atividade das Igrejas cristãs, em cuja vanguarda estava a nestoriana, mas também de diferentes seitas gnósticas. Foi nesse contexto que a corte de Cufa, logo transferida para Bagdá, foi atravessada por uma onda de libertinagem intelectual e contestação dos dogmas. O Califa Almançor decidiu tomar medidas severas, mandando executar Ibne Almucafa [*Ibn al-Muqaffa'*][90] em 756, que tivera a audácia de lhe enviar uma carta aberta sobre a aplicação da xaria. Os inquisidores estigmatizaram o livre-pensamento sob o termo genérico *zandaqa*[91]. Eles o consideravam uma forma perniciosa de apostasia do Islã, um delito passível de pena de morte. O condenado por *zandaqa*, se quisesse evitar a decapitação, deveria abjurar seus erros, o que salvou a vida do poeta Abu Nuwas [*Abū Nu'ās*], famoso por suas odes báquicas e seus desvios blasfemos. A *zandaqa*, longe de representar uma doutrina constituída, remetia a uma postura crítica da qual a ortodoxia abássida se purgou com mais ou menos sucesso. Essa efervescência intelectual, ocultada da história do segundo século do Islã, permaneceria tanto mais viva porque, legitimando a rebelião contra o califado, entraria em ressonância com certas provocações sufis[92].

No início da era abássida, o Egito provavelmente ainda era majoritariamente cristão, embora a islamização aí fosse claramente mais perceptível do que na Síria. A Igreja Copta continuava a ser a interlocutora institucional das autoridades provinciais de Fostate; enquanto as conversões frequentemente faziam parte de uma iniciativa individual de camponeses desenraizados, a urbanização rimava cada vez mais com islamização. A elaboração progressiva pelos juristas abássidas de um estatuto de *dhimmi*[93], pelo qual o cristão (ou judeu) "protegido" era submetido a muitas

---

90. Ibne Almocafa [*Ibn al-Muqaffa'*], de origem persa e masdeísta, também é célebre pela sua adaptação árabe dos contos indianos de *Kalila e Dimna*.
91. Nesse registro repressivo, um seguidor da *zandaqa* é um *zindiq*. O delito de *zandaqa*, há muito caído em desuso, foi exumado no fim do século XX pelo Coronel Gaddafi para esmagar a oposição à sua ditadura (cf. *supra*, p. 320).
92. Cf. *supra*, p. 79.
93. Este *status* de *dhimmi*/"protegido" é descrito apocrifamente como o "pacto de Omar", em referência ao califa omíada Omar ibne Abdalazize [*'Umar ibn 'Abd al-'Azīz*] (717-720), ou mesmo ao segundo califa Omar Ibne Alcatabe [*'Umar ibn al-Khaṭṭāb*] (634-644).

proibições (sobre o porte de armas ou o proselitismo), instituiu uma discriminação de visibilidade inédita. As construções de igrejas, até então facilitadas, inclusive em Fostate, tornaram-se muito problemáticas. Mas foi sobretudo a pressão fiscal, agravada pela ganância de governadores com mandato médio de dois anos, que levou os camponeses coptas do delta do Nilo a se revoltarem em 830. A insurreição foi esmagada ao fim de dois anos, tendo o Califa Almamune dirigido no local uma repressão implacável. Bagdá agora jogava as outras Igrejas às expensas dos coptas. Esse conflito latente só terminou com a autonomia conquistada, de 868 a 905, por uma linhagem de governadores de origem turca, os tulúnidas [Ṭūlūnid], que se aproximam cada vez mais dos coptas. A forte tendência à islamização, no entanto, parecia irreversível, tendo a maioria da população egípcia se convertido, o mais tardar, no início do século X.

O califado abássida, instalado em Samarra de 836 a 892, teve não só que enfrentar o afastamento do Egito, mas também uma revolta sem precedente no sul do Iraque. Dezenas de milhares de escravos, deportados da costa oriental da África e designados pelo termo coletivo Zanje [Zanjī], aí trabalharam para tornar cultiváveis as terras ganhas do pântano e do mar. Um pregador de inspiração xiita, do qual os zanjes retêm sobretudo a mensagem igualitarista, conseguiu organizar sua emancipação em uma revolta em massa que controlou, de 869 a 883, o Baixo Iraque e a província, hoje iraniana, do Cuzistão [Khūzestān]. No auge do seu poder, os zanjes cunharam moeda, estabeleceram sua "capital" no sul de Baçorá e ofereceram a outros rebeldes uma aliança antiabássida. Foi preciso a intervenção do exército e da frota do califa para refrear esse movimento, no qual o campesinato pobre juntou-se aos escravos libertos em um combate compartilhado contra os proprietários de terras. Essa crise acentuou a dependência do soberano abássida em relação aos seus generais, designados sob o termo genérico de "emires", literalmente "comandantes"[94]. O califado estava agora muito mais absorvido pelos problemas internos ao seu imen-

---

94. Amir/"emir" pode também, às vezes, ser traduzido como "príncipe", ou mesmo como "comandante" (na expressão "comandante dos crentes").

so território do que pelo desafio representado em sua fronteira norte pelo poder bizantino. Uma forma de *status quo* prevalecia então entre os dois impérios, bem longe dos clichês sobre a guerra supostamente "perpétua" entre o Islã e a Cristandade. Para compreendermos esse novo equilíbrio regional convém retomarmos o fio da evolução do Império Romano do Oriente, e isto desde o fim do século VII.

2.10 Os bizantinos na Ásia Menor

Constantinopla, sitiada por tropas omíadas de 674 a 678, e depois em 717-718, resistiu com sucesso, em particular por causa do domínio do fogo grego pela defesa bizantina. Os contingentes que recuaram diante da conquista árabe deram origem, na Ásia Menor, à organização político-militar dos "temas" [*thémata*], logo generalizados ao resto do império: o tema [*théma*] dos armeníacos [*Armeniakōn*] e o dos anatólicos [*Anatolikōn*][95] correspondiam respectivamente às tropas retiradas da Armênia e do Oriente; seus soldados recebiam um pedaço de terra, às vezes retirado dos domínios da Coroa, a fim de fixá-los na fronteira omíada. A força expedicionária do *limes* romano foi substituída por um tema enraizado no seu território, com o recrutamento de pai para filho de uma cavalaria permanente e respaldada, conforme necessário, por camponeses alistados como soldados de infantaria. Um tema naval também foi estabelecido no Porto de Antália [*Attaleia*] para neutralizar o desenvolvimento da frota muçulmana. O "estratego" à frente de cada tema assumiu gradualmente a direção administrativa da província em questão, função estritamente fiscalizada para evitar a constituição de feudos pessoais. Esse sistema mostrou-se eficaz para conter a pressão omíada, que sofreu um grande revés em 740, com a vitória bizantina em Acroino [*Akroinon*], a atual Afyonkarahisar.

Assim como a expansão muçulmana havia sido sentida como uma sanção de Deus, o triunfo em Acroino repercutiu no Imperador Leão III e seu

---

95. *Anatólia* significa "Oriente", em grego.

filho, o futuro Constantino V, ambos presentes no campo de batalha[96]. Eles logo viram nisso um encorajamento providencial à sua política "iconoclasta" de repressão ao culto de imagens, política que colocava o soberano como o único intercessor junto à divindade. Quanto aos defensores dos ícones, eles acusavam seus adversários de esposarem a proibição judaica e muçulmana da representação divina. João Damasceno (676-749), filho e neto de altos funcionários cristãos do califado omíada, encontrava-se paradoxalmente mais livre para refutar as teses iconoclastas desde o seu mosteiro palestino do que os bispos que residiam no território bizantino. A iconoclastia tornou-se doutrina oficial da Igreja em 754 e assim permaneceu até o Segundo Concílio de Niceia, em 787[97]. Esse concílio oscilou a um extremismo inverso ao instituir o culto dos ícones. Isso permitiu a Carlos Magno convocar, sete anos mais tarde, em Frankfurt, um concílio que invalidou o Segundo Concílio de Niceia, e assim relegou o Império Bizantino às trevas da heresia. No Natal de 800, Carlos Magno proclamou-se, em Roma, imperador do Ocidente.

Nicéforo I, que tomou o poder em Constantinopla em 802, aguentou o choque da troca de embaixadas entre Harune Arraxide e Carlos Magno. A chegada a Aquisgrana [Aix-la-Chapelle, Aachen] de um elefante branco, presente do califa, causou alvoroço na corte de Carlos Magno. O basileu temia arcar com os custos dessa reaproximação, sobretudo quando Harune Arraxide liderou, em 806, uma imensa tropa para atacar a Anatólia. A fortaleza de Heracleia, na Cilícia, caiu nas mãos de invasores que devastaram a Capadócia e ameaçaram Ancara. Nicéforo I aceitou, portanto, a humilhação de colocar-se sob a "proteção" simbólica de Harune Arraxide e de pagar-lhe um tributo considerável[98]. O imperador bizantino, entretanto, não precisou respeitar por muito tempo esses compromissos, devido aos distúrbios em Coração absorverem o califa abássida e seu exército, e, em seguida, à guerra civil que, com a sua morte em 809, opôs os seus dois

---

96. Constantino V sucedeu seu pai por ocasião da sua morte em 741.
97. O Primeiro Concílio de Niceia, em 325, lançou as bases do dogma trinitário (cf. *supra*, p. 23-24).
98. Fontes islâmicas afirmam que Nicéforo I teria aceitado pagar seis moedas de ouro a título de jizia a ele e seu filho.

filhos. O próprio Nicéforo I teve que enfrentar a ameaça dos búlgaros nos Bálcãs. A expedição que ele conduziu contra eles terminou em desastre, com a morte do basileu e a aniquilação das suas tropas.

O cerco búlgaro de Constantinopla levou a uma revolução palaciana em 813, que trouxe ao trono Leão V, o estratego do tema dos anatólicos. O novo imperador conseguiu libertar a capital e, atribuindo seu sucesso a um favor divino, restaurou, em 815, a proibição dos ícones. O *front* da Ásia Menor pareceu ainda mais calmo quando o confronto com Bagdá se deslocou para o Mediterrâneo, onde, em 827, vassalos abássidas tomaram Creta e outros desembarcaram na Sicília. Foi preciso esperar até 837 para que o basileu Teófilo, um iconoclasta fervoroso, lançasse uma expedição devastadora contra Malatya e Edessa. A contraofensiva dos abássidas terminou no ano seguinte, com o saque de Amório [*Ammūriye*], a principal cidade do tema dos anatólicos, e, portanto, o berço da dinastia reinante. Essa derrota contundente dos bizantinos foi, no entanto, a última do gênero, estando os califas então instalados em Samarra demasiadamente absorvidos pelos seus próprios problemas internos. Quanto à iconoclastia, desacreditada por seus excessos, foi definitivamente abandonada pelo concílio de 843.

Uma dinastia chamada "macedônia" instalou-se em Constantinopla em 867 e manteve o poder durante dois séculos. Essa longa duração permite aos novos senhores de Bizâncio esperarem o califado abássida entrar em uma profunda crise para lançarem o início de uma "reconquista". Em 909, a Capadócia Oriental foi organizada como tema em torno de um contingente transferido da Armênia. Era o início da aventura armênia no sudeste da Anatólia, que levaria, dois séculos depois, ao estabelecimento do principado da "Pequena Armênia", em contraponto à "Grande" Armênia histórica[99]. As escaramuças de fronteira se sucederam, até que os bizantinos conseguiram, em 934, romper as linhas abássidas no centro do maciço do Tauro. A "reconquista" de Malatya foi então acompanhada da expulsão de todos os muçulmanos que se recusaram a se converter. Quanto ao cerco imposto a Edessa em 944, ele só foi levantado em contrapartida

---

99. Cf. *infra*, p. 125.

da recuperação pelos bizantinos do Mandílio [*Mandylion*], um tecido que se supõe conservar a impressão do rosto de Jesus. A relíquia da Sagrada Face foi transportada com grande pompa para Constantinopla. Essa celebração da restauração bizantina marcou o fim de um ciclo de três séculos na Ásia Menor.

2.11 Um califado sob tutela

A contestação do califado pelos partidários de Ali estava profundamente dividida entre seus vários descendentes[100]: os xiitas legitimistas abandonaram toda agitação política para cultivar a espera messiânica de um salvador, finalmente identificado com o imã oculto; os zaiditas, defensores, pelo contrário, da luta armada, conseguiram se estabelecer, em 897, nas montanhas do norte do Iêmen, de onde as tropas abássidas tiveram o cuidado de não tentar desalojá-los; e os ismaelitas mantiveram, de maneira mais discreta, suas redes de propaganda e de proselitismo, dentre outros lugares na Síria espoliada pela dinastia reinante. Em 899, o chefe dos ismaelitas afirma ser o Mádi, o justiceiro do Fim dos Tempos, desde o oásis de Salamia [*Salamīya*], até as margens do deserto de Palmira. Essa revolta messiânica foi rapidamente reprimida pelo exército abássida, enquanto o autoproclamado Mádi foge para o norte da África. O fracasso da insurreição na Síria foi facilitado pela recusa do outro núcleo ismaelita, implantado no território do atual Barhreim [*al-Baḥrayn*], em reconhecer o Mádi de Salamia. Esses rebeldes foram chamados de "carmatas" [*Qarāmiṭah*], um nome derivado do de seu primeiro líder [*Ḥamdān Qarmaṭ*], e provariam ser muito mais perigosos para a ordem abássida do que os zaiditas, entrincheirados em seu santuário no norte do Iêmen, e do que os ismaelitas, órfãos do seu "Mádi" exilado no Magrebe.

Com efeito, os carmatas conduziram incursões repetidas e destrutivas no Iraque, saqueando Baçorá e Cufa, e depois semeando distúrbios em Bagdá. As intrigas que então abalaram a capital abássida culminaram,

---

100. Cf. *supra*, p. 84.

em 908, com a ascensão ao trono do "califa por um dia", assassinado logo após sua tomada do poder. Em um clima tão deletério, a ameaça carmata foi agitada por alguns para desqualificar seus adversários, e brandida por outros para rejeitar qualquer acordo com tais hereges. Em 929, o ataque dos carmatas a Meca foi ainda mais traumático, porque eles apreenderam por mais de vinte anos a Pedra Negra, associada pelos muçulmanos ao Profeta Abraão[101]. O Califa Arradi [*ar-Rāḍī*] foi forçado, em 939, a negociar o bom andamento do haje com rebeldes tão terríveis, garantindo-lhes confortáveis direitos de proteção. Tal admissão de fraqueza resultou como reação na nomeação, em Bagdá, de um grão-emir, literalmente um "comandante dos comandantes", cujo poder militar agora eclipsava o do comandante dos crentes.

Em 945, as lutas intestinas em Bagdá foram decididas em favor do General Amade ibne Buia [*Aḥmad ibn Būyeh*][102], que adotou o título de "grão-emir", derrubou o califa e o substituiu por um monarca mais condescendente. Era o início de uma dinastia chamada "Buída" [*Buwayhid*] de chefes militares que exercem o poder em nome do califa, mas em seu lugar e posição. Os novos senhores buídas tinham tanto mais necessidade de tal caução do califa porque eles próprios eram xiitas, uma filiação religiosa que não acarretava de sua parte nenhum proselitismo. Assim, enquanto as fábulas de hoje pintam o quadro dantesco de uma guerra inexpiável entre sunitas e xiitas, que supostamente durou quatorze séculos, a história nos apresenta a tutela duradoura, e totalmente benevolente, de uma autoridade xiita sobre um califado sunita. Além disso, seriam necessárias longas gerações para que sunitas e xiitas concordassem acerca dos seus respectivos dogmas, muitas vezes perseguindo com mais agressividade os extremistas do seu próprio campo do que a ortodoxia adversa. 945 é, no entanto, uma data crucial, o que justifica encerrar este capítulo com ela, uma vez que

---

101. Cf. *supra*, p. 49.
102. Buia é uma montanha de Daylam, uma cordilheira no sudoeste do Mar Cáspio, onde o Islã só foi introduzido muito tardiamente por missionários xiitas. Gerou os três emires "buídas" que repartiram a Pérsia entre 932 e 936. Foi um deles, Amade Ibne Buia [*Aḥmad ibn Būyeh*] ("filho de Buia"), que conquistou o Iraque, em 945, a partir da Pérsia meridional.

marca a substituição, em Bagdá, do poder dos califas titulares pelo dos emires não árabes.

2.12 Um Oriente Médio califal

Com o devido respeito aos revisionistas atuais, o califado árabe como instituição suprema do Islã durou apenas três séculos, de 632 a 945, primeiro em Medina, depois em Damasco, e finalmente em Bagdá, com o interlúdio abássida de Samarra. Foi durante esse período, e somente nesse período, que essa potência médio-oriental pôde afirmar sua dominação absoluta sobre a maior parte da região. Que essa ordem imperial tenha sido repetidamente contestada não tira nada dessa continuidade incomparável. Que essa dominação muçulmana só seja traduzida tardiamente pela islamização das populações também merece reflexão. Que a arabização oficial, a partir do fim do século VII, tenha permanecido mais cultural do que étnica é, enfim, essencial para invalidar preconceitos e estereótipos. Esta formidável síntese, trazida pela língua árabe, continuou durante o segundo século abássida, onde brilham, entre outras, as obras do filósofo Alfarábi [al-Fārābī], do historiador Altabari [al-Ṭabarī], do geógrafo Almaçudi [al-Mas'ūdī], do escritor Aljahiz [al-Jāḥiẓ] e do filólogo Cudama [Qudāmah]. Sua contribuição original é considerável, muito além de um processo de transmissão, adaptação e interpretação da herança greco-latina, conduzida com constância na corte abássida.

Além de muitas revoltas localizadas, o período abrangido por este capítulo é marcado por três grandes guerras civis entre muçulmanos: a mais longa, de 683 a 692, opôs os omíadas aos partidários do "anticalifa" Ibne Zubair, derrotado ao preço de grandes destruições na Arábia, e sobretudo em Meca; a segunda, de 747 a 750, vê a revolução abássida derrotar a Dinastia Omíada, ao preço de grandes destruições na Síria, e sobretudo em Damasco; e a terceira, de 809 a 813, é literalmente fratricida, com um dos filhos de Harune Arraxide finalmente triunfando sobre o outro, ao preço de grandes destruições no Iraque, e sobretudo em Bagdá. Nos dois últimos casos, um exército proveniente de Coração tomou o Iraque para impor seu campeão à frente do império, contrariando o clichê de uma Pérsia passivamente submetida a uma "invasão árabe" desde a queda dos sassânidas. Ainda mais importante é a transição do polo do poder califal da Síria omíada para o Iraque abássida, mesmo que a influência bizantina seja mais afirmada sob a primeira dinastia do que a herança sassânida sob a segunda. O Egito envolveu-se pouco em todos esses conflitos pelo poder central, dividido como está, de 813 a 826, segundo a sua própria dinâmica de facções. A autonomia reconhecida aos governadores de Fostate, de 868 a 905, é apenas a confirmação desse distanciamento.

A ordem omíada, e depois abássida, era estruturada em torno do homem muçulmano livre. Em seguida vieram uma série de discriminações contra a mulher muçulmana livre, depois contra o "protegido" de confissão judaica ou cristã, e finalmente contra o escravizado, mais poupado se for muçulmano, e não "infiel". Mas as cortes califais mesclaram figuras em cujo *status* juridicamente inferior não entrava o peso político, quer se tratasse dos colaboradores cristãos de Moáuia, das esposas de Harune Arraxide ou dos mamelucos da guarda de Samarra. A linha divisória mais profunda se acentuava, de fato, entre a "elite" (*khassa*) e as "massas" (*amma*)[103]: essa elite pode ser política, econômica, militar ou religiosa, ela sabia calar suas diferenças para manter seu domínio sobre as "massas" de condição livre ou servil. As tomadas de poder eram resolvidas nos campos de batalha ou por golpes de Estado, sendo as "elites" derrotadas eliminadas ou anistiadas. Apenas duas vezes o califado abássida vacilou diante da irrupção das "massas": em 836 teve que deixar Bagdá para Samarra, diante da rejeição popular à imposição de um dogma de Estado; e em 869, a aliança de escravos autoemancipados e camponeses indigentes permitiu que os zanjes governassem o sul do Iraque por quinze anos. A revolta urbana, no primeiro caso, e a insurreição rural, no segundo, são as duas faces do mesmo pesadelo da "elite", uma elite que o declínio abássida vai obrigar a evoluir muito significativamente.

---

103. *Khassa* significa literalmente "especial", e *amma*, "comum".

Cronologia

661-680	Moáuia, primeiro dos califas omíadas.
678	Iázide, filho de Moáuia, designado como futuro califa.
680	Martírio de Huceine, filho de Ali, em Carbala.
683-692	Ibne Zubair, neto de Abu Baquir, senhor de Meca.
685-705	Abdal Malique, califa omíada, com o árabe como língua oficial.
699-767	Abu Hanifa, fundador da *madhhab* hanafita.
708-714	Construção da Mesquita dos Omíadas em Damasco.
711-796	Malique ibne Anas, fundador da *madhhab* maliquita.
712	Captura omíada de Samarcanda.
713-801	Rabia Aladauia, mística de Baçorá.
715	Conclusão da Mesquita de Al-Aqsa, em Jerusalém.
718	Fracasso do cerco muçulmano de Constantinopla.
724-743	Hixame, califa omíada.
740	Vitória bizantina de Acroino.
744-750	Maruane II, último dos califas omíadas.
749-754	Abulabás Açafá, primeiro califa abássida.
758	Execução em Cufa de Ibne Almucafa.
762	Fundação de Bagdá pelo Califa Almançor.
767-820	Ibne Idris Xafei, fundador da *madhhab* xafeíta.
780-855	Amade ibne Hambal, fundador da *madhhab* hambalita.
786-809	Harune Arraxide, quinto califa abássida.
808-877	Hunaine ibne Ixaque, pioneiro nestoriano da medicina.
809-870	Albucari, autor de referência do hádice.
813	Vitória do Califa Almamune sobre seu meio-irmão Alamim.
814	Morte em Bagdá do poeta Abu Nuwas.
820-875	Muslim, autor de referência do hádice.
833-848	O mutazilismo, doutrina oficial do califado.
836-892	Interlúdio de Samarra como capital abássida.
838	Derrota bizantina de Amório.
850	Morte em Bagdá do matemático Alcuarismi.
867	Início da Dinastia Macedônia em Constantinopla.
868-905	Autonomia dos governadores tulúnidas do Egito.
869-883	Revolta dos zanjes no sul do Iraque.
897	Início do imamato zaidita no norte do Iêmen.
899	Proclamação do Mádi ismaelita em Salamia.
922	Execução em Bagdá do místico Alhalaje.
929	Ataque dos carmatas em Meca.
934	"Reconquista" bizantina de Malatya.
941	"Grande ocultação" do Mádi, décimo segundo imã dos xiitas.
945	Tomada do poder em Bagdá por um grão-emir buída.

Para saber mais

ACHOUR, Y.B. *Aux fondements de l'orthodoxie sunnite*. Paris: PUF, 2008.

CHOKR, M. *Zandaqa et zindiqs en islam au second siècle de l'Hégire*. Damas: IFPO, 1993.

DUPRET, B. *La Charia. Des sources à la pratique, un concept pluriel*. Paris: La Découverte, 2014.

HEYBERGER, B. *Les Chrétiens d'Orient*. Paris: PUF, 2017.

MARTINEZ-GROS, G. *L'Empire islamique*. Paris: Passés Composés, 2019.

MERVIN, S. *Histoire de l'islam, fondements et doctrines*. Paris: Champs, 2016.

MICHEAU, F. *Les Débuts de l'Islam. Jalons pour une nouvelle histoire*. Paris: Téraèdre, 2012.

MORABIA, A. *Le Gihâd dans l'Islam médiéval*. Paris: Albin Michel, 2013.

TILLIER, M. *Les Cadis d'Iraq et l'État abbasside*. Beyrouth: IFPO, 2009.

URVOY, D. *Les Penseurs libres dans l'Islam classique*. Paris: Champs, 2003.

3
A ERA DOS DOIS CALIFADOS
(945-1193)

A partir de 945, o califado abássida já não exercia mais do que a aparência do poder supremo que havia sido o dos califas árabes durante os três séculos precedentes. Os emires buídas detinham, em Bagdá, a verdadeira autoridade (*sulta*), fazendo com que a oração de sexta-feira fosse pronunciada em todo o império em nome do monarca intitulado. A perda pelos soberanos abássidas do poder efetivo, ao preço do respeito formal a normas e formas desse poder, era irreversível. Essa transição ocorreu quando a dissidência ismaelita, perseguida em todo o Oriente Médio, conseguiu firmar-se no Magrebe, a ponto de aí estabelecer, em 909, um califado com a legitimidade derivada do Imã Ali, através da sua esposa Fátima. Este califado, assim denominado "fatímida", controlava o território da atual Tunísia, conquista a Sicília, e, em seguida, todo o norte da África. Em 969, ele se lançou ao ataque do Egito e expulsou as tropas abássidas. Os fatímidas decidiram instalar a sede do califado na sua nova província. A cidade assim fundada, ao norte de Fostate, foi chamada de "a Vitoriosa" (*al-Qāhirah*), aportuguesada como Cairo. O Oriente Médio estava agora dividido entre dois califados baseados no Iraque e no Egito, enquanto o Império Bizantino impulsionava sua "reconquista" no norte da Síria. Um terceiro califado foi proclamado em 929, em Córdoba, por um emir omíada, descendente de um sobrevivente do massacre dessa família pelos abássidas[104]. Mas esse califado do extremo ocidente estava centrado em Al-Andalus, a Espanha islâmica, e permaneceu estranho aos assuntos do Oriente Médio.

---

104. Cf. *supra*, p. 68.

3.1 A ambição fatímida

Os propagandistas ismaelitas, assim como os agitadores abássidas um século e meio antes deles, federaram em seu favor o fervor messiânico e a resistência popular. Seu chefe afirmava, desde 899, na Síria, ser o Mádi, e apresentou sua vitória, dez anos depois, na Tunísia, como o sinal do cumprimento das profecias. Mas o triunfo político-militar dos abássidas no Oriente Médio, no século VIII, e depois dos fatímidas no Magrebe, no século X, invalida a contagem regressiva milenarista. O Fim dos Tempos, adiado para um horizonte indefinido, deu lugar à institucionalização de um novo califado segundo um princípio dinástico. Os messianistas revolucionários, que se tornaram não apenas inúteis, mas perigosos, estavam liquidados desde os primeiros anos do poder abássida, no Iraque, e depois do poder fatímida, na Tunísia. O tríptico de Ibne Caldune grupo/pregação/poder, assim como sua dialética entre centro e periferia, já evocados no caso abássida[105], foram igualmente relevantes para o processo fatímida: o "grupo" dos missionários ismaelitas tinha, de fato, raízes no Magrebe, aí associando-se a poderosas tribos berberes; a "pregação" ismaelita, difundida em nome do Mádi da época, era ainda mais poderosa e estruturada do que a propaganda de Abu Muslim; o "poder" fatímida, estabelecido a partir da "periferia" da Tunísia, consolidou seu domínio sobre o resto da África do Norte, antes de apoderar-se do "centro" egípcio. O expansionismo fatímida também visava a desviar para o exterior energias milenares que poderiam comprometer a estabilização dinástica.

Em 966, o eunuco núbio Cafur [*Kāfūr*] assumiu o poder supremo no Egito e ousou mandar que se pronunciasse a oração de sexta-feira em seu nome, um escândalo que favoreceu, três anos depois, a conquista do país pelos fatímidas. Os novos senhores tinham a habilidade de livrarem-se de seus antecedentes magrebinos para melhor aureolar sua glória com aquela de um Egito intemporal. Era a primeira vez, desde o fim dos ptolomaicos, um milênio antes, que o Egito deixava de ser uma província de um império

---

105. Cf. *supra*, p. 69.

para tornar-se um centro de poder imperial. O Califa Almuiz [*al-Mu'izz*], nascido na Tunísia, instalou permanentemente seu suntuoso palácio no Cairo, em 973, não muito longe da grande mesquita de Alazar [*Al-Azhar*] ("a Radiante"[106]), inaugurada no ano anterior. Ele dependia militarmente de uma guarda berbere, vinda do norte da África, e de desertores turcos, recrutados no local ou aliciados das tropas abássidas. A corte, cuja pompa logo eclipsou a de Bagdá, outorgou posições honoríficas a altos funcionários coptas e judeus. O califa nomeou ao seu lado um grão-cádi, de rito ismaelita, mas também um responsável pela pregação (*da'wa*)[107], encarregado da mais ampla difusão da doutrina ismaelita.

Ao contrário dos abássidas, relutantes em impor um dogma de Estado, fora os quinze anos de interlúdio mutazilita, os fatímidas deveriam promover a mensagem ismaelita, especialmente porque o fundador da sua dinastia proclamou-se Mádi, e seus sucessores arvoraram-se o título de "imã"[108]. A rotinização do califado, no entanto, nutria uma forma inesperada de banalização da exceção ismaelita, cujo ensino coexistia de fato com aquele das quatro escolas do sunismo. Os califas do Cairo não cessaram de oscilar, às vezes durante o mesmo reinado, entre a pressão organizada a favor do ismaelismo de Estado e a tolerância demonstrada para com um sunismo ainda majoritário na população. Eles estavam determinados a derrubar os califas, aos seus olhos "heréticos", de Bagdá, mas deviam limitar sua conquista, em 970, a Damasco e ao sul da Grande Síria. Eles aceitaram a autonomia do governador de Meca e Medina, com a expressa condição de que a oração fosse pronunciada apenas em seu nome nas duas Cidades Sagradas. O ardil da história faria com que o Cairo e a sua grande mesquita de Alazar, instituída para assegurar a influência, e até mesmo a dominação, do ismaelismo, apareçam hoje como um bastião da ortodoxia

---

106. Este qualificativo "radiante" retoma aquele atribuído a Fátima, esposa de Ali e mãe de Hussein, ancestral epônimo da Dinastia "Fatímida".

107. Assim como o grão-cádi é literalmente o "juiz dos juízes" (cf. *supra*, p. 83), o chefe da pregação ismaelita é chamado de "pregador dos pregadores".

108. Cf. *supra*, p. 83.

sunita. Quanto às mesquitas de Huceine e Sayeda Zeinab[109], ainda muito populares no Cairo, elas são de fato duplicatas tardias de santuários xiitas de Damasco, cuja existência no Egito é um mito construído pela Dinastia Fatímida a fim de aí exaltar a primazia do ismaelismo. Essas duas mesquitas medievais, agora polos da piedade sunita no Cairo, refletem um Egito que enterrou seus dois séculos de herança heterodoxa sob a reivindicação de um sunismo supostamente incontestável. Foi preciso, no entanto, esse desvio duradouro pelo ismaelismo para que o Egito se emancipasse da sua sujeição a Damasco, e depois a Bagdá, munindo-se finalmente, com o Cairo, de uma autêntica capital imperial.

3.2 A batalha pela Síria

Os bizantinos mantiveram com firmeza a Anatólia oriental a partir de Malatya, submetida ao seu controle em 934. Mas enfrentaram, no norte da Síria, um temível adversário na pessoa de Ceife Adaulá [*Sayf al-Dawlah*], "o Sabre do Estado". Este emir xiita assumiu o comando de Alepo no ano de 945, quando outros xiitas, os emires buídas, colocaram o califado de Bagdá sob sua tutela. Ceife Adaulá não é menos leal do que eles a este "Estado" abássida que lhe conferiu o título de "Sabre". A brilhante corte do emir de Alepo acolhe muçulmanos de todas as convicções, mas também livres-pensadores, como o poeta Almotanabi [*al-Mutanabbī*], sobrevivente de uma insurreição milenarista[110]. As campanhas que Ceife Adaulá conduzia regularmente no território bizantino não resultavam em ganhos mais duradouros do que as razias realizadas no norte da Síria por tropas imperiais. Estas conseguiram assim, em 962, conquistar a cidade de Alepo, literalmente saqueada. Ceife Adaulá deveu sua salvação exclusivamente à sua

---

109. Zainabe [*Zaynab*], enterrada em Damasco em 682, é irmã de Huceine, morto dois anos antes em Carbala, onde seu mausoléu é um dos lugares mais sagrados do xiismo, tendo sua cabeça decepada sido transportada para a Síria como troféu para os omíadas (cf. *supra*, p. 62). Em 1153, os fatímidas acreditam na fábula de uma transferência para o Cairo da cabeça de Huceine que teria sido, segundo eles, roubada em Damasco e escondida por muito tempo na Palestina. Quanto a Zainabe, ela pode nunca ter pisado no Egito, mas hoje é considerada a santa padroeira do Cairo.

110. Almotanabi significa "aquele que se proclama profeta".

retirada para a cidadela que dominou sua capital e de onde ele contemplou impotente a pilhagem. O massacre perpetrado pelos bizantinos, dentre outros entre os ulemás sunitas, teve o resultado imprevisto de favorecer a difusão do xiismo, até então minoritário em Alepo. No entanto, a vitória cristã durou pouco, e Ceife Adaulá continuou a dominar um norte da Síria muito empobrecido pelas hostilidades, mas ainda ancorado no domínio abássida.

Sade Adaulá [Sa'd al-Dawla], que sucedeu seu pai Ceife, morto em 967, manteve uma corte itinerante e confiou Alepo a um de seus oficiais turcos. Personalidade apagada, pouco versado na arte da guerra, deixou a guarnição de Antioquia ceder, em 969, a um cerco bizantino. A reconquista da Cidade de Deus, mais de três séculos depois da sua queda nas mãos dos árabes, é celebrada com pompa em Constantinopla. Ela coincide com a invasão fatímida do Egito e com a fundação do Cairo, expondo a fragilidade inigualável do califado abássida em suas duas frentes ocidentais. Os bizantinos aumentaram sua vantagem com a ocupação metódica da Cilícia, e depois com a imposição, em 970, de um tratado de proteção de Alepo, cujos direitos alfandegários lhes são devolvidos. Em 975, o Imperador João I Tzimisces [Iōánnēs ho Tzimiskēs] lançou, a partir de Antioquia, uma campanha fulminante na Síria, onde Damasco e Sidon [Ṣaydā, Saida, Sayida] foram poupadas em troca de um tributo pontual. O basileu, tendo chegado ao norte da Palestina, não ousou, entretanto, avançar até Jerusalém, por medo de uma contraofensiva fatímida. Ele ordenou o retorno das suas tropas a Antioquia, contentando-se em consolidar a autoridade bizantina no Porto de Lataquia [Al-Lādhiqīyah]. Constantinopla estava satisfeita com o novo *status quo* na Síria, onde o glacis de Alepo, colocado sob seu protetorado, lhe garantia a segurança da sua fronteira meridional.

Foi durante este último quartel do século X que os abássidas perderam permanentemente terreno na Síria. Os fatímidas podem ter tido dificuldades para controlar a rebelde Damasco, mas sua autoridade estendia-se pela maior parte do país de Sham, até próximo de Homs. A oração de sexta-feira era pronunciada em nome do califa-imã do Cairo em todas as mesquitas da Síria, inclusive no território do emir de Alepo, vassalo de Constantinopla. Os fatímidas mobilizaram a seu favor as fontes de legitimidade islâmica que eram, por um lado, a organização da peregrinação a Meca e, por outro, a jihad contra os bizantinos, donde a prudência do basileu, ao retirar-se em 975. O principal porto fatímida do litoral sírio foi fortificado em Trípoli, na fronteira com o domínio bizantino, e respaldado mais ao sul por Sidon e Acre. O comércio médio-oriental, há tanto tempo estruturado em torno da Mesopotâmia e do Golfo Pérsico, deslocou seu eixo para o Mediterrâneo Oriental e o Vale do Nilo, com o Cairo suplantando Bagdá como a metrópole mais populosa da região. Essa transição geopolítica do Iraque para o Egito seria inconcebível sem o controle fatímida sobre uma grande parte da Síria. Foi mais uma vez o Eufrates que marcou a fronteira mais estável entre o califado decadente do Leste e o califado ascendente do Oeste. O Oriente Médio, ainda governado desde Bagdá pelos abássidas em meados do século X, foi, portanto, profundamente reconfigurado, com a ocupação fatímida do Egito e do Levante, tendo os bizantinos imposto seu protetorado, de fato, sobre o norte da Síria.

3.3 O imã de todos os excessos

O califa fatímida Aziz, no poder no Cairo de 975 a 996, organizou o cerimonial imperial em torno das principais datas do calendário muçulmano, assim como as festas cristãs do Ano Novo e da Epifania, e até mesmo um festival do Canal, marcando o ciclo de irrigação pelas águas do Nilo. Esse ecumenismo remete à pretensão ismaelita de assegurar uma "proteção" equitativa não apenas ao povo do Livro, mas também aos muçulmanos que não tivessem ainda sido convencidos da missão divina do califa--imã. O paralelo pode, assim, ser traçado entre os omíadas governando um Oriente Médio predominantemente cristão e masdeísta, em meados do século VII, e os fatímidas chegando a um acordo com um Egito predominantemente sunita, três séculos mais tarde. A administração do Califa Aziz foi centralizada sob a autoridade do seu vizir Ibne Quilis [*Ibn Killis*], um judeu convertido, natural de Bagdá, cuja tolerância religiosa e eficiência burocrática refrearam o proselitismo ismaelita: os missionários fatímidas foram pouco a pouco afastados do Egito para irem pregar sua doutrina até o nordeste da distante Pérsia. Os teólogos de Alazar conceitualizam no Cairo o círculo virtuoso de um governo justo, no qual o califa garantiria a equidade, ela própria garantindo a riqueza, ela própria garantindo as receitas fiscais que permitiriam ao exército e à administração executarem, em troca, a vontade do califa. Longe desses esquemas apaziguadores, Aziz tentou em vão neutralizar em seu exército a polarização entre os "magrebinos" e os "orientais", que remete à rivalidade entre os berberes, arquitetos da conquista fatímida do Egito, e os turcos, reunidos após a fundação do Cairo. A corte de Aziz, aliás, foi marcada pela importância de suas irmãs, sua mãe e sua filha, Sital Mulque [*Sitt al-Mulk*][111], cuja considerável riqueza e generosas doações favoreceram o desenvolvimento do subúrbio de Qarafa [*Al-Qarāfah*][112].

O desaparecimento súbito de Aziz, em 996, deixou o trono fatímida para seu filho de onze anos, coroado califa sob o título de Aláqueme Biamir Alá [*al-Ḥākim bi-Amr Allāh*], "o Dirigente por ordem de Deus". O poder real, no entanto, foi exercido pelo tutor do jovem monarca, o eunuco Barjauã [*Barjawān*], que se apoiou primeiro nas facções berberes, e depois nos generais turcos, a fim de, ao mesmo tempo, consolidar a sua própria autoridade e resistir a uma nova investida bizantina na Síria. No ano 1000, o Califa Aláqueme mandou assassinar o seu muito poderoso regente e encarregou o Patriarca de Jerusalém de negociar um acordo de paz com Constantinopla, concluído no ano seguinte. Era o início de um reinado de duas décadas, um dos mais controversos do Islã, porquanto Aláqueme semeia confusão tanto entre seus contemporâneos quanto entre historiadores. Pronto para liquidar os seus mais próximos colaboradores, perseguindo seus objetivos sucessivos com uma raiva obsessiva, Aláqueme tinha todos os atributos de um déspota menos esclarecido do que fanático. As incursões do califa adolescente nos mercados [socos, *sūq, souk*] de Fostate lhe conferiram inicialmente a aura de um soberano acessível, atento às queixas dos seus súditos. Mas elas foram rapidamente seguidas por uma série de proibições de vestuário, alimentação e comércio que ultrapassaram a mais

---

111. Sitt al-Mulk significa literalmente "a senhora do poder".
112. Qarafa corresponde, hoje, à Cidade dos Mortos da capital egípcia.

estrita interpretação da lei islâmica e confundiram por sua arbitrariedade, sendo certas proibições, sobre a música ou sobre os deslocamentos noturnos, revogadas logo após sua proclamação.

Em 1003-1004, Aláqueme rompeu com a tolerância de seus predecessores fatímidas, decretando toda uma série de discriminações contra cristãos e judeus, e depois impondo sermões antissunitas nas mesquitas (os três primeiros califas do Islã, acusados de terem lesado o "imã" Ali[113], são assim insultados de maneira ritual). As tensões com a população sunita, amplamente majoritária em território fatímida, eram tão graves que o califa oscilava de um extremo ao outro, determinando em 1009 que a doutrina sunita tivesse o mesmo valor que o dogma ismaelita. Tal decisão, incompatível com o próprio princípio do imamato fatímida, foi denegada ao fim de um ano, com o retorno à supremacia formal do ismaelismo, mas sem proselitismo oficial em detrimento dos sunitas. Em contrapartida, acentuou-se a intolerância do Estado contra cristãos e judeus, com a destruição de muitas igrejas e sinagogas. Aláqueme até mesmo ordenou, em 1009, a demolição do Santo Sepulcro de Jerusalém, parcialmente executada após o saque do santuário. O Império Bizantino optou por não fazer deste sacrilégio um *casus belli* e, apostando na inconstância de Aláqueme, conseguiu que os cristãos de Jerusalém iniciassem, em 1012, uma primeira reconstrução do seu Lugar Sagrado[114].

A abertura, em 1009, do século V do Islã, poderia ser enfatizada para explicar o entusiasmo de Aláqueme, que assim se reconectaria com o messianismo dos fundadores da linhagem fatímida[115]. No entanto, em 1013 o imprevisível califa atingiria o próprio cerne da legitimidade dinástica, ao designar um dos seus primos como herdeiro, em vez da sucessão de pai para filho que havia até então prevalecido. Ele dobra essa provocação com a nomeação como grão-cádi de um ulemá sunita, do

---

113. Cf. *supra*, p. 51 e p. 84.
114. O Santo Sepulcro só será plenamente reconstruído em 1048.
115. Com efeito, as tradições profetizam o advento de um "Renovador" do Islã, até mesmo do Mádi, no início de cada século do calendário hegírico. Os fatímidas marcaram a abertura do século IV, em 912, fundando, na Tunísia, sua capital de Mádia [*Mahdia*], a "cidade do Mádi".

rito hambalita, excluindo assim os teólogos ismaelitas da função suprema do império. Aláqueme, não se contentando em alienar uns, e depois outros, agora afeta veleidades ascéticas, vestindo-se com uma modéstia ostentatória e aceitando apenas um burro como montaria. Em 1021, o califa não voltou de uma das suas frequentes escapadelas noturnas fora do seu palácio do Cairo. Bem antes do anúncio oficial da sua morte (e da execução dos beduínos que o teriam assassinado), sua irmã mais velha, Sital Mulque, assumiu a sucessão: o herdeiro designado foi condenado à morte e um dos filhos de Aláqueme tornou-se califa sob o título de Azair [Az̧-Z̧āhir], "o Evidente", uma afirmação voluntarista da restauração dos fundamentos fatímidas. Sital Mulque foi respaldada nesta revolução palaciana por seu mordomo Aljarjarai [al-Jarjarā'ī][116] que, após anos de pacientes intrigas, subiu ao posto de vizir em 1028. Ele permaneceu no cargo até sua morte, em 1045, garantindo ao califado fatímida uma estabilidade inestimável após a turbulência da era Aláqueme.

3.4 Dissidentes e endógamos

As paixões de Aláqueme podem ter suscitado um escândalo sem precedente, mas foram interpretadas por círculos de exaltados como a manifestação de uma inspiração divina. Eles ousaram, em 1019, qualificar o califa como um Deus vivo, em plena mesquita de Fostate, levando a motins de protesto popular contra tal presunção. O líder desses messiânicos, Adarazi [ad-Darazī], mergulhou na clandestinidade com os demais líderes da seita, cujos membros, admitidos após um processo de iniciação, autodenominavam-se "unitaristas". O termo "druso" [darazī, pl. durūz], derivado de Adarazi, foi usado pela primeira vez por defensores da repressão dessa dissidência, embora depois tenha sido apropriado pelos próprios dissidentes[117]. O desaparecimento do califa, em 1021, convenceu os fiéis dessa confissão

---

116. Aljarjarai é alcunhado "o Amputado", porque ele teve pelo menos uma mão cortada em 1013 por ordem do Califa Aláqueme.
117. Os wahabitas (cf. *infra*, p. 193) também se autodenominavam "unitaristas", antes de adotarem um nome popularizado por seus adversários.

de que Aláqueme era agora o imã oculto. Perseguidos por todo o Egito, eles encontraram refúgio na Síria, onde a autoridade fatímida, mais ou menos sólida no Sul, era amplamente simbólica no Norte. Os drusos organizaram sua doutrina durante a geração seguinte, após a qual toda conversão foi considerada interdita. No interior do próprio grupo, apenas uma minoria de "sábios"[118] foi iniciada nos mistérios do dogma, sendo a maioria dos drusos encorajada a observar os sinais exteriores da piedade muçulmana.

A Síria, onde a diversidade de ambientes já havia favorecido a pluralidade das Igrejas cristãs, tornou-se assim um verdadeiro viveiro para os diferentes ramos do Islã: o sunismo, associado à glória omíada, muitas vezes sofreu a desgraça do País de Sham sob o reinado abássida; o xiismo soube aproveitar-se disso para implantar-se, inclusive na cidade de Alepo; o ismaelismo encontrou nos oásis do deserto sírio, no fim do século IX, o solo da primeira pregação fatímida; os drusos, eles próprios descendentes do ismaelismo, pululuraram nas alturas sírias durante a primeira metade do século XI; eles eram apenas os recém-chegados em uma aclimatação das dissidências que também afetava os discípulos de Ibne Noçáir [*Ibn Nuṣayr*]. Esse pregador xiita, ativo no Iraque no fim do século IX, apresentava-se como o intercessor do décimo primeiro imã, Haçane Alascari [*Ḥasan al-'Askarī*][119], segundo ele o último da linhagem mística aberta por Ali, primo e genro do profeta do Islã. Tais crentes "nusairitas" seriam mais tarde chamados de "alauitas" por causa da sua devoção particular a Ali, mas também da sua recusa em acreditar no Mádi, o imã oculto dos xiitas duodecimanos. Sua concentração na cadeia que domina o litoral sírio daria então seu nome a essa "Montanha Alauita", ainda que o povoamento cristão e ismaelita fosse igualmente importante neste maciço escarpado.

Os alauitas compartilhavam com os drusos o mesmo elitismo iniciático, que deixava a massa dos fiéis do grupo na ignorância da realidade do seu credo. Essa exclusão esotérica alimentou práticas endógamas que se encontraram, de forma atenuada, entre os ismaelitas. Segundo um processo já

---

118. Em árabe, *uqal*, no singular, *aqil*.
119. Cf. *supra*, p. 85.

constatado durante os cismas da Igreja do Oriente[120], as minorias dissidentes conferiam uma prioridade absoluta à sua coesão coletiva. As sutilezas dogmáticas importavam, portanto, menos do que a convicção de pertencer a uma comunidade de eleitos, unidos tanto por uma liturgia específica quanto pela implacabilidade das autoridades "ortodoxas" contra ela. A transmissão de geração em geração de um patrimônio tão enraizado em celebrações e provações era em si um ato de fé e uma inscrição na duração da história. Enquanto onde o cristianismo florescia na pluralidade de patriarcados divergentes, o Islã cultivava a sua própria diversidade, que não podia limitar-se a uma bipolaridade entre sunitas e xiitas, ela própria fruto de uma sedimentação ao longo de quase três séculos. É por isso que as comunidades ismaelitas, alauitas e drusas devem ser consideradas cada uma como um ramo do Islã por direito próprio, malgrado os anátemas modernos contra os drusos ou a assimilação enganosa dos alauitas ao xiismo duodecimano.

Quanto aos atuais militantes da defesa das "minorias" no Oriente Médio, eles geralmente concentram seu ativismo exclusivamente nos cristãos, negligenciando a pluralidade das minorias do Islã. Eles esquecem, além disso, que a profunda heterogeneidade do Levante muitas vezes relativiza as noções de "maioria" e "minoria", podendo um grupo ser ao mesmo tempo "minoritário" em um espaço mais amplo, e "majoritário" em um território mais reduzido. Finalmente, a convicção dos adeptos de um determinado grupo, cristão ou muçulmano, de pertencer a uma comunidade de eleitos contribui poderosamente para a perpetuação de tal grupo ao longo dos séculos, mas ela não necessariamente encoraja nele as virtudes da tolerância para com outros grupos. É preciso, por conseguinte, guardar-se de idealizar, tanto no Oriente Médio quanto em outros lugares, uma minoria pelo simples fato de ser minoritária. E não é de admirar, no Oriente Médio talvez ainda mais do que em outro lugar, que uma "minoria", subitamente intoxicada por um equilíbrio de poder favorável, se comporte com a mesma brutalidade que a "maioria", até então denunciada pelos seus excessos.

---

120. Cf. *supra*, p. 32.

3.5 Abássidas sob tutela

Perante a glória fatímida do Cairo, mesmo quando maltratada sob o reinado de Aláqueme, os califas abássidas empalideceram em Bagdá. O primeiro dos grandes emires buídas recebeu, em 945, o título de Muiz Adaulá [*Mu'izz al-Dawlah*], "Aquele que fortalece o Estado abássida", e não tardou em suplicar o califa no poder para substituí-lo por um soberano ainda mais dócil. Rompendo com a tradição centralizadora do Império Abássida, os buídas repartiram os feudos iranianos de Ray/Teerã, Isfahan e Hamadan, ao mesmo tempo que sagravam vassalos, tais como Ceife Adaulá em Alepo. O filho de Muiz Adaulá, Adude Adaulá [*Aḍud al-Dawlah*], "o Apoio do Estado", manteve, desde 949, uma corte brilhante em Shiraz, antes de controlar o resto da Pérsia e depois tomar o Iraque. Ele conseguiu, em 977 em Bagdá, unificar sob sua única autoridade todas as possessões buídas. Chegou ao ponto de fazer com que o seu nome fosse mencionado depois do nome do califa na oração de sexta-feira, assim como de casar uma das suas filhas com o comandante dos crentes. A despeito das suas convicções xiitas, Adude Adaulá limita as celebrações em Bagdá dos imãs Ali e Huceine, apaziguando assim a população majoritariamente sunita da capital. Em 1007, um dos seus sucessores esmagou a tentativa do governador xiita de Mossul de aliar-se aos fatímidas. A lealdade política aos califas sunitas, portanto, sempre tem precedência sobre a filiação confessional[121]. Essa lealdade dos buídas não impediu, todavia, a fragmentação progressiva do território abássida entre os diferentes emires. Tal divisão foi agravada pelo arrendamento de propriedades inteiras para grandes oficiais cuja ganância empobreceu o campesinato e secou os cofres do Estado. De modo mais geral, o eixo histórico Mesopotâmia/Golfo Pérsico foi, como vimos, suplantado no comércio regional pelo eixo fatímida Mediterrâneo/Mar Vermelho.

Seria, contudo, errado associar o período buída a uma decadência inexorável. É certo que a corte do califa em Bagdá enfrentou a concorrência das várias cortes principescas, mas artistas e letrados frequentemente

---

121. Foi também durante o período buída que os ulemás xiitas deixaram de acreditar a tese de um Alcorão "falsificado" pelos omíadas. Cf. *supra*, p. 86.

se beneficiaram dessa rivalidade entre mecenas, ao passo que as capitais provinciais se enriqueceram com novos monumentos. Ibne Sina/Avicena [*Ibn Sīnā*] cultivou o favor dos poderosos com seus talentos de médico, chegando a ocupar as funções de vizir em Hamadan. Nômade de uma corte a outra, ele ampliou a obra filosófica de Alfarábi[122] para estruturar uma *falsafa* autenticamente "oriental" cuja aspiração última era a "iluminação"[123]. Os geógrafos Ibne Haucal [*Ibn Ḥawqal*] e Mocadaci [*Al-muqaddasī* ou *al-Maqdisī*], malgrado suas simpatias fatímidas, percorreram o domínio abássida para entregar a mais completa "descrição da Terra"[124]. Ibne Nadim [*Ibn al-Nadīm*], por outro lado, não deixou Bagdá para aí compilar, em 988, um "Repertório" enciclopédico de todos os livros supostamente publicados em árabe até então (apenas seis dos dez volumes deste montante concernem a obras de tema islâmico). O árabe, com efeito, continuava a ser a língua comum de uma elite política e cultural com origens étnicas e linguísticas profundamente diversas. Tal efervescência intelectual alimentava-se da rivalidade entre as cortes buídas, onde o Cairo centraliza em torno de Alazar a legitimação teológica dos fatímidas.

Dois califas abássidas, Alcadir [*al-Qādir*] e Alcaim [*Al-Qā'im*], cada um no poder há quatro décadas, aproveitaram essa longevidade excepcional para tentar reafirmar seu magistério supremo, sem, no entanto, emancipar-se da tutela buída. As andanças de Aláqueme no Cairo ofereceram a Alcadir a oportunidade de denunciar vigorosamente a usurpação dos fatímidas em 1011. Sete anos mais tarde, publicou uma "Epístola" com acentos de profissão de fé, na qual subscreveu a interpretação rigorista do sunismo pela escola hambalita, justamente aquela contra a qual seu distante predecessor de 833 havia desencadeado uma perseguição de Estado[125]. Em 1029, ele renovou sua condenação da doutrina de um Corão criado e afirmou a supremacia sobre Ali dos três primeiros califas do Islã. Ao se opor tanto ao racionalismo quanto ao xiismo, Alcadir afirmou seus direitos

---

122. Cf. *supra*, p. 94.
123. Em árabe, o termo *ishraq* ("iluminação") é justamente derivado de *sharq* ("oriente").
124. Esse é o título do tratado de Ibne Haucal, cujas versões sucessivas vão de 977 a 988.
125. Cf. *supra*, p. 78.

de escolher o seu próprio sucessor, na pessoa do seu filho Alcaim. O novo califa, no cargo de 1031 a 1075, continuou sua queda de braço simbólica com os buídas. Ele nomeou Almauardi [*al-Māwardī*], um brilhante teólogo xafeíta[126], grão-cádi de Bagdá, antes de lhe confiar missões entre os príncipes persas e turcos que governavam setores inteiros desse falso império. Almauardi obteve dele um tratado de governança islâmica, bastante indulgente para com os grandes senhores feudais, numa época em que emires, desta vez sunitas, suplantavam os buídas em Bagdá.

3.6 A restauração seljúcida

A ascensão dos guardas turcos data da instalação temporária do califado abássida em Samarra, em meados do século IX[127]. Os governantes fatímidas contaram então com desertores turcos para aumentar sua vantagem na Síria e neutralizar os seus próprios generais berberes. Qualquer que seja o poder efetivo desses comandantes turcos, eles então o mobilizam em benefício deste ou daquele califa. Essa subordinação formal já não estava de acordo com a constituição, a leste do domínio abássida, de principados turcos de pleno exercício, que compartilhavam a mesma ortodoxia sunita. Dos conflitos entre esses diferentes emires surgiu a família seljúcida, cujo ambicioso Tugril [*Ṭughril*] tomou Coração em 1038. Foi o início de um avanço metódico em direção ao Iraque, mais lento do que o de Abu Muslim em 747 ou o de Almamune em 809, mas igualmente determinado. Tugril expulsou os buídas de Bagdá em 1055 e forçou o califa a atribuir-lhe o título inédito de "sultão", qual seja o de detentor oficial do poder executivo (*sulta*), que os emires xiitas exercem de fato, e não de direito. Com efeito, Tugril, pomposamente cognominado "Pilar da Religião", baseia suas pretensões em uma política voluntarista de restauração do sunismo. O tríptico de Ibne Caldune, grupo/pregação/poder, já relevante nas dinâmicas de conquista abássida e fatímida, permitiu, também aqui, esclarecer a

---

126. Cf. *supra*, p. 76.
127. Cf. *supra*, p. 78.

ascensão do "grupo" seljúcida, coeso em torno de uma "pregação" sunita até a acessão ao "sultanato" de Bagdá, no contexto da tomada do centro do Iraque pela periferia do Irã.

Os sultões seljúcidas, pelo fato mesmo de reafirmarem o dogma sunita, defenderam a supremacia simbólica do califa abássida, em cuja honra exclusiva a oração de sexta-feira era enfaticamente pronunciada[128]. Sua lógica dinástica, pela qual o clã dirigente era coletivamente o detentor do poder, acumulava, no entanto, os fatores de expansão e de segmentação. O sobrinho e sucessor de Tugril, Alparslano [*Alp-Arslan*], infligiu aos bizantinos, em 1071, uma derrota esmagadora em Manziquerta [*Manzikert*], ao norte do Lago de Van, abrindo assim a Anatólia à islamização. Malique Xá [*Malik-Shāh*], filho e sucessor de Alparslano, triunfou em Damasco em 1076, reintegrando a Síria ao domínio abássida, após um século de divisão do País de Sham entre fatímidas e bizantinos. Malique Xá devia, no entanto, conceder a Anatólia a primos distantes que, muito envolvidos nas lutas pelo poder em Bizâncio, conseguiram consolidar um "sultanato de Rum" [*Saljūqiyān-i Rūm*] (Rum é a designação, em árabe e turco, da segunda "Roma" que é Constantinopla, e, por extensão, da Anatólia). Mas Malique Xá opõe-se às ambições do seu próprio irmão, Tutuxe [*Tutush*], que, com sua morte, consolida a Síria como um reduto cada vez mais autônomo de Bagdá. As querelas entre os dois filhos de Tutuxe, um reinando em Alepo e o outro em Damasco, acabaram de mergulhar o país de Sham, teoricamente reunificado sob a autoridade abássida, em uma profunda fragmentação.

A restauração seljúcida foi, portanto, em muitos aspectos, paradoxal. A instituição em Bagdá do sistema da madraça [*madrasah*], literalmente a "escola", aspirava à difusão de um dogma sunita especialmente combativo porquanto associado à refutação, pelo teólogo xafeíta Algazali [*al-Ghazālī*], da filosofia oriental (*falsafa*) de Farabi e Avicena[129]. Essa ortodoxia dominante contrastava com o pluralismo e a diversidade que prevaleciam

---

128. A partir de 1081, é também em nome do califa abássida, e não mais de seu rival fatímida, que a oração de sexta-feira é pronunciada em Meca e Medina.
129. Esta refutação da *falsafa* por Algazali será, ela própria, "refutada" por Averróis/Ibne Ruxide [*Ibn Rushd*] no "Ocidente" muçulmano do Magrebe e de Al-Andalus.

nas cortes buídas, ainda que atenuada pela onda popular do sufismo místico, à qual até mesmo o severo Algazali cedeu. O sunismo de Estado foi, portanto, tanto restaurado quanto empobrecido sob os sultões seljúcidas, à medida do declínio aparentemente inexorável da figura do califa abássida. Um declínio paralelo atingiu então, no Cairo, os califas fatímidas, obrigados a abandonar a realidade do poder a vizires detentores do poderio militar. Esse esgotamento da legitimidade dinástica no Egito foi contestado pelos missionários ismaelitas da Pérsia. Liderados pelo carismático Haçane Saba [Ḥasan-e Ṣabbāḥ], eles tomaram a cidadela de Alamute [Alamut] em 1090 e, quatro anos depois, romperam definitivamente com o Cairo. Os dois califados concorrentes já não eram capazes de sequer manter Jerusalém de forma duradoura, que passa dos fatímidas aos seljúcidas, para então retornar aos primeiros em 1098. Esse jogo de soma zero em torno da terceira cidade mais sagrada do Islã preparou o terreno para a irrupção, no Oriente Médio, de uma invasão de um novo tipo, a cruzada.

3.7 Bizantinos e cruzados

A ambição ecumênica e, portanto, universalista do Império Bizantino foi contestada, no plano simbólico, pelo estabelecimento do Sacro Império Romano-germânico, e, nos assuntos mediterrâneos, pela reconquista gradual da Sicília fatímida pelos normandos, cada vez mais ativos na Península Itálica. Constantinopla, no entanto, continuava sendo a metrópole mais brilhante do cristianismo, onde a administração bizantina e seu poder militar se distinguiam por sua preeminência. Esse sentimento de superioridade explica amplamente a indiferença dos contemporâneos a uma disputa dogmática sobre o Espírito Santo: a versão original do concílio fundador de Niceia[130], em 325, afirma que o Espírito procede do Pai, enquanto o papado romano pretende promover uma versão na qual o Espírito procede do Pai "e do Filho" (filioque em latim). A controvérsia se intensificou em 1054 com a excomunhão recíproca dos bispos romanos e bizantinos em

---

130. Cf. *supra*, p. 24.

Constantinopla. Mas somente muito mais tarde essa polêmica sobre o *filioque* assumirá a dramaturgia de um cisma entre as Igrejas do Ocidente e do Oriente, com a autoridade do papa de Roma, anteriormente associada à do patriarca de Constantinopla, doravante opondo-se a ela. Aliás, são considerações políticas, e não religiosas, que deixam os bizantinos sozinhos diante da invasão seljúcida em 1071, e são em seguida as intrigas palacianas em Constantinopla que favorecem a implantação, em 1077, do Sultanato de Rum em Niceia. A perda da Ásia Menor e de seus imensos recursos alimentou uma crise multiforme, da qual emergiu, em 1081, uma nova dinastia, a dos Comnenos, após dois séculos de imperadores "macedônios"[131].

O Papa Urbano II convocou, em Clermont-Ferrand, em 1095, uma cruzada com o objetivo de "combater os infiéis" e retomar deles o Santo Sepulcro. Pretendia assim consolidar a "paz de Cristo" na Europa e mobilizar a cavalaria no Oriente sob a única bandeira da Cruz. Não havia, entretanto, nenhuma urgência particular no Oriente Médio para tal expedição: as peregrinações cristãs à Palestina foram certamente complicadas pela conquista seljúcida da Anatólia, mas nenhum obstáculo se opunha às rotas marítimas; quanto aos cristãos da Terra Santa, eles frequentemente viviam menos mal do que seus vizinhos muçulmanos as perturbações políticas que então abalavam o Levante[132]. Se os Comnenos acolheram favoravelmente a cruzada, foi na esperança de que ela levasse à expulsão do invasor turco da Ásia Menor. A campanha se desenvolveu inicialmente segundo essa lógica, com a reconquista de Niceia em 1097 e sua restituição à autoridade de Constantinopla[133]. Mas os cruzados acusaram os bizantinos de tê-los abandonado durante o cerco vitorioso de Antioquia, e usaram isso como pretexto, em 1098, para manter a Cidade de Deus exclusivamente nas suas mãos. A mesma manobra foi operada em Edessa, onde os cruzados, cujo socorro foi invocado pela guarnição bizantina, a eliminaram pouco depois de terem expulsado os seljúcidas. Aleixo, o primeiro Imperador Comneno,

---

131. Cf. *supra*, p. 91.
132. Os abássidas pouparam, assim, a população cristã de Jerusalém durante a repressão, em 1078, de uma revolta liderada por agitadores muçulmanos.
133. Os seljúcidas de Rum transferem sua capital para Konya, no centro da Anatólia.

compreendeu tarde demais que os cruzados eram menos aliados do que um gênero inédito de conquistadores.

Os muçulmanos passaram a estabelecer uma distinção cada vez mais nítida entre "bizantinos" e "francos"[134], cuja selvageria era assaz perturbadora (os casos de antropofagia por soldados de infantaria famintos, no norte da Síria, são relatados até mesmo nas crônicas cristãs). De fato, os cruzados, ao contrário dos bizantinos, familiarizados com o Islã, estavam convencidos de que os muçulmanos eram apenas adoradores pagãos de Muhammad, sendo os cavaleiros e sua infantaria acompanhados por uma população extremamente fanática. Caricaturar as cruzadas como um choque de civilizações entre a Cristandade e o islã é, portanto, tão redutivo quanto enganoso. Trata-se antes da primeira expedição do Ocidente cristão no coração mesmo do território atribuído em 395 ao Império Romano do Oriente, ao passo que Justiniano ocupara, desde o século VI, uma boa parte do Império Romano do Ocidente[135]. Quanto à "libertação" da Cidade Santa, nem Heráclio, mesmo após a captura da Vera Cruz em 614[136], nem João I Tzimisces, durante sua incursão em 975[137], manifestaram essa obsessiva belicosidade que anima os cruzados. Sua entrada em Jerusalém, em 15 de julho de 1099, após um mês de cerco, foi acompanhada pelo massacre de milhares de habitantes muçulmanos e judeus[138].

A guarnição fatímida, que negociou sua retirada, havia, em preparação para a batalha, expulsado os cristãos locais, cujo retorno foi impedido pelos cruzados, a fim de deixar espaço livre para os novos ocupantes. No mesmo espírito, o Santo Sepulcro passou ao controle exclusivo do clero católico, com a expulsão dos padres "orientais". A Cidade Santa foi assim transformada, a ferro e sangue, numa cidade dita "latina", capital de um reino com o mesmo qualificativo, independente do império "grego" de

---

134. Em árabe, respectivamente *Rum* e *Franj*.
135. Cf. *supra*, p. 36.
136. Cf. *supra*, p. 40.
137. Cf. *supra*, p. 102.
138. Pouco depois, os judeus de Haifa também foram massacrados pelos cruzados por terem participado ativamente da resistência da cidade.

Constantinopla. O contraste foi marcante com a relativa, mas inegável, tolerância demonstrada pelas autoridades muçulmanas desde o século VII, exceto durante o sombrio interlúdio do Califa Aláqueme[139]. O paralelo entre Islã e Cristandade carecia tanto mais de substância quanto a queda de Jerusalém, celebrada em toda a Europa católica, suscitava uma emoção muito comedida no Oriente Médio muçulmano. Seriam necessárias décadas de amadurecimento e propaganda para que a contracruzada muçulmana investisse Jerusalém de uma intensidade comparável à dos "latinos" e canalizasse, para sua "libertação", energias coletivas à altura de tal desafio.

3.8 Meio século de coexistência

Os cruzados organizaram sua ocupação de parte do Levante em torno de três entidades: o reino latino de Jerusalém, estabelecido por Godofredo de Bulhão [*Godefroy de Bouillon*], que preferiu a autonomia feudal à integração teocrática no domínio do papado; o condado de Edessa, cujo primeiro chefe, Balduíno de Bolonha [*Baudouin de Boulogne*], irmão de Godofredo, tornou-se, com a morte deste, em 1100, rei de Jerusalém (ele aí instalou seu palácio, quatro anos mais tarde, na mesquita de Al-Aqsa, abandonada desde o banimento de todos os muçulmanos da Cidade Santa); e o principado de Antioquia, que alternou entre conflito e aliança com os armênios feudais da vizinha Cilícia[140]. Esses estados latinos estenderam metodicamente seu território, seja até a costa, no que concernia ao reino de Jerusalém, seja temporariamente em direção a Malatya, no que concernia ao condado de Edessa, seja permanentemente em direção a Lataquia, no que concernia ao principado de Antioquia. A permanência cruzada na costa mediterrânea foi adquirida com a conquista de Acre, em 1104, e depois de Trípoli, cinco anos mais tarde. O agora instituído condado de Trípoli assegurava a ligação

---

139. Cf. *supra*, p. 105-106.
140. Desde o início do século X, um "tema" armênio foi estabelecido no Leste da Capadócia (cf. *supra*, p. 91). No século XI, as ofensivas bizantinas contra o reino da Armênia, e depois as invasões turcas na Ásia Menor, levaram a um deslocamento significativo da população armênia para a Cilícia, no sudeste da Anatólia.

entre o principado de Antioquia e o reino de Jerusalém, ele mesmo suserano do condado de Edessa[141]. Os quatro estados cruzados garantiram assim sua inserção no espaço médio-oriental devido ao seu abastecimento pelo mar, já não tendo que depender do apoio bizantino.

Os fatímidas, embora diretamente desafiados pela queda de Jerusalém, compensaram sua ostensiva passividade com uma retórica agressiva. Sua intervenção muito tardia em Trípoli não conseguiu salvar este porto da conquista dos cruzados. Com efeito, os califas do Cairo consideraram a invasão latina muito menos preocupante do que a investida seljúcida e, sobretudo, do que a dissidência ismaelita, liderada por Haçane Saba a partir da fortaleza persa de Alamute[142]. Esses dissidentes eram às vezes chamados de nizaris, por causa da sua aliança, durante a sucessão fatímida de 1094, com Nizar, filho do soberano falecido, que as manobras dos vizires excluíram em favor do seu meio-irmão Almostali [*al-Musta'lī*] (Nizar, à frente de uma insurreição em Alexandria, foi capturado pelo novo califa e emparedado vivo no Cairo). Mas esses irredutíveis do ismaelismo passaram à posteridade sob o nome de "Assassinos", derivado do haxixe[143], de que seus adversários os acusavam de estarem intoxicados. Embora nada conferisse crédito ao mito de tal vício, o "assassinato" passou a designar os atentados espetaculares, porém direcionados, perpetrados por ordem de Saba. O terrorismo inspirado por Alamute atingiu altos dignitários abássidas e fatímidas, vizires e generais, governadores e pregadores. Além do nordeste da Pérsia, os partidários de Saba estabeleceram-se na Síria, nos ninhos de águias da cordilheira costeira, literalmente encravados entre o principado de Antioquia e o condado de Trípoli. Eles respeitavam uma forma de pacto de não agressão com seus vizinhos cruzados, a fim de concentrarem seus golpes contra os dois califados. Com efeito, Saba alimentou

---

141. As duas casas francesas de Bolonha (de língua de *oïl*) e Toulouse (de língua de *oc* [occitana]) controlam respectivamente os estados de Jerusalém e de Trípoli, e os normandos da Sicília dominam o principado de Antioquia.
142. Cf. *supra*, p. 113.
143. *"Assassin"* [Assassino] é o afrancesamento de *ḥashāshīn*, termo que designa os consumidores regulares, ou mesmo dependentes, de haxixe.

uma propaganda milenarista na qual a sua própria seita acabaria por impor exclusivamente a sua visão particular do Islã.

Quanto à corte de Bagdá, ela não se comoveu mais do que a do Cairo com a queda de Jerusalém. O cádi de Damasco, enviado em 1099 para a capital abássida para alertar sobre o perigo dos cruzados, foi rapidamente promovido a grão-cádi para interromper sua agitação. O califa de Bagdá era, de qualquer forma, bem impotente perante seus tutores seljúcidas, eles próprios atolados em sangrentas lutas pelo poder e sobrecarregados pela varredura até a Anatólia das hordas turcomanas. Os régulos de Damasco e Alepo muitas vezes temiam bem mais a intervenção das tropas do sultão, que seria fatal para a sua autonomia, do que a ascensão ao poder dos cruzados, com os quais eram celebrados acordos mutuamente benéficos, inclusive a repartição dos rendimentos das terras limítrofes dos seus respectivos domínios. As disputas entre os senhores feudais latinos se imbricaram nas dos emires sírios a ponto de as coalizões islâmico-cristãs virem a enfrentar ocasionalmente alianças cristãs-muçulmanas. Em face desse comprometimento, as populações de Damasco, e mais ainda as de Alepo, por vezes se levantaram para afirmar o imperativo da luta contra os francos. Em Alepo, os dignitários sunitas e xiitas formaram uma frente comum, obtendo por duas vezes a deposição do emir local em favor de um general pronto para acertar contas com os cruzados (em 1118, o governador de Diarbaquir [*Diyarbakır*] e, em 1125, o de Mossul). Os dissidentes ismaelitas, acusados de inteligência com os cruzados, foram massacrados durante linchamentos coletivos, em Alepo em 1114, e em Damasco em 1129.

Os citadinos árabes da Síria sentiram-se à mercê de ententes entre francos e turcos, não tendo, por vezes, outro recurso senão remeter-se a outro turco para salvá-los da ameaça cruzada. Os camponeses árabes do país de Sham continuavam a entregar seu dízimo a um oficial que o entregava aos francos ou aos turcos, sendo o produto de sua colheita escoado nos portos cruzados ou nos mercados muçulmanos. Os cavaleiros vindos da Europa, cuja brutalidade um tanto grosseira já havia chocado os bizantinos, civilizaram-se neste Oriente, onde lançaram raízes e cujo cerimonial adotaram de bom grado. Eles asseguravam a proteção da caravana de Damasco a Meca, certamente em troca de tributos, mas garantindo assim a realização da mais importante peregrinação do Islã. A intolerância cruzada, com a cristianização sistemática das mesquitas durante a primeira década dos estados latinos, abrandou-se um pouco após a queda de Sidon em 1110. Os fatímidas, gradualmente expulsos da Palestina, agarraram-se ao Porto de Ascalão [*Ashkelon*], salvo pela resistência de sua população em 1111. Com efeito, esta cidade constituía a última linha de defesa do Egito, desde que o oásis de Gaza, às portas do Sinai, caiu nas mãos dos francos.

Os califas do Cairo, no entanto, persistiram em considerar o perigo cruzado como bem menor do que o dos dissidentes ismaelitas, mesmo após a morte, em 1124, de Haçane Saba: a "nova pregação" (*da'wa*), difundida a partir das cidadelas de Alamute e da Síria, alimentava seus apelos ao assassinato de uma fervorosa angústia escatológica; a invasão cruzada seria assim apenas um dos sinais anunciadores do Fim dos Tempos, e, portanto, do advento próximo da Nova Lei. Em 1130, o imã fatímida cai no Cairo, em plena cerimônia oficial, sob os golpes de um comando de Assassinos. Mas o poder abássida não foi menos vulnerável a essa ameaça enraizada no seu território. Em 1135, o próprio califa foi "assassinado" ao sul de Tabriz. Seu filho, que o havia sucedido no trono, antes de ser deposto pelo sultão seljúcida, também foi "assassinado", em 1138, em Isfahan. Esses assassinatos eram sempre celebrados durante sete dias e sete noites em Alamute. Nunca nenhum dos dois califados pareceu tão frágil, ambos evidentemente incapazes de protegerem-se de extremistas determinados.

Esse apagamento contrasta com a ascensão ao poder de um general turco, o atabegue [*atabeg*][144] Zengui [*Zangī*]. Tendo se tornado senhor de Alepo e Mossul, esse guerreiro incansável adotou a alcunha de Imadadim [ʿ*Imād al-Dīn*], "a Coluna da Religião", para magnificar seu combate contra os francos. A disciplina que ele impôs às suas tropas contrastava com os excessos dos soldados muçulmanos. Em 1144, Zengui reconquistou Edes-

---

144. *Ata* ("pai") e *beg* ("senhor") é o título dado pelos sultões seljúcidas aos tutores de seus filhos.

sa, sede de um dos quatro estados latinos, obtendo assim a primeira vitória da contracruzada. Ele expulsou os francos da cidade e favoreceu, entre os residentes cristãos, os siríacos em detrimento dos armênios[145]. Ele preferiu então consolidar suas aquisições a lançar-se em uma nova ofensiva. Enquanto a reação muçulmana às cruzadas levou décadas para tomar forma, a queda de Edessa provocou uma onda de choque na Europa Ocidental: a segunda cruzada foi pregada em 1146 em Vézelay, no dia da Páscoa, na presença do rei da França, Luís VII, e depois em Espira [Speyer], no dia do Natal, diante do soberano alemão Conrado III.

3.9 A luz da religião

A morte brutal de Zengui, em 1146, deixou Alepo para um dos seus quatro filhos, Noradine [Nūr al-Dīn, Nureddin], "a Luz da Religião", e devolveu Mossul ao primogênito dessa fraternidade "zênguida", Ceifadim [Sayf ad-Dīn], "o Sabre da Religião". Noradine teve que suprimir rapidamente uma tentativa franca de retomada de Edessa, tentativa cuja terrível repressão acarretou a ruína da cidade. Ele, em seguida, aproveitou-se da conduta errática da segunda cruzada, que Conrado III e Luís VII lançaram na emboscada seljúcida na Anatólia, antes de chegarem por mar, o primeiro a Jerusalém, e o segundo a Antioquia. Os cruzados, congregados em Acre em 1148, decidiram atacar Damasco em vez de Alepo. Noradine, livre de qualquer ameaça direta, podia assim socorrer o emir de Damasco. Em face dessa sólida frente muçulmana, os cruzados se dividiram quanto às ambições do conde de Flandres de estabelecer em Damasco um feudo comparável àquele dos toulousanos em Trípoli. O cerco de Damasco foi finalmente levantado, o *status quo* entre francos e turcos foi restaurado, mas o crédito de Noradine, que protegeu Damasco sem procurar conquistá-la, era imenso. A segunda cruzada foi concluída em 1149 com essa constatação de fracasso e com o retorno dos monarcas francês e alemão aos seus tronos. O mito da infalibilidade franca sobreviveu, na medida em que os

---

145. Zengui então instala em Edessa trezentas famílias judias, cuja lealdade é garantida.

cruzados compensaram sua inferioridade numérica pela consolidação de imponentes fortalezas, frequentemente confiadas às ordens combatentes dos Hospitalários e dos Templários.

Durante os cinco anos seguintes, Noradine, o Zênguida, gradualmente conquistou a parte oriental do principado de Antioquia, eliminando os últimos bolsões do condado de Edessa. Ele cuidou da sua imagem de soberano piedoso, que conduziria de frente a pequena jihad militar contra os cruzados e a grande jihad[146] mística do fervor sunita. Enquanto os primeiros seljúcidas se distinguiam pela sua intolerância e pelo seu rigorismo, Noradine, também ele de etnia turca, preferia patrocinar personalidades sufis, fomentar instituições de estudo e gerenciar soluções negociadas. Foi enquanto defensor do Islã que ele conseguiu, primeiro, sufocar em Alepo os focos de um xiismo que já se havia tornado minoritário, e depois, após dois cercos malsucedidos, conquistar Damasco sem combate em 1154. Ele encenou, na antiga capital dos omíadas, as demonstrações de força que precederam e se seguiram às suas operações contra os cruzados. Noradine pôde contar com um sólido serviço de inteligência e com a lealdade do seu general curdo Xircu [Shīrkūh], nomeado governador de Damasco. A pressão exercida por Noradine sobre os cruzados, mas também sobre os seljúcidas, permitiu ao Império Bizantino restaurar sua suserania sobre o principado de Antioquia, em 1159, e receber, dois anos mais tarde, a submissão simbólica do sultão da Anatólia. Constantinopla se beneficiou, assim, diretamente da contracruzada muçulmana, uma nova ilustração do profundo antagonismo entre bizantinos e cruzados.

A Síria reunificada sob Noradine, e apoiada pelo Iraque abássida, enfrentou, em 1163, em Jerusalém, o reino latino de Amalrico [Amaury], a quem a conquista cruzada de Ascalão, dez anos antes, e a fortificação de Gaza pelos Templários abriram o caminho para o Egito. Depois da batalha pela Síria que opôs os bizantinos aos fatímidas durante a segunda metade do século X, agora era uma batalha pelo Egito que estava sendo travada entre Damasco e Jerusalém. O Califa Aladide [al-'Āḍid], que ascendeu

---

146. Cf. *supra*, p. 79.

ao trono do Cairo em 1160, aos oito anos de idade, foi marginalizado pelas disputas sangrentas entre seus vários vizires, que não hesitaram em solicitar a intervenção de Amalrico ou de Noradine. Foi assim que o senhor de Damasco destacou para o Egito, em 1164, um exército comandado por seu fiel Xircu, ele mesmo assistido por seu sobrinho Saladino [Ṣalāḥ al-Dīn][147]. Essa campanha terminou com a retirada negociada das tropas sírias e cruzadas, ambas frustradas com a vitória. Aqui, mais uma vez, o mito de um confronto entre islã e Cristandade não se sustentou em face dos riscos dessa batalha pelo Egito, durante a qual os senhores do Cairo nunca obedeceram a uma lógica de tipo religioso.

O califa de Bagdá, convencido de que poderia finalmente desvencilhar-se da "usurpação" fatímida, encorajou Noradine, em 1167, a enviar Xircu e Saladino de volta ao Egito. Esta segunda expedição foi neutralizada pela intervenção paralela do reino de Jerusalém, que acabou por impor sua tutela ao Egito. Mas os francos mostraram-se tão brutais quanto gananciosos, suscitando a revolta da população do Cairo. Enquanto sua capital queimava para não se render aos cruzados, Aladide, o soberano fatímida, enviou a Noradine um apelo sincero por ajuda. Amalrico, temendo ser apanhado pela retaguarda, recuou à frente de suas tropas na Palestina. Xircu [Shīrkūh], acolhido no Cairo como libertador, em 1169, logo foi nomeado vizir, função que, após sua morte natural, coube a seu parente Saladino. O jovem general abandonou sua vida dissoluta para adotar o ascetismo caro a Noradine. Em 1171, ele baniu oficialmente o rito ismaelita e nomeou um grão-cádi sunita, da escola xafeíta, cujo fundador estava enterrado no Cairo[148]. Pouco depois, enquanto Aladide morria, em uma pungente encarnação da agonia fatímida, Saladino ordenou que a oração de sexta-feira fosse feita em nome do califa de Bagdá em todas as mesquitas do Egito. O Cairo estava adornado com bandeiras negras abássidas, enquanto Noradine recebia em Damasco as suntuosas recompensas do doravante único e exclusivo comandante dos crentes.

---

147. *Saladin* [Saladino] é o afrancesamento da alcunha árabe "Retidão da Religião".
148. Cf. *supra*, p. 76.

3.10 A ascensão aiúbida

Foi provavelmente devido à invasão dos cruzados que o califado fatímida prolongou por três quartos de século uma existência que a restauração seljúcida poderia ter ameaçado muito antes. Após ter tolerado, no norte da Síria, um Estado-tampão que o protegia dos assaltos de Bizâncio, o Cairo acomodara-se a um cinturão latino que, na costa levantina, neutralizava as ambições dos zênguidas turcos. Chegou a vez de Saladino, decidido a consolidar no Egito o seu próprio poder, ao mesmo tempo curdo e aiúbida[149], arriscar o glacis dos cruzados para evitar ser deposto por Noradine. Ele obedeceu à ordem vinda de Damasco de posicionar seu exército, em 1173, no sopé da cidadela franca de Caraque [*Al-Karak, Kerak*], que sobrepairava e ameaçava a rota da peregrinação a Meca. Mas bateu em retirada quando Noradine movimentou as suas próprias tropas, salvando, assim, o reino de Jerusalém de uma ofensiva coordenada, com efeitos potencialmente devastadores. Saladino também preferiu desviar parte dos seus recursos militares para o Iêmen, onde seu sobrinho conquistara uma fortaleza aiúbida em 1174, a pretexto de restabelecer ali, como no Egito, a oração de sexta-feira em nome dos abássidas. Noradine, a quem Saladino permaneceu formalmente subordinado, obteve o reconhecimento pelo califa de sua autoridade sobre todos os territórios abássidas, desde a Alta Mesopotâmia e a Síria até o Egito (com efeito, o paciente zênguida pôde tomar Mossul em 1171 tão pacificamente quanto o fizera com Damasco em 1154).

A morte natural de Noradine em Damasco, em 1174, levou Saladino a deixar cair a máscara, enquanto multiplicava as promessas de fidelidade póstuma ao seu antigo soberano. Ele assumiu o controle do sul da Síria, deixando Alepo e Mossul nas mãos dos herdeiros zênguidas. Contentou-se com o título de "rei" (malique [*malik*]), inferior ao de "sultão", reservado ao protetor seljúcida do califa de Bagdá. Como não tinha

---

149. Do nome de Aiube [*Ayyūb*] (Jó), pai de Saladino. Uma província do "Curdistão", também conhecido como "país dos curdos", existia no sultanato seljúcida, em meados do século XII. Ela estava situada ao norte de Mossul, na cordilheira de Zagros, e a família aiúbida não era significativamente originária de lá, porquanto o tribalismo curdo é marcado por conflitos e divisões.

pressa de atacar Jerusalém, assim como Noradine antes dele, Saladino dedicou os doze anos seguintes a subjugar gradualmente Homs, Alepo e Mossul. Enquanto intrigava e guerreava contra seus rivais muçulmanos, alimentava uma propaganda multiforme sobre a reconquista de Jerusalém e o imperativo da jihad para "libertá-la". Uma vez consolidado um império que, da Alta Mesopotâmia ao Egito, Noradine nunca controlara plenamente, Saladino enfim decidiu atacar os cruzados em seu centro. A violação da trégua sobre a peregrinação a Meca, em 1187, equivaleu a um *casus belli*. A vitória de Saladino em Hatim [*Ḥaṭṭīn*], nas alturas do lago Tiberíades, permitiu-lhe tomar Acre, e depois Jerusalém, cuja guarnição franca negociou a evacuação. A magnanimidade dessa rendição contrasta com o banho de sangue da conquista franca de 1099. Além disso, Saladino entrou em cena como imitador do Profeta Muhammad, diante de quem os portões de Meca abriram-se sem combate em 630[150]. De uma cidade santa a outra, essa dramaturgia, que coroou décadas de invocação cada vez mais fervorosa de Jerusalém, sem dúvida contribuiu mais para a sacralização de *al-Quds*[151] do que apenas os atos de fé.

Foi durante a fase ascendente dessa contracruzada que uma Igreja do Oriente escolheu, em 1182, aliar-se coletivamente à autoridade de Roma. Trata-se dos Maronitas do Monte Líbano, que tiram seu nome tanto de São Marun, eremita do vale de Orontes no século V, quanto de seu discípulo João Marun, que organizou esta comunidade no século VII. Os dois maruns eram opostos tanto ao dogma bizantino quanto à dissidência miafisita, embora as solidariedades locais pesassem bem mais do que os posicionamentos teológicos. Isso valia tanto para os maronitas quanto, como vimos, para as outras minorias do país de Sham, fossem cristãs, fossem muçulmanas[152]. A incerteza acerca da crença real dos primeiros maronitas é particularmente grande porque a sua hierarquia há muito acreditou a fábula de maronitas historicamente "católicos". Essa Igreja autocéfala, organizada,

---

150. Cf. *supra*, p. 50.
151. Al-Quds, a designação árabe para Jerusalém, significa literalmente "o sagrado".
152. Cf. *supra*, p. 32 e 108.

à imagem de seus pares, em torno de um patriarca, de fato esperou mais de um século após o cisma de 1054 entre Constantinopla e Roma para jurar fidelidade ao representante do papa em Antioquia. Foi somente em 1213 que um sínodo em Trípoli, sob a autoridade de um cardeal enviado por Roma, oficializou o catolicismo dos maronitas, cujo patriarca pode, desde então, aspirar ao posto de cardeal.

3.11 Rumo à terceira cruzada

Embora os cruzados encorajassem, desde 1099, a "latinização" do clero sob seu controle, a adesão dos maronitas ao catolicismo, ainda que tardia, franqueou-lhes o acesso à administração religiosa e às ordens combatentes. Essa escolha, facilitada pela implantação da esmagadora maioria dos maronitas nos estados latinos, contrastou com as atitudes adotadas pelos outros cristãos do Oriente: os armênios, punidos por Zengui após a queda de Edessa[153], jogaram com consistência uma carta autônoma no seio do campo cristão, apostando mais nos francos do que nos bizantinos, até obterem, em 1197, o reconhecimento do seu "reino" da Cilícia (chamado "Pequena Armênia" em oposição à "Grande Armênia" original); os "gregos" ortodoxos, muito amplamente arabizados, permaneceram fiéis a Constantinopla[154], o que lhes valeu vários insultos da parte dos cruzados, mas uma certa mansuetude dos dirigentes muçulmanos; os siríacos/assírios, no entanto, pareciam ser os mais leais aos olhos de Noradine e Saladino, beneficiando-se, por conseguinte, dos recuos cruzados. Quanto aos coptas, seu clero e seus notáveis permaneceram suficientemente neutros para amortecerem o choque das expedições francas ao Egito, depois da queda dos fatímidas. Um quadro tão contrastante demonstra mais uma vez a profunda inanidade de uma apresentação das cruzadas como confronto entre dois blocos homogêneos, um cristão e o outro muçulmano.

---

153. Cf. *supra*, p. 120.
154. O termo árabe *Rum* continua a designar tanto Constantinopla (a "nova Roma") quanto a Anatólia, assim como bizantinos e cristãos, muitas vezes árabes, de rito bizantino.

Foi no Egito de Saladino que se desenvolveu a obra de Moisés Maimônides (1138-1204), conhecido como "o Rambam", um dos maiores pensadores judeus da Idade Média. Nascido em Córdoba, mudou-se para o Cairo em 1166, onde tornou-se o chefe da comunidade judaica, seu *nagid*. O estatuto de *dhimmi* ("protegido")[155], concedido tanto a judeus como a cristãos, foi obviamente discriminatório em relação ao Islã dominante, mas baseou-se na autonomia interna da organização administrativa e religiosa dessas minorias. Maimônides era, portanto, ao mesmo tempo o rabino-chefe do Egito, o intermediário com as autoridades aiúbidas e o juiz reconhecido por seus correligionários em caso de contrato, arbitragem ou litígio. Médico renomado, interveio com sucesso na corte de Saladino e mobiliza esse acesso privilegiado aos dignitários muçulmanos nas suas próprias funções de representante comunitário. Ele prolongou a obra de Avicena, ela mesma inspirada em Galeno, com um *Tratado de Aforismos Médicos*. Mas foram suas súmulas teológicas, escritas em hebraico (*Repetição da Torá*) e em árabe (*Guia dos perplexos*), as mais marcantes. Maimônides manteve uma rica correspondência com as comunidades judaicas do Iêmen, da Síria e da Palestina, onde está enterrado, em conformidade com suas últimas vontades.

Se o choque da queda de Edessa, em 1144, foi forte o suficiente para inspirar a segunda cruzada na Europa Ocidental, a emoção suscitada pela reconquista muçulmana de Jerusalém, em 1187, só poderia desembocar em uma terceira cruzada. O imperador alemão, Frederico I Barbarossa, liderou um imenso exército que conquistou, dos confins da Europa, as posições bizantinas de Plovdiv e Edirne. Foi sob essa terrível ameaça que Constantinopla teve que consentir a passagem do contingente alemão para a Ásia Menor, onde o afogamento acidental de Barbarossa e a devastação de uma epidemia em Antioquia acarretaram a debandada da expedição. Filipe Augusto e Ricardo Coração de Leão, os soberanos francês e inglês, escolheram a via marítima, invernaram na Sicília e contribuíram para a reconquista de Acre em 1191. O rei da França retornou às suas terras, dei-

---

155. Cf. *supra*, p. 87.

xando a cruzada exclusivamente sob a direção de Ricardo, cujo tête-à-tête com Saladino foi tingido de respeito cavalheiresco. Essa comunidade de valores das duas elites combatentes contrasta com a excitação, e até mesmo o fanatismo, da plebe franca e muçulmana. Ela permitiu a conclusão de uma trégua duradoura na qual os cruzados aceitam, em 1192, entregar a fortaleza desmantelada de Ascalão, em contrapartida de uma garantia de livre-peregrinação cristã a Jerusalém. O "reino latino" mantinha o nome da Cidade Santa, conquanto concordasse em deixá-la aos muçulmanos. Sua capital foi doravante Acre, de onde controlou a costa de Jafa a Tiro, com a base retaguarda de Chipre adquirida dos cruzados. Pouco depois da partida de Ricardo para a Inglaterra, Saladino morreu em Damasco, em 1193, sem que a terceira cruzada pudesse comprometer o essencial da sua obra na Terra Santa.

3.12 A interrogação egípcia

O súbito desaparecimento do califado do Egito, ao fim de dois séculos, revela a relativa fragilidade da construção fatímida. Os imãs ismaelitas certamente devolveram ao Egito não apenas a sua autonomia, já adquirida durante o segundo século abássida, mas também a capacidade de influenciar o resto do Oriente Médio, que foi sua até as vésperas da era cristã. Os califas do Egito, no entanto, não conseguiram transformar o seu controle do eixo comercial entre o Mediterrâneo e o Mar Vermelho em uma potência duradoura, assim como sua frota, já superada pela marinha de Bizâncio, não conseguiu impedir a ascensão dos normandos da Sicília. Mas a principal fraqueza dos fatímidas é provavelmente de ordem ideológica: eles nunca tentaram implantar o ismaelismo na população egípcia, que permanece ao mesmo tempo sunita e leal; o califado de Bagdá, qualquer que seja o jugo imposto pelos seus sucessivos sultões, permanece, ao contrário, em sintonia com a piedade dos seus súditos. O fosso entre o Islã professado pela "elite" e o Islã vivido pelas "massas" continuou a aumentar no Egito durante a era fatímida, a ponto de a abolição deste califado por Saladino, seu último vizir, não suscitar qualquer reação notável.

A perda de substância dos fatímidas agravou-se com a dissidência nizari de 1094, que atraiu os mais convictos dos missionários ismaelitas, mas apanhou-os no impasse terrorista dos Assassinos. De religião do império sob os califas da Tunísia e do Egito, o ismaelismo foi reduzido a nada mais do que o credo de uma minoria marginalizada, que encontrou no país de Sham um refúgio comparável ao dos drusos e dos alauitas. Quanto à campanha egípcia de Saladino, ela ergue-se da dinâmica ternária de Ibne Caldune, embora em uma escala menor do que para os abássidas, os fatímidas e os seljúcidas: o "grupo" aiúbida baseou-se na "pregação" sunita, hostil aos cruzados e aos fatímidas, para estabelecer seu "poder", primeiro no Egito, e depois na Síria, no Iêmen e na Alta Mesopotâmia. Assim que Noradine morreu, Saladino transferiu sua capital para Damasco, devolvendo o Egito ao *status* subordinado de província-recurso, rica da produção agrícola do Vale do Nilo e do seu delta, assim como do comércio florescente em Alexandria. O Eufrates continuou a ser a linha divisória entre o país de Sham e o Iraque dos emires buídas, e depois dos sultões seljúcidas, até que Noradine e Saladino conseguissem, na Alta Mesopotâmia, estender seu domínio até o Tigre.

A identidade turca, comum aos seljúcidas e aos zênguidas, não pôde mascarar, uma vez instalado o sultanato sunita em Bagdá, as diferenças entre o processo de fragmentação dos primeiros e a mobilização contracruzada dos últimos. Os zênguidas turcos são, linguística e politicamente, tão arabizados quanto os curdos aiúbidas, uma arabização que lhes permitiu recrutar, sob a bandeira negra dos abássidas, contingentes de origens muito diversas. Os seljúcidas de Rum, sediados em Niceia, e depois em Cônia [*Konya*], iriam, ao contrário, chegar a aceitar, de 1161 a 1175, a suserania de Bizâncio, embora uma dissidência, também ela turca, lhes conteste a dominação de uma parte da Anatólia[156]. A etnia turca, por conseguinte, não oferece valor interpretativo por si só, pelo menos nesta fase da história do Oriente Médio. É igualmente errôneo projetar nos líderes da contracruzada

---

156. Trata-se dos danismendidas [*Dānishmendid*], baseados em Sivas de 1071 a 1174.

as categorias do nacionalismo moderno: as pretensões de Nasser no Egito, de Assad na Síria ou de Saddam Hussein no Iraque[157] de posarem de Saladino diante do "sionismo" e do "imperialismo" do século XX ensina-nos mais sobre seus regimes autocráticos do que sobre o Islã medieval. Finalmente, se Noradine, o turco, é hoje mais venerado pela piedade popular do que Saladino, o curdo, é porque o primeiro, não tendo conseguido "libertar" Jerusalém, não teve de negociar com os cruzados as condições dessa "libertação", preservando, assim, intacta a sua aura de integridade. Tais considerações, desnecessário dizê-lo, não tiveram nenhum curso durante a vida desses personagens.

3.13 Pensar o único no plural

A aberração da coexistência de dois califados no Oriente Médio persistiria por dois longos séculos (o califado omíada, estabelecido em Córdoba de 929 a 1031, não teve nenhum impacto na evolução do Mediterrâneo oriental). Tal aberração, do ponto de vista islâmico, é da ordem da blasfêmia, porquanto dividia a comunidade supostamente unida dos fiéis entre diferentes comandantes dos crentes. Ela deveria ter quebrado de uma vez por todas o mito de um islã monolítico, especialmente porque a polarização entre abássidas sunitas e fatímidas ismaelitas complicou-se com a tutela xiita exercida pelos buídas em Bagdá e pela adesão majoritária ao sunismo da população egípcia. Essas múltiplas hibridizações confundiram as fronteiras dogmáticas entre as correntes muçulmanas, sendo o símbolo dessa miscigenação Alazar, mais tarde descrita como a "Sorbonne do Islã", ou mesmo o "Farol do sunismo", embora essa mesquita-universidade tenha sido, de fato, fundada por um califa cismático.

O outro paradoxo da queda de braço entre abássidas e fatímidas é que o califado inicialmente mais vulnerável, o de Bagdá, sobreviveu ao califado originalmente mais dinâmico, o do Cairo. Não se deve ver nisso uma

---

157. O déspota iraquiano lembra prontamente que nasceu, como Saladino, em Tikrit.

vitória estratégica do Iraque sobre o Egito, mas sim a ascensão ao poder, em torno de Noradine e depois de Saladino, de um bloco sírio apoiado no reforço da Alta Mesopotâmia. Noradine tomou Mossul neste mesmo ano de 1171, quando seu General Saladino aboliu o califado fatímida. E foi a tomada de Mossul, em 1186, por um Saladino que se tornara rei, que lhe permitiu lançar, no ano seguinte, a "libertação" de Jerusalém. O deslocamento realizado por esses dois heróis do Islã, do Eufrates para o Tigre, da fronteira norte entre as potências da Síria e do Iraque foi a chave do seu controle do Egito a partir do Levante.

Quanto aos Assassinos, sua lenda sombria experimentaria um aumento de interesse após os ataques de 11 de setembro de 2001 contra Nova York e Washington. Eles serão então apresentados como os precursores do terrorismo moderno, sendo o elusivo líder da Al-Qaeda comparado ao "Velho da Montanha", que, dos seus esconderijos na Síria ou na Pérsia, teria inspirado os "assassinatos". Isso equivale a esquecer que esses dissidentes do ismaelismo, visando um alvo político bem determinado, praticavam uma forma medieval de "ataque cirúrgico", e não o terror em massa do início deste milênio. A comparação mais pertinente entre os Assassinos e os jihadistas, comparação muito raramente expressa hoje em dia, concerne à estruturação desses dois movimentos em seitas milenaristas. Haçane Saba, assim como Osama bin Laden e depois Abu Bakr Al-Baghdadi, pregou o início de uma nova era da qual sua seita terrorista representaria a vanguarda. O militante dessa seita operava uma autêntica conversão, convencido como estava da iminência do fim dos tempos. Ele assim renasceu sob uma nova identidade ao integrar um grupo que exigia dele uma obediência cega, e até mesmo as piores violências contra sua comunidade de origem. Os contemporâneos dos Assassinos, ao contrário de muitos comentadores atuais, perceberam claramente a natureza sectária de tais grupos terroristas e nunca teriam cometido o erro, hoje muito difundido, de ver neles o fruto de uma "radicalização" do Islã majoritário.

As cruzadas, das quais apenas o primeiro século é abordado neste capítulo, são profundamente europeias tanto enquanto conceito como enquanto processo. Somente no século XIX os historiadores árabes substituíram o termo "cruzados" pelo termo "francos", num paralelo explícito entre essas expedições medievais e o colonialismo em plena expansão na época. O viés de tal releitura foi então acentuado por uma valorização da dimensão religiosa da contracruzada e por uma caricatura da rapacidade cruzada, que teria sido "imperialista" antes da hora. Essa "grande narrativa" tendia a ampliar o poder espiritual do Islã, afinal triunfante, em face de um Ocidente mais materialista do que cristão. Ela encaixava-se perfeitamente na narrativa-espelho de uma Europa que evitaria, hoje como ontem, a perda de seus valores cristãos pelo confronto, na Terra Santa, com um Islã decadente. Fábulas como essas, também aqui, lançam mais luz sobre quem delas se alimenta e as dissemina do que sobre a realidade histórica.

Por outro lado, é verdade que o choque das cruzadas levou, por vezes, as populações do país de Sham a perturbarem os jogos de poder das "elites" muçulmanas. Isso é especialmente verdadeiro nos dois grandes centros urbanos de Damasco e Alepo, onde a interação entre dignitários religiosos, comerciantes notáveis, juventude miliciana e refugiados dissidentes pode pesar pontualmente em favor de uma postura mais combativa. Já não se trata das "massas" rebeldes do Iraque do século IX, pesadelo dos proprietários abássidas[158], mas falar, neste caso, de uma "opinião pública", ou até mesmo de um "povo armado", continua a ser muito excessivo. Se há de fato uma afinidade a ser explorada entre o Oriente Médio medieval e o atual, ela reside na instrumentalização das "guerras santas" por potências que, tanto muçulmanas quanto cristãs, encontram nelas um argumento para imporem-se aos seus pares, e isso muito antes de enfrentarem seus inimigos designados. Essa dialética da hegemonia e do conflito, da qual Noradine e Saladino encarnam trajetórias impressionantes, será reencontrada de maneira trágica na fase seguinte, e terminal, do califado abássida: o fim da era fatímida e a restauração de um único califado não serão suficientes para salvar tal regime de uma ameaça verdadeiramente existencial.

---

158. Cf. *supra*, p. 95.

Cronologia

945-967	Ceife Adaulá, emir xiita de Alepo.
969	Fundação do Cairo pelos fatímidas.
969	Reconquista bizantina de Antioquia.
972	Abertura da Mesquita de Alazar, no Cairo.
975-996	Aziz, califa fatímida no Cairo.
977-983	Adude Adaulá, grão-emir buída em Bagdá.
980-1037	Avicena/Ibne Sina, mestre em medicina e em falsafa.
988	Versão final da *Descrição da Terra* de Ibne Haucal.
991-1031	Alcadir, califa abássida em Bagdá.
995	Morte em Bagdá do enciclopedista Ibne Nadim.
996-1021	Aláqueme, califa fatímida no Cairo.
1001	Paz entre fatímidas e bizantinos.
1009	Destruição parcial do Santo Sepulcro de Jerusalém.
1028-1045	Aljarjarai, vizir fatímida no Cairo.
1031-1075	Alcaim, califa abássida em Bagdá.
1054	"Grande Cisma" entre as Igrejas do Ocidente e do Oriente.
1055	Primeiro "sultão" seljúcida em Bagdá.
1058	Morte em Bagdá do teólogo Almauardi.
1071	Vitória seljúcida de Manziquerta sobre os bizantinos.
1072-1092	Malique Xá, sultão seljúcida.
1076	Captura de Damasco pelos seljúcidas.
1077-1097	"Sultanato de Rum" em Niceia/Iznik.
1084	Captura de Antioquia pelos seljúcidas.
1090	Instalação de Haçane Saba em Alamute.
1094	Ruptura entre os fatímidas e os partidários de Saba.
1098	Captura de Antioquia pelos cruzados.
1099	Captura de Jerusalém pelos cruzados.
1109	Captura de Trípoli pelos cruzados.
1127-1146	Zengui, governador de Mossul, e depois de Alepo.
1130	"Assassinato" do califa fatímida.
1135	"Assassinato" do califa abássida.
1144	Recaptura de Edessa por Zengui.
1146-1149	Segunda cruzada.
1153	Captura de Ascalão pelos cruzados.
1154	Captura de Damasco por Noradine.
1171	Abolição do califado fatímida por Saladino e captura de Mossul por Noradine.
1174	Morte de Noradine em Damasco, onde Saladino o sucede.
1182	Adesão dos Maronitas do Líbano ao Catolicismo.
1187	Vitória muçulmana em Hatim e reconquista de Jerusalém.
1189-1192	Terceira cruzada.
1193	Morte de Saladino em Damasco.

Para saber mais

ABBÈS, M. *Islam et politique à l'âge classique*. Paris: PUF, 2009.

BIANQUIS, T. *Damas et la Syrie sous la domination fatimide*. 2 vol. Damas: IFPO, 1986 e 1989.

EDDÉ, A.-M. *Saladin*. Paris: Flammarion, 2008.

HALM, H. *Le Chiisme*. Paris: PUF, 1995.

LEMIRE, V. (dir.). *Jérusalem, histoire d'une ville-monde*. Paris: Flammarion, 2016.

LEWIS, B. *Les Assassins. Terrorisme et politique dans l'Islam médiéval*. Bruxelles: Complexe, 2001.

MAALOUF, A. *Les Croisades vues par les Arabes*. Paris: J'ai Lu, 1999.

MOULINE, N. *Le Califat. Histoire politique de l'islam*. Paris: Champs, 2016.

PRAWER, J. *Histoire du Royaume latin de Jérusalem*. 2 vol. Paris: CNRS Éditions, 2001.

SIVAN, E. *Mythes politiques arabes*. Paris: Fayard, 1995.

4
Sultões e invasores
(1193-1501)

A aberração da coexistência de dois califados rivais, que dominaram o período precedente, foi sucedida, durante a maior parte dos três séculos seguintes, pela aberração da ascensão de ex-escravos, os mamelucos, ao poder agora supremo do sultanato. A sucessão de reviravoltas teatrais que permite essa transição não pode, a menos que se escreva a história no futuro composto, ser comprimida em um esquema conceitual preestabelecido. Daí a dimensão muito narrativa deste capítulo, que frequentemente tenta desemaranhar um encadeamento complexo de situações, deixando a outrem os encantos da ucronia. (O que se teria passado, por exemplo, se os mongóis não tivessem sido detidos na Palestina em 1260 ou se Constantinopla tivesse caído nas mãos dos otomanos bem antes de 1453?) Os posicionamentos ideológicos e religiosos já não têm grande valor neste vasto turbilhão de alianças e traições, onde cristãos e muçulmanos partilharão Jerusalém, onde os cruzados saquearão Constantinopla, onde os otomanos se engajarão ao lado dos bizantinos e onde os conquistadores se converterão ao islamismo dos conquistados. A confusão será tal que até mesmo o genial Ibne Caldune, ao traduzir seus conceitos em atos, perder-se-á sem glória. Mas voltemos ao estado do Oriente Médio em 1193, quando do desaparecimento de Saladino.

A despeito das suas vitórias sobre os fatímidas no Cairo e os cruzados em Jerusalém, Saladino contentou-se com o título relativamente modesto de "rei", que legou aos seus descendentes. Os soberanos aiúbidas tinham, no entanto, muito mais direito de se proclamarem sultões do que seus contemporâneos seljúcidas: o sultanato anatólio de Rum, cuja capital, Konya, foi pilhada pelos cruzados em 1190, foi abalado, dois anos depois, por terríveis disputas sucessórias; e o senhor seljúcida de Bagdá foi destronado em 1194 por uma nova dinastia de sultões turcos, os corasmianos, originários de uma região da Ásia Central hoje partilhada entre o Uzbequistão e o Turcomenistão[159]. Esses corasmianos empregavam o mesmo ardor que seus predecessores seljúcidas na defesa da ortodoxia sunita do califado reunificado. Mas esgotavam-se tanto quanto eles em seus conflitos familiares acerca da repartição dos feudos do Império Abássida. Quanto aos estados latinos, reduzidos a uma faixa litoral no Levante, não podiam ameaçar as metrópoles da Síria e do Egito, apesar das campanhas lançadas muitas vezes desde a Europa em seu apoio. Com efeito, a quarta cruzada foi marcada por um desencadeamento de violência ocidental, não contra os estados muçulmanos, mas sim contra o Oriente cristão.

4.1 A cruzada contra Bizâncio

Em 1198 o Papa Inocêncio III pregou uma nova cruzada pela libertação de Jerusalém. A mobilização foi muito trabalhosa, uma vez que foi preciso esperar até 1202 para que um contingente, majoritariamente champanhês e flamengo, se apresentasse para o embarque em Veneza. Os cruzados comprometeram-se, em contrapartida, pelo seu transporte até a Terra Santa, a pagar à cidade dos Doges uma soma considerável, da qual só conseguiram pagar a metade. Este foi o início de um ciclo sórdido, no qual um pretendente ao trono bizantino acenou aos cruzados com a compensação da sua dívida para com Veneza, assim como com a união das Igrejas do Oriente e do Ocidente, se apoiassem sua coroação. Os cruzados tomaram Constantinopla em 1203, mas eles haviam gravemente superestimado suas riquezas. O novo imperador que eles instalam

---

159. Esses sultões também são chamados de Khwarezmshah, literalmente "rei da Corásmia [*Khwārezm*]", a região em questão.

no poder mostrou-se incapaz de satisfazer suas demandas financeiras. Ele logo foi derrubado, no contexto de uma revolta popular contra os latinos. Os cruzados e Veneza, determinados a retomar a capital bizantina, assinaram um tratado de "partição da Romênia", pelo qual um soberano latino reinaria sobre Constantinopla e um quarto do império, enquanto o restante do território seria compartilhado irmãmente por Veneza e os cruzados. A crueza de tais porcentagens ressaltou o quanto essa quarta cruzada acabou resvalando numa expedição de apropriação colonial de um território cristão por outras potências cristãs. Os apelos do papa à tolerância, por conseguinte, pesaram pouco contra o fanatismo antigrego dos padres embarcados com os cruzados.

A segunda captura de Constantinopla, em 1204, foi acompanhada por uma verdadeira orgia de sangue e pilhagens sistemáticas, sobretudo de relíquias. As igrejas foram profanadas e os túmulos dos imperadores eviscerados. Os cruzados impuseram um dos seus no trono de Constantino e designaram um patriarca veneziano para flanqueá-lo, antes de repartirem com a cidade dos Doges os outros despojos territoriais. A resistência bizantina estava organizada na Ásia Menor em torno de dois polos, primeiro Trebizonda [*Trabzon*], no Mar Negro, depois, sobretudo, Niceia, onde um novo imperador conseguiu ser coroado em 1208. Em um acontecimento repleto de simbolismo, a cidade do primeiro concílio ecumênico, presidido em 325 por Constantino[160], tornou-se o bastião da afirmação "grega" em face da invasão "latina". Mas foi a violência perpetrada em nome do catolicismo "ocidental" que gerou uma cisão muito mais profunda com a ortodoxia "oriental" do que o cisma dogmático de 1054[161]. O trauma do saque de Constantinopla atingiu no coração uma Igreja do Oriente já provada pela latinização conduzida pelos cruzados durante o século anterior. Mais uma vez, no Oriente Médio, as querelas doutrinárias importavam menos do que os conflitos políticos e as ambições expansionistas.

---

160. Cf. *supra*, p. 24.
161. Cf. *supra*, p. 113-114.

4.2 Recomposições aiúbidas

Saladino organizou, antes da sua morte em 1193, a repartição do seu vasto domínio entre cada um dos seus três filhos, aos quais pertenciam respectivamente o Cairo, Damasco e Alepo, ao passo que um dos seus irmãos controlava o Iêmen e um outro, Adil [*al-'Ādil*], a Alta Mesopotâmia. Tal divisão patrimonial entre esses diferentes "reis" de origem curda poderia ter estimulado rapidamente um processo de fragmentação comparável ao que minou os "sultanatos" turcos, primeiro os seljúcidas e depois os corasmianos. Este processo foi inicialmente contido pela intervenção de Adil, que conseguiu metodicamente impor-se aos seus três sobrinhos em 1200. A restauração da unidade sírio-egípcia, numa altura em que os cristãos se dilaceravam em Constantinopla, foi formalmente reconhecida pelo califa abássida em 1207. Adil foi alcunhado Ceifadim [*Sayf ad-Dīn*], "o Sabre da Religião", daí sua denominação *Saphadin* nas crônicas francas. Até sua morte, em 1218, ele conduziu uma política de apaziguamento com o reino latino de Acre e com as cidades italianas que controlavam o comércio mediterrâneo, Veneza é claro, mas também Pisa e Gênova.

Camil [*Al-Kāmil*], o filho e sucessor de Adil, ascendeu ao trono aiúbida no momento em que uma nova cruzada, a quinta, visava desta vez o Egito, e tomou, em 1219, a cidade estratégica de Damieta [*Dumyāṭ*], no Delta do Nilo. Francisco de Assis juntou-se à expedição e pregou a evangelização dos "sarracenos", mesmo correndo o risco de tornar-se mártir se não obtivesse sua conversão. Provavelmente considerado um emissário dos invasores, ele foi levado para o acampamento de Camil e tratado com respeito, apesar de seus discursos inflamados sobre o Islã. Este encontro, que nenhuma fonte árabe relata, seria embelezado após a morte de Francisco pelo relato de um ordálio, o agora santo tendo proposto uma prova de fogo aos "sacerdotes" muçulmanos que lhe teriam recusado. Bossuet, no século XVII, exageraria ainda mais ao apresentar um São Francisco pregando em vão a "bárbaros", adeptos de uma "religião monstruosa". A inversão da perspectiva será total com os filósofos: Voltaire, em 1756, transfigura Camil em um modelo do monarca esclarecido, em face de um

Francisco encarnação do fanatismo religioso. Uma nova transição ocorre entre, de um lado, os partidários da expansão colonial que, no século XIX, exaltaram em Francisco a superioridade do homem branco e, de outro lado, o Papa João Paulo II que, em 1986, estabeleceu o fundador dos franciscanos como pioneiro do diálogo inter-religioso. Eis um belo estudo de caso sobre a relatividade da interpretação de um evento, sobretudo quando sua realidade histórica está carregada de zonas de sombra.

Voltemos aos fatos incontestáveis desta quinta cruzada. As tropas cruzadas, imprudentemente aventuradas fora das muralhas de Damieta em 1221, foram encurraladas pelo rompimento dos diques do Nilo. Os invasores, cercados pelas forças de Camil, foram forçados a capitular, evacuar o Egito e concluir uma trégua de oito anos. A vitória aiúbida deveu muito à procrastinação do imperador alemão Frederico II Hohenstaufen, cuja expedição de reforço a Damieta chegou tarde demais para salvar os cruzados do desastre. Herdeiro da Alemanha por seu pai e da Sicília por sua mãe, Frederico II era então o soberano mais poderoso do Ocidente. Criado numa Sicília muito marcada por um século de reinado fatímida, dominava o árabe, entre outras línguas, e mantinha uma estreita correspondência com Camil. A Terra Santa era para ele apenas um penhor a ser apoderado e rentabilizado, sobretudo perante a Santa Sé, a serviço do seu vasto desígnio imperial. Ele manobrou tão bem que conseguiu ser agraciado, em 1225, com o título de "rei de Jerusalém", reino cuja capital era agora Acre. Mas ele violou sua promessa de organizar uma nova cruzada, atraindo em troca, em 1227, a excomunhão do papa.

O banimento da cristandade do chefe do Sacro Império coincidiu com o aumento das tensões entre Camil e os seus próprios parentes na Síria. Começaram as negociações nas quais Camil oferecia Jerusalém a Frederico II, em troca do seu apoio contra os outros aiúbidas. Enquanto Saladino unificara seu domínio sírio-egípcio em torno do imperativo de reconquistar Jerusalém, seu sobrinho Camil invertia o raciocínio, sacrificando de antemão Jerusalém ao imperativo de preservar a unidade aiúbida. Para entender essa reviravolta, é preciso aceitar que a Cidade Santa era obviamente menos aos olhos de certos muçulmanos do que aos olhos dos cruzados. Do lado cristão, o imperador excomungado, que era Frederico II, conduziu a sexta cruzada em 1228 muito mais como uma operação teatralizada do que como uma expedição militar. Ele desembarcou em Acre com apenas 3 mil homens, e, após alguns compromissos muito limitados, assinou um tratado com Camil, em 1229, concedendo, além de Jerusalém, um corredor ligando a Cidade Santa a Jafa, assim como Belém e Nazaré. Embora Camil tivesse garantido seu controle da esplanada das mesquitas, o terceiro local mais sagrado do Islã, grande parte da população muçulmana fugiu de Jerusalém quando os cruzados chegaram. Frederico II ficou apenas três dias na Cidade Santa, onde seu respeito e tolerância impressionaram os cronistas árabes. O imperador, amargurado pela confirmação do anátema papal contra ele, logo deixou a Palestina, deixando para trás estados latinos divididos entre partidários do Hohenstaufen e da Santa Sé. Jerusalém, isolada das regiões abertamente hostis de Hebron e Nablus, permaneceu nas mãos dos cruzados até a morte de Camil em 1238. A Cidade Santa, que os governantes de Acre não conseguiram povoar e fortificar, mudou então de senhor várias vezes, ao longo de uma sequência confusa e destrutiva.

4.3 De um sultanato egípcio ao outro

Embora as grandes manobras em torno da Palestina mobilizem alguns dos mais altos líderes da Cristandade e do Islã, elas concernem apenas a contingentes reduzidos em pequenos territórios. De uma amplitude completamente diferente são as convulsões engendradas pelo surgimento, nas estepes do norte da China, do Império Mongol de Gengis Cã [*Genghis Khan*]. A impressionante expansão das suas hordas, inicialmente voltadas para o Leste, devastou Coração e o Azerbaijão de 1219 a 1221, antes de um recuo dos invasores para a Ásia Central. Mas a Corásmia [*Khwārezm*], a província de origem dos sultões de Bagdá, foi devastada e permaneceu sob ocupação mongol. Jalaladim Mingueburnu [*Jalāl al-Dīn Mingburnu*], o último dos reis da Corásmia, escapou do desastre refugiando-se primeiro no Afeganistão e depois na Índia. Ele regressou à frente das suas tropas na

Pérsia, em 1224, e guerreou contra uns e pactuou com outros antes de estabelecer sua capital em Tabriz. Suas ambições devoradoras suscitaram contra ele, em 1230, a aliança vitoriosa dos aiúbidas e dos seljúcidas de Rum.

Foi a retomada do impulso mongol, em 1231, que deu o golpe de misericórdia no poder corasmiano, com o assassinato de Jalaladim. Dessa vez, as tropas vindas das estepes estabeleceram-se permanentemente no norte da Pérsia, do Azerbaijão e da Geórgia. São apenas a ala avançada de um imenso império administrado, desde 1235, a partir da corte de Caracórum [*Karakorum*], no centro da atual Mongólia. O xamanismo mongol tolerava na sua capital muçulmanos, budistas e cristãos. Estes eram de obediência nestoriana, herança distante dos missionários da Igreja da Pérsia enviados ao longo da Rota da Seda[162]. Quanto aos contingentes corasmianos, privados de um líder, eles colocavam sua combatividade a serviço dos soberanos muçulmanos ainda no poder. Alguns juntaram-se às fileiras dos seljúcidas de Rum, sem, no entanto, evitarem uma derrota contundente em 1243 contra os mongóis, que impuseram seu protetorado de fato na Anatólia. Os outros se alistaram sob a bandeira dos aiúbidas, conquistando Jerusalém em seu nome, em 1244, em um terrível banho de sangue.

O crédito por essa sinistra vitória vai para Sale [Aiube, *al-Ṣāliḥ Ayyūb*], filho de Camil, soberano do Egito desde 1240, que acreditou assim apagar quinze anos de compromisso com os cruzados, da parte de sua família e de si mesmo. Sale também foi o primeiro dos descendentes de Saladino a ostentar oficialmente o título de "sultão", que ele propôs sobretudo para impor-se aos outros aiúbidas de Damasco, de Alepo e da Alta Mesopotâmia (a linhagem perdeu, em 1229, o controle do Iêmen). Nesses conflitos de geometria variável, Sale confiava cada vez mais nos verdadeiros guardas pretorianos, cujo recrutamento alógeno deveria garantir lealdade duradoura. A origem servil de tais tropas de choque encontrava-se na sua denominação, "mamelucos", literalmente os "possuídos", portanto, os escravos. Capturados nas margens dos mares Negro e Cáspio, e até mesmo na Ásia Central, esses mamelucos, identificados e comprados nos merca-

---

162. Cf. *supra*, p. 30.

dos da Anatólia e da Síria, eram então entregues a uma intensa formação religiosa e militar. Tal reeducação pelo Islã, sob a autoridade de um mestre exclusivo, os tornava, uma vez libertados, estrangeiros às intrigas locais, até porque, frequentemente, eles falavam muito mal o árabe. Além das unidades mamelucas já constituídas por seus predecessores, Sale estabeleceu a sua própria, em uma cidadela dedicada às margens do Nilo[163].

O sultão aiúbida viu sua aposta coroada de sucesso quando, em 1244, poucos meses após a reconquista de Jerusalém, os mamelucos liderados por Baibars [*Baybars*][164] cortaram em pedaços o exército cruzado, não muito longe de Gaza. Esse triunfo lhe permitiu em breve tomar Damasco, antes de permitir que os generais sírios se livrassem dos corasmianos, decididamente demasiado rebeldes. Sale agora dispunha de um exército à sua disposição no Cairo, estruturado em torno dos seus fiéis mamelucos, e, em 1247, ele pôde neutralizar os bastiões cruzados de Tiberíades e Ascalão. No entanto, a vulnerabilidade dos estados latinos não teria sido suficiente para reacender o espírito da cruzada na Europa, que o próprio papa havia desviado, em 1245, ao proclamá-la contra Frederico II. Foi preciso todo o ardor do rei da França, Luís IX, habitado pela guerra santa, para mobilizar uma sétima cruzada, cujo objetivo designado foi o Egito.

O futuro São Luís desembarcou em Damieta em 1249 à frente de um contingente dez vezes superior àquele conduzido pelo imperador alemão na cruzada anterior. O Sultão Sale, muito debilitado pela tuberculose, propôs aos invasores entregar-lhes Jerusalém para salvar o Egito, oferta que o rei da França rejeitou. A morte de Sale, em um contexto tão dramático, semeou o pânico na corte aiúbida. Embora Xajar Aldur [*Shajar al-Durr*], literalmente "a Árvore das Joias", a esposa favorita do falecido sultão, fosse apenas uma escrava liberta, ela conseguiu impor silêncio sobre a morte do soberano, até que o seu filho Turã Xá [*Tūrān Shāh*] retornasse da

---

163. Esses mamelucos são, por conseguinte, chamados de "bahritas" (com efeito, o Nilo é designado no Egito como "o mar"/*al-bahr*).

164. Baibars, ele próprio quipechaque [*kipchak*] ("cuman" para os bizantinos), foi capturado nas margens do Mar Negro, vendido no mercado de escravos de Sivas e revendido, em Hama, a um oficial de Saleh.

distante Diarbaquir [*Diyarbakır*], na atual Turquia. A batalha decisiva foi travada em 1250, em Almançora [*Al-Manṣūrah*], cerca de sessenta quilômetros a sudoeste de Damieta, na estrada para o Cairo. Baibars, mais uma vez à frente dos mamelucos, obteve uma vitória retumbante. Pouco depois, as galeras egípcias desferiram um duro golpe na frota dos cruzados, impedindo-os de qualquer perspectiva de recuo. Feito prisioneiro, Luís IX teve que ordenar a retirada incondicional das suas tropas. Ele mesmo só foi libertado em troca do pagamento de um considerável resgate. Ele conquistou, em seguida, a Terra Santa, onde ainda permaneceria por quase quatro anos, dedicando-se, sobretudo, à consolidação das fortificações de Acre, Jafa e Sidon. Conquanto tão pouco diplomático como sempre, ele nunca procurou se aproveitar das tensões recorrentes entre Cairo e Damasco. A derrota da sétima cruzada teria, nesse ínterim, provocado na Europa as revoltas populares da "cruzada dos pastores", tendo os pregadores acusado a cavalaria de ter desagradado a Deus pelo seu orgulho.

Turã Xá, de volta ao Egito em 1250, mas após a guinada de Almançora, não foi capaz de mensurar a nova configuração criada pela ascensão ao poder dos mamelucos. Ele acreditava ser um sultão em pleno exercício, ao passo que os seus generais o consideravam devedor do trono. A crise logo explodiu e terminou com o assassinato do sobrinho-bisneto de Saladino. Mal o regicídio foi perpetrado, os mamelucos recuaram diante da perspectiva de uma tomada direta do poder. Eles decidiram confiar o sultanato a Xajar Aldur, a viúva do altamente respeitado Sale. Em Bagdá, a corte abássida se enfureceu com tal sacrilégio e, em todo o mundo muçulmano, a virilidade dos egípcios foi ridicularizada. Ao fim de três meses, os mamelucos proclamaram sultão a um dos seus emires, Aibaque [*Aybak*], reconhecido como tal pelo califa. Mas o poder real permaneceu nas mãos da efêmera Sultana, amante de Aibaque, e depois oficialmente sua esposa. O reinado, de fato, de Xajar Aldur terminou tragicamente em 1257. Inquieta com as veleidades de emancipação de Aibaque, ela mandou assassinar o marido, antes de ser ela mesma condenada à morte. Ali, o jovem filho de Aibaque, foi nomeado sultão aos onze anos de idade. Dessa vez foi o Emir

Cutuz [*Quṭuz*] que deteve a autoridade efetiva, uma vez que dispunha das tropas mamelucas mais importantes e se reconciliou com seu rival Baibars, após anos de distanciamento. Essa posição de força foi consagrada pela adesão formal de Cutuz ao sultanato, em 1259.

4.4 O fim do califado de Bagdá

Os califas abássidas, livres da hipoteca fatímida, encarnaram em Bagdá a restauração simbólica de um sunismo de caráter universal. A tutela dos seus sultões turcos era particularmente suportável, porque estes estavam frequentemente absorvidos em intermináveis disputas com os seus próprios parentes, então afastados do Iraque pela pressão mongol. A longevidade do Califa Nácer [*al-Nāṣir li-Dīn Allāh*], no poder de 1180 a 1225, permitiu-lhe, além disso, conduzir uma política ambiciosa de ensino das quatro escolas do sunismo[165], acompanhada de demonstrações de respeito pela piedade xiita (com a construção, em Samarra, de um santuário no suposto local da ocultação do décimo segundo imã[166]). Nácer também encorajou, em Bagdá, a irmandade sufi de Surauardi [*Suhrawardīyah*], que veio a apresentar o califa como o intercessor místico entre os crentes e Deus. O califado do seu neto Almostancir [*al-Mustanṣir*], de 1226 a 1242, foi ao mesmo tempo mais curto e mais tedioso, apesar da construção, em Bagdá, de uma suntuosa madraça dedicada ao Comandante dos Crentes[167]. Mas os aiúbidas pouco se importavam de consultar o califa ao pactuarem com os cruzados sobre o destino de Jerusalém. E o brilho da corte de Bagdá já não era suficiente para atrair as grandes mentes da época: foi em Alepo que o geógrafo Iacute [*Yāqūt*] escreveu sua obra enciclopédica, e foi entre o Cairo e Damasco que o historiador Ibne Calicane [*Ibn Khallikān*] compôs seu dicionário biográfico.

---

165. O favor ao hambalismo, que Nácer herdou de seu antecessor, terminou com o exílio do pregador Ibn al-Jawzi em 1194.
166. Cf. *supra*, p. 29.
167. Trata-se do Mustansiriya, estabelecido em 1233, e felizmente preservado até hoje.

Almostacim [*al-Mustaʿṣim*] tornou-se, com a morte do seu pai Almostancir, o trigésimo sétimo califa abássida. O Comandante dos Crentes não podia imaginar que o seu destino dependia de decisões tomadas a milhares de quilômetros de distância, na corte mongol de Caracórum. Com efeito, Mangu Cã [*Möngke Khan*], neto de Gengis, enviou seus dois irmãos, Hulagu [*Hülegü*] e Cublai [*Khubilai*], para conquistar, o primeiro, o Oriente Médio, e o segundo, a China. O imenso exército de Hulagu entrou na Pérsia em 1256 e logo eliminou Alamute, o bastião persa da dissidência ismaelita dos Assassinos[168]. Um ambicioso estudioso xiita, Naceradim Tuci [*Naṣīr al-Dīn al-Ṭūsī*], jurou então fidelidade a Hulagu, convencido de que os mongóis eram o instrumento da vingança divina contra Bagdá e seu poder ímpio. Um certo messianismo xiita, que associava Coração ao Fim dos Tempos, como na pregação de Abu Muslim cinco séculos antes[169], viu o cumprimento das profecias no surgimento, no Extremo Oriente do Islã, de uma ameaça existencial ao califado sunita. Mas os generais mongóis não deram mais importância a essas contendas entre muçulmanos do que às propostas de uma aliança reversa contra o Islã, transmitidas por vários emissários das potências cristãs. Tuci, colaborador diligente da invasão das hordas, seria posteriormente recompensado com a fundação de um observatório onde continuaria seus estudos astronômicos por mais de uma década. É bela a parábola sobre certos conselheiros do príncipe menos hábeis em orientá-lo aqui embaixo do que em escrutinar as constelações.

Em 1258, Hulagu ordenou que seus exércitos, guarnecidos pelos contingentes fornecidos pelos seus vassalos médio-orientais, convergissem para Bagdá. O califa abássida, visivelmente inconsciente das relações de poder, responde com jactância aos ultimatos do cã. As tropas muçulmanas que tentaram uma manobra de evasão foram esmagadas entre o Tigre e o Eufrates. O cerco da capital, apoiado por bombardeios maciços de catapultas, prosseguiu durante uma longa semana. A captura do chefe do Estado-Maior abássida e sua execução, assim como a de todos os seus familiares,

---

168. Cf. *supra*, p. 117.
169. Cf. *supra*, p. 67-69.

levaram Almostacim a capitular. Hulagu entrou em Bagdá em triunfo e obrigou o califa humilhado a entregar-lhe a maior parte do seu tesouro e do seu harém. Fora do palácio, a carnificina e a pilhagem duraram ainda mais do que a própria batalha. O balanço de dezenas, senão centenas de milhares de vítimas, visava a semear o terror em todo o Oriente Médio, a fim de acelerar a submissão. Hulagu também estava determinado, nas ruínas de Bagdá, a apagar todos os vestígios da grandeza abássida. Quanto a Almostacim, de acordo com o costume mongol que proíbe o derramamento do sangue de um rei, ele foi enrolado em tapetes e calcado até a morte por cavalos.

Nunca o mundo muçulmano conhecera tamanha catástrofe, cujo impacto, de fato, facilitou o avanço mongol em todas as frentes. A mensagem lançada por Hulagu era de uma cruel simplicidade: só a capitulação incondicional podia salvar do massacre. Foi assim que a guarnição de Alepo foi poupada, em 1260, ao passo que a cidade rebelde foi metodicamente saqueada. Tendo sido informado do desaparecimento de Mangu, Hulagu decidiu retornar imediatamente a Caracórum para participar da sucessão de seu irmão. Ele confiou o comando das suas tropas ao General Quitebuga [Kitbuga], cuja confissão nestoriana não resultou em nenhuma clemência para com os cruzados, como ele o demonstrou devastando Sidon, culpada de ter resistido a ele. Hama, Homs e Damasco caem uma após a outra. O caminho para o Egito parecia aberto aos mongóis, que enviaram o ultimato de circunstância ao sultão do Cairo. Baibars sopesou com Cutuz a favor da luta até as últimas consequências e da execução dos emissários. O confronto, que se tornara inevitável, aconteceu em Ain Jalut [*Ayn Jālūt*][170], na Galileia, e redundou na vantagem dos mamelucos. Baibars, na linha de frente, cobriu-se de glória e deixou Cutuz capturar Quitebuga e depois matá-lo.

A vitória muçulmana em Ain Jalut não apenas marcou a interrupção do avanço mongol, mas também a transição do pêndulo militar, com uma fulgurante reconquista da Síria e o recuo dos invasores a leste do Eufrates.

---

170. Literalmente "a fonte de Golias".

A retirada apressada do Cã Hulagu e de seu exército certamente desempenhou um papel no sucesso mameluco, ainda que anteriormente não tenha impedido o avanço mongol ao sul de Alepo. Não deixa de ser um ponto de inflexão histórico, tão pouco conhecido na Europa quanto celebrado no Oriente Médio. Daí a pretender que Cutuz e Baibars salvaram na Palestina todo o "mundo civilizado" do ataque das hordas há um limite que tampouco deve ser ultrapassado, pois o objetivo atribuído a Hulagu era, de fato, o Egito, e não a Europa. Além disso, os mongóis estavam longe de ter deixado o Oriente Médio, onde mantinham firmemente o Iraque e a Pérsia. O sultanato turco de Rum, não contente em lhes pagar tributo, estava submetido à sua constante pressão. Esse enfraquecimento duradouro da Anatólia muçulmana permitiu aos bizantinos de Niceia concentrarem suas forças em torno de Constantinopla, de onde expulsaram os latinos em 1261. Com efeito, três anos depois do desaparecimento do califado abássida, todo o Oriente Médio foi profundamente recomposto.

4.5 O laboratório mameluco

Cutuz talvez esperasse que os mongóis eliminassem, em Ain Jalut, o demasiado brilhante Baibars. Ele recusou-se a atribuir-lhe a província de Alepo, embora os outros mamelucos compartilhassem os feudos da Síria. Baibars concluiu que precisava matar sob pena de ser morto. Ele organizou o assassinato do soberano, durante uma caçada, e tomou o trono. O novo sultão compreendeu, no entanto, que não podia assentar seu poder apenas na força das armas. Ele decidiu, em 1261, tomar sob sua proteção um sobrevivente do massacre dos abássidas[171] por Hulagu e proclamá-lo "califa". Enquanto os "sultões" anteriores se haviam estabelecido em Bagdá por três séculos para aí impor sua tutela ao califa, Baibars inverteu o processo, transplantando para o Cairo uma linha de califas que lhe deveria tudo. Foi

---

171. O primeiro desses califas morreu em 1261, em uma expedição improvisada para reconquistar Bagdá. O segundo, proclamado em 1262, é um descendente distante do Califa Al-Mustarhid, no poder em Bagdá de 1118 a 1135. Ele não sairá do Cairo, onde seus sucessores também permanecerão geralmente confinados.

em seu nome que a oração de sexta-feira continuou a ser pronunciada, mas juntamente com o do "sultão do Islã e dos muçulmanos", título cujo caráter universal eclipsou o do califado. A Dinastia Abássida já não existia senão pelo artifício e o arbítrio de um sultão mameluco que desviou, para o seu exclusivo proveito próprio, o seu prestígio e a sua autoridade.

Em 1269 Baibars fez uma peregrinação a Meca, na qual o fausto da sua comitiva foi igualado apenas pela sua generosidade para com os fiéis e o santuário. Nessa ocasião, ele afirmou sua autoridade sobre a dinastia dos "xarifes" [*sharīf*, pl. *ashrāf*], descendentes do Profeta que governavam o Hejaz e frequentemente o haviam administrado no passado como um principado autônomo. No próprio Egito, Baibars instalou ao seu lado quatro grãos-cádis, um para cada uma das quatro escolas do sunismo, a fim de conter o xafeísmo então majoritário no país[172]. Essa divisão no topo da hierarquia religiosa visava a evitar a constituição de um contrapoder clerical. O sultão também aparecia com personalidades sufis, cujos discípulos organizavam o ensino e as celebrações dentro de suas lojas[173]. Baibars duplicou, assim, a sua legitimação pelo Islã oficial, derivada de um califa à sua disposição, e da associação, na população, do seu carisma político de sultão ao carisma espiritual dos místicos. No mesmo espírito, ele multiplicou, na Palestina e na Síria, as fundações pias[174], todas estampadas com o símbolo da fera, seu brasão pessoal (com efeito, Baibars significa "Príncipe-Pantera"). Ele construiu o seu próprio mito em vida, perpetuado até os nossos dias pela transmissão oral do fabuloso *Roman de Baybars* [Romance de Baibars], narrativa ao mesmo tempo picaresca e edificante.

Baibars foi, em muitos aspectos, o verdadeiro fundador do regime mameluco, após uma década de caos pós-aiúbida e a demolição mongol do califado de Bagdá. Ele substituiu a dinâmica familiar dos antigos sultanatos pela lógica de uma elite militar, cultural e etnicamente estrangeira à população local, que se renovou através de um fluxo constante de aqui-

---

172. Saladino havia nomeado em 1171, no fim do califado fatímida, um único grão-cádi, de rito xafeíta (cf. *supra*, p. 122).
173. A palavra árabe *zawya* (no plural *zawaya*) significa literalmente "canto".
174. Essas fundações são dotadas no modo inalienável do *waqf* (cf. *supra*, p. 83).

sição e integração de novos mamelucos[175]. Esse regime de ex-escravos, que se tornaram generais, militarizou o poder supremo e a hierarquia política e administrativa. O seu plano centralizador foi sustentado por uma densa rede de estações postais[176], por vezes respaldadas pelos nós comerciais dos caravançarais/cãs. Aliás, Baibars conferiu um cuidado especial à propaganda e à informação, não hesitando em reescrever a história do sultanato para apagar o incômodo Cutuz. Ele aparece, assim, como um talentoso precursor dos ditadores modernos do mundo árabe, esses oficiais putschistas, que chegaram ao topo do Estado após anos de intrigas. A grande diferença é que Baibars foi um guerreiro formidável, enquanto os mamelucos do nosso tempo encadeiam derrotas exteriores para melhor desviar seu poder de fogo contra a sua própria população.

4.6 O último capítulo das cruzadas

Durante seus dezessete anos de reinado, Baibars eliminou um após o outro os ninhos de águia dos Assassinos nas montanhas sírias, pondo, assim, um fim definitivo a essa dissidência ismaelita, cujo ramo persa os mongóis já haviam aniquilado. Ele apoderou-se, de maneira igualmente metódica, de uma série de fortalezas cruzadas antes de conquistar, em 1268, a cidade de Antioquia e de reprimir a Pequena Armênia da Cilícia, ambas punidas por terem colaborado na invasão mongol. Os sucessores de Baibars no trono mameluco completaram a liquidação dos estados latinos, até a conquista de Acre, capital do reino de Jerusalém, em 1291. Assim se encerra a longa sequência de dois séculos de cruzadas, amiúde reduzida à sua primeira parte, com a conquista de Jerusalém pelos cruzados em 1099 e sua reconquista em 1187, após a vitória muçulmana em Hatim. Mesmo tratando-se da Cidade Santa, convém ampliar o foco em pelo menos meio

---

175. Baibars obteve 4 mil novos mamelucos durante seu reinado, de 1260 a 1277, e o Sultão Calavuno [*Qalāwūn*] 6 mil, de 1279 a 1290.
176. Damasco encontra-se, portanto, a quatro dias a cavalo do Cairo, e Alepo, cinco. A transmissão de instruções e informações é ainda acelerada pelo cuidado mameluco conferido à columbofilia estatal.

século para restaurar a periodização efetiva de 1099-1244, aberta e fechada por dois banhos de sangue, o primeiro perpetrado pelos cruzados, e o segundo pelos corasmianos, e escandido por duas rendições negociadas, uma por Saladino e a outra por Frederico II em 1229. Quando o ciclo das cruzadas começou o Islã foi dividido em dois califados concorrentes, um, no Cairo, mais poderoso do que o outro, em Bagdá. Na época da queda de Acre, o califado, enquanto sede do poder, havia, de fato, desaparecido, substituído por uma instituição de fachada que legitimava os mamelucos. Esse ponto de inflexão considerável na história muçulmana, no entanto, não deve nada às cruzadas, e tudo às hordas comandadas por Hulagu.

Das sete cruzadas que foram lançadas no Oriente Médio (a oitava e última visando a Tunísia), uma das mais abrangentes resultou no saque de Constantinopla, em 1204, contribuindo mais para opor as Igrejas do Ocidente e do Oriente do que todas as rupturas teológicas. Longe de ser, portanto, um confronto entre a Cristandade e o Islã, as cruzadas viam os estados latinos inserirem-se numa equação regional, na qual os líderes cruzados, eles mesmos frequentemente divididos, jogavam um campo muçulmano, no Egito, contra outro, na Síria, e vice-versa, sem contar todos os arranjos concluídos com os régulos locais. Se há uma constante nas cruzadas dos séculos XII e XIII é a imensa decepção dos cruzados vindos da Europa com a descoberta da realidade franca no Levante[177]. Quanto a Frederico II, o excomungado, ele arrecadou em poucos meses ganhos substanciais, enquanto Luís IX, o canonizado, mostrou-se impotente para alterar o *status quo*, apesar de vários anos na Terra Santa. A isso se acrescenta a fraqueza fundamental do empreendimento cruzado, do qual a maioria dos combatentes sai, uma vez cumprida sua peregrinação militar e espiritual. Os estados latinos só resistiram porque suas oportunidades marítimas compensavam a ausência de uma colonização de povoamento. É, por conseguinte, compreensível que o empreendimento cruzado tenha aprendido mais sobre

---

177. O legado do papa deve assim proibir, em 1251, a imitação de moedas muçulmanas pelos cruzados que, por razões comerciais, recomeçou sete anos depois.

a Europa de onde emanou do que sobre o Oriente Médio, onde foi, em muitos aspectos, periférico.

4.7 "Verdadeiro" e "falso" Islã

O poder mongol que perdurou a leste do Eufrates a partir de 1260 gradualmente afrouxou seus laços com a corte do grão-cã, que foi transferida para Pequim. Era o surgimento, em Tabriz, de um reino dito "ilcanida" [*Il-Khanid*], para distingui-lo dos cãs originais, que adquiriu sua plena autonomia com a conversão, em 1295, ao islamismo sunita, do seu soberano nestoriano, Gazã [*Ghāzān Khan, Maḥmūd Ghāzān*], logo seguido pelos grandes dignitários. Como uma nova ilustração da relevância relativa das confusões religiosas, a islamização do reino ilcanida não levou a um apaziguamento das suas relações com o regime mameluco, mas, ao contrário, a um renascimento da expansão mongol na Síria. Em 1299 e 1303, Gazã conduziu campanhas que acabaram fracassando perante Damasco, no mesmo local onde os conquistadores vindos da Arábia haviam derrotado os bizantinos no século VII[178]. Entre os voluntários então alistados no exército mameluco estava o Xeique Ibne Taimia [*Ibn Taymiyyah*], um pregador extravagante da escola hambalita. Ele cometeu uma transgressão sem precedente da doutrina da jihad[179], até então proscrita entre os muçulmanos, ao declarar que Gazã e seus soldados são autênticos "infiéis", a despeito de sua conversão ao sunismo. Para tanto, forjou o conceito de *takfir*, literalmente "infidelidade", que poderia ser transcrito em categorias cristãs como anátema ou excomunhão, com as habituais perdas inerentes a esse tipo de transposição. O essencial é que Ibne Taimia justificou pela primeira vez em nome da jihad a guerra contra outros muçulmanos. Sua doutrina, então marginalizada por seu extremismo, conheceria uma posteridade tardia, primeiro com o wahabismo da Arábia, no século XVIII[180], e depois com o jihadismo atual.

---

178. Cf. *supra*, p. 52.
179. Cf. *supra*, p. 80.
180. Cf. *infra*, p. 194.

Por ora, Ibne Taimia, já severo com os convertidos "infiéis", mostrava-se ainda mais implacável contra as minorias do Islã: ele aliou-se aos equipados mamelucos contra os xiitas do Líbano, em 1300 e 1305, e incentivou a aterradora repressão da jacquerie alauita de 1317. Ele estava, então, em sintonia com um poder mameluco que reorganizava brutalmente o mosaico confessional da Síria, menos por razões religiosas do que por hostilidade para com qualquer forma de dissidência. Ibne Taimia, por outro lado, perturbava as estratégias do sultanato ao atacar com virulência o próprio princípio do sufismo. Ela negava qualquer valor à grande jihad de tipo espiritual[181], a fim de exaltar a única jihad pelas armas. Ele só podia então colidir com os mamelucos que, à imagem de Noradine e na esteira de Baibars, patrocinavam as irmandades místicas para melhor estabelecerem uma ordem militarizada. Ibne Taimia, exortado a poupar o sufismo, recusou-se a calar-se, renovando, cinco séculos depois de Ibne Hambal em Bagdá[182], a postura irredutível do seu mestre no rigorismo. Pagou com a liberdade, terminando seus dias na prisão de Damasco, em 1328. Os fundamentalistas exaltam hoje, nas figuras de Ibne Hambal e Ibne Taimia, a resistência político-religiosa a líderes e a ulemás culpados, aos seus olhos, de perverterem o Islã.

Quanto aos cãs mongóis de Tabriz, expulsos da Síria em duas ocasiões, eles compensaram esse revés dando, em 1307, o golpe de misericórdia no sultanato turco de Cônia [*Konya*], seu vassalo já há décadas. Esse desaparecimento do poder seljúcida deixou os mongóis senhores de uma parte da Anatólia, enquanto o resto da Ásia Menor rebentava em uma série de principados, chamados de beilhiques [*beyliks*], porque cada um era governado por um bei [*bey*], o equivalente turco do emir árabe[183]. Mencionaremos brevemente os caramânidas, os germianidas, os hamididas ou os sarucânidas, sem pretender esgotar o assunto dessa decomposição generalizada,

---

181. Cf. *supra*, p. 50.
182. Cf. *supra*, p. 77.
183. Assim como o emir, inicialmente o comandante/comendador, tornou-se o príncipe, o bei [*bey/beg*], primeiro senhor, acabou sendo equiparado ao príncipe. O beilhique turco, portanto, corresponde em grande parte ao emirado árabe.

ainda que cada um desses beis trabalhe para dotar a capital do seu feudo de monumentos prestigiosos. Basta lembrar que um desses beis, de nome Otomão [ou Osmã, *Osman Gazi, 'Uthmān*], recebeu dos últimos seljúcidas, em 1302, um feudo no oeste da Anatólia e o defendeu com sucesso contra os bizantinos. Orcano [ou Orcã, *Orhan Gazi, Orkhan*], seu filho e sucessor, em 1326 toma Brousse/Bursa, primeira capital de um poder chamado "otomano" em memória de Otomão. Ele invadiria gradualmente o território bizantino, primeiro em Niceia, e depois em Izmit. Em 1346, em prol da guerra civil que dilacerou Bizâncio, Orcano desposa a filha do usurpador João Cantacuzeno, cuja pretensão ao trono de Constantinopla ele apoiava com sucesso. Desse casamento muito político decorreu, durante uma década, uma aliança ofensiva entre bizantinos e otomanos: Orcano, a pedido do seu sogro, multiplicou expedições contra os rivais cristãos do imperador; foram esses conflitos entre cristãos, e não uma pulsão irreprimível de "guerra santa", que levaram os otomanos a se firmarem na Europa.

4.8 A ceifadora

Em meados do século XIV, o Oriente Médio estava organizado em torno da linha divisória do Eufrates, com o poder mameluco a Oeste e o poder mongol a Leste. Essa polarização era apenas marginalmente afetada pelas disputas dos beilhiques na Ásia Menor, com o surgimento, no noroeste da Anatólia, de um polo associando bizantinos e otomanos. Mas seria um fenômeno que ignora fronteiras, religiões e etnias que perturbaria a região, em 1348, antes de devastar a Europa e o norte da África. A epidemia de peste, de 1347-1350, que teve seu pico de mortalidade naquele ano, levou pelo menos um oitavo da população, embora estimativas inevitavelmente arriscadas forneçam balanços ainda mais terríveis. Ela foi particularmente visível e sentida nos grandes centros do Cairo, de Alexandria e de Constantinopla. Ela também não poupou o campo, embora fontes muito aleatórias sobre a amplitude da hecatombe indiquem que ela foi aparentemente mais pesada nas áreas urbanas e nas regiões costeiras. O cronista magrebino

Ibne Batuta [*Ibn Baṭṭūṭah*], que percorreu o mundo muçulmano de 1325 a 1353, foi testemunha privilegiada do horror causado pela peste em Damasco e Gaza. Bagdá, que se recuperava lentamente da devastação mongol, enlutou-se novamente.

Murade [*Murad, Amurath*], filho de Orcano, e seu sucessor em 1362, foi o primeiro dos otomanos a proclamar-se sultão, exibindo assim ambições muito além do horizonte dos beis da Ásia Menor. Ele transferiu, de maneira significativa, sua capital de Bursa para Edirne/Adrianopla [Adrianópolis], portanto, da Ásia para a Europa. No entanto, ele não negligenciou a Anatólia, onde uma política combinando alianças matrimoniais e campanhas militares permitiu-lhe progredir para o leste e garantir, entre outras coisas, o controle de Ancara. Foi sob o seu reinado que a organização dos janízaros, em turco *yenisheri* [*yeniçeri*] ou "nova tropa", tornou-se sistemática. Nova, essa tropa o é por seu recrutamento entre os jovens súditos cristãos, convertidos ao Islã antes de serem colocados a serviço do sultão. Essa prática, conhecida como *devshirme* [*devşirme*][184], diferia duplamente da dinâmica mameluca, primeiro porque concernia a crianças livres, e não a escravos, depois porque podia conduzir a outras carreiras que não a militar. Foi assim que a hierarquia administrativa do sultanato otomano seria frequentemente ocupada por convertidos originários da Anatólia e da Rumélia [*Rumeli*][185], em vez de muçulmanos de nascença ou turcos étnicos. Quanto aos janízaros do exército, verdadeiras tropas de choque do sultanato, eles contribuíram amplamente para a vitória histórica de 1389 contra as tropas sérvias no Kosovo[186]. Murade, que morreu em combate, foi sucedido no campo de batalha por seu filho *Bayezid*, aportuguesado como Bajazeto e alcunhado *Yildirim*, "o Relâmpago". Os sérvios vassalizados passaram a fornecer contingentes ao exército otomano, que retomou a ofensiva contra os vários beis e seus principados da Ásia Menor.

---

184. Literalmente a "recolha" ou "colheita".
185. A Rumélia designa os territórios europeus sob domínio otomano.
186. Trata-se da batalha de Kosovo Polje, em sérvio "o campo dos melros". Na medida em que a Sérvia permanecer fiel ao cristianismo ortodoxo, a província propriamente dita do Kosovo será muito gradualmente islamizada.

Quanto ao improvável regime dos mamelucos, ele continuou a controlar solidamente o Egito e a Síria, embora os soberanos do Iêmen, por vezes, lhe contestassem a dominação de Meca, e os governadores locais se aproveitassem dessas rivalidades para restabelecer uma forma de autonomia[187]. Os sucessores de Baibars zelavam por garantir o fornecimento regular de escravos destinados a ingressar na elite militarizada, um fluxo que dependia da livre-passagem de navios, carregados de cativos, pelos portos do Mar Negro. Esse tráfico organizado de escravos baseava-se, por conseguinte, em pactos celebrados entre Cairo e Constantinopla, que colaborava não só para a transferência desses prisioneiros, mas também para a sua futura islamização. Um conluio tão duradouro entre um império cristão e um sultanato muçulmano mais uma vez invalida os clichês essencialistas sobre os dois monoteísmos. Além disso, o regime mameluco permaneceu atravessado pela tensão entre a dinâmica de promoção de ex-escravos, por um lado, e, por outro, a tentação dinástica do sultão no poder. Essa contradição desembocou em toda uma série de combinações de poder entre mamelucos libertos e nascidos livres, no contexto de sucessões, por vezes sangrentas, até ao advento, a partir de 1382, de sultões de origem circassiana/*cherkess*[188].

4.9 A devastação do Coxo

O reino mongol da Pérsia, por um tempo aderido ao xiismo com o cã Oljeitu [*Öljeitü, Üljāytū*], entre 1310 e 1316, retornou à ortodoxia sunita sob o reinado de seu filho e sucessor, Abuçaíde [*Abū Sa'īd*], no trono até sua morte em 1335. A ausência de um herdeiro do sexo masculino abre, então, um período confuso do qual o regime ilcanida nunca mais se recuperaria, desaparecendo completamente em 1353. Seu território foi desmantelado entre várias dinastias de origem mongol (os jalairidas [*Jalāyirid*],

---

187. Cf. *supra*, p. 146-147.
188. Esses mamelucos circassianos são chamados de "burjitas", em referência à "torre" (*burj*) de seus quartéis, assim como os sultões do período anterior eram chamados de "bahritas", ou seja, "do Nilo", novamente por causa de sua guarnição de origem (cf. supra, p. 141, nota 163).

senhores de Bagdá), árabe (os muzafáridas [*Mozaffarid*], com sede em Shiraz) e turcomana (os *Ak Koyunlu* [*Aq Qoyunlu*], uma confederação tribal conhecida como "Ovelha Branca", em Diarbaquir, e seus rivais, os Kara Koyunlu [*Qara Qoyunlu*], a "Ovelha Negra", em Tabriz[189]). Essa fragmentação, ainda que não atingisse o grau de atomização da Anatólia dos beilhiques, ocorreu no momento em que se consolidava em Samarcanda, a partir de 1369, uma potência centro-asiática com ambições logo devoradoras: Tamerlão, denominação aportuguesada de "Timur o Coxo" [*Timur Lenk*], apresentou-se como o herdeiro de Gengis Cã, ainda que essa genealogia seja mais política do que biológica; ele professava, além disso, não o xamanismo de Gengis Cã, mas um islamismo sunita de tipo hanafita, a escola dominante no mundo turco, enquanto se apoiava nas redes sufis da Naqshbandi [*Naqshbandīyyah*], uma irmandade muito influente na região. Por muito tempo, Tamerlão reivindicou apenas o título de "grão-emir", mas essa ostensiva modéstia mal mascarou um projeto expansionista cujos abomináveis massacres, simbolizados pelas famosas pirâmides de crânios, suscitaram o mesmo terror que as hordas de Hulagu.

Tamerlão liderou numerosas campanhas na Pérsia, marcadas pelo banho de sangue perpetrado em Isfahan, em 1387. Cinco anos depois, ele enviou seus exércitos para atacarem o Oriente Médio. Seu progresso fulgurante o levou, a partir de 1393, às portas de Bagdá, que se rendeu sem resistência, para poupar-se de um horror comparável ao de 1258. A antiga capital abássida foi, no entanto, metodicamente saqueada, ao passo que o conquistador exibiu uma piedade bem hipócrita ao mandar que despejassem no Tigre as provisões de vinho descobertas por suas tropas. Tamerlão continuou sua campanha e sua destruição na Alta Mesopotâmia e no Azerbaijão, antes de voltar-se para o norte e as estepes russas. Em 1398 ele partiu novamente em direção ao leste e à Índia, onde semeou o terror em Deli, antes de voltar para o oeste no ano seguinte, devastando desta vez a Geórgia, e depois as cidades anatólias de Sivas e de Malatya. O grão-emir então

---

189. Essas "Ovelhas", brancas ou negras, provavelmente remetem ao totem de encontro de tais alianças tribais.

convocou os mamelucos, enfraquecidos por uma de suas recorrentes crises de sucessão, a reconhecerem sua autoridade. A previsível recusa desse ultimato levou a uma batalha em Alepo, em 1400, na qual Tamerlão, armado com seus elefantes de combate trazidos da Índia, derrotou os mamelucos. Não haveria réplica da detenção infligida às hordas em Ain Jalut em 1260, porque os mamelucos, esmagados nos arredores de Damasco, desta vez abandonaram a Síria aos invasores e recuaram para o seu domínio egípcio.

Ibne Caldune, cuja visão cíclica da história muçulmana já foi mencionada várias vezes[190], era então um dos quatro grão-cádis da corte do Cairo, onde representava o rito maliquita, majoritário no seu Magrebe natal. Tendo permanecido na Síria após a debandada do sultão mameluco, foi comissionado pelos notáveis de Damasco, em 1401, para negociar a clemência de Tamerlão. Convencido de que a decadência mameluca era tão irreversível quanto a ascensão turco-mongol, ele ofereceu seus serviços ao invasor. Ibne Caldune, cegado pelos seus sonhos de grandeza, chega a perder a sua própria linha de raciocínio: o "grupo" liderado por Tamerlão certamente borbulhou de uma energia que irrompeu da "periferia" asiática em direção ao "centro" do Oriente Médio, mas não era, no entanto, portador de uma "pregação" que pudesse estabelecer um "poder" duradouro sobre os imensos territórios assim ocupados. A casuística islâmica com a qual o soberano disfarçava seus crimes, por exemplo torturando os xeiques sírios em questões de doutrina, parecia bem frágil diante do poder passado das mensagens da propaganda abássida, fatímida, seljúcida ou aiúbida. Ibne Caldune, conhecido por ser tão lúcido, desta vez estava duplamente enganado: supondo-se que o projeto de Tamerlão no Oriente Médio tivesse futuro, o invasor não teria nenhum interesse em associar-se a um conselheiro como esse.

Ibne Caldune já estava voltando para o Egito quando Tamerlão, violando todos os compromissos assumidos durante a rendição de Damasco, incendiou a cidade. Em seguida, voltou-se para Bagdá, que lhe havia sido entregue em 1393, mas que um sultão mongol depois ousou tomar de vol-

---

190. Cf. *supra*, p. 69, 99, 111 e 128.

ta. Esse líder presunçoso fugiu diante do retorno das hordas, que sobrepujaram Bagdá após seis semanas de cerco. Tamerlão ordenou a cada um de seus soldados que lhe trouxessem duas cabeças decapitadas, sob pena de serem eles mesmos mortos. Os cronistas da época falam de cento e vinte pirâmides de crânios e 90 mil mortes. Segundo esses testemunhos horrorizados, o Tigre, saturado de cadáveres, teria ficado vermelho. Uma vez consumados a carnificina e o saque, Tamerlão foi ao túmulo de Abu Hanifa, fundador da escola sunita à qual está ligado. Essa demonstração de fanatismo não poderia compensar o fato de ele ter reduzido a ruínas a Síria e o Iraque, de onde ele, ademais, deportou milhares de artesãos para embelezarem sua capital, Samarcanda. Não era uma nova ordem que Tamerlão pretendia impor ao Oriente Médio, mas efetivamente a sua liquidação e a transferência de suas riquezas para a Ásia Central. Nesse sentido, seu empreendimento foi ainda mais devastador do que o de Hulagu, cujos comandantes acabaram se enraizando na Pérsia e na Mesopotâmia, construindo cidades e regimes.

Tendo os principados turcos desmoronados um após o outro, o confronto era agora inevitável entre Tamerlão e Bajazeto, o Relâmpago, que, após sua vitória de 1389 sobre os sérvios[191], encadeou sucessos na Ásia Menor. Os otomanos foram derrotados desta vez, em 1402, não muito longe de Ancara, e seu sultão, feito prisioneiro, morreu em cativeiro um ano mais tarde. Esse desfecho trágico parecia assinalar uma derrota histórica dos otomanos, sobretudo porque o seu berço de Bursa, assim como o Porto de Izmir/Esmirna foram saqueados pelas tropas de Tamerlão. No entanto, não o foi coisa nenhuma. Certamente, o dinamismo dos otomanos pareceu muito mais afetado pela captura do Sultão Bajazeto em Ancara do que o havia sido pela morte do seu pai, Murade, no Kosovo. O trauma era grave, e os filhos de Bajazeto iriam agravá-lo ao se entredilacerarem, antes que o Sultão Muhammad [*Çelebi Sultan Mehmed*] se impusesse a seus irmãos. Por enquanto, a vitória de Ancara exauriu as forças de Tamerlão, que não avançariam ainda mais para o oeste. Essa batalha, por conseguinte, sal-

---

191. Cf. *supra*, p. 153.

vou Constantinopla, primeiro de um assalto que teria sido aterrador pelas hordas de Tamerlão, e, naturalmente, de uma ofensiva dos otomanos, que levariam meio século para reconstituir sua máquina de guerra.

A derrota otomana de 1402 resultou paradoxalmente em um resultado comparável à vitória mameluca de Ain Jalut. A invasão vinda do coração da Ásia foi interrompida antes de atingir a África no primeiro caso, e a Europa no segundo. Em ambos os casos, a situação da batalha importava menos do que a dinâmica interna ao Império das Estepes e o deslocamento do seu centro de gravidade para o leste: o retorno de Hulagu, em 1260, para participar da sucessão de Mangu Cã; e a campanha de invasão da China que Tamerlão lançou em 1404, antes de ser logo depois levado pela febre, no sul do que hoje é o Cazaquistão. O poder dos seus sucessores, conhecidos como "timúridas", logo refluiu do Oriente Médio, com exceção de Coração. O cortejo de destruições que acompanhou as duas ondas de invasão mongol, em 1256-1261 e em 1393-1404, deixou sequelas duradouras na Síria e no Iraque, ainda mais do que no Irã e na Anatólia, tendo o Egito sido poupado por cada um desses ciclos de devastação. Em contrapartida, toda a região foi afetada pela "Peste Negra" de 1347-1350, seguida de retornos da epidemia em intervalos regulares durante as décadas seguintes. O século e meio que terminou com a retirada de Tamerlão foi, portanto, marcado no Oriente Médio pela estagnação, e até mesmo pela depressão demográfica. Foram ao mesmo tempo os grandes centros urbanos afetados e as áreas cultivadas corroídas por um retorno do nomadismo, tanto pastoril quanto predatório.

4.10 A queda de Bizâncio

O Sultão Murade, no poder desde 1421, é chamado de "o segundo" para distingui-lo do seu bisavô, morto em 1389 no Kosovo, não tendo essa numeração muito sentido para os contemporâneos. Murade II tentou em vão, em 1422, conquistar Constantinopla, cujo imperador havia apoiado outro pretendente ao sultanato. A fim de evitar qualquer disputa sucessória, ele abdicou, em 1444, em favor do seu quarto filho, Muhammad [*Mehmed Fatih*], com apenas doze anos, promovido a segundo soberano com este prenome. Ao fim de dois anos, essa fórmula audaciosa mostrou-se impraticável, e Murade II reassumiu o trono, até sua morte em 1451. Muhammad II, novamente sultão, pretendia apagar o fracasso da sua ascensão prematura ao poder. Ele estava determinado a eliminar o poder de Bizâncio, fincado no coração das possessões otomanas, nas duas margens do Bósforo. Ele complementou com uma fortaleza na Rumélia, na margem europeia do Bósforo, a fortaleza da Anatólia já edificada por Bajazeto na margem asiática. Em 1453, ele apostou maciçamente na artilharia pesada para romper as defesas da capital bizantina. Durante este cerco de cinquenta e quatro dias, Muhammad II ordenou a manobra titânica do translado pela montanha de uma parte da frota. Os navios otomanos, tendo assim contornado as defesas bizantinas, semearam a destruição com sua artilharia a partir do Corno de Ouro, o estuário situado no coração da cidade.

Muhammad II emitiu um ultimato ao imperador bizantino Constantino XI, que o recusou e morreu em combate, do que o sultão se valeu para autorizar a pilhagem da cidade por um longo dia. Na mesma noite do ataque final, Muhammad II foi a Santa Sofia para dar graças a Alá, e assim marcar a transformação da basílica em mesquita[192]. Alguns bairros cristãos, dentre os quais o Fener [*Phanar*], foram, no entanto, poupados pelo sultão, que lhes concedeu sua proteção oficial, a 'amān. Mas a contrapartida dessa proteção foi a designação de um patriarca ortodoxo responsável pela comunidade grega perante as novas autoridades. Esse "Patriarcado Ecumênico de Constantinopla" tinha apenas uma primazia simbólica, herdada de Bizâncio, sendo cada uma das Igrejas Ortodoxas ditas autocéfalas administrada pelo seu próprio patriarca. Tal patriarcado prenunciava a instituição do *millet*, ou seja, da comunidade designada como "nação", cuja autonomia de organização interna era garantida por sua submissão e sua integração à ordem otomana. Esse sistema seria estendido aos armênios em 1461,

---

192. A República de Atatürk decidiu, em 1934, secularizar o monumento como museu, antes que o Presidente Erdogan restaurasse o *status* religioso da Mesquita Ayasofya, turco para Santa Sofia/Sabedoria Divina, em 2020.

e depois às outras denominações cristãs e às comunidades judaicas. Os genoveses do bairro de Gálata tiveram por ora que se contentar com a 'amān, concedida em seguida aos venezianos, uma vez reconciliados com a Sublime Porta.

Constantinopla tornou-se, em 1458, a nova capital de um sultanato que agora se via como um império e recuperava para sua glória toda a pompa bizantina. Muhammad II lançou, nas proximidades de Santa Sofia, a construção de um "Novo Palácio" (*Yeni Saray*), que no início do século XVIII adotaria o nome de Topkapi. Milhares de pessoas foram instaladas no interior desta cidade, na cidade que se torna o Serralho/*Saray*. O sultão também mandou reconstruir e consolidar as muralhas da cidade, colocando todo o poder do seu Estado a serviço do repovoamento da sua capital. Constantinopla continuou a ser chamada assim, *Kostantiniyye* em turco, um fenômeno comparável ao conhecido, em menor escala simbólica, pela cidade argelina de Constantina, mesmo após sua islamização. A denominação Istambul, a despeito da sua aparência oriental, vem do grego *eis-tên-polis*, "na cidade", e por muito tempo designou apenas uma parte da cidade histórica, ao sul do Corno de Ouro. Só muito mais tarde é que Istambul se tornaria o equivalente turco de Constantinopla. Tal transição toponímica só seria oficializada no fim da era otomana, donde a escolha, neste livro, de não utilizar a denominação Istambul antes dessa data.

Muhammad II mereceu a sua alcunha de Fatih, "o Conquistador", sobretudo porque, depois de Constantinopla, ele conquistou Trebizonda [*Trabzon*], o último reduto bizantino. No mesmo ímpeto, ele eliminou os últimos principados da Anatólia, expulsando os caramânidas até Alepo. Na Europa, ele anexou a Sérvia, já avassalada, e quebrou a resistência da Bósnia, e depois da Albânia. Guerreiro e construtor, Muhammad II também foi um brilhante organizador que estabeleceu normas e consolidou uma burocracia. Ele ordenou a primeira recensão de um *kanunnames*, o "livro dos regulamentos" do Estado Otomano nos domínios político, militar, fiscal, penal e protocolar. Tais disposições têm a sua legitimidade própria, independentemente da xaria, a começar pela famosa "lei do fratricídio", que autoriza o sultão a eliminar os seus próprios irmãos. Essa "lei" terrível, dedicada a acabar com as disputas sucessórias, permaneceria em vigor durante quase um século. Quanto ao Império Bizantino, ele teria vivido mais de um milênio, uma longevidade única na história do Oriente Médio. É verdade que, após ter controlado uma boa parte da região durante dois séculos e meio, desde o advento do Islã, Bizâncio já não era senão uma potência da Anatólia, potência já reduzida às margens da Ásia Menor pelos seljúcidas e pelos cruzados.

4.11 Os otomanos em face dos mamelucos

Muhammad II é celebrado como o "sultão de dois continentes", a Europa e a Ásia, e o "qaghan", ou seja, o grão-cã dos "dois mares", o Mar Negro e o Mar Egeu, a fim de sublinhar a centralidade de Constantinopla, que ele conquistou quando tinha apenas vinte e um anos. O soberano mameluco, Inal [*Sayf ad-Din Inal*], embora fosse um septuagenário analfabeto na época, fingiu escrever dois poemas para a glória do jovem conquistador do Islã e os enviou a ele por meio de um de seus emires. Ele vangloriava-se do Cairo para melhor associar-se à vitória otomana. Mas os mamelucos esperavam sobretudo orientar as ambições de Muhammad II para a Europa cristã e assim desviá-las deles. Eles não tiraram nenhuma lição da queda de Bizâncio em matéria de doutrina militar e continuaram a cultivar a cavalaria enquanto a arma mais nobre, sem prestar a devida atenção à artilharia. Inal, pouco antes de sua morte em 1461, designou para sucedê-lo seu filho Amade [*Shihab al-Din Ahmad*], um verdadeiro servidor do Estado, determinado a reestruturar o sultanato em profundidade. Essas veleidades de reforma somam-se à recusa de Amade em pagar às várias facções a gratificação que cada sultão havia se acostumado a pagar, em sua ascensão ao trono, a fim de comprar a paz miliciana. Os mamelucos, desta vez unidos, depuseram Amade, pouparam-lhe a vida e colocaram-no em prisão domiciliar em Alexandria. Uma oportunidade histórica de revitalizar o sultanato mameluco perante o desafio otomano foi definitivamente desperdiçada.

O novo soberano, Cuscadã [*Sayf ad-Din Khushqadam*], esteve identificado demais com um único clã mameluco para verdadeiramente impor-se às outras facções. Ele também multiplicou os desjeitos em relação a Muhammad II, felizmente demasiado ocupado em outras frentes europeias. Levado em 1467 pela disenteria, Cuscadã foi finalmente substituído pelo chefe da sua guarda, Qaitbay [*Qā'it Bāy*], que permaneceria no poder por trinta e oito anos, um desempenho notável no universo impiedoso dos mamelucos. Com efeito, os emires mais poderosos eram então considerados como "sultões em miniatura", porquanto dispunham de um feudo (icta [*iqṭā'*]) transmitido por arrendamento, ele mesmo empenhado segundo seu posto na hierarquia militar (emires "de cem", "de quarenta" e "de dez"). O sultão se esforçava para limitar a capacidade de perturbação dos seus subordinados, reduzindo os postos de comando e transferindo os recursos assim liberados para o tesouro central. Em troca, os emires se empenhavam para garantir a transmissão hereditária dos cargos, com um sucesso muito limitado. Qaitbay, perseverante e tenaz, saiu ganhando dessa queda de braço, mas não aproveitou para reformar o exército e a administração. Além disso, ele interferiu no conflito pela sucessão de Muhammad II, que morreu em 1481. O novo sultão otomano, Bajazeto II [*Bayezid Adlî*], não teve tempo de aplicar a lei do fratricídio ao seu irmão mais novo, Cem [*Djem, Jem*], porque este já levantara o estandarte da revolta e fora refugiar-se no Egito, não sem ter sido calorosamente saudado em sua passagem por Alepo, Damasco, Hebron e Gaza.

Qaitbay levou a provocação a ponto de receber o pretendente rebelde em sua corte. As hostilidades entre otomanos e mamelucos se iniciaram com confrontos fronteiriços no sul da Anatólia em 1485. As vitórias conquistadas por Qaitbay forçaram Bajazeto II a concluir, em 1491, uma paz favorável no Cairo, sobretudo pelo acesso aos mercados de escravos do Mar Negro. Ou seja, que adversário formidável os mamelucos poderiam ter constituído se tivessem aproveitado a tempo a oportunidade de se regenerar. Em vez disso, foi uma nova epidemia de peste que atingiu o Egito e dizimou as fileiras mamelucas, peste agravada por uma epizootia que devastou o gado. Qaitbay, que morreu em 1496, designou como herdeiro seu filho Muhammad [*An-Nasir Muhammad ibn Qaitbay*], que se revelou tão sádico quanto devasso, donde uma revolta mameluca demasiado previsível. Os sultões, então, sucederam-se no Cairo em ritmo acelerado, entre um supliciado e lançado à sarjeta, o outro decapitado, e um terceiro que conseguiu salvar a vida, mas não o trono, disfarçando-se de mulher. De todas essas tormentas surgiu, em 1501, Cançu Algauri [*Qānişawh Al--Ghawrī*], que naturalmente não pode se conceber como o penúltimo sultão mameluco. Foi durante este período que a abertura pelos portugueses da rota marítima para a Índia desferiu um duro golpe nas finanças mamelucas, reduzindo significativamente o comércio europeu com Alexandria.

Em seu cara a cara no Oriente Médio, otomanos e mamelucos nunca esqueceram as tribos turcomanas que se impuseram a leste do Eufrates. Mas essas tribos estavam divididas em duas confederações rivais, a Ovelha Branca, fronteiriça com o Império Otomano, na Alta Mesopotâmia, e a Ovelha Negra, que domina o Azerbaijão e o Iraque Central[193]. Tal divisão impedia a constituição de uma alternativa turcomana aos poderes de Constantinopla e do Cairo. Mesmo quando Uzun Hassan [*Uzun Ḥasan*][194], à frente da Ovelha Branca, infligira uma derrota definitiva aos seus rivais "negros", em 1467, instalando sua capital em Tabriz e tomando Bagdá, foi para o leste que ele prosseguiu sua ofensiva. Ele passou, assim, a controlar a maior parte da Pérsia, deixando Coração nas mãos dos descendentes de Tamerlão. Por outro lado, suas tentativas de penetrar a Anatólia foram esmagadas pelos otomanos, e ele teve o cuidado de não atravessar a fronteira do Eufrates com os mamelucos. Uzun Hassan mobilizou em suas tropas de choque combatentes sufis da irmandade safávida[195], adeptos de uma jihad militar e não espiritual. Essa ordem mística e combativa era de origem sunita e de rito xafeíta, mas os líderes que se sucederam de pai para filho à sua frente proclamaram-se tardiamente descendentes de Muhammad. Tal

---

193. Cf. *supra*, p. 155.
194. Uzun Hassan significa em turco "Hassan, o grande/o alto" (de tamanho).
195. A ordem safávida tira sua denominação de seu fundador Safi ad-Din Ishaq (1252-1344). Safi ad-Din/Safi Adine significa "amigo sincero da religião".

pretensão acompanhou a conversão da ordem ao xiismo, com os partidários safávidas ostentando agora um gorro vermelho com doze borlas, supostamente correspondendo aos doze imãs, daí sua alcunha Quizilbache [*Kizilbash, Qizilbash*] ("Cabeça Vermelha"). Os sucessos espetaculares de Uzun Hassan alimentaram, então, no mundo turcomano, uma angústia messiânica, exacerbada pelo caos que se seguiu, em 1478, ao desaparecimento do conquistador. Seria necessária, entretanto, ainda outra geração para que o "grupo" safávida refinasse sua "pregação" xiita em benefício de um novo "poder" imperial.

4.12 Um Oriente Médio militarizado

Durante os três séculos abrangidos por este capítulo, o Egito impôs-se como um centro de estabilidade, e até mesmo de estruturação, no Oriente Médio. Foram os soberanos aiúbidas do Cairo que assumiram o controle de seus rivais da Síria, eles mesmos divididos entre, pelo menos, Damasco e Alepo. Também foram eles que absorveram o choque de duas cruzadas desembarcadas no Delta do Nilo, conseguindo todas as vezes repeli-las com brilhantismo. Foi ainda a partir do Egito que os mamelucos lançaram sua campanha para deter e repelir as hordas mongóis. A transferência da sede do califado de Bagdá para o Cairo, em 1261, ainda que a função suprema do Islã tenha sido esvaziada de sua substância nessa ocasião, confirma a preeminência do Egito na região como um todo. O país de Sham, devastado pelas duas ondas de invasão centro-asiática, era agora apenas um componente, certamente brilhante, porém submisso, do sultanato administrado a partir do Cairo. A fronteira do Eufrates nunca foi realmente posta em causa, com um contraste marcante entre, ao oeste, a duradoura inscrição mameluca e, ao leste, o emaranhado de regimes e conflitos (os canatos mongóis de Tabriz, e depois de Bagdá, o emirado muzafárida de Shiraz ou as confederações turcomanas implacavelmente hostis umas para com as outras).

O período de 1193 a 1501 completou igualmente o processo, lançado pelos primeiros "sultões" de Bagdá, de desapropriação das elites civis, árabes e arabizadas, em favor de mercenários arrivistas ou de escravos libertos, coletivamente detentores da força armada. O fato de nenhuma das três figuras emblemáticas da jihad medieval, Noradine, Saladino e Baibars, ser árabe é apenas uma indicação dentre outras dessa transição no topo. A consagração mameluca da primazia do sultanato sobre o califado corresponde à marginalização no campo administrativo e religioso da antiga classe dominante, donde a resistência surda dos ulemás e suas tentativas, geralmente vãs, de impor suas normas ao regime vigente. O árabe continuava a ser a língua da legitimação, a língua do culto e a língua do povo, mas ela, muitas vezes, guardava para os mamelucos, péssimos arabistas, uma dimensão de alteridade que os separava da sociedade sob sua dominação. A disparidade no Islã clássico entre "elites" e "massas"[196] acentuou-se por essa alienação suplementar. A militarização do poder chegou a tal ponto que as populações já não intervinham, a não ser nos casos sírios de abandono de seu sultão diante dos invasores. A dinâmica era radicalmente diferente para os otomanos, que estavam ancorados na profundidade histórica de dois séculos e meio de poder turco na Ásia Menor, desde os seljúcidas de Rum. Uma vez senhores de Constantinopla, os otomanos encontraram perante os mamelucos a posição médio-oriental dos bizantinos perante os omíadas, a de uma potência anatoliana, estabelecida no noroeste do país de Sham, mas voltada principalmente para a Europa.

Os três séculos decorridos foram enfim marcados pelo desaparecimento do xiismo político no Oriente Médio, salvo o interlúdio de alguns anos de conversão ao xiismo de um dos cãs mongóis. A espera messiânica do imã oculto, cujo ressurgimento era necessário para que a justiça na terra fosse restaurada, pesou muito nessa incapacidade xiita de se reconciliar com a ação política e, portanto, emergir de um quietismo sombrio. Quanto aos ismaelitas, eles estavam satisfeitos com o seu *status* de minoria no Islã, tendo o seu projeto político sido arruinado pela queda dos fatímidas,

---

196. Cf. *supra*, p. 95.

e depois pelo extremismo dos Assassinos. Todos os regimes muçulmanos do Oriente Médio reivindicavam, assim, um sunismo necessariamente colocado como ortodoxo, uma unanimidade que a queda do califado abássida não punha em questão. O formidável desenvolvimento do sufismo pode, então, ser entendido como uma onda de reapropriação popular de uma religião demasiadamente identificada com o poder, que em troca se esforça para se associar às irmandades. Esses três séculos de sunismo incontestado invalidam, mais uma vez, a visão caricatural de um confronto inexpiável entre sunitas e xiitas desde os primórdios do Islã. Em contrapartida, os conflitos entre potências sunitas, já muito violentos, culminaram nas carnificinas perpetradas pelo próprio sunita Tamerlão contra populações sunitas. Se essa era sunita se encerra com este capítulo, não é por causa de uma reação xiita mais ou menos espontânea, é porque uma potência médio-oriental vai se constituir como um império conquistador em nome de uma nova religião de Estado, forçando o sultanato otomano a estabelecer-se no coração da região para lhe bloquear o caminho.

Cronologia

1193	Principados aiúbidas de Damasco, Alepo e Cairo.
1194	Primeiro sultão corasmiano de Bagdá.
1200	Restauração da unidade aiúbida em torno de Adil/Ceifadim.
1202-1204	Quarta cruzada contra Constantinopla.
1218-1221	Fracasso da quinta cruzada no Egito.
1229	Tratado entre o Rei Camil e o Imperador Frederico II.
1244	Retorno de Jerusalém à soberania aiúbida.
1249-1250	Fracasso da sétima cruzada no Egito.
1250	Xajar Aldur, governante do Egito por três meses.
1250-1257	Aibaque, primeiro sultão mameluco no Cairo.
1256	Conquista mongol da Pérsia pelo Cã Hulagu.
1258	Destruição mongol de Bagdá e fim dos abássidas.
1260	Vitória mameluca sobre os mongóis em Ain Jalut.
1260-1277	Baibars, sultão mameluco do Egito e da Síria.
1261	Reconquista bizantina de Constantinopla.
1295-1304	Gazã, primeiro cã mongol convertido ao islamismo.
1302-1326	Otomão, primeiro bei otomano.
1307	Desaparecimento do sultanato seljúcida de Rum.
1326-1362	Orcano, bei otomano, com Bursa/Brousse como capital.
1328	Morte na prisão em Damasco do Xeique Ibne Taimia.
1348	Pico da pandemia de peste.
1362-1389	Murade, primeiro sultão otomano.
1366	Edirne/Adrianopla, capital otomana.
1369	Samarcanda, capital de Tamerlão.
1389-1402	Bajazeto I Yildirim (o Relâmpago), sultão otomano.
1393	Primeira captura de Bagdá por Tamerlão.
1401	Destruição por Tamerlão de Damasco e Bagdá.
1402	Vitória de Tamerlão sobre os otomanos em Ancara.
1405	Morte de Tamerlão, em campanha em direção à China.
1406	Morte de Ibne Caldune no Cairo.
1444-1446 e 1451-1481	Muhammad II Fatih, sultão otomano.
1453	Tomada otomana de Constantinopla.
1453-1478	Uzun Hassan, líder turcomano dos "Ovelhas Brancas".
1461	Tomada otomana de Trebizonda.
1468-1496	Qaitbay, sultão mameluco.
1481-1512	Bajazeto II, sultão otomano.
1491	Paz entre otomanos e mamelucos.
1501-1516	Cançu Algauri, penúltimo sultão mameluco.

Para saber mais

CHEDDADI, A. *Ibn Khaldûn: l'homme et le théoricien de la civilisation*. Paris: Gallimard, 2006.

DÉROCHE, V.; VATIN, N. (dirs.). *Constantinople 1453: des Byzantins aux Ottomans. Textes et documents*. Paris: Anacharsis, 2016.

GROUSSET, R. *L'Empire des steppes*. Paris: Payot, 2001.

LOISEAU, J. *Les Mamelouks*. Paris: Seuil, 2014.

MAYEUR-JAOUEN, C. *Al-Sayyid al-Badawi, un grand saint de l'islam* égyptien. Le Caire, IFAO: 1994.

MORRISSON, C. *Les Croisades*. Paris: PUF, 2012.

RAGHEB, Y. *Les Messagers volants en terre d'Islam*. Paris: CNRS Éditions, 2002.

RAYMOND, A. *Le Caire*. Paris: Fayard, 1993.

ROUX, J.-P. *Histoire de l'Empire mongol*. Paris: Fayard, 1995.

TOLAN, J. *Le Saint chez le sultan. La rencontre de François d'Assise et de l'Islam: huit siècles d'interprétation*. Paris: Seuil, 2007.

5
Otomanos e Safávidas (1501-1798)

O xiismo é hoje associado espontaneamente ao Irã, embora esse processo de identificação faça parte de uma política imperial, com o advento dos xás safávidas no início do século XVI. Essa imposição do xiismo como religião de Estado seguiu um percurso complexo, nascido de uma insurreição messiânica que culminou, após um período de graves distúrbios, na instituição de uma nova dinastia. Os abássidas foram, em 749, os primeiros a sequestrarem uma revolta milenarista para o serviço dos seus desígnios familiares[197]. O vínculo de parentesco de Abulabás com o profeta do Islã podia ser distante, mas era inegável[198]. O Mádi ismaelita teve mais dificuldade em validar uma linhagem "fatímida", remontando à filha de Muhammad, enquanto seu projeto dinástico coroava, em 909, no Magrebe, décadas de subversão[199]. O mesmo processo de transfiguração genealógica ocorreu com os safávidas, que vimos por muito tempo guerrearem nas fileiras dos Ovelhas Brancas turcomanos. Sua conversão tardia ao xiismo foi acompanhada da reivindicação de uma ascendência profética, através do sétimo imã Muça Alcazim[200]. A morte em combate do seu líder impulsionou à sua frente, em 1499, um adolescente de doze anos, Ismail, que proclamou ser o Mádi esperado, finalmente reaparecido após cinco séculos e meio de ocultação. Tal registro apocalíptico permitiu canalizar, e

---

197. Cf. *supra*, p. 68.
198. O primeiro califa abássida era tataraneto do tio de Muhammad.
199. Cf. *supra*, p. 98.
200. Cf. *supra*, p. 84.

depois mobilizar totalmente a agressividade turcomana no seio das tropas de choque safávidas. Levado por esses formidáveis quizilbaches, Ismail conseguiu tomar Tabriz já em 1501.

Senhor da capital dos cãs mongóis, que foi posteriormente a dos turcomanos "negros" e dos seus rivais "brancos", Ismail outorgou a si mesmo o título persa de "xá"[201]. Ele decretou o xiismo religião oficial e fez com que os três primeiros califas fossem publicamente amaldiçoados, acusados de terem espoliado Ali do magistério supremo do Islã. Isfahan e Shiraz caíram em suas mãos em 1503, antes de Bagdá, cinco anos mais tarde[202]. Em todos os lugares, as milícias safávidas romperam as resistências sunitas à nova religião de Estado, matando em plena mesquita os fiéis que se recusavam a injuriar os predecessores de Ali no califado. A profissão de fé muçulmana deveria agora ser seguida da invocação xiita segundo a qual "Ali é o aliado [*wali*] de Deus". Ainda minoritário na população, esse xiismo imposto de cima e pela coerção era cruelmente carente de referências teológicas. Tais lacunas foram colmatadas pelo voluntarismo militar e pela invocação do xá como Mádi. O novo poder também recorreu a clérigos xiitas oriundos das cidades sagradas do Iraque para pregar e enraizar o dogma de Estado na Pérsia. Foi o surgimento desse desafio sem precedente na sua fronteira asiática que empurrou os otomanos, até então voltados para a Europa, onde se encontravam mais da metade dos seus súditos[203], a se comprometerem cada vez mais profundamente com o Oriente Médio. Os dois impérios, um reivindicando o sunismo e o outro o xiismo, logo repartiriam a região em termos comparáveis aos dos bizantinos e dos sassânidas, um milênio antes.

5.1 O guardião dos dois lugares sagrados

O Sultão Selim [*Yavuz Sultan Selim*] subiu ao trono otomano em 1512, derrubando seu pai Bajazeto II, antes de eliminar seus irmãos e sobrinhos.

---

201. Mesmo que o termo persa xá signifique "rei", a noção de imperador e império será privilegiada para os safávidas, espelhando a dinâmica otomana.
202. A conquista safávida de Bagdá em 1508 foi acompanhada pela destruição do túmulo de Abu Hanifa, o fundador da escola sunita à qual os otomanos pertencem (cf. *supra*, p. 76).
203. A população otomana estava então dividida equitativamente entre cristãos e muçulmanos.

Confrontado com a agitação xiita no leste da Anatólia, ele conduziu suas tropas, em 1514, contra as do Xá Ismail, que cederam diante da artilharia otomana na Batalha de Chaldiran. O exército de Selim avançou para Tabriz, temporariamente ocupada, antes de se voltar para a Alta Mesopotâmia e se estabelecer, desta vez permanentemente, em uma zona tampão entre os territórios safávidas e mamelucos. O sultão otomano lançou um ataque à Síria, em 1516, para evitar um avanço safávida a partir do Iraque, ou mesmo uma aliança entre mamelucos e persas. Os exércitos otomano e mameluco se enfrentaram em Dabique, cerca de quarenta quilômetros ao norte de Alepo, no mesmo lugar onde os omíadas reuniam suas forças durante as campanhas contra os bizantinos[204]. A traição do governador de Alepo precipitou a vitória otomana, particularmente fulgurante porque o sultão mameluco, Cançu Algauri, que veio do Cairo à frente do seu exército, pereceu no campo de batalha. A cidade de Alepo, e depois sua cidadela, foram entregues sem luta a Selim, em cuja homenagem foram organizados festejos durante vários dias. O soberano otomano aí encenou a adesão do "Califa" Mutavaquil, que os mamelucos haviam trazido em seu séquito. Selim lhe deu uma grande soma de dinheiro e uma túnica de honra, enquanto, ironicamente, jurou reinstalá-lo na antiga capital abássida de Bagdá, então sob domínio safávida. No Cairo, o poder mameluco se reorganizou em torno de um novo sultão, Tuman, que prestou lealdade ao pai de Mutavaquil, designado "califa" em seu lugar.

Selim tomou o país de Sham em poucos meses, antes de dirigir sua ofensiva para o Egito. As tropas otomanas, com pressa de acabar com isso, não se detiveram na Palestina. Em Gaza, os notáveis, mais ainda do que a população, acreditavam em um possível aumento do poder mameluco. Rumores de uma derrota de Selim levaram a uma revolta na cidade. Mas o sultão, de fato vitorioso sobre o exército mameluco, ficou furioso contra a cidade insurgente. Os massacres que ele aí perpetrou são dignos da sua alcunha de "Terrível". A punição de Gaza contribuiu para a rendição do Cairo, onde Selim entrou triunfante ao lado do "seu" Califa Mutavaquil.

---

204. Cf. *supra*, p. 66.

Tuman, o último dos sultões mamelucos, foi publicamente humilhado antes de ser entregue ao carrasco. Seus apoiadores foram decapitados e suas cabeças presas em postes de madeira por toda a cidade. O ex-governador mameluco de Alepo, cuja deserção foi decisiva em Dabique, tornou-se o primeiro governador otomano do Cairo.

Quanto a Mutavaquil, ele cumpriu seu ofício legitimando, enquanto califa, a derrubada dos mamelucos que o mantiveram por tanto tempo. Selim já não tinha nenhum interesse em tal figura, mas, em vez de se livrar dela, ele a transferiu com seu séquito de navio para Constantinopla. A prisão dourada dos supostos califas foi simplesmente deslocada das margens do Nilo para as do Bósforo, onde continuaram a legar em cativeiro um título califal sem substância aos seus sucessivos herdeiros. Seria preciso esperar até o século XVIII para que os otomanos inventassem a fábula de um abássida lhes transmitindo voluntariamente seu "califado"[205]. Depois que Baibars transformou o califa em um simples instrumento de legitimação do poder mameluco, Selim acabou arruinando o crédito dessa instituição ao passear com Mutavaquil de Alepo ao Cairo, e depois a Constantinopla. A oração de sexta-feira, pronunciada por gerações em nome do sultão otomano, e somente dele, o foi doravante também na Síria, no Egito e na Arábia. Erram todos aqueles que afirmam, desprezando a realidade histórica, que os muçulmanos não podem viver sem um califa. É no Cairo que Selim recebe simbolicamente as chaves de Meca e Medina, antes que suas tropas ocupem fisicamente o Hejaz. O sultão via-se agora celebrado como "guardião dos dois lugares sagrados"[206], enquanto garantidor da organização do haje, a peregrinação anual realizada, fosse em caravana a partir de Damasco, fosse no Mar Vermelho a partir do Egito. A dinastia dos xarifes, descendentes do Profeta Muhammad que se sucediam no poder em Meca[207], foi mantida, mas ela foi integrada na hierarquia da Sublime Porta.

---

205. Cf. *infra*, p. 190.
206. O termo *khadim*, traduzido nesta expressão como "guardião", significa literalmente "servo", sendo os "dois Lugares Sagrados" de Meca e Medina, em árabe, *al-haramayn*.
207. Cf. *supra*, p. 147.

5.2 Duas religiões de Estado

As alegações do Xá Ismail de ser a encarnação do imã oculto foram varridas por seu fracasso de 1514 em Chaldiran. Essa primeira, mas contundente derrota, sobretudo contra um sultão sunita, arruinou sua reputação de invencibilidade. Porquanto lhe foi doravante impossível se apresentar como Mádi, ele afirmou ser pelo menos seu representante, responsável por estabelecer a justiça divina em seu nome. Além disso, essa nova legitimação dos safávidas correspondia melhor à sua origem turcomana, enquanto o Mádi só poderia ser árabe. Ela acompanhou a consolidação de um império que se estendeu até Coração, empenhado na mobilização de uma grande parte da nobreza persa e na combatividade dos líderes turcomanos, recompensados por sua lealdade ao longo das conquistas. Com a morte de Ismail, em 1524, seu filho Tamaspe [Ṭahmāsp], então com dez anos, sucedeu-lhe por um reinado de meio século, longevidade essencial à inscrição dos safávidas na duração dinástica. O Xeique Al-Karaki trouxe de Najaf seu imenso prestígio para a consagração do poder do xá, antes de se estabelecer na Pérsia com muitos ulemás xiitas. Tamaspe concedeu em troca a Karaki, para os assuntos religiosos, uma "delegação" do Imã oculto, cujo soberano era assim erigido como um braço temporal. A minoria dentro dos quizilbaches que ainda associava o xá à própria pessoa do Mádi foi liquidada em 1532, assim como os primeiros abássidas e fatímidas haviam esmagado, em seu tempo, a agitação milenarista dos seus próprios extremistas[208]. O poder safávida foi, portanto, estabilizado em torno do soberano, intercessor do imã oculto, protetor e fiador do xiismo de Estado. O Xá Tamaspe transferiu sua capital de Tabriz para Gasvim [Qazvin] em 1548, cento e cinquenta quilômetros a oeste de Teerã, portanto mais para o centro da Pérsia, a fim de primeiro proteger-se do Império Otomano, mas também de romper com a herança turcomana.

O tríptico de Ibne Caldune, raramente invocado no caso safávida, no entanto, de grande relevância: sem a "pregação" xiita, o "grupo" safávi-

---

208. Cf. *supra*, p. 70 e p. 99.

da nunca teria conseguido instalar, a partir da "periferia" do Azerbaijão, um "poder" imperial sobre toda a Pérsia. A dinâmica otomana era muito diferente, porquanto ela surgiu durante o período de intensa competição entre os diferentes beilhiques, dos quais nenhuma "pregação" específica distinguia Otomão e seus descendentes. O papel da religião de Estado na consolidação safávida era, por outro lado, fundamental, pois contrastava com a neutralidade demonstrada pelos fatímidas, que não se preocupavam em promover o ismaelismo diante do sunismo dominante no Oriente Médio. A agressividade da imposição do xiismo à maioria da população persa não tem precedente na história do Islã, onde soberanos de diferentes confissões lideraram populações de várias convicções, certamente com ondas de repressão, mas nunca com uma campanha de conversão tão sistemática. Era a irrupção no Oriente Médio do princípio de adequação entre a religião do monarca e a dos seus súditos, princípio que a Europa então adotou para resolver as guerras entre católicos e protestantes[209]. O poder otomano lançou, em troca, uma campanha de repressão metódica aos xiitas da Anatólia, percebidos como uma perigosa retransmissão das ambições safávidas. Essas populações dissidentes, assim desligadas do clero persa e empurradas para um culto clandestino, elaboraram um dogma esotérico, conhecido como "alevita", que se distinguia tanto do xiismo duodecimano quanto das crenças dos alauitas, dos ismaelitas ou dos drusos[210]. Os emires curdos, que negociaram sucessivamente a sua submissão a Constantinopla, construíram um glacis antissafávida no sudeste da Anatólia, sem conseguir, devido à heterogeneidade dos seus estatutos e às suas querelas inexpiáveis, representar um polo de autonomia.

Selim fez do Império Otomano a maior potência do Oriente Médio, mas foi o único sobrevivente dos seus filhos, Solimão [*Süleyman*], que completou a sua obra durante os seus quarenta e seis anos de reinado, de 1520 a 1566. Ele é alcunhado em português o Magnífico, embora seu título

---

209. Este é o princípio *cujus regio, ejus religio* ("a cada reino, a religião de seu rei"), que foi a base, em 1555, da Paz de Augsburgo entre os estados católico e luterano do Sacro Império Romano-germânico.

210. Cf. *supra*, p. 108.

otomano seja *Kanuni*, ou o Legislador[211]. Solimão retomou a ofensiva na Europa, até as portas de Viena em 1529. Ele voltou-se em seguida contra os safávidas, de 1532 a 1536, conquistando Bagdá e o Iraque, assim como uma parte do Azerbaijão. O sultão conduziu ainda os exércitos otomanos contra os persas, de 1548 a 1549, em Van, e depois, de 1553 a 1555, em Erzurum. Só então ele finalmente sela a paz com Tamaspe. Os otomanos retiraram-se do Azerbaijão, mas para melhor garantir o seu controle sobre o Iraque. Solimão comprometeu-se a facilitar o trânsito dos peregrinos persas para Meca e Medina, o que apenas reforçou seu *status* de guardião desses lugares sagrados. A mesma facilidade foi concedida aos peregrinos xiitas com destino a Najaf e Carbala. Os safávidas comprometeram-se, em troca, por respeito ao sunismo otomano, a não mais estigmatizar os califas Abu Baquir, Omar e Otomão. Esta paz imperial, no entanto, foi comprometida por intrigas do serralho. Solimão estava tão apaixonado pela sua favorita Hurrém Sultana [*Hürrem Sultan*][212], que a libertou para a tornar sua única esposa legítima. O caminho para o trono foi então aberto aos seus dois filhos, Selim, o mais velho, e Bajazeto, o mais novo. Solimão prefere Selim a Bajazeto, que se levantou contra o pai em 1559 e fugiu para a Pérsia após seus partidários serem aniquilados. O xá poupou o rebelde Bajazeto por muito tempo, antes de permitir que ele fosse assassinado pelos emissários do sultão. A paz entre Constantinopla e Gasvim não seria perturbada por seis décadas.

5.3 A aliança franco-otomana

Em 1536, o Império Otomano atingiu sua extensão máxima de oeste a leste, desde a Áustria até o Azerbaijão. Constantinopla tinha então quase meio milhão de habitantes, dos quais aproximadamente 40% eram cristãos e 5% judeus. Este foi o momento que Solimão escolheu para estabele-

---

211. Este termo, derivado do grego *kanoun*, significaria antes "regulador", como no *Kanoun--nâmé* de Muhammad II (cf. *supra*, p. 160), mas é o registro da "lei", e, portanto, do "legislador", que se impôs.
212. Filha de um padre polonês, ela é alcunhada de Roxelana pelos europeus.

cer com Francisco I uma verdadeira aliança anti-Habsburgo entre Paris e Constantinopla. Não se tratava de um tratado em sentido próprio[213], mas do reconhecimento de interesses compartilhados, tanto contra Carlos V quanto na estruturação de trocas no Levante. Essa aproximação fundamentalmente estratégica entre a "filha mais velha da Igreja" e a primeira potência do Islã ignorava considerações religiosas. A frota francesa cooperou no Mediterrâneo ocidental com os navios de *Khayr al-Dīn* "Barbarossa", senhor de Argel em nome do Sultão Solimão[214]. A colaboração entre Paris e Constantinopla nem sequer foi afetada pela conclusão de uma trégua de cinco anos entre otomanos e habsburgos em 1547. Os outros estados europeus, incapazes de rivalizar com a França, se esforçaram para obter privilégios comerciais, designados pelo termo enganoso "capitulações"[215]. Conceder, assim, a 'amān a proteção foi para o Império Otomano uma demonstração de poder, e não um sinal de fraqueza. Essas imunidades e facilidades, de que os intermediários locais se beneficiaram[216], permaneceram limitadas às cidades abertas às trocas que eram as "escalas do Levante", ou seja, Constantinopla e Izmir, Alepo e sua desembocadura de Alexandreta, os portos libaneses de Trípoli e de Sidon, Alexandria e Cairo.

Após a fase prioritariamente militar de seu reinado, Solimão o Magnífico lançou uma política monumental de ambição sem precedente. Sinan, um antigo janízaro que acompanhou o sultão em muitas campanhas, tornou-se o arquiteto da corte. Ele supervisionou a construção de quase quinhentos edifícios, dos quais uma centena de grandes mesquitas. Complexos do tipo *külliye* justapunham à mesquita propriamente dita toda uma série de edifícios. Um deles, chamado Süleymaniye em homenagem ao

---

213. O projeto francês, aliás, nunca foi assinado pela parte otomana.

214. Em 1543, uma frota franco-otomana, partindo de Marselha, tomou Nice, antes de se retirar da contraofensiva da Saboia. Dez anos depois, outra frota franco-otomana conseguiu ocupar a Córsega, retornando a Gênova em 1559. Quanto ao embaixador da França em Constantinopla, ele acompanhou Solimão durante sua campanha antissafávida de 1548-1549.

215. A França não concluiu capitulações formais com o Império Otomano até 1569, muito depois da abertura de suas representações diplomáticas em Constantinopla, Alepo e "Trípoli do Oriente".

216. Esses intermediários são chamados de "drogmans", afrancesamento do termo árabe e turco para "intérprete", que por sua vez dará "intermédio".

soberano, abrangeu, em Constantinopla, sete madraças, um instituto para o estudo do hadith, uma escola de medicina, um *hammam* e uma hotelaria. Solimão também ordenou a construção, de 1537 a 1540, da muralha que encerra até hoje a "cidade velha" de Jerusalém. Nenhum imperativo militar justifica um projeto tão formidável, realizado sob a égide de três arquitetos, vindos de Alepo, Constantinopla e Jerusalém. Mais de três quilômetros de baluartes foram eriçados por trinta e quatro torres e perfurados por sete portões monumentais. Não há dúvida de que Solimão aspirava inscrever sua glória no eco de seu homônimo Salomão/*Süleyman*, o rei emblemático de Israel, considerado um dos profetas do Islã[217].

5.4 Vizires, janízaros e xeiques

O grão-vizir, homem mais poderoso do império depois do sultão, também era o mais vulnerável, pois podia ser sacrificado a qualquer momento. Iunus Paxá [*Yūnus Pasha*], grão-vizir de Selim, foi assim executado em 1517, por ter ousado criticar a nomeação do ex-líder mameluco de Alepo para liderar o Egito. Aconteceu igualmente que o sultão cedeu às pressões dos janízaros, que "viraram o caldeirão", ameaçando, com este gesto simbólico, revoltar-se[218]. O monarca também pôde eliminar com o grão-vizir um polo alternativo de poder, açambarcando então a riqueza acumulada pelo seu antigo braço-direito. De 1453 a 1614, dos cinquenta e sete grão-vizires sucessivos, apenas cinco eram turcos étnicos, e muitos eram convertidos, o que os tornava ainda mais vulneráveis à arbitrariedade do sultão. O grão-vizir preside, em nome do soberano, o divã[219], qual seja o equivalente otomano do conselho de governo. O *defterdar*, responsável pelo cadastro, ocupava uma posição estratégica, devido à tributação territorial, mas também à atribuição de parcelas em usufruto (*timar*) para fide-

---

217. O imperador bizantino Justiniano, na época da consagração da Santa Sofia, em 537, um milênio antes, já havia afirmado ter "ultrapassado" Salomão (cf. *supra*, p. 37).
218. O "caldeirão" em que os soldados aceitam comida do soberano é a garantia diária da sua obediência, sendo a sua "derrubada" equivalente à insubordinação.
219. O termo "divã" é derivado do árabe *diwan*, que designava, no início da era abássida, um dos componentes da administração (cf. *supra*, p. 71-72), antes de se aplicar ao governo como tal.

lizar os senhores locais e uma parte do exército. A venalidade das cobranças era tolerada, senão formalizada, para alimentar os cofres do império.

O resultado foi um círculo vicioso no qual administradores, à imagem do grão-vizir, tentavam acumular o mais rápido possível as fortunas mais consideráveis antes da sua demissão, mesmo que isso significasse "financiar" um possível retorno à graça. Esse sistema, além da sua burocracia invasiva, só prosperava se a predação estivesse comprometida com a expansão, donde as suas recorrentes crises na fase de estabilização, ou mesmo de contração das fronteiras. À engrenagem da corrupção, a ética otomana opôs de bom grado um círculo virtuoso de justiça, assim resumido: "não há Estado sem exército, não há exército sem espada, não há espada sem riqueza, não há riqueza sem *reaya*, não há *reaya* sem justiça". O *reaya*, termo derivado do árabe, correspondia ao povo, literalmente o "rebanho"[220]. Era desse povo que o Estado tirava sua substância pela tributação e a produção, daí o imperativo da justiça para com a população e os limites impostos à opressão. Essa dialética entre o Estado e o povo contrasta com o militarismo extravagante dos sultanatos seljúcidas, mamelucos e turcomanos. É igualmente impressionante que ela se apresentasse em nome de uma ética do interesse superior do Estado, sem evocar, a este respeito, a legitimidade religiosa.

O exército otomano era composto por dois corpos distintos, os sipahis, cavaleiros autorizados a explorar um *timar* (ou recrutados por um notável local com base no seu próprio *timar*), e os janízaros, recrutados entre as minorias cristãs do império, e depois convertidos[221]. Selim foi o primeiro sultão a conceder aos janízaros o direito de se casarem. Seu número atingiu os 25 mil, em 1528, sob Solimão, e continuou a aumentar sob o reinado de seus sucessores, representando no período aproximadamente dois terços dos efetivos do exército profissional. Os janízaros estavam muito frequentemente ligados a uma irmandade sufi, o que lhes permitia afirmar

---

220. Este conceito muçulmano corresponde ao "rebanho" do pastor na terminologia cristã. Tal "círculo de justiça" difere da figura comparável que Alazar, cinco séculos antes, centrou no califa fatímida (cf. *supra*, p. 104).

221. Cf. *supra*, p. 153.

sua autonomia, até mesmo sua desconfiança do aparelho de Estado. Quanto aos ulemás, o regime otomano tentou torná-los funcionários públicos no âmbito de uma hierarquia de cádis e muftis[222], cujo chefe supremo era o *shaykh al-Islām* [turco: *şeyhülislâm*], o "xeique do Islã". Ebussuud, o primeiro titular deste posto, de 1545 a 1574, abonou sua caução clerical à eliminação, pelo Sultão Solimão, de seu filho rebelde, Bajazeto. O formalismo otomano tornaria, por conseguinte, indispensável uma fátua do xeique do Islã para legitimar a execução de um alto dignitário, mesmo que essa fátua fosse frequentemente obtida *a posteriori*. De maneira mais geral, Ebussuud e seus sucessores empregaram seus conhecimentos jurídicos para subordinar a aplicação da xaria aos desígnios do soberano[223]. O sunismo, em sua escola hanafita, impregnava essa hierarquia religiosa, donde uma situação de não direito institucional para os xiitas, especialmente em torno das cidades sagradas de Najaf e Carbala, no Iraque, mas também para os alevitas[224]. Essas minorias do Islã organizaram, de fato, os seus assuntos internos, tanto em matéria de culto como de *status* pessoal. Suas relações com a Sublime Porta não foram codificadas como as das diversas Igrejas cristãs ou das comunidades judaicas.

5.5 Um império de mares e de terras

Em 1566, quando Solimão morreu, seu filho Selim [*Selim Sari*] ascendeu ao trono otomano e tornou-se Selim II na historiografia europeia. Estando todos os irmãos do novo sultão já mortos, já não havia necessidade de aplicar a terrível lei do fratricídio. Selim II sofreu uma derrota esmagadora nos mares, em 1571, em Lepanto, no Golfo de Corinto, contra

---

222. As fátuas são emitidas por um mufti, sendo este termo derivado daquele. O mufti é, no sistema otomano, sobretudo responsável pelos assuntos religiosos, em face do juiz do temporal, que geralmente é o cádi. O xeique do Islã é, ao mesmo tempo, o maior dos cádis e o mais importante dos muftis.

223. Foi assim que o tabaco, durante muito tempo proibido, foi "legalizado" em 1652 por uma fátua do xeique do Islã, legitimando, assim, as significativas receitas fiscais.

224. Os alevitas serão por muito tempo chamados de *Kizilbach* pela burocracia otomana, em referência às tropas de choque safávidas.

os espanhóis, aliados dos venezianos e dos genoveses. O Império Otomano perdeu seu domínio incontestável no Mediterrâneo, ainda que compensasse esse sério revés negociando com Veneza a cessão do Chipre em 1573. Além disso, os vassalos otomanos em Argel conquistaram Túnis pouco depois, e em seguida a Tripolitânia. Em vez de grandes batalhas navais, o Mediterrâneo seria doravante palco de atividades de pirataria e contrapirataria, conduzidas em nome dos soberanos cristãos pelos "corsários" e do sultão pelos seus súditos "berberes" do Magrebe[225]. Além do butim propriamente dito, europeus e otomanos capturavam prisioneiros cuja restituição eles negociavam arduamente. A relação de predação recíproca era, no entanto, desequilibrada pelas vantagens de uma conversão ao Islã, que facilitava a libertação no local, e até mesmo a promoção na administração e no exército. O resultado na Europa foi uma duradoura fobia contra os "renegados", como são estigmatizados os cristãos que se tornam muçulmanos.

Seria tedioso desfiar a lista dos sucessivos sultões. Murade III, que sucedeu seu pai Selim II em 1574, esgotou uma dúzia de grão-vizires em vinte anos de reinado, não sem executar alguns deles. Seu prestígio foi manchado pelas intrigas do serralho, com sua mãe e uma das suas esposas apoiando dois partidos opostos na corte. Os sultões seguintes enfrentam uma instabilidade endêmica na Anatólia, onde bandos de desertores juntam-se aos rebeldes locais. A ordem otomana só foi totalmente restaurada em 1608, com o envio para Constantinopla de milhares de cabeças de insurgentes decapitados. Otomão II, que subiu ao trono em 1618, aos quatorze anos, era, apesar da sua pouca idade, um reformista ambicioso, além de um autêntico poliglota. Mas seu plano de reformulação radical do exército provocou, em 1622, a revolta dos janízaros, que foram ao seu palácio assassiná-lo. Seu irmão Murade IV, confrontado por uma nova revolta dos janízaros em 1631, restabeleceu a ordem com brutalidade e método. Ele contou com os ulemás mais rigoristas para conter a multiforme influência das irmandades sufis. O império foi então organizado em cerca

---

225. O termo "corsário" é derivado da "carta de corso" que equivale a um mandado oficial de agressão de um navio inimigo, ao passo que "bárbaro" é derivado de "berbere".

de trinta províncias (eialetes [*eyalet*]), subdivididas em cerca de trezentos distritos (sanjaques [*sanjaks*]), metade dessas estruturas localizadas no Oriente Médio. Sistema complexo como todas as construções imperiais, o Império Otomano alimentava-se das contradições que engendrava. Pretendia-se centralizado, mas não cessava de conceder *status* derrogatórios para assentar sua autoridade nas áreas sensíveis. Ele fixou e sedentarizou as populações para melhor tributá-las, mas reservou-se o direito de deslocá-las coletivamente em caso de guerra ou de imperativo absoluto. Proscreveu publicamente os conflitos, mas prosperou graças à gestão e à arbitragem desses mesmos conflitos.

5.6 Uma fronteira de impérios

O mais poderoso dos soberanos safávidas, o equivalente persa de Solimão o Magnífico, entre os otomanos, foi o Xá Abbas [*'Abbās*], no poder de 1587 a 1629. Ele minou metodicamente o poder dos grandes senhores feudais, contando para reorganizar sua instituição militar com um aventureiro inglês, Robert Sherley. O exército persa assim modernizado baseava-se na amálgama de três forças: primeiro, um contingente profissionalizado, cujos oficiais persas podiam pertencer às mesmas famílias que a alta administração; em seguida, as tropas de choque dos quizilbaches perpetuavam a tradição guerreira dos turcomanos, ainda que o xá as forçasse regularmente a se alinharem; e finalmente, uma guarda devotada à própria pessoa do soberano e composta de armênios, georgianos e circassianos. Este poder militar permitiu ao Xá Abbas repelir os assaltos uzbeques no leste do país e, em seguida, retomar o controle das duas principais cidades de Coração, Herate [*Harāt, Herāt*] e Mexede, aonde se dirigiu solenemente em peregrinação, em 1601, ao túmulo do oitavo imã xiita[226]. Mas o xá também estendeu sua influência ao sul do Golfo Pérsico, jogando os ingleses[227] contra os portugueses, a ponto de expulsá-los do Estreito de Ormuz. Ele enfim

---

226. Cf. *supra*, p. 85.
227. Os ingleses são recompensados por sua ajuda contra os portugueses com instalações no porto persa de Bandar Abbas, facilidades logo concedidas também aos holandeses.

voltou-se contra os otomanos, violando a paz de 1555 para apoderar-se, em 1624, de Bagdá, cuja população sunita ele perseguiu.

Essa guerra, devastadora para o Iraque, também pesou muito sobre os recursos da Pérsia, que teve que repelir duas campanhas de reconquista de Murade IV, em 1626 e 1630, antes de ceder à terceira, em 1638. Bagdá, sitiada durante mais de um mês, foi desta vez entregue aos massacres anti-xiitas. A paz concluída em 1639 traça, entre o Iraque otomano e a Pérsia safávida, a fronteira que é a que existe hoje entre o Iraque e o Irã. Tratava-se de uma fronteira de impérios, definida por um equilíbrio entre potências e estabilizada após um século. Essa divisão não era étnica, nem linguística, nem religiosa: populações turcas, curdas e árabes viviam em ambos os lados, enquanto uma minoria sunita persistia na Pérsia, e o Iraque abrigava as duas cidades mais sagradas do xiismo. A persistência dessa fronteira nos últimos quatro séculos, apesar do terrível conflito entre o Iraque e o Irã, de 1980 a 1988, deveria ser ponderada por todos os aprendizes de feiticeiro que acreditam que "resolvem" os problemas do Oriente Médio separando ali os supostos territórios de cada comunidade.

5.7 A corte safávida

O Xá Abbas escolheu estabelecer, em 1598, sua capital em Isfahan, que já havia se tornado o centro econômico e cultural do reino. Dotou-a de esplêndidos monumentos, daí o provérbio persa segundo o qual "Isfahan representa metade da Criação"[228]. A magnífica Mesquita do Xá tinha vista para a não menos esplêndida Praça do Xá, hoje mesquita e praça "do Imã", em referência a Khomeini[229]. A corte safávida impressionava, por seu fausto, embaixadores e viajantes. O subúrbio de Jolfa era povoado por armênios transferidos coletivamente da localidade de mesmo nome no Cáucaso[230]. Eles estavam autorizados a cultivar videiras, oficialmente

---

228. Em persa, *Isfahân nesf e-Jahân*.
229. Cf. *infra*, p. 321.
230. O Xá Abbas chega mesmo a planejar deslocar pedra por pedra a Igreja de *Etchmiadzin*, até hoje a sede do patriarcado armênio, no norte de Yerevan, mas finalmente desiste do seu projeto.

para o seu "vinho de missa", mas de fato proviam álcool para toda a capital. Esses armênios eram artesãos industriosos, comerciantes prósperos e, alguns deles, milicianos leais. A tolerância característica do Xá Abas para com seus súditos cristãos e judeus contrastava com a discriminação que ele continuava infligindo aos sunitas. Com efeito, o soberano cuidava do seu *status* de encarnação do xiismo safávida, sendo sua peregrinação a Mexede, em 1601, em celebração do centenário da dinastia. Quanto às artes, elas perderam em qualidade o que ganharam em difusão, fenômeno sensível para as famosas "miniaturas persas", cada vez mais imitadas e banalizadas.

Abas II, no poder de 1642 a 1666, é considerado o último dos três grandes soberanos safávidas, depois do fundador Ismail e do construtor Abbas, o primeiro com esse nome. A paz que prevaleceu durante seu reinado na fronteira otomana, bem como no plano interno, é amplamente creditada a ele. Abbas II continuava a cumular de seus favores os cristãos do reino, embora multiplicasse os insultos contra os judeus de Isfahan, tentando em vão empurrá-los para a conversão. O xá também defendia firmemente sua preeminência religiosa em face dos ulemás que tentavam desviar para seu benefício exclusivo a delegação derivada do imã oculto. Em contrapartida, os dois sucessores de Abbas II, por fraqueza ou por fanatismo, sucumbiram gradualmente à pressão dos ulemás xiitas. O Xeique Bāqir al-Majlisī, promovido a chefe da hierarquia clerical em 1687, perseguiu com sua condenação o sufismo, até então tão desenvolvido no xiismo quanto no sunismo. Ele atacou assim a fundação fraternal da autoridade safávida[231], bem como uma forma de ecumenismo místico, tudo em nome de um xiismo combativo.

Jean Chardin, um joalheiro francês em busca de pedras preciosas, esteve três vezes na corte do Xá Solimão [*Ṣafī II, Shah Sulaymān*], filho de Abbas II, entre 1666 e 1677. Seus relatos de viagem foram amplamente divulgados na Europa e Montesquieu inspirou-se neles para a cor local das suas próprias *Cartas Persas*, publicadas em 1721. A corte de Isfahan, envolta em exotismo, suscitava ainda mais fantasias porque o "Grande

---

231. Cf. *supra*, p. 163.

Turco" era, ao mesmo tempo, erigido como o arquétipo do "déspota oriental". Xá Huceine [Shāh Ḥusayn], que sucedeu seu pai Solimão em 1694, revelou-se, no entanto, um péssimo governante. Preferiu legitimar a intolerância dos ulemás para melhor abandonar-se aos próprios vícios. O harém sozinho absorvia um décimo do orçamento imperial, com milhares de mulheres, dentre as quais dezenas de esposas e concubinas, cada uma acompanhada de suas filhas e escravos. A pressão fiscal sobre as províncias era tal que, em 1722, nenhum contingente regional socorreu Isfahan, cercado pelas tribos afegãs. Após seis meses de cerco, Xá Huceine foi forçado a capitular e depois abdicar em favor do invasor. Veremos mais adiante que uma ficção do poder safávida sobreviverá a essa derrota[232] por algumas décadas. Mas a dinastia fundada pelo Xá Ismail só teria reinado efetivamente por pouco mais de dois séculos sobre um Império Persa no qual o xiismo de Estado, alicerce do edifício safávida, também teria favorecido a consolidação da estrutura clerical.

5.8 A Síria vista de Alepo

O País de Sham foi, após a conquista otomana de 1516, dividido entre as duas províncias de Damasco e Alepo, tendo esta última preeminência sobre a primeira por causa da sua importância estratégica: Alepo era de fato o cruzamento da rota que ia de Constantinopla até a Índia, seja via Armênia e Azerbaijão, seja via Bagdá e Golfo Pérsico. A província de Alepo abrangia a Antioquia, assim como uma grande parte da antiga Pequena Armênia da Cilícia[233], e se estendia até o Eufrates, fronteira com a província de Diarbaquir. A escala mais disputada do Levante, Alepo via a abertura sucessiva dos consulados da França, da Inglaterra e da Holanda[234], que estabeleceram a "nação" de seus comerciantes nos caravançarás da

---

232. Cf. *infra*, p. 197.
233. Cf. *supra*, p. 125.
234. Respectivamente em 1562, 1583 e 1613, tendo estes três países aberto sua embaixada em Constantinopla em 1535, 1580 e 1612.

cidade fortificada, ao pé da cidadela. Este termo "nação" inglesa ou francesa remete ao conceito otomano de *millet*/comunidade, tendo os europeus desfrutado com seus consulados de uma autonomia de jurisdição comparável à das minorias do império. A predominância de Alepo foi preservada durante a reorganização administrativa de 1579-1586, que criou as duas províncias de Trípoli (no centro da Síria) e Raqqa (a leste do Eufrates), à custa de Damasco, para a primeira, e de Diarbaquir, para a segunda. O dinamismo demográfico de Alepo afetou particularmente as minorias, com uma duplicação das habitações da judiaria intramuros[235], entre 1570 e 1683, e o estabelecimento do subúrbio cristão de Al Jdaideh.

O calendário econômico de Alepo logo passou a girar em torno da coleta de casulos de seda, no verão, da tecelagem de tecidos, no outono, e da venda, no início do inverno, de fardos de seda embarcados para a Europa no Porto de Alexandreta. O resto do País de Sham, notadamente o Monte Líbano, também se beneficiou do entusiasmo pela seda, mas em proporções menores do que Alepo. Esse comércio floresceu até o último terço do século XVIII, antes de declinar sob o efeito da concorrência indiana e da produção ocidental. A população de Alepo, estruturada em corporações por vezes multiconfessionais, rebelou-se contra a manutenção de uma pesada carga tributária. A revolta foi liderada pelos xarifes, os supostos "descendentes do Profeta", que colocaram seu prestígio religioso a serviço da contestação antiotomana: em 1770 eles proibiram, durante mais de um mês, a entrada do governador otomano em Alepo; em 1775, legitimaram os motins que obrigam o representante de Constantinopla a deixar a cidade humilhado; em 1784, organizaram com o contingente local de janízaros, por um ano, a administração autônoma da cidade; em 1791, o governador otomano, sitiado na cidadela pela multidão, teve que evacuar Alepo. Tais distúrbios podem inscrever-se num contexto geral de crises otomanas, estudadas mais abaixo, mas refletem, no entanto, a afirmação de uma identidade local muito forte, alepina antes mesmo de ser síria.

---

235. Bairro judeu no interior da cidade murada [N.T.].

5.9 O grande jogo das minorias

Certas fontes permitem estimar, no início da era otomana, a população cristã em cerca de um décimo da do País de Sham. Seu crescimento demográfico foi perceptível ao longo dos três séculos seguintes, tanto nos centros urbanos quanto no Monte Líbano, onde o campesinato maronita aproveitou ao máximo a "paz do sultão". Os representantes da Sublime Porta pouparam de bom grado os súditos cristãos que, como povo do Livro, eram muito mais tributados do que seus vizinhos muçulmanos. Foi com este espírito que o governador de Damasco confiou ao emir druso Faquir Aldim [*Fakhr al-Dīn*][236], em 1591, a gestão do Monte Líbano. O habilidoso senhor feudal rapidamente tornou-se o interlocutor privilegiado das potências europeias na escala de Sidon, ao instalar sua residência de inverno em Beirute[237]. Ele chegou mesmo a juntar-se à revolta do governador curdo de Alepo, Ali Janbulad, em 1606, abandonando-o pouco antes do seu esmagamento[238], o que lhe valeu a indulgência dos otomanos. Faquir Aldim consolidou sua autonomia libanesa e suas relações com a corte dos Médici em Florença, onde, decididamente muito ambicioso, ele é exilado em 1613. Tendo retornado ao Líbano em 1618, Faquir Aldim dominou por uma década um feudo cada vez mais extenso, sobretudo após sua vitória de 1623 sobre o governador de Damasco e as tribos xiitas de Beca [*Beqaa*]. Ele, no entanto, continuou a aumentar os impostos em nome de Constantinopla, em vez das tropas, tendo a sua recusa em contribuir para a campanha do Iraque levado, em 1635, à sua execução.

Em 1623, o Rei Luís XIII enviou um cônsul a Jerusalém, encarregado de proteger os peregrinos e os interesses franceses, mas também de ponderar a favor dos católicos durante as recorrentes querelas com as Igrejas

---

236. Seu nome, que significa "honra da religião", pode ter sido afrancesado como Facardin, ou mesmo Ficardin.

237. Sua residência de verão está localizada na localidade maronita de Deir al-Qamar ("o Mosteiro da Lua"), no coração da montanha libanesa de Chouf.

238. Parentes de Janbulad, acolhidos por Faquir Aldim [*Fakhr al-Dīn*] no Chouf, estão autorizados, excepcionalmente, a converter-se à religião drusa, sendo seu sobrenome arabizado como Jumblatt.

do Oriente em torno dos lugares sagrados do cristianismo. No entanto, ele não conseguiu estabelecer uma missão permanente, contentando-se em encorajar o desenvolvimento da ordem franciscana no seio da "Custódia da Terra Santa". De um modo geral, os consulados franceses no Oriente Médio respaldam o proselitismo dos missionários católicos na direção do cristianismo local, tendo os otomanos proibido qualquer forma de apostasia dos muçulmanos. Em 1639, Luís XIII proclamou-se "protetor" dos católicos do Levante, à frente dos quais os maronitas, pretensão reafirmada por Luís XIV em 1649 e 1701, sem nunca ter sido reconhecida pela Sublime Porta. O ativismo direto e indireto da França levou, a partir de 1656, ao surgimento de uma dissidência "católica" no seio de três Igrejas "ortodoxas" do Oriente, primeiro a siríaca, depois a grega e finalmente a armênia. Cada uma dessas novas Igrejas foi anexada a Roma sob a autoridade de um patriarca e segundo o modelo já adotado pelos maronitas[239]. Embora Luís XV, durante a renegociação das capitulações em 1740, apresente-se, como seus predecessores, enquanto protetor de seus correligionários do Oriente Médio, ele joga de maneira unilateral com a ambiguidade entre "nação" francesa e *millet* católico.

A Inglaterra, que prevaleceu comercialmente contra a França na escala de Alepo, não pôde, entretanto, reivindicar a proteção de uma minoria local. Os delegados de Londres, por conseguinte, cultivavam o favor das autoridades otomanas e dos notáveis levantinos, os *ayan*, com um interesse por vezes marcante pelas comunidades judaicas. A expulsão dos sefaraditas da Espanha e de Portugal[240], após a queda de Granada em 1492, foi seguida por perseguições semelhantes nas cidades italianas no século XVI, engrossando as fileiras do judaísmo do Oriente Médio. Este mundo judaico do Levante foi profundamente perturbado, em meados do século XVII, pela pregação messiânica de Sabbatai Zevi [*Shabbetai Tzevi*], natural de Izmir, mas ativo em Constantinopla e no Cairo. O assentimento

---

239. Cf. *supra*, p. 124-125.
240. O termo *Sefarad* designa, em hebraico medieval, a Península Ibérica, e depois os judeus que ali se originaram.

do rabino Nathan de Gaza, em 1665, foi decisivo em face da hostilidade virulenta dos seminários talmúdicos de Jerusalém. As comunidades orientais dividiram-se entre partidários e adversários do suposto messias, cuja conversão ao Islã em 1666, provavelmente para evitar sevícias nas mãos dos otomanos, arruinou a credibilidade. O fervor milenarista diminuiu tão rapidamente quanto aumentara, e a desilusão coletiva poupou apenas pequenos grupos de obstinados que, tendo sido rejeitados no Oriente Médio, enxamearam na Polônia[241] no século seguinte.

5.10 Crises otomanas

O Sultão Muhammad IV [*Avcı Mehmed*], que ascendeu ao trono aos seis anos de idade em 1648, reinaria por quase quarenta anos. Durante a infância do soberano, o poder foi exercido em seu nome pela rainha-mãe e pelos janízaros. Foi preciso toda a habilidade do octogenário Muhammad Köprülü [*Köprülü Mehmed Paşa*], promovido a grão-vizir em 1656, para que o sultão finalmente se emancipasse das intrigas do serralho. A fim de consolidar a autoridade efetiva do soberano, Köprülü suprimiu toda forma de dissidência e massacrou, em 1658, um levante às portas da capital. Milhares de cabeças de insurgentes decapitadas foram apresentadas ao grão--vizir, que eliminou os últimos líderes rebeldes convidando-os para um pretenso jantar de reconciliação. Ele também obteve da hierarquia clerical o desmentido dos ulemás rigoristas que haviam acabado por impor a sua própria ordem moral. Quando o grão-vizir morreu, em 1661, Muhammad IV nomeou um dos seus filhos, governador de Damasco, para sucedê-lo. Ahmed Köprülü [*Köprülü Fazıl Ahmet Paşa*], com uma sólida formação de professor, teve, no entanto, de adiar qualquer projeto de reforma e envolver-se nos urgentes assuntos militares. Ele mesmo conduziu uma campanha contra a Áustria, antes de se dedicar, em 1669, à conquista de Creta, possessão de Veneza desde a quarta cruzada[242].

---

241. É o movimento "frankista", nomeado em homenagem ao seu inspirador Jacob Frank, que reivindica a herança de Sabbatai Zevi.
242. Cf. *supra*, p. 136.

O apoio de Luís XIV a Veneza nesta crise levou à demissão do embaixador francês em Constantinopla. Tal ruptura do pacto franco-otomano, no entanto, não impediu a derrota veneziana. A diplomacia francesa esperava sair desse embaraço quando soube que um dignitário otomano foi enviado a Paris. Mas este estava encarregado de uma simples missão exploratória, ao passo que os franceses acreditavam receber um embaixador plenipotenciário do sultão[243]. O fausto ostentado em Versalhes para homenagear o hóspede otomano foi, portanto, desperdiçado. Daí o grande aborrecimento do Rei Sol, que se teria vingado encomendando a Molière a sátira estridente do *Mamamouchi* em *O Burguês Fidalgo* [*Le Bourgeois gentilhomme*]. O entusiasmo francês pelas turquerias era então tal que Racine escreveu pouco depois sua tragédia *Bajazet*, inspirado no destino sombrio de Bajazeto, assassinado em 1635 por ordem de seu irmão Murade IV. Quanto à aliança franco-otomana, foi totalmente restaurada com a evacuação veneziana de Creta.

A morte do segundo grão-vizir Köprülü, em 1676, inaugurou um período mais sombrio do reinado de Muhammad IV, provavelmente porque este sultão nunca assumira totalmente os assuntos do Estado. Tal crise de autoridade, palpável em Constantinopla, também foi sentida nos campos de batalha. Em 1683, foi o fracasso mordaz do cerco otomano de Viena e, quatro anos depois, a derrota na Batalha de Mohács, na Hungria. Muhammad IV, responsabilizado por essas repetidas humilhações, foi deposto pelos militares insurgentes em benefício de seu meio-irmão Solimão, até então recluso em uma prisão dourada do palácio imperial[244]. Este Sultão Solimão II e seus dois sucessores, no entanto, não conseguiram conter a espiral de retrocessos militares. A paz concluída em Karlowitz em 1699, com a Áustria, a Polônia e Veneza, consagrou a perda por Constantinopla da Hungria, da Croácia e da Transilvânia. O refluxo europeu do Império Otomano, por conseguinte, já não cessaria de acentuar-se. Durante o século seguinte,

---

243. O primeiro embaixador otomano em Paris só foi nomeado em 1720.
244. A lei do fratricídio foi abandonada em favor de um regime de prisão domiciliar, com a duração, neste caso, de trinta e seis anos.

os otomanos enfrentaram os russos em uma série de quatro conflitos tão exaustivos quanto destrutivos, em 1710, 1735, 1768 e 1787. Desses quatro conflitos, somente o primeiro, desencadeado pelo asilo concedido pelos otomanos a Carlos XII da Suécia, foi vantajoso para Constantinopla.

A derrota mais severa resultou na ocupação russa da Crimeia, ratificada pelo Tratado de Küçük-Kainarji [*Küçük Kaynarca*], assinado no norte da Bulgária em 1774. Foi a primeira vez que o Império Otomano cedeu um território majoritariamente povoado por muçulmanos, neste caso, os tártaros da Crimeia. Catarina II, aconselhada por hábeis orientalistas, introduziu no tratado a distinção entre, por um lado, a autoridade executiva do sultanato otomano, efetivamente suplantado pelo império tsarista na Crimeia, e, por outro, a autoridade religiosa do califado otomano, ainda em vigor com os tártaros da Crimeia. Essa astúcia, diplomática e teológica, ressoou com a vontade mais geral dos sultões otomanos de reviverem o brilho da Sublime Porta, arvorando o título de "califa", que até então havia caído em desuso. Foi então que se construiu a fábula de Estado sobre uma pretensa "transmissão" do título califal por abássidas agradecidos para com seus anfitriões otomanos. Embora os ulemás fossem unânimes em considerar que uma origem árabe era indispensável para se pretender a suprema dignidade do Islã, eles se curvavam perante o *diktat* teológico do sultão. O califado, que havia tão simplesmente desaparecido por dois séculos e meio, ressurgiu assim graças a um tratado internacional com uma potência "infiel", com base em uma distinção entre o poder temporal do sultão e o poder espiritual do califa.

5.11 A era das tulipas

Além desses reveses militares, o longo prazo vê a "economia-mundo" que o Império Otomano, montado em três continentes, por muito tempo representou, inserir-se com grande dificuldade na economia-mundo globalizada, ela mesma regida por mecanismos financeiros anglo-holandeses. A Sublime Porta se crispou em Constantinopla em seu *Nizam*, literalmente seu "regime", onde mil dirigentes e funcionários estavam paralisados pela evolução do mundo exterior, colados em um protocolo ultrapassado e incessantes querelas. A lealdade mantida pelo sunismo dominante foi agravada por um medo real da mudança, que seria inevitavelmente uma fonte de conflito, estigmatizada como "discórdia" (*fitna*) fatal para o Islã[245]. É comum entoar que "mais valem mil anos de tirania do que a *fitna*". De fato, apenas onze famílias controlavam a hierarquia religiosa em três capitais sucessivas, Bursa, Edirne e Constantinopla, bem como no Cairo, em Alepo, Bagdá e Damasco. Por outro lado, a diversidade era admissível nas irmandades sufis, muito corrente entre os mevlevis e os nachmânides, os primeiros pelo seu refinamento elitista, e os últimos pelo seu rigorismo quietista, sendo os bektashis [*Bektashiyyah, Bektaşi*] ligados aos janízaros, e os halvetis [*Khalwatīyah*] associados às agitações populares.

Era preciso, no entanto, evitar entoar cedo demais a ladainha do declínio otomano. A "era das tulipas" (*Lale Devri*), de 1718 a 1730, foi marcada por uma grande efervescência cultural, tendo como pano de fundo a introdução da imprensa. Estava associada às tulipas importadas da Holanda, que os notáveis otomanos adoravam na época, a ponto de encher com elas a paisagem urbana. Este período das tulipas terminou quando uma derrota otomana no Azerbaijão levou a uma nova revolta dos janízaros, apoiada pela plebe de Istambul, com a deposição do sultão. O novo soberano, Mamude Gazi [*Mahmūd Ghāzī*], ou "o Conquistador", ofereceu garantias aos rebeldes para depois liquidá-los melhor. Ele recorreu aos serviços de um artilheiro francês, o conde de Bonneval[246], que desenvolveu as "bombardas", canhões de grosso calibre. O sultão freou a erosão do domínio otomano nas fronteiras, realizando importantes obras de infraestrutura na sua capital. Esse brilhante reinado, que durou um quarto de século, comprovou a incontestável capacidade de adaptação do império, ainda que o declínio

---

245. Cf. *supra*, p. 55.
246. Claude-Alexandre de Bonneval, convertido em Ahmed, é oficialmente Khumbaradji Pasha (chefe dos bombardeiros).

do tráfego de caravanas e a autonomização das "regências" berberes reduzisse gradualmente a sua base financeira.

5.12 Os insubmissos da Arábia

Os otomanos, concentrados no controle da peregrinação a Meca e Medina, deixaram escapar três áreas da Península Arábica: o norte do Iêmen, governado por um imã zaidita[247], ferozmente independente; Omã, aos sultões provenientes da primeira dissidência do Islã; e o leste da Arábia Central, onde surgiu tardiamente um pacto dito "wahabita" entre um pregador sunita extremamente intolerante e o chefe da Família Saud [*Āl Sa'ūd*]. A teocracia iemenita, de longe a mais antiga, baseia sua originalidade combativa em uma impressionante longevidade. Com efeito, é preciso remontar-se a 897 para que se estabeleça no Iêmen uma linha contínua de imãs. Eles afirmavam ser descendentes de Zaíde [*Zayd*] (filho de Zain Alabidim [*Zayn al-Abidin*], ele próprio o quarto imã do xiismo duodecimano), donde seu nome zaiditas [*Zaydiyyah*]. No entanto, as considerações teológicas importam menos do que a promoção, à frente dessa comunidade isolada, do chefe mais apto a defendê-la, em termos de méritos bélicos e de eficácia da pregação. Foi assim que o imamato zaidita se inscreveu no longo prazo, com Sadá [*Sadah, Saada, Ṣa'da*] ou Sanaã como capitais, sendo o soberano reverenciado como o imã desse tempo.

Tal teocracia, protegida por montanhas de muito difícil acesso, permaneceu independente, exceto de 1174 a 1454, quando caiu sob o domínio das dinastias sunitas, e posteriormente de 1517 a 1636, quando esteve submetida ao Império Otomano. A população do imamato iemenita estava dividida de maneira aproximadamente igual entre os sunitas do planalto de Taiz e da costa do Mar Vermelho, de um lado, e os zaiditas das montanhas do Norte e do Leste, de outro. Mas os sunitas estavam excluídos do poder real, em benefício dos zaiditas, e mais precisamente da pequena

---

247. Cf. *supra*, p. 84.

minoria dos supostos descendentes do Profeta e de Ali[248]. A maior parte da renda do imã emanava de áreas sunitas, controladas com mão de ferro pelas tribos zaiditas. A jihad proclamada pelo imã contra os invasores portugueses permitiu que os zaiditas consolidassem sua legitimidade religiosa e justificassem suas atividades bélicas. Quanto aos mui sunitas otomanos, eles prontamente esqueceram da sua oposição dogmática aos zaiditas para prestar assistência na luta contra os "infiéis" europeus.

No ângulo nordeste da Península Arábica, as montanhas de Omã ofereceram seu santuário a discípulos do cisma carijita, que dilacerou o campo dos seguidores do Califa Ali entre 657 e 661[249]. Perseguidos pelos omíadas e pelos abássidas, os dissidentes que se refugiaram em Omã se constituíram ali como uma população "ibadita", cujo quietismo contrastava com a tensão revolucionária dos carijitas originais[250]. Habilidosos marinheiros, os omanis rivalizam com os portugueses na entrada do Golfo Pérsico e nas rotas do Oceano Índico, estabelecendo suas feitorias até a longínqua Java. Em 1749, a família dos Abuçaíde [*Al Busaidi, Āl Bū Saʿīd*] liderou a resistência à invasão persa. Senhores de Mascate e do interior, eles estabeleceram uma dinastia de sultões, no poder até hoje em Omã. Os abuçaídes também desenvolveram sua implantação ao longo da costa oriental do continente africano. Esta é a origem do suaíli, literalmente a língua "do litoral", em grande parte derivada do árabe. Além dos vários portos controlados na Somália e no Quênia atuais, os sultões de Mascate se apropriaram da Ilha de Zanzibar e de seu lucrativo comércio de cravo-da-índia. Omã estava notavelmente integrada aos circuitos da globalização da época, ao passo que o terceiro desses espaços fora do campo da autoridade otomana estava, ao contrário, recluso na sua sombria retidão.

Muhammad ibne Abdal Uaabe [*Muḥammad ibn ʿAbd al-Wahhāb*], nascido em 1703 na Arábia Central, foi um pregador do rito hambalita[251], a

---

248. Em árabe, *sayyid*, plural *sada*.
249. Cf. *supra*, p. 55.
250. Fora de Omã, existem hoje duas casas ibaditas na ilha tunisiana de Djerba e no oásis argelino de Mzab (daí o nome "mzabita", frequentemente dado aos ibaditas argelinos).
251. Cf. *supra*, p. 77-78.

mais intransigente das quatro escolas do sunismo. Ele fundou uma seita dita "unitária", muito agressiva em relação a qualquer forma de "inovação" (*bid'a*) teológica, assim como contra as "heresias" representadas pelo xiismo e pelo sufismo. Ele tornou-se hóspede e devedor de Muhammad ibne Saud [*Muḥammad ibn Sa'ūd*], o emir do modesto oásis de Daria [*Al--Diriyah*], no Négede [*Najd*]. Esses dois líderes marginalizados decidiram, por volta de 1744, unir suas forças e suas ambições em nome do "wahabismo", como a nova seita foi rapidamente designada por seus adversários. Seu pacto legitimou a jihad contra os "maus muçulmanos", na verdade todos os árabes que recusavam o dogma wahabita. Ele assim adornou as razias tribais com a virtude do mais nobre dos combates, justificando não só a eliminação dos seus adversários, mas também a destruição dos mausoléus e dos escritos "idólatras". Foi nos textos de Ibne Taimia[252], que prescrevia, quatro séculos antes, em Damasco, a jihad contra os "falsos" muçulmanos, que Ibne Abdal Uaabe encontrou os argumentos a favor da pretensa "jihad" da Família Saud contra as outras tribos muçulmanas da Arábia Central. Por ora, a pregação wahabita permaneceu circunscrita ao Négede e, assim, escapou da atenção dos tomadores de decisão otomanos e, a *fortiori*, do mundo exterior.

5.13 Os mamelucos vassalizados

Havíamos deixado o Egito nas mãos do ex-governador mameluco de Alepo, instalado em 1517 por ordem do conquistador Selim[253]. Oito anos depois, Solimão o Magnífico, enviou ao Cairo o seu próprio grão-vizir, Ibraim Paxá [*İbrahim Paşa*], para reorganizar completamente a administração do país. As unidades mamelucas foram mantidas, mas ao lado dos janízaros e das outras forças destacadas pela Sublime Porta. Os emires mamelucos foram rebaixados à categoria de bei, enquanto perderam a propriedade de seus feudos, recuperados caso a caso por arrendamento. Foi

---

252. Cf. *supra*, p. 150.
253. Cf. *supra*, p. 171.

um beilerbei [*beylerbeyi*], um bei dos beis, que assegurou o governo do Egito, em nome do sultão e com o posto de paxá. Sua principal missão era contribuir para o tesouro imperial e fornecer novas tropas para as campanhas otomanas. Ele também deveria garantir o abastecimento regular de Meca e Medina. O cadastro, traçado em 1528 para fins fiscais, nunca foi reatualizado à imagem de um modo de gestão do Egito cristalizado de uma vez por todas. Lutas entre "casas", denominação local das facções militares, sejam mamelucas ou janízaras, ocorriam em intervalos regulares. Essas lutas, como no tempo dos sultões mamelucos, permaneceram confinadas à elite militar e suas repercussões, destrutivas para certos bairros do Cairo, não afetaram o resto da cidade e do país.

Os árabes notáveis, aos quais a carreira das armas era proibida, investiram em um curso religioso com sérias possibilidades de promoção, seja na burocracia otomana (somente os cargos de cádi e adjunto eram reservados aos xeiques turcos), seja no vasto mundo das irmandades sufis e das fundações piedosas. Quanto à população, ela era amiúde sobrecarregada por epidemias e escassez de alimentos. Então ficou grata ao poder otomano por ter assegurado uma esfera de relativa prosperidade em todo o império. O comércio do Egito com a Europa estava em declínio, ao contrário da tendência em Alepo e no Levante, mas o comércio com as outras províncias otomanas progredia regularmente. A cidade do Cairo viu, assim, duplicar o número de seus habitantes durante esse período, passando de 150 a 300 mil habitantes, com uma extensão inigualável de sua área. Tal desenvolvimento contrasta com a percepção dos observadores ocidentais, que amiúde só veem no Egito decadência e decomposição. Volney, um dos orientalistas mais respeitados da França de Luís XVI, viajou para o Oriente Médio entre 1782 e 1785. Sua descrição de um Egito dividido entre "a rapacidade da tirania e a desconfiança da escravidão" foi acabrunhante. Clichês igualmente devastadores alimentariam profundamente em Paris o imaginário de futuros invasores. Além disso, embora as duas expedições otomanas lançadas contra o Egito, em 1773 e 1786, tenham quebrado todas as vezes a insolente autonomia que os governadores mamelucos haviam aí estabelecido, elas revelaram-se sem futuro, com a retomada no Cairo do ciclo das lutas pelo poder desde a retirada dos contingentes enviados pela Sublime Porta.

5.14 Dos safávidas aos cajares

Assim como este capítulo se iniciou com a imposição do xiismo como religião de Estado da Pérsia, ele termina com a institucionalização da hierarquia dos aiatolás, ultrapassando, portanto, a data de 1798, porquanto os processos religiosos não acompanham necessariamente o tempo das rupturas políticas. Os polos de influência do islamismo xiita correspondem a cidades santificadas pela presença do mausoléu de um dos doze imãs ou de seus parentes mais próximos. É assim que Najaf e Carbala, no Iraque, são consideradas as duas cidades mais sagradas do xiismo por abrigarem os túmulos de Ali e de seu filho Huceine, respectivamente. Samarra, ainda no Iraque, e o bairro de Kadhimiya [*Al-Kāzimiyyah* ou *Al-Kāzimayn*], em Bagdá, também são reverenciados por seus mausoléus de imãs[254], assim como Mexede, no leste da Pérsia. Foi só mais tarde que Qom, não muito longe de Teerã, se tornou um importante centro xiita, em torno do túmulo da irmã do Imã Reza, ele próprio enterrado em Mexede. Essas cidades de peregrinação assumiram, por vezes, uma missão de ensino capital num xiismo que valorizava o *mujtahid*, literalmente o "intérprete". Todo um currículo de tipo universitário regia o *hawza*, ou seminário xiita, com uma hierarquia que ia do mulá, o clérigo básico, ao *hojatoleslam* [*hujjat al-Islām*], a "prova do Islã", e culminando com o aiatolá, o "sinal de Deus", uma distinção que envolve décadas de estudo. Ao contrário do sunismo e das suas quatro escolas canônicas, o xiismo vai além do Alcorão e da tradição (suna) do Profeta Muhammad para incorporar em seu *corpus* as tradições associadas aos doze imãs. É o caráter considerável de tal *corpus* que justifica anos de aprendizado, seguidos de anos igualmente longos gastos ajustando dissertações teo-

---

254. Cf. *supra*, p. 85.

lógicas e defendendo teses contraditórias para finalmente conseguir o título de "mujtahid".

Os safávidas eram apenas uma sombra de si mesmos desde a capitulação de Isfahan, em 1722, uma decadência que corroeu com ela a concepção fundadora do xiismo de Estado. Nadir Xá [*Nādir Shāh*], líder turcomano do leste da Pérsia, foi encarregado de conter a ameaça afegã, mas suas campanhas vitoriosas o levaram a se voltar contra seus senhores safávidas e substituí-los no trono em 1736. Nadir Xá chegou mesmo a começar uma reforma do xiismo, cujo aspecto messiânico seria eliminado em favor de uma adesão ao sexto imã[255], e, portanto, uma integração ao sunismo como quinta escola canônica. Mas o projeto foi interrompido: uma vez que este formidável guerreiro poderia estender seu território do Cáucaso à Índia, ele mesmo caiu, em 1747, sob os golpes de uma conspiração. Seguiu-se um período confuso no qual uma dinastia baseada em Shiraz, os zandes, manteve a ficção de uma restauração dos safávidas. A desintegração do Estado fomentou os conflitos fronteiriços e a insegurança generalizada. Foram muito numerosos os clérigos xiitas que deixaram a Pérsia para refugiarem-se nas cidades sagradas de Najaf e Carbala, entretanto sob domínio otomano. Foi ali que, traumatizados pela tentativa de Nadir Xá de recomposição autoritária do xiismo, eles prepararam as armas para uma reconstituição do dogma duodecimano.

As lutas pelo poder que dilaceraram a Pérsia durante a segunda metade do século XVIII redundaram em benefício dos cajares [*qājārs*], uma tribo turcomana do sul do Mar Cáspio. Seu líder, Aga Muhammad [*Āghā Moḥammad*], escolheu Teerã como capital e, em 1794, foi aí coroado xá. Ao contrário dos safávidas, os cajares não reivindicaram nenhum mandato do imã oculto e confiaram no clero xiita para interpretar os desígnios do Mádi durante sua ocultação. Essa transferência de legitimidade religiosa aumentou significativamente a autoridade dos aiatolás, sobretudo se residissem no Iraque otomano, que estava além do alcance do poder cajar

---

255. Trata-se do Imã Jafar (cf. *supra*, p. 68), donde vem o qualificativo "jafarita", às vezes dado aos ulemás xiitas para distingui-los de seus homólogos sunitas.

[*qājār*]. Fate Ali Xá [*Fatḥ ʿAlī Shāh*], que reinou sobre a Pérsia de 1797 a 1834, também era um xiita fervoroso. Ele multiplicou as visitas a Mexede e Qom[256], dotando muito generosamente as várias instituições religiosas da Pérsia e do Iraque. Durante os dois desastrosos conflitos que o opuseram à Rússia, de 1804 a 1813, e depois de 1826 a 1828, o trono cajar solicitou fátuas aos aiatolás para legitimar a jihad contra as forças tsaristas. Com efeito, na teologia xiita, a jihad era uma prerrogativa do imã oculto, da qual os safávidas se prevaleciam para as suas próprias declarações de guerra. Tal recurso era impossível para os cajares, forçados a recorrer às autoridades religiosas.

Essa ascensão no poder da hierarquia xiita levou à formalização das prerrogativas da *marja al-taqlid*, a "referência de imitação": cada xiita fiel era levado a escolher um aiatolá "referência", cujas opiniões de *mujtahid* refletiriam os desígnios do imã oculto. Essa escolha o envolvia em uma cadeia de referências hierarquizadas, desde o mulá até o *hojatoleslam*, depois ao aiatolá e, finalmente, ao "grande aiatolá" que se tornou *marja*. Essa cadeia também era responsável pela coleta e distribuição do dízimo pago pelos crentes em nome do Mádi. O primeiro *marja* reconhecido em todo o mundo xiita estava baseado em Najaf e era alcunhado *Ṣāḥib al-Jawāhir*, ou o "autor das pérolas". Para além das prescrições dogmáticas, introduziu--se, assim, uma profunda divergência com os sunitas na prática quotidiana. No caso xiita, uma malha agora estreita de clérigos garantiu a lealdade dos fiéis, assim como as transferências financeiras resultantes, tendo o Império Cajar reconhecido aos aiatolás a última palavra em matéria religiosa. No caso sunita, o sultão otomano só foi califa por um período muito limitado e o aparato religioso do Estado, além do fato de que ele só engajou uma das quatro escolas do sunismo, a escola hanafita, e não conseguiu controlar as irmandades sufis, elas próprias detentoras, na modalidade do *waqf*[257], de fundações inalienáveis. Em ambos os casos, a piedade xiita e sunita está organizada até hoje, com as devidas escusas aos essencialistas, segundo

---

256. Fate Ali Xá também está enterrado em Qom.
257. Cf. *supra*, p. 83.

lógicas relativamente recentes, surgidas quase um milênio após a consolidação de seus respectivos dogmas.

5.15 O desafio iraquiano

O paralelo entre a repartição do Oriente Médio pelos bizantinos e os sassânidas, por um lado, pelos otomanos e os safávidas, por outro, é esclarecedor. Cada um desses impérios baseava sua autoridade em uma religião de Estado, que irrigava o controle dos seus vastos territórios. Bizantinos e otomanos conjugaram, desde Constantinopla, seu poder no Oriente Médio e suas ambições na Europa e no Mediterrâneo. Sassânidas e safávidas afirmaram o caráter persa de seu império, ainda mais marcado com a instalação da capital safávida em Gasvim, e depois em Isfahan. Em contrapartida, os conflitos entre otomanos e safávidas foram bem mais circunscritos do que entre bizantinos e sassânidas, concentrando-se, após a vitória do Sultão Selim sobre o Xá Ismail em 1514, na batalha pelo Iraque, conquistada pelos otomanos duas décadas depois. Enquanto os sassânidas irradiaram a partir de Ctesifonte, sua capital mesopotâmica, os safávidas só detiveram a vizinha Bagdá de 1508 a 1534, e depois de 1624 a 1638. A paz entre otomanos e safávidas, concluída em 1555 e finalmente confirmada em 1639, traçou uma fronteira de impérios entre o Iraque e a Pérsia, deslocando, assim, para o leste a linha divisória que por tanto tempo correspondeu ao Eufrates. Esse deslocamento colocou permanentemente os três polos médio-orientais do Egito, da Síria e do Iraque sob uma única autoridade efetiva, a do sultanato otomano, e isso pela primeira vez desde que a dominação abássida sobre esses três mesmos polos foi rompida, em 969, pela instalação dos fatímidas no Cairo.

O colapso dos safávidas em benefício de Nadir Xá reabriu as hostilidades no *front* otomano do Iraque. Após terríveis batalhas, uma paz foi concluída em 1736, nas mesmas bases de um século antes. No entanto, o Nadir Xá partiu em 1743 para atacar Mossul, cuja população e guarnição, unidas contra o invasor, resistiram com coragem e sucesso. Um novo tratado foi assinado entre otomanos e persas, novamente com base no pacto de 1639. Huceine Djalili [*Ḥusayn Jalīlī*], governador de Mossul desde 1730, aureolado pela epopeia do cerco de sua cidade, conseguiu manter o título em sua família, que o conservou praticamente até 1834. Os otomanos, incapazes de se livrar de Jalili, se conformaram com essa dinastia provinciana para manter sua autoridade, ainda que formal, em sua fronteira oriental. Foi um raciocínio comparável que lhes permitiu abandonar a província de Bagdá a mamelucos cada vez mais autônomos, mas ferozes defensores de Baçorá em face da ofensiva persa de 1775. A fronteira dos impérios traçada entre otomanos e safávidas foi, assim, preservada, a despeito dos golpes infligidos em favor da transição caótica na Pérsia para os cajares. A contrapartida dessa resiliência foi, para Constantinopla, o reconhecimento, de fato, do Iraque como um Estado-tampão, liderado em Mossul por uma família com legitimidade local muito forte, e em Bagdá por mamelucos com a mesma lógica militarista dos seus predecessores da Idade Média.

Os dois impérios, o Otomano e o Safávida, caracterizaram-se por sua diversidade étnica e confessional, apesar dos dogmas islâmicos do Estado impostos em ambos os casos, com a mesma reivindicação de "ortodoxia" exclusiva tanto para o sunismo quanto para o xiismo. Ambos se mostraram mais tolerantes para com os cristãos e, em menor medida, para com os judeus do que para com os muçulmanos de uma outra vertente, na melhor das hipóteses ignorados, na pior, discriminados, e até mesmo perseguidos. A pretensão universalista dos sultões otomanos, significativa em sua arrogância protocolar para com os soberanos europeus[258], não foi um atributo reivindicado pelo trono safávida, malgrado o narcisismo inerente a toda construção imperial. Os sucessores do Xá Ismail gradualmente se emanciparam de sua pesada companhia turcomana, associando seu regime à glória da Pérsia, processo concluído pela transferência da capital para Isfahan. Quanto aos sultões de Constantinopla, pouco se importavam com a origem étnica de suas esposas ou concubinas, diluindo assim o componente "tur-

---

258. Solimão o Magnífico, trata assim seu aliado Francisco I, como seu irmão mais novo, e não seu igual, enquanto recusa o título de imperador a Carlos V, qualificado como "rei da Espanha".

co" da família reinante. Além disso, embora o soberano otomano se vangloriasse de ser o guardião dos dois lugares sagrados, ele teve o cuidado de não efetuar fisicamente a perigosa peregrinação a Meca. Os xás safávidas, privados pelos otomanos do acesso a Najaf[259] e Carbala, transferiram seus favores para Mexede e o mausoléu de Reza, o oitavo imã, assim como para Qom e o mausoléu de sua irmã. Entre os soberanos otomanos que se abstiveram do haje e seus homólogos safávidas que encorajaram as peregrinações substitutivas, a piedade no topo dos dois impérios do Oriente Médio parecia bem desviada.

As populações, obviamente ausentes dessas crônicas imperiais, entraram em jogo por meio de motins urbanos, que, por vezes, foram decisivos em Constantinopla quando apoiaram um levante janízaro. Elas pesaram muito mais em Alepo ou Mossul porque sua revolta episódica, mesmo que recuperada no quadro das lutas de facções, levou a consolidar autonomias locais mais atentas à sua base citadina. Notáveis e "massas" mobilizaram-se então contra um inimigo muçulmano percebido como invasor, ou contra um poder muçulmano rejeitado como usurpador. Essas mobilizações, apesar do seu registro voluntariamente religioso, enraizavam-se em solidariedades de proximidade, invocando a honra coletiva de uma cidade em vez da pertença a esta ou aquela comunidade maior. Os habitantes do Cairo e de Alexandria podiam não estar menos orgulhosos de suas cidades, mas nunca chegaram, inclusive durante as fases de agitação violenta, a superar a lacuna que os separava de seus governantes mamelucos. Mais grave ainda, eles foram condenados à impotência quando esses mesmos mamelucos se dilaceraram em intervalos regulares pelo poder. Esse bloqueio estrutural agravou a marginalização do Egito que, de polo de estruturação do Oriente Médio durante o período anterior, foi reduzido à condição de província otomana, em muitos aspectos, periférica. O rebaixamento estratégico desse país o tornaria ainda mais vulnerável ao impulso imperialista que, pela primeira vez no Oriente Médio, seria exercido diretamente em seu solo.

---

259. Somente o Xá Tamaspe visitou Najaf, em 1527, durante as quatro décadas de ocupação safávida do Iraque nos séculos XVI e XVII.

Cronologia

Julho de 1501	Ismail proclamado xá safávida em Tabriz.
Outubro de 1508	Entrada do Xá Ismail em Bagdá.
Agosto de 1514	Vitória otomana sobre os safávidas em Chaldiran.
Agosto de 1516	Vitória otomana sobre os mamelucos em Dabique.
Janeiro de 1517	Entrada do sultão otomano Selim no Cairo.
Setembro de 1520 a setembro de 1566	Solimão, sultão otomano.
Maio de 1524	Morte do Xá Ismail, sucedido por seu filho Tamaspe.
Agosto de 1543	Cerco de Nice por uma frota franco-otomana.
Maio de 1555	Paz entre o Império Otomano e a Pérsia safávida.
Setembro de 1566 a dezembro de 1574	Selim II, sultão otomano.
Outubro 1571	Derrota otomana em Lepanto.
Outubro de 1587 a janeiro de 1629	Xá Abbas na Pérsia.
Setembro de 1623 a fevereiro de 1640	Murade IV, sultão otomano.
Abril de 1635	Execução do emir libanês Faquir Aldim.
Maio de 1639	Paz entre o Império Otomano e a Pérsia safávida.
Maio de 1642 a outubro de 1666	Xá Abbas II na Pérsia.
Agosto de 1648 a novembro de 1687	Muhammad IV, sultão otomano.
Setembro de 1666	Conversão de Sabbatai Zevi ao Islã.
Outubro de 1670	*O Burguês Fidalgo* [*Le Bourgeois gentilhomme*], por Molière.
Janeiro de 1672	*Bajazet*, de Racine.
Agosto de 1687	Derrota otomana em Mohács, na Hungria.
Janeiro de 1699	Paz de Karlowitz, muito desfavorável aos otomanos na Europa.
Julho de 1718 a setembro de 1730	Período otomano "das tulipas".
Maio de 1721	As *Cartas Persas* de Montesquieu.
Outubro de 1722	Conquista afegã de Isfahan.
Outubro de 1730 a dezembro de 1754	Mamude I, sultão otomano.
Por volta de 1744	Pacto "wahabita" da Família Saud.
Setembro 1746	Paz entre otomanos e persas, confirmando 1639.
Junho de 1747	Assassinato de Nadir Xá no nordeste da Pérsia.
Junho de 1749	Advento de Abuçaíde em Omã.
Julho de 1774	Tratado russo-otomano de Küçük-Kainarji.
Dezembro de 1775	Revolta popular de Alepo.
Junho de 1797 a outubro de 1834	Fate Ali Xá, segundo xá cajar.

Para saber mais

BOMATI, Y.; NAHAVANDI, H. *Shah Abbas*. Paris: Perrin, 1998.

BOZARSLAN, H. *Histoire de la Turquie, de l'empire à nos jours*. Paris: Tallandier, 2013.

CHARDIN, J. *Voyage de Paris à Isfahan*, 2 vols. Paris: Maspero-La Découverte, 1983.

COURBAGE, Y.; FARGUES, P. *Chrétiens et juifs dans l'islam arabe et turc*. Paris: Payot, 2005.

DEGEORGE, G. *Damas, des Ottomans à nos jours*. Paris: L'Harmattan, 1994.

GARCIN, J.-C. *Les Mille et Une Nuits et l'Histoire*. Paris: Non Lieu, 2016.

KEMP, P. *Territoires d'Islam, le monde vu de Mossoul au XVIIIe siècle*. Paris: Actes Sud, 1999.

MANTRAN, R. *Histoire d'Istanbul*. Paris: Fayard, 1996.

RICHARD, F. *Le Siècle d'Isfahan*. Paris: Gallimard, 2007.

SAUVAGET, J. *Alep, essai sur le développement d'une grande ville syrienne*. Paris: Geuthner, 1941.

6
A EXPANSÃO COLONIAL (1798-1912)

O "longo século XIX" foi, no Oriente Médio, ao mesmo tempo o século da expansão colonial e da dinâmica modernizadora. Uma certa historiografia, alimentada por fontes ocidentais, entre outras diplomáticas, não considera esta, senão o espelho daquela. Esse viés metodológico a leva, muitas vezes, ao diagnóstico de uma inexorável decadência dos impérios Otomano e Persa, decadência que teria alimentado, por uma forma de chamado do vazio, as ambições imperialistas. Esse raciocínio circular menospreza as poderosas correntes que produzem regimes e sociedades, como equivalente médio-oriental do Iluminismo. É forçoso constatar que a intervenção das potências europeias, elas próprias em competição, desenvolveu-se em oposição a tais aspirações emancipatórias, de bom grado caricaturadas como resistências ao "progresso". Este capítulo será, por conseguinte, consagrado exclusivamente à sequência complexa das ingerências ocidentais no Oriente Médio, antes de reservar para o capítulo seguinte o estudo dos movimentos reformistas e das evoluções sociais durante o mesmo período. Essa abordagem diferenciada permite concentrar-se nos processos externos à região, e somente em seguida nos seus processos internos, sem, no entanto, negar a relação dialética entre uns e outros. A "questão do Oriente", que tanto agitou as chancelarias europeias no século XIX, aparece, então, em muitos aspectos, como uma "questão do Ocidente", que vai pesar cada vez mais sobre o porvir da região.

A expedição do General Bonaparte ao Egito, em 1798, foi assim lançada para atacar a Grã-Bretanha na rota para as Índias e enfraquecer o inimigo jurado da República Francesa. Junta-se a essas considerações europeias a vontade inédita, alimentada por um messianismo tricolor, de implantar um novo regime no Vale do Nilo, em nome da "civilização", e até mesmo da "libertação" dos árabes da dominação turca. Esse discurso nacionalista extemporâneo foi malrecebido em um Egito onde a identidade islâmica prevalecia perante a irrupção de tais "infiéis", apesar do proclamado respeito do futuro Napoleão I para com o "Profeta Muhammad e o glorioso Alcorão". Desembarcados em Alexandria, os invasores varreram as tropas otomanas na Batalha das Pirâmides. Eles tentaram associar os notáveis à sua gestão do Cairo, mesmo que apenas para financiar localmente a sua própria ocupação. Bonaparte teve, no entanto, que esmagar um motim antifrancês na capital, antes de poder lançar-se, em 1799, à conquista da Palestina[260]. Ele sonhava em erguer o "Terceiro Estado" oriental contra o despotismo de Constantinopla e já se via conquistando a Síria para tomar os otomanos pela retaguarda. Esse projeto grandioso estilhaçou-se aos pés da cidadela de Acre, que resistiu com sucesso a um cerco de dois meses. Bonaparte retirou-se com suas tropas para o Egito, de onde retornou a Paris para assumir o poder em 18 de Brumário do ano VIII da era revolucionária.

O General Kléber, agora no comando do Egito, sufocou uma segunda revolta no Cairo, antes de ser ele mesmo assassinado em 1800 por um estudante sírio de Alazar. Seu sucessor, o General Menou, converteu-se ao islamismo sob o prenome de Abdallah e casou-se com uma egípcia de origem nobre. Esta união deveria simbolizar a comunidade de destino entre os dois povos. Mas um desembarque inglês em Abuquir [*Abū Qīr*, *Abukir*], combinado com uma ofensiva otomana no Sinai, levou à capitulação dos franceses no Cairo em 1801, seguida pela de Menou em Alexandria. O fogoso "Exército do Oriente" não era mais do que uma sombra de si mesmo e evacuou o país em navios britânicos. A queda de braço entre Paris

---

260. Um grupo messiânico do movimento "frankista" (cf. *supra*, p. 188) dará crédito, na Europa Oriental, à fábula de um Bonaparte então oferecendo a Palestina ao povo judeu.

e Londres termina com a restauração oficial da autoridade otomana. O interlúdio francês de três anos deixaria, no entanto, um legado duradouro com a *Description de l'Égypte* [Descrição do Egito], obra enciclopédica na qual colaboraram dezenas de cientistas de todas as disciplinas, levados por Bonaparte em seu séquito.

6.1 A primeira guerra dos Estados Unidos

Após o pontapé inicial da "expedição egípcia" em 1798-1801, seria uma potência ocidental muito jovem, os Estados Unidos, que realizaria a sua própria intervenção no Oriente Médio. Esse episódio é muitas vezes esquecido nos estudos consagrados à onda imperialista, sob o pretexto de que os Estados Unidos, descolonizados da Grã-Bretanha em 1783, não poderiam ser equiparados ao campo colonizador. O mesmo preconceito moralizador prevalece até hoje na memória coletiva americana, onde essa primeira guerra no distante Oriente Médio é ocultada em favor da segunda guerra, de 1812-1815, contra a Grã-Bretanha, ecoando a "Guerra de Independência", de 1776-1783. O conflito com a "regência" da Líbia, constituída pelos paxás da Família Karamanli como feudo autônomo do Império Otomano, marca, no entanto, os anos de fundação dos Estados Unidos, que ali dilapidaram até um terço do seu orçamento federal. Ademais, ele revela o antagonismo entre as visões de mundo dos dois sucessores de Washington à presidência, a "pomba" John Adams (1797-1801) e o "falcão" Thomas Jefferson (1801-1809). Tal oposição já apareceu em 1786, quando Adams e Jefferson, então embaixadores respectivamente em Londres e Paris, negociaram junto com um plenipotenciário líbio a suspensão dos ataques a navios americanos. Essas conversações fracassam devido à contradição entre Adams, o conciliador, e Jefferson, adepto de uma abordagem mais enérgica.

Vimos que os corsários cristãos e muçulmanos durante séculos se golpearam mutuamente no Mediterrâneo, com mandato dos soberanos por cartas de corso, trabalho forçado dos cativos, eventualmente libertados em troca de resgate, e integração à frota vitoriosa das embarcações apreendidas[261]. A independência dos Estados Unidos retirou de seus navios a proteção do poder britânico. O Congresso americano votou, então, um orçamento substancial para comprar a não agressão das marinhas berberes. Depois do Marrocos, signatário do primeiro acordo em 1786, foram necessários nove anos para o dei de Argel aceitar concluir um tratado comparável com o Presidente Washington, a quem Adams sucedeu em 1797, com Jefferson ocupando a vice-presidência. Adams, já no primeiro ano da sua presidência, assinou com o bei de Túnis [*Tunes*] e o paxá de Trípoli tratados cujas cláusulas financeiras pesaram fortemente sobre as finanças do jovem Estado. Novas exigências do senhor da Líbia levaram Jefferson, recém-eleito presidente em 1801, a enviar uma esquadra americana para impor o bloqueio do Porto de Trípoli. O Congresso estava furioso por não ter sido consultado a respeito dessa expedição, cujo custo era duas vezes superior ao tributo exigido pelo soberano líbio.

Jefferson, confrontado com a ineficácia do bloqueio de Trípoli, foi obrigado a retirá-lo. A nova esquadra que ele enviou, em 1803, perdeu seu navio-almirante, cuja tripulação foi aprisionada pelos líbios, donde as campanhas de solidariedade na imprensa e no Congresso. As ofensivas da frota americana em 1804 chegaram ao fim, apesar do bombardeio de Trípoli. Os Estados Unidos recorreram então a uma operação terrestre a partir do Egito, oficialmente para instalar no trono o irmão do paxá de Trípoli, apresentado pela propaganda americana como o único soberano legítimo. Em 1805, os *marines*, a infantaria da marinha dos Estados Unidos, capturaram a fortaleza de Derna, em Cirenaica, onde içaram a bandeira americana. O paxá de Trípoli desta vez aceitou tratar e libertar, mediante resgate, seus prisioneiros, em troca da retirada pelos Estados Unidos do seu corpo expedicionário e do seu abandono do pretendente ao trono. Foi o fim dessa "guerra berbere"[262], na qual já se encontravam os principais ingredientes da política americana mais atual: a tensão entre os falcões jeffersonianos e as pombas da linhagem de Adams, os primeiros apostando no poder, estas

---

261. Cf. *supra*, p. 180.
262. Em inglês, *Barbary War*.

últimas na negociação, mas ambos os campos concordando acerca da importância estratégica do Oriente Médio; o papel determinante da opinião pública, amplificado se os cidadãos americanos forem mantidos reféns, e a vontade do Congresso de não ser marginalizado pela presidência; e por último, mas não menos importante, uma profunda incompreensão cultural, agravada pela traição dos Estados Unidos aos seus aliados locais.

6.2 A aposta egípcia da França

O restabelecimento do poder otomano no Egito em 1801, após o choque da expedição francesa, continuou sendo uma farsa. Um dos oficiais enviados pela Sublime Porta, Muhammad Ali [*Muḥammad ʿAlī, Meḥmet ʿAlī Pasha*][263], acabou impondo sua autoridade pessoal no Cairo em 1805. Ele repeliu com sucesso, dois anos depois, um desembarque britânico em Alexandria destinado a derrubá-lo. Em 1811, o novo senhor do Egito ordenou o massacre dos mamelucos do Cairo, eliminando, com este último contrapoder, os herdeiros distantes de Baibars, vassalizados há três séculos pelos otomanos[264]. Muhammad Ali construiu metodicamente o seu poder egípcio, cujo apoio decisivo Constantinopla teve que negociar, primeiro diante do desafio wahabita na Arábia[265], e depois diante da insurreição nacionalista na Grécia. A França, a Grã-Bretanha e a Rússia engajaram-se por tratado, em 1827, ao lado das reivindicações gregas, "tanto por um sentimento de humanidade quanto por interesse na paz da Europa". Pouco depois, suas marinhas coalizadas despedaçaram a frota egípcio-otomana. Muhammad Ali reivindicou, a título de compensação por suas perdas, o governo das províncias otomanas da Síria. A previsível recusa de Constantinopla aumentou ainda mais a distância com o Cairo.

A França da Restauração jogava cada vez mais abertamente a carta de Muhammad Ali, que se apresentava como o continuador da obra de "civilização" lançada por Bonaparte. Esse tropismo pró-egípcio acentuou-se

---

263. Meḥmet ʿAlī, na grafia turca.
264. Cf. *supra*, p. 147 e p. 194-195.
265. Cf. *infra*, p. 233.

em 1830 sob a Monarquia de Julho, que buscou o apoio do Cairo para sua conquista da Argélia. Mas foi para o leste que, em 1831, Muhammad Ali se voltou, enviando seu filho, Ibraim Paxá [*Ibrāhīm Pasha*], para atacar a Síria. O bloqueio de Acre cai em 1832, abrindo às tropas egípcias o caminho para a Anatólia. O pânico instalou-se em Constantinopla, onde o Sultão Mamude II [*Mahmud II*] reconciliou-se com o inimigo russo, em 1833, para proteger sua capital. O desembarque das tropas tsaristas no Bósforo interrompeu o avanço egípcio. Ibraim Paxá, no entanto, reivindicou o reconhecimento dos direitos de uma "nacionalidade árabe", tão legítima quanto a grega ou a belga, para assentar o seu domínio sobre a Síria, depois do de seu pai sobre o Egito. Foi então que o termo "questão do Oriente" banalizou-se na correspondência diplomática, ilustrando a centralidade dessa crise para as chancelarias europeias.

O sultanato otomano, consolidado pela intervenção russa, retomou a iniciativa no Mediterrâneo ao restabelecer, em 1835, e desta vez de maneira efetiva, a sua autoridade sobre a Líbia. Paralelamente, Ibraim Paxá prosseguiu sua reforma da administração síria, com a promoção dos cristãos dentro dos conselhos locais[266]. A extensão do serviço militar obrigatório e o aumento da tributação certamente provocaram várias revoltas localizadas. Mas esta modernização em marcha rápida contrasta com a prudência das reformas em Constantinopla, que só se tornaram verdadeiramente ambiciosas após a morte de Mamude II, em 1839, sob a pressão europeia[267]. No ano seguinte, a Grã-Bretanha obteve a adesão da Rússia, da Áustria e da Prússia à sua política pró-otomana, isolando a França em seu apoio a Ibraim Paxá. Luís Filipe, malgrado a onda belicista que atravessava o seu país, resignou-se a largar seu aliado egípcio, logo expulso de seu bastião de Acre. Sob a ameaça de um desembarque inglês em Alexandria, Muhammad Ali concordou em retirar todas as suas forças da Síria em 1841. Ele obteve em troca o reconhecimento do governo hereditário da sua família sobre o Vale do Nilo.

---

266. Por outro lado, desenvolveu-se na Síria de Ibraim Paxá um antissemitismo de tipo europeu, com uma acusação de crime ritual contra os judeus de Damasco, em 1840.
267. Cf. *infra*, p. 237-238.

6.3 Grandes manobras imperiais

A Dinastia Cajar, que reinou sobre a Pérsia a partir de 1794, tentou em vão deter o avanço russo em sua fronteira norte, com a anexação tsarista da Geórgia em 1801. As duas guerras travadas com este objetivo por Fate Ali Xá terminaram em duas derrotas esmagadoras, com a perda de todo o acesso persa ao Mar Negro em 1813, e a conquista russa de novos territórios caucasianos em 1828. O tratado leonino concluído naquele ano concedia aos nacionais russos privilégios de extraterritorialidade, comparáveis às capitulações otomanas, e previa o reassentamento na Rússia dos armênios transferidos pelos cajares para seu território. O plenipotenciário enviado a Teerã em 1829 para supervisionar essa operação concedeu sua proteção consular a três fugitivos cristãos[268]. A população iraniana, incendiada pelas arengas dos aiatolás, tomou de assalto a embaixada russa e massacrou os funcionários. O regime tsarista, então absorvido em uma ofensiva no Danúbio contra os otomanos, relutou em abrir uma segunda frente na Pérsia e aceitou as desculpas do xá pela matança de Teerã.

O Império Britânico, sempre preocupado com o acesso às Índias, receava ver a Pérsia cair na órbita russa. Foi por isso que ele apoiou financeira e militarmente, com a morte de Fate Ali Xá em 1834, a entronização do seu herdeiro designado, Muhammad [Muḥammad Shāh Qājār], às custas dos irmãos do soberano falecido. O novo xá, coroado em Teerã em 1835, estava dividido entre o incentivo russo a lançar-se ao leste e as pressões inglesas em sentido contrário. Seguiu-se uma sequência complexa na qual o cerco persa da cidade afegã de Herate, em 1837, acarretou, no ano seguinte, uma expedição britânica no Golfo Pérsico, com a ocupação da Ilha de Kharg, que só foi devolvida ao xá como contrapartida pela retirada iraniana do Afeganistão. Esses ricochetes político-militares fazem parte do que, em breve, seria chamado de "Grande Jogo" anglo-russo, onde cada um dos dois impérios pretendia contrariar os objetivos expansionistas do outro. Os cajares, encurralados por essa disputa, aprenderiam, no entanto,

---

268. Trata-se de duas mulheres, escravas de um rico mercador e de um dos eunucos do xá.

a jogar uma ingerência contra a outra para preservar a integridade territorial da Pérsia, e até mesmo alcançar novas margens de manobra. Mas os nacionais britânicos, logo seguidos pelos outros europeus, obtiveram o mesmo regime de exceção que os russos.

Quanto à França, sua ocupação da Argélia, relativamente fácil na orla costeira em 1830, esbarrou, dois anos mais tarde, na resistência implacável das províncias do interior, sob a liderança do Emir Abdalcáder [*Abdelkader*; *'Abd al-Qādir*]. A Rússia teve que enfrentar um desafio comparável no Cáucaso quando, uma vez consumada a derrota persa, o Imã Shamil [Chamil], ele próprio de etnia avar, congregou, em 1834, a luta dos chechenos e dos circassianos contra o invasor. Em ambos os casos, um líder jovem e carismático, à frente de uma irmandade sufi[269], organizou uma campanha popular de jihad anticolonial, ao passo que o califa otomano abandona os muçulmanos[270] perante os exércitos "infiéis". Abdalcáder resiste à França durante quinze anos, Shamil resistiu por uma década a mais, e ambos depuseram as armas apenas no contexto de uma rendição honrosa. Sua capitulação levou, na Argélia e no Cáucaso, a uma escalada na colonização de povoamento, em um cenário de repressão e desapropriação das massas de autóctones derrotados. Em 1848, a Segunda República decretou a anexação da "Argélia Francesa", organizada em torno dos três departamentos de Argel, Orã e Constantina, sendo o resto do país um território militar. Quanto à russificação do norte do Cáucaso, com a instalação de guarnições cossacas para proteger os colonos cristãos, ela agravou-se com a expulsão sistemática dos muçulmanos locais, política favorecida pela retomada da guerra com os otomanos.

6.4 A Guerra da Crimeia

A França reivindicava, desde Luís XIII, uma missão de "proteção" dos católicos no Oriente Médio, papel que a República, a Restauração e a Mo-

---

269. A *Qādiriyyah* para Abdalcáder, e a *Naqshbandīyyah* para Shamil.
270. A ocupação francesa de Constantina, em 1837, assinala o fim da presença otomana na Argélia.

narquia de Julho continuaram a assumir com constância, nomeadamente encorajando as ordens missionárias na região. A década de dominação de Ibraim Paxá sobre o Levante, a partir de 1831, foi favorável aos objetivos franceses, sobretudo porque a administração egípcia suspendeu o veto otomano à instalação de cônsules europeus em Jerusalém. Mas foi a Grã-Bretanha que primeiro aproveitou esta oportunidade ao instalar, em 1839, uma legação na Cidade Santa. Sendo a presença protestante, e *a fortiori* anglicana, muito limitada na Palestina, as instruções do cônsul britânico prescrevem "a proteção da nação judaica"[271]. A Prússia abriu sua representação em Jerusalém em 1842, seguida pela França no ano seguinte. A Rússia, para fazer face aos "direitos" de proteção de Paris sobre os católicos e, doravante, de Londres sobre os judeus, exigiu vigorosamente um "direito" comparável para os ortodoxos, apostando na assimilação entre o patriarcado de Jerusalém e a Igreja da Rússia, fundada, no entanto, um milênio mais tarde.

As pretensões de São Petersburgo sobre os ortodoxos otomanos eram particularmente inaceitáveis, porque estes *Rum*[272] representavam mais de um terço da população do império. Mas os greco-ortodoxos de Jerusalém dispunham de uma precedência efetiva nos lugares sagrados devido à anterioridade da sua presença e à jurisprudência otomana a seu favor. A querela que eclodiu com os católicos, em 1847, na Basílica da Natividade de Belém se tornaria gradualmente internacional com o engajamento do Presidente Luís Napoleão Bonaparte contra o Tsar Nicolau I. O sultão otomano levou muitos anos antes de resolver a disputa em favor dos ortodoxos por um *firman* de 1852. Este decreto, logo complementado por outras decisões, constitui a base do *status quo* que rege, desde então, os lugares sagrados de Jerusalém, inclusive os cristãos. Foi, aliás, em 1853 que surgiu o primeiro mapa a delimitar, na Cidade Velha de Jerusalém[273], os "bairros" muçulmano, cristão, armênio e judeu, ainda que a população destes diferentes bairros permanecesse mista.

---

271. O termo "nação" refere-se ao conceito otomano de *millet*, que designa cada uma das diferentes comunidades do império (cf. *supra*, p. 159).

272. Cf. *supra*, p. 125, nota 154.

273. Cf. *supra*, p. 177.

O Tsar Nicolau I, ao receber o embaixador britânico bem no início de 1853, descreveu o Império Otomano como um "homem doente" e previu tacitamente uma divisão de seus territórios, da qual a França seria excluída. Pouco depois, ele exigiu da Sublime Porta uma "proteção" intrusiva das populações ortodoxas, que equivaleria a uma forma de cogestão do império a seu favor. A esperada recusa do sultão otomano acarretou a destruição da sua frota no Mar Negro pela marinha tsarista. Napoleão III, que acabara de fundar o Segundo Império, decidiu, em 1854, estabelecer a primeira aliança franco-britânica em mais de um século, com o objetivo de combater essa expansão russa. Londres e Paris concentraram a maior parte de seus esforços na Península da Crimeia, enquanto as forças otomanas tentaram em vão recuperar a iniciativa no Cáucaso. A Rússia, prejudicada por uma logística deficiente, teve de reconhecer sua derrota em 1856. O conflito deixou quase 1 milhão de mortos, em grande parte civis, e provocou a fuga para a Anatólia de um número comparável de tártaros da Crimeia e de muçulmanos caucasianos. O tratado de paz assinado em Paris garantiu a integridade territorial do Império Otomano, desmilitarizou o Mar Negro e consagrou a validade do *status quo* em Jerusalém.

6.5 Cristãos bastante "malprotegidos"

Assim como o desafio do Egito forçou o sultanato otomano a um primeiro conjunto de reformas em 1839, a ameaça da Rússia o obrigou a aprofundá-las ainda mais em 1856, com a abolição das discriminações contra cristãos e judeus. O Tratado de Paris, que associa Constantinopla ao Concerto da Europa para saldar a Guerra da Crimeia, reconhece oficialmente a emancipação dos cristãos otomanos. No entanto, ele evita falar sobre os judeus, que então não gozam da igualdade de direitos em numerosos países europeus. No próximo capítulo estudaremos essa dinâmica otomana de emancipação[274], mas desde logo enfatizamos a lógica de internacionalização que a sustenta. Essa lógica acentua-se com as exigên-

---

274. Cf. *infra*, p. 239.

cias de "proteção" de certas minorias por parte da França e da Grã-Bretanha, agora que a Rússia derrotada deve desistir do seu grande projeto pan-ortodoxo. Londres, que tentou estender sua influência para além de um protestantismo ultraminoritário apostando no mapa judaico, deparava-se agora com o ativismo da Aliança Israelita Universal, estabelecida em Paris em 1860, cujas redes francófilas e anticlericais desenvolveram-se no Oriente Médio. A diplomacia inglesa voltou-se, por conseguinte, para os drusos feudais, cuja agitação ela já havia alimentado durante a ocupação egípcia da Síria.

A aliança entre Paris e Londres, portanto, só prevaleceu durante a Guerra da Crimeia, antes que um conflito por procuração os opusesse ao Monte Líbano. Os maronitas e os drusos ali coabitavam há séculos, sendo os primeiros majoritários no Norte, e os últimos no Sul, na região do Chouf [*Shouf*]. O crescimento demográfico da Cristandade do Oriente, então generalizado no Levante otomano, era particularmente notável no Chouf, onde a baixa taxa de natalidade drusa contrastava com a vitalidade maronita. Somado a essa pressão física sobre a terra, havia um conflito de classes entre os latifundiários drusos e o campesinato maronita. O que poderia ter sido apenas uma jacquerie localizada, como em 1841 e 1845, tornar-se-ia, no entanto, um conflito comunitário de magnitude, por causa das rivalidades europeias, por um lado, e da oposição dos administradores locais às reformas ditadas por Constantinopla, por outro. As hostilidades, que começaram em maio de 1860 no Chouf, rapidamente se tornaram vantajosas para os drusos, mais ou menos claramente apoiados pelas forças otomanas. Milhares de cristãos foram massacrados em poucas semanas, enquanto as instituições católicas, mesmo sob a bandeira francesa, foram saqueadas, não obstante os desordeiros tenham poupado as missões protestantes. Os jornais parisienses concederam um amplo eco a essa tragédia, arrasando no mesmo ímpeto os cruéis "maometanos" e a "pérfida Albion".

Fuade Paxá [*Fu'ād Pasha*], o ministro otomano das Relações Exteriores, recebeu plenos poderes para restaurar a ordem no Monte Líbano à frente de um grande contingente. Tal decisão provocou, em julho de 1860, um novo banho de sangue contra os cristãos, desta vez em Damasco, cujo governador estava ligado aos rebeldes. O balanço, novamente de milhares de vítimas, teria sido muito maior sem a intervenção do Emir Abdalcáder. O ex-líder da insurreição argelina, exilado em Damasco desde 1855, tomou sob sua proteção milhares de civis, além dos cônsules da França, da Grécia e da Rússia. Como no Líbano, os manifestantes pouparam ostensivamente os interesses britânicos. Fuade Paxá lançou uma repressão implacável, com uma centena de fuzilados (dentre os quais o governador de Damasco) e cerca de cinquenta enforcamentos. Mas foi somente após a ordem ter sido restabelecida que Napoleão III obteve de seus pares europeus e da Sublime Porta a autorização para enviar 6 mil militares a Beirute. O general francês foi aí rapidamente condenado à impotência pela determinação de Fuade Paxá. Já não se tratava tanto de "castigar" os drusos quanto de lançar na Síria as bases de um "reino árabe"[275], cuja francofilia seria garantida por Abdalcáder: embora o exilado de Damasco tenha aceitado a grã-cruz da Legião de Honra, ele recusou categoricamente qualquer função política.

A expedição francesa no Líbano, protótipo em 1860 das "intervenções humanitárias" mais recentes, foi um fracasso retumbante: não só não alcançou nenhum dos objetivos que lhe foram atribuídos pela campanha de opinião pública a favor dos "nossos irmãos cristãos", mas revelou como, na hora dos carrascos, a proteção de um notável muçulmano acaba sendo muito mais eficaz do que a da distante França. Quanto à diplomacia britânica, ela acreditava uma distinção entre os "massacres" de Damasco e a "guerra civil" do Líbano, pela qual inculpa os maronitas, a fim de melhor inocentar os drusos. Nesse mesmo mês de junho de 1861, em que o contingente francês deixou Beirute, um "regulamento orgânico" do Monte Líbano foi adotado pelas potências europeias e ratificado por Constantinopla. Um governador cristão, escolhido fora do Líbano pelo poder central, liderará a província com a assistência de um conselho composto igual-

---

275. Este projeto de um "reino árabe" na Síria ecoa, em 1860, um projeto comparável de Napoleão III na Argélia, destinado a permanecer igualmente virtual.

mente por cristãos e muçulmanos[276]. Na prática, a obsessão pelo equilíbrio intercomunitário resultou em uma repartição aritmeticamente confessional dos cargos representativos e administrativos. Essa herança pesaria muito, e até hoje, em um Líbano incapaz de promover uma cidadania autêntica, para além das filiações religiosas. É importante destacar ainda que essa institucionalização do confessionalismo libanês, sob a pressão europeia, inscreveu-se ao revés de uma modernização que apagaria qualquer distinção entre os súditos otomanos.

6.6 O Canal de Suez

Abaz Paxá [*Abbās Pasha*; *Abbās Ḥilmī I*], que ascendeu ao trono do Egito em 1848, com a morte do seu avô Muhammad Ali, manteve a ficção da tutela otomana sobre seu país. Ele mandatou os britânicos para construírem a ferrovia entre o Cairo e Alexandria, conquanto o financiamento desse projeto sobrecarregasse o orçamento do Egito. A espiral do endividamento agravou-se, de 1854 a 1863, sob o reinado de seu sucessor, Said Paxá [*Saʿīd Pasha*], que viveu muito tempo em Paris. Ferdinand de Lesseps, ex-cônsul da França no Egito, obteve a concessão para a escavação de um canal entre o Mediterrâneo e o Mar Vermelho, cujos trabalhos começaram em 1859. O Reino Unido viu com muito maus olhos este grande projeto francês, que lhe pareceu, em nome do progresso técnico, ecoar o desejo de Bonaparte de se estabelecer no caminho das Índias. A campanha britânica foi conduzida em nome da denúncia "humanitária" da corveia imposta aos camponeses egípcios por este enorme canteiro de obras. A arbitragem proferida por Napoleão III, em 1864, aboliu a corveia, levantando as prevenções de Londres. Ismail Paxá [*Ismāʿīl Pasha*], o novo senhor do Egito, obteve a restituição de vastos territórios irrigáveis, mas ao custo de uma indenização que aumentou a dívida do país. A inaugura-

---

276. Este conselho conta com doze membros, dos quais dois maronitas, dois greco-ortodoxos, dois greco-católicos, dois drusos, dois sunitas e dois xiitas. A revisão do estatuto, em 1864, deu uma ligeira maioria aos cristãos, com quatro membros maronitas, dois greco-ortodoxos e um greco-católico, contra três drusos, um sunita e um xiita.

ção do Canal de Suez ocorreu, em 1869, com grande pompa, na presença do imperador austríaco e da imperatriz francesa. Essa suntuosa cerimônia marcou o apogeu de Ismail, reconhecido como "quediva" do Egito pelo sultão otomano em 1867, um título que ele poderia transmitir para o mais velho dos seus filhos. O senhor do Cairo, em contrapartida, deveria, no entanto, dobrar o tributo pago a Constantinopla, o que acentuou ainda mais a dependência do seu país em relação aos credores ocidentais.

O imperialismo europeu dava cada vez mais as cartas financeiras no Oriente Médio. O Império Otomano, em bancarrota parcial desde 1875, foi declarado falido em 1881. Uma Administração da Dívida Pública foi instituída sob a presidência alternada da França e da Grã-Bretanha, com a participação da Alemanha, da Áustria-Hungria, da Itália e dos Países Baixos. Essa tutela destinou ao reembolso dos credores as receitas do monopólio estatal do sal, assim como dos impostos sobre o tabaco, a seda e a pesca. No Egito, o fardo da dívida obrigou o quediva Ismail, em 1875, a ceder à Grã-Bretanha as ações egípcias do Canal de Suez. Três anos mais tarde, ele teve de confiar o portfólio das finanças a um britânico e o das obras públicas a um francês. Quando o soberano ousou, em 1879, demitir esse "ministério europeu", foi forçado por Londres e Paris a abdicar em favor do seu filho Teufique [*Tawfīq*].

O controle ocidental sobre o Egito foi acompanhado do reconhecimento, em nome de uma interpretação muito extensiva das capitulações, de privilégios aos gregos, levantinos e malteses que vieram se instalar às dezenas de milhares. Eles foram particularmente numerosos na cosmopolita cidade de Alexandria, onde tumultos entre "nativos" e "europeus" fizeram centenas de vítimas em junho de 1882. A frota britânica respondeu bombardeando o porto, entregue à pilhagem, antes de ocupar a cidade, com o apoio do quediva, que conta com a intervenção estrangeira para reprimir a insurreição nacionalista. O bei de Túnis fizera o mesmo cálculo no ano anterior, preferindo manter seu trono contra seu povo e sob o protetorado da França. Em setembro de 1882 a resistência egípcia foi brutalmente reprimida, e a Grã-Bretanha assumiu o controle do Canal de Suez, cuja companhia conservou uma direção francesa, mas com uma participação majoritariamente britânica e um tráfego assegurado aos três quartos por navios britânicos. O representante de Sua Graciosa Majestade no Cairo podia ter apenas um título modesto de "agente" e de "cônsul", mas ele era agora o verdadeiro senhor do país[277].

6.7 O Grande Jogo anglo-russo

Voltemos uma geração atrás para apreendermos melhor, a leste do Oriente Médio, a intensidade da rivalidade entre o Reino Unido e a Rússia. O esmagamento da Revolta dos Cipaios, em 1857, levou Londres a dissolver a Companhia das Índias e a estabelecer a estrutura imperial do Raj, que, sob a direção de um "vice-rei", combinava dominação direta e controle indireto do subcontinente. A Grã-Bretanha estava cada vez mais determinada a impedir qualquer avanço persa em direção ao Afeganistão, considerado um Estado-tampão a ser neutralizado a todo custo. A ocupação cajar de Herate em 1856 provocou, como em 1837, uma expedição britânica no Golfo Pérsico, desta vez com a ocupação dos portos de Bushehr e Khorramshahr. A disputa terminou com a retirada concomitante dos dois exércitos, juntamente com o reconhecimento formal pela Pérsia da independência do Afeganistão.

A Rússia, a quem a derrota da Crimeia proibiu o acesso militar ao Mar Negro, concentrou-se na absorção dos territórios metodicamente colonizados do Cáucaso. Em seguida, empurrou suas posições para o leste do Mar Cáspio, e depois para a Ásia Central, conquistando, em 1865, Tasquente [*Tashkent, Toshkent*], promovida a capital da província russa do Turquistão. Quanto às ambições britânicas, elas foram apresentadas ao Parlamento, em 1876, pelo voto que proclamou a Rainha Vitória Imperatriz das Índias, cuja fronteira com a Pérsia foi consolidada pela vassalagem do Baluchistão. O exército das Índias tornou-se tão indispensável para as aventuras coloniais

---

277. Evelyn Baring, o futuro Lorde de Cromer, governou assim o Egito de 1883 a 1907, com apenas 3 mil militares e algumas centenas de administradores britânicos.

de Londres quanto o "exército da África"[278] para as de Paris. Esses contingentes indianos desempenharam, portanto, um papel decisivo na ocupação britânica do Egito em 1882.

O Oriente Médio voltou ao centro da rivalidade anglo-russa graças à guerra que o regime tsarista, aliado aos sérvios e aos búlgaros, declarou em 1877 contra o Império Otomano, que foi rapidamente subjugado. O banho de sangue foi mais uma vez assustador, em um cenário de deslocamentos populacionais dantescos. A Rússia, cujas tropas acamparam a dez quilômetros de Constantinopla, chegou em posição de força no Congresso de Berlim, em 1878[279]. Mas o Concerto da Europa resolveu o conflito a favor da Grã-Bretanha: ela ocupa Chipre como preço de sua "mediação" em favor da Sublime Porta, o projeto russo da Grande Bulgária foi abandonado e o Primeiro-ministro Disraeli pode gabar-se de ter detido o avanço da Rússia[280]. O Chanceler Bismarck, o grande arquiteto do Congresso de Berlim, preferiu encorajar os objetivos mediterrâneos do Reino Unido (e da França, assim desviada da Alsácia-Lorena) ao expansionismo continental do regime tsarista. Este se vingou expulsando massivamente as populações muçulmanas das províncias otomanas de Kars, Ardahan e Batumi, anexadas, em 1878, no sudoeste do Cáucaso.

O Grande Jogo prosseguiu no ano seguinte no Afeganistão, com a Rússia incentivando tumultos em Cabul, onde o cônsul britânico e sua guarda foram massacrados. Mas a Grã-Bretanha realizou com sucesso uma campanha de represálias e, em 1880, depôs o emir afegão em favor do seu primo, que reconheceu o controle britânico sobre sua política externa, em contrapartida pela retirada do corpo expedicionário. A fim de consolidar esta grande vitória no Grande Jogo, Londres estabeleceu na fronteira noroeste do seu Império das Índias um glacis de "zonas tribais". Elas foram povoadas por tribos da mesma etnia pastós [*Pashtun, Pushtun, Pakhtun,*

---

278. Trata-se, de fato, do exército francês da Argélia, onde as unidades europeias de caçadores, zuavos e legionários convivem com as unidades "indígenas" de fuzileiros, sipahis e *méharistes* [cavalaria de camelos].

279. O negociador otomano em Berlim é um diplomata grego, nascido em Constantinopla.

280. Sua famosa expressão é "até aqui e não mais além" (*"thus far and not farther"*).

Pathan, Afghan] que o grupo dominante em Cabul, assim enfraquecido. O Estado-tampão do Afeganistão era agora limitado por esses territórios fronteiriços, administrados de maneira autônoma por chefes tribais, sob a tutela distante de um administrador britânico. A instituição de tais zonas de não direito foi consagrada pelo traçado, em 1893, da fronteira indo-afegã. Esse faroeste pastós perduraria no Paquistão pós-colonial, até tornar-se, no fim do século XX, o berço da Al-Qaeda e, portanto, o cadinho do jihadismo moderno[281].

6.8 A invenção do *Middle East*

A ficção da soberania egípcia, preservada apesar da ocupação britânica de 1882, também se aplica ao Sudão, controlado pelo Egito desde 1821[282]. Londres teria em breve que enfrentar o desafio de uma rebelião milenarista que, partindo do oeste do país, ameaçava agora a capital, Cartum. O líder desta insurreição afirmava ser o Mádi esperado neste início do décimo quarto século do Islã[283]. Em 1884 ele sitiou o contingente egípcio, comandado por um general britânico, durante dez meses em Cartum. Os reforços enviados por Londres chegaram tarde demais para impedir a captura da cidade pelo Mádi, que ali esmagou toda a oposição. Este revés imperial de 1885 é especialmente retumbante porque contrasta com a capitulação de Abdalcáder, perante a França, em 1847 e de Shamil, perante a Rússia, em 1859. O Mádi conduziu a oração na maior mesquita de Cartum, antes de instalar sua capital em Omdurmã, na outra margem do Nilo. Sua morte, alguns meses mais tarde, não entravou a estruturação de um Estado "madista" que resistiu ao desejo de vingança de Londres por uma dúzia de anos. A carnificina infligida aos sudaneses por metralhadoras inglesas em Omdurmã, em

---

281. Cf. *infra*, p. 335-336.
282. Foi por ordem de Muhammad Ali que a cidade de Cartum foi fundada, em 1822, na confluência estratégica do Nilo Branco e do Nilo Azul.
283. O século XIV do calendário hegírico começa em 1883. O messianismo islâmico acredita que os inícios de século são propícios ao advento de um Mádi, ao mesmo tempo salvador e justiceiro.

1898, impressionaria de forma duradoura o jovem Tenente Winston Churchill. O corpo expedicionário depois obrigou um destacamento francês, vindo do Congo, a evacuar o Forte de Fachoda, seiscentos quilômetros ao sul de Cartum, no curso do Nilo Branco. O eixo norte-sul de dominação britânica do continente africano neutralizou assim as veleidades francesas de uma continuidade de oeste a leste, de Brazzaville a Djibuti. O Sudão foi transformado, em 1899, em um "condomínio anglo-egípcio", submetido, de fato, à autoridade exclusiva de Londres.

A consolidação do Império das Índias e desse grande desígnio africano foi acompanhada por um avanço metódico sobre as margens da Península Arábica. Foi primeiro o porto estratégico de Áden que foi ocupado pelas forças britânicas, em 1839, antes de ser incorporado ao Raj e encontrar-se no centro de uma série de acordos de "proteção" com as tribos circundantes. Foi, em seguida, a tão temida "Costa dos Piratas" que foi pacificada, em 1853, tornando-se a "Costa da Trégua", no atual território dos Emirados Árabes Unidos. O poder do Sultanato de Omã foi enfraquecido, em 1861, pelo controle britânico de Zanzibar, fonte do precioso cravo. Londres também arbitrou as rivalidades entre as famílias Al-Thani, no Catar, e Al-Khalifa, no Bahrein, tendo esta de reconhecer a independência daquela, em 1868, antes que o Bahrein se tornasse protetorado britânico em 1880. Uma série de tratados acentuou gradualmente o controle de Londres sobre a costa meridional do Golfo Pérsico. Esse sistema foi coroado em 1899 pela passagem do Emirado do Kuwait à tutela de Londres. A afronta foi contundente para o Império Otomano, cuja província do Iraque não tinha mais acesso ao Golfo Pérsico, exceto pela estreita foz do Xatalárabe [*Shaṭṭ Al-'Arab*], a "Costa dos Árabes", ou seja, o estuário comum ao Tigre e ao Eufrates. A Sublime Porte nutria um irredentismo virulento contra o Kuwait assim "protegido". Tais reivindicações anexionistas seriam retomadas no Iraque pelo nacionalismo árabe durante a segunda metade do século XX[284].

---

284. O Iraque se opôs, em 1961, à admissão do Kuwait na ONU, e Saddam Hussein invadiu e depois anexou o Kuwait em 1990 (cf. *infra*, p. 307 e p. 344).

Esse apogeu imperial inspirou uma conceituação sem precedente do *Middle East* pelo futuro almirante americano Alfred Mahan. Muito influente professor de academias militares, Mahan pesou a favor da anexação pelos Estados Unidos, em 1898, do Arquipélago do Havaí, estrategicamente situado no meio do Oceano Pacífico. Quatro anos mais tarde, ele afirmou, na revista dos conservadores britânicos, que a chave para a hegemonia mundial residia no controle do "Oriente Médio", termo inventado para a ocasião. Essa encruzilhada de três continentes situava-se efetivamente no cruzamento do Canal de Suez e da rota das Índias, portanto, eixos terrestre e marítimo de comunicação entre a Europa e a Ásia. Esse espaço foi então designado sob o termo genérico "Oriente", em referência à questão de mesmo nome, após ter sido chamado por muito tempo de "Levante", como as escalas epônimas[285]. Oriente e Levante correspondem ambos à noção árabe de Maxerreque [*Machrek, Mashriq*], oposta ao Magrebe, este ocidente da África que nunca foi qualificado como "Poente". Mahan enunciou, desde o hemisfério ocidental, a centralidade geopolítica de um Oriente que se tornou, por isso mesmo, "Médio". Sua visão do Oriente Médio como depósito de poder, bem anterior à exploração de hidrocarbonetos na região, continua a ser de uma perturbadora atualidade.

6.9 O nascimento do sionismo

A Palestina otomana não tinha existência territorial e administrativa própria. Era dividida em três sanjaques/distritos, para distingui-los do escalão superior dos eialetes/províncias. O sanjaque de Jerusalém foi anexado diretamente a Constantinopla, em 1872[286], devido à sensibilidade da questão do Oriente. Sua direção não é um posto invejado em razão das sempiternas querelas entre as Igrejas locais e as intervenções regulares dos cônsules europeus. A Sublime Porta resolveu a questão das chaves do

---

285. Cf. *supra*, p. 176.
286. Este apego à capital transforma este sanjaque em um *mutasarrifado*, portanto encabeçado por um *mutasarrife*/"prefeito", como o Monte Líbano desde 1861 e Deir ez-Zor para o Médio Eufrates em 1888.

Santo Sepulcro confiando-as a um dos notáveis muçulmanos de Jerusalém, o que lhe permitiu evitar ter de decidir entre as diferentes denominações cristãs. A circunscrição de Jerusalém foi estendida a Nazaré para facilitar as peregrinações europeias, em plena expansão, com a ferrovia ligando, em 1892, o Porto de Jafa à Cidade Santa. Os outros dois sanjaques da Palestina, de Acre e de Nablus dependiam da Província de Damasco e, a partir de 1888, da de Beirute. Somente em 1906 uma fronteira do império foi traçada entre os desertos do Neguev e do Sinai, ou seja, entre a Palestina otomana e o Egito sujeito ao Reino Unido. Os britânicos conseguiram que esta linha atravessasse a própria cidade de Rafa, a fim de controlar a saída do Sinai egípcio na costa mediterrânea. Foi promulgado que as tribos beduínas poderiam continuar a viver como nômades em ambos os lados de uma fronteira amplamente percebida como artificial.

Nesse espaço palestino, constituído pelas três entidades de Jerusalém, Acre e Nablus, a população era estimada, em 1880, em 400.000 muçulmanos, 40.000 cristãos e 25.000 judeus. A maioria desses judeus consagrou suas vidas aos estudos talmúdicos, com a assistência de mecenas da diáspora. Os principais centros de aprendizado rabínico eram Jerusalém, Safed e Hebron, onde a presença judaica foi atestada durante um período muito longo. Como alternativa a esses centros religiosos, a *Alliance Israélite Universelle* [Aliança Israelita Universal] (AIU) abriu escolas de ensino "à francesa". Fundada em 1860 e presidida durante vinte anos por Adolphe Crémieux, que vinculou seu nome ao afrancesamento dos judeus da Argélia, a AIU opunha ao currículo rabínico as virtudes da assimilação republicana. Os pogroms de 1881 na Europa Oriental e na Rússia levaram à primeira corrente de emigração judaica significativa para a Palestina, chamada em hebraico de *alya*, que significa a "subida" ou a ascensão à Terra Prometida. A primeira *alya* ocorreu até 1890 e precedeu a fundação do sionismo propriamente dito. O grupo dos Amantes de Sião estabeleceu, em 1882, a partir de um núcleo de imigrantes ucranianos, a colônia palestina de Rishon LeZion. Eles defendiam a redenção pelo trabalho, neste caso agrícola, embora seus negócios dependessem do apoio do banqueiro francês Edmond de

Rothschild. É a esta primeira *alya* que remonta a composição de *Hatikvah* ("A esperança"), que se tornou depois o hino nacional israelense. Esses pioneiros abriram escolas hebraicas a fim de impor o hebraico moderno como língua nacional e, assim, emancipá-lo da influência rabínica.

O militante vienense Nathan Birnbaum foi o primeiro a empregar o termo "sionismo", mas coube a Theodor Herzl, nascido em Budapeste, formalizar essa doutrina para o "povo judeu". Ele recorreu ao mesmo tríptico povo/língua/terra que estruturava os diferentes nacionalismos do Império Austro-húngaro e dos Bálcãs pós-otomanos. Em 1896 ele redigiu, em alemão, *O Estado dos judeus*, muitas vezes traduzido como *O Estado Judeu*. Sobre essa base, Herzl presidiu, no ano seguinte, em Basileia, o congresso fundador do movimento sionista, que se propôs como objetivo "a criação na Palestina, para o povo judeu, de um lar nacional garantido pelo direito público". Em 1901, o escritor sionista Israel Zangwill invocou, desafiando as realidades demográficas, uma "terra sem povo para um povo sem terra". A Palestina foi exaltada como "terra de Israel", em hebraico *Eretz Israel*. O centro de gravidade do movimento, inicialmente em Viena em torno de Herzl, desloca-se para Berlim, na esperança de um patrocínio do movimento por Guilherme II, e depois para Londres: com efeito, os sionistas puderam contar com a complacência dos milenaristas protestantes, a cujos olhos o "retorno" do povo judeu à "sua" terra fazia parte do cumprimento das profecias.

O movimento sionista, por um momento tentado pela implantação territorial em Uganda, protetorado britânico desde 1894, rejeitou essa opção após a morte de Herzl em 1904. A segunda *alya*, lançada naquele ano, foi marcada, em 1909, pela fundação de Tel Aviv [Telavive], a "Colina da Primavera", como bairro judeu separado do porto árabe de Jafa. O Yishuv[287] sionista, militante e trabalhador, pretende ser a antítese modernista, aberta ao Mediterrâneo, dos seminários rabínicos do interior da Palestina. Essa política voluntarista elevou o número de habitantes judeus deste território para 75.000 em 1914, para aproximadamente 600.000 muçulmanos

---

287. Este termo hebraico, que significa "assentamento", designa a comunidade judaica da Palestina, antes da fundação de Israel.

e 40.000 cristãos, ou seja, um décimo da população. A verdadeira "terra prometida" continuava sendo, no entanto, os Estados Unidos, que absorveram quarenta vezes mais imigrantes judeus do que a Palestina em quarenta anos[288]. Quanto à colonização sionista, ela deparou-se com resistências locais cada vez mais fortes, com denúncia, na cessão de terras, da cumplicidade das autoridades otomanas e da permissividade dos latifundiários ausentes. Esse aumento das tensões foi paradoxalmente menos sentido em Jerusalém, cuja população quintuplicou em meio século, chegando a alcançar 70.000 habitantes em 1914, metade dos quais fora do recinto histórico. Com efeito, a diversidade prevaleceu em muitos bairros, mesmo dentro da Cidade Velha, e a autonomia municipal era uma realidade cotidiana, transcendendo em parte as filiações confessionais.

6.10 O rega-bofe

A Alemanha unificada em 1871 pretendia marcar no Império Otomano sua diferença com a França e a Grã-Bretanha. Apresentou-se como "intermediária honesta" no Congresso de Berlim de 1878. Demonstrou seu apoio ao sultão em sua política de modernização e infraestrutura, investindo na ferrovia que logo ligaria Constantinopla a Ancara. Oficiais alemães ocupavam importantes posições de administração e comando no exército otomano. Berlim insistiu de bom grado na sua ausência de objetivos coloniais e contava com elites decepcionadas com o modelo da Revolução Francesa, ou mesmo com o liberalismo em sentido amplo. Em 1898, o Imperador Guilherme II completou uma viagem de um mês pelo Oriente Médio: em Constantinopla, celebrou sua amizade com o sultão-califa, que, no entanto, foi denunciado como um déspota sanguinário na imprensa europeia[289]; em Damasco, financiou o embelezamento do mausoléu de Saladino; em Jerusalém, onde o muro da Cidade Velha foi perfurado para sua entrada solene, inaugurou a Igreja Luterana do Redentor, bem perto do Santo Sepulcro.

---

288. Cerca de 2 milhões de judeus emigraram para os Estados Unidos de 1881 a 1920, essencialmente da Europa Oriental e da Rússia, contra aproximadamente 50.000 na Palestina.
289. Cf. *infra*, p. 302.

Engenheiros alemães participaram, dois anos mais tarde, do lançamento em Damasco da "linha ferroviária do Hejaz", que chegou a Medina em 1908. Trabalharam paralelamente na *Bagdadbahn* [Ferrovia de Bagdá] que liga a Anatólia ao Iraque. A Alemanha, assim consolidada no Oriente Médio, tentou, em 1905, opor-se à França no Marrocos, ao mesmo tempo que drapejava suas ambições no discurso anticolonial de Guilherme II em Tânger. Mas o Reino Unido apoiou a França nesta crise, em nome da muito recente "Entente cordiale" e em contrapartida pelo abandono das últimas pretensões de Paris no Egito. O palco estava montado para uma conferência reunida em 1906, sob a égide dos Estados Unidos, na cidade espanhola de Algeciras. A posição dominante da França foi aí consagrada, abrindo caminho para a proclamação, em 1912, do seu protetorado sobre a maior parte do território marroquino, com o reconhecimento de uma zona espanhola e do caráter internacional de Tânger.

O ciclo de expansão colonial terminou com a Itália que, quarenta anos após sua unificação, lançou, em outubro de 1911, um ataque à Líbia. Como para a França em Argel, em 1830, o desembarque e a conquista da capital foram relativamente fáceis, o que encantou a corrente intervencionista[290]. Mas o fracasso do comando otomano foi compensado pela determinação de jovens oficiais que organizaram a feroz resistência das tribos locais. Um desses oficiais, Mustafa Kemal, distinguiu-se nos combates de Tobruque [*Tobruk*]. De maneira geral, a Cirenaica resistiu melhor que a Tripolitânia, a ponto de Bengasi [*Benghazi*] escapar dos italianos, obrigados a mobilizar dezenas de milhares de militares. Roma estendeu pontualmente as hostilidades até a costa do Iêmen, o que favoreceu o imã de Sanaã contra as tropas otomanas. A vitória italiana foi reconhecida pela Sublime Porta em um tratado assinado em Lausanne, no Château d'Ouchy. Como por ocasião da perda da Crimeia, em 1774, para a Rússia, as prerrogativas do califa otomano na Líbia foram formalmente preservadas pelo novo poder italiano. Mas a transferência para Constantinopla de Rodes e das ilhas vizinhas nunca

---

290. Em novembro de 1911, a força aérea italiana realizou o primeiro bombardeio aéreo da história contra um oásis perto de Trípoli.

seria realizada. Seria preciso esperar mais de um século para que o projeto "neo-otomano" do Presidente Erdogan apresentasse a intervenção turca na Líbia, ao lado do governo internacionalmente reconhecido de Trípoli, como uma vingança pela humilhação infligida em 1911-1912 pela Itália[291].

Recapitulemos a situação às vésperas da Primeira Guerra Mundial: a França ocupa o Norte da África, estando a "Argélia Francesa" emoldurada pelos dois protetorados impostos ao Marrocos e à Tunísia; a Itália conquistou a Líbia, embora esteja longe de ter "pacificado" a Cirenaica; a Grã-Bretanha controla o Egito (e, em condomínio com ele, o Sudão), ocupa Áden e "protege" os vários emirados da costa sul do Golfo Pérsico, do Kuwait até a Costa da Trégua dos modernos Emirados Árabes Unidos. Quanto à Rússia, ela gradualmente incorporou ao Império Tsarista os imensos territórios do Turquistão, do leste do Mar Cáspio, e, sobretudo, do Cáucaso, cujas populações muçulmanas foram amplamente reprimidas. Nesta sequência de expansão colonial foi o único caso de expulsão massiva dos "indígenas" do território conquistado, tendo os muito significativos deslocamentos populacionais ocasionados pela conquista francesa da Argélia acontecidos no interior mesmo dos três "departamentos" assim anexados. O sultanato otomano já não exerce sua soberania efetiva no Oriente Médio, exceto sobre o país de Sham, a Mesopotâmia e o Hejaz, ao passo que a Arábia Central experimentava um ressurgimento da dissidência wahabita[292] e o imamato iemenita consolidava sua autonomia, a favor da invasão italiana da Líbia.

Em 1907, britânicos e russos definiram suas respectivas zonas de influência na Pérsia, ao sul para os primeiros e ao norte para os últimos. Nenhum deles buscou a decomposição do regime de cajar, sabendo que seria repleta de conflitos e ameaçaria seus consideráveis interesses no local. A mesma lógica parecia agora prevalecer no seio do Império Otomano, cujos despojos eram digeridos por russos, franceses e britânicos, ao passo que a Alemanha marcava uma data para o futuro. A ligação entre imperialismo financeiro e delimitação territorial era particularmente visível no domí-

---

291. Cf. *infra*, p. 380.
292. Cf. *infra*, p. 275.

nio petrolífero e ferroviário, por vezes, aliás, conjugados. Foi assim que os investidores alemães, durante a construção da *Bagdadbahn* [ferrovia Berlim-Bagdá], obtiveram os direitos de exploração mineira e petrolífera sobre os vinte quilômetros de cada lado da linha férrea. Mas Paris e Berlim concordaram em reconhecer à França uma zona econômica de influência ao sul da linha Lataquia-Homs, portanto em torno de Beirute e Damasco. E os britânicos conseguiram que o último trecho da linha férrea, ligando Bagdá ao Porto de Baçorá, no Golfo Pérsico, lhes fosse reservado. Os otomanos só conservaram como próprio a administração da ferrovia do Hejaz, essencial para a gestão simbólica e logística da peregrinação de Damasco a Medina, que depois prosseguiu em caravana até Meca.

6.11 A questão do Ocidente

A expansão colonial no Oriente Médio inscreve-se, como vimos, em desígnios mais vastos, abrangendo, no sentido horário, o Cáucaso, a Ásia Central, as Índias, a África Oriental e o Magrebe. A dinâmica triangular entre o Egito, a Síria e o Iraque, atenuada por séculos de dominação otomana, foi apenas temporariamente revivida pela intervenção ocidental. A expedição de Bonaparte devolveu ao Egito por algumas décadas o poder de influência que ele teve sob os mamelucos de 1250 a 1517. Ela até mesmo alimentou suas ambições sobre a Síria, ocupada de 1831 a 1841, antes que a questão do Oriente impusesse suas prioridades europeias às dinâmicas regionais. O Egito, finalmente neutralizado em 1882 sob a ocupação britânica, serviu então de estribo para Londres, não mais para o Levante, mas para a África. E foi o traçado das ferrovias na Síria e no Iraque que doravante delimitou as zonas de influência de uns e de outros. Quanto à Palestina, prêmio da queda de braço entre a Síria e o Egito durante a contracruzada de Noradine e Saladino, adquiriu pela expansão imperialista o *status* de "terra prometida", tanto para o milenarismo anglo-saxão quanto para o voluntarismo sionista.

O historiador britânico Arnold Toynbee, descobrindo em 1921 os estragos das guerras na Anatólia, ficou impressionado que todas as partes, mesmo as mais opostas, concordassem em acreditar que seu destino dependia de decisões tomadas nas capitais europeias. Essa visão compartilhada de um grande desígnio superior e ocidental relativizava a margem de manobra, e até mesmo a autonomia de ação dos atores do Oriente Médio, que aspiravam, por conseguinte, a manipular essas ingerências estrangeiras em seu benefício, em vez de desenvolver uma dinâmica própria. Tal visão alimenta até hoje no Oriente Médio, e a partir do Oriente Médio, teorias da conspiração tão excêntricas quanto coerentes. Foi assim que uma certa propaganda cristã caricaturou então os drusos libaneses como simples instrumentos de uma "conspiração" britânica, ou que Abdulamide II [*Abdülhamid II*] passou a considerar seus súditos armênios como uma "quinta-coluna" das ambições europeias. Esse enfoque das ingerências estrangeiras atribui às políticas imperialistas uma coesão muitas vezes artificial. Ele também acabou exonerando as forças do Oriente Médio de sua responsabilidade, no entanto, comprovada nos infortúnios da região.

É por isso que Toynbee inverteu o enunciado dominante ao falar de "questão do Ocidente" em vez de questão do Oriente. Essa questão do Ocidente é entendida, segundo ele, no duplo sentido das rivalidades das potências ocidentais no Oriente e da resultante "ocidentalização" das sociedades orientais. Toynbee considera que essa ocidentalização se baseia na edificação de um Estado mais importado do que "moderno" e na consagração do princípio das nacionalidades, também ele importado. Essa emergência dos nacionalismos foi acompanhada, na parte europeia do Império Otomano, pelo terror das guerras balcânicas. Ela foi encorajada por dois impérios, eles próprios multinacionais, a Áustria-Hungria e a Rússia, que assim minaram o caráter multinacional da construção otomana. O capítulo seguinte descreverá como esse processo de fragmentação "nacional" afetou profundamente o Oriente Médio do século XIX. A dimensão confessional dessa fragmentação é agravada pela intervenção estrangeira, com a famosa defesa das "minorias". Veremos, no entanto, as formas originais de "convivência" que as sociedades da região forjam como tantos antídotos para essa decomposição comunitária e tantos caminhos possíveis para um futuro alternativo.

Cronologia

Julho de 1798	Início da campanha do Egito de Napoleão Bonaparte.
Fevereiro-junho de 1799	Intervenção francesa na Palestina.
Maio de 1801	Envio de uma esquadra americana contra a Líbia.
Agosto de 1801	Capitulação de Abdallah Menou no Egito.
Agosto de 1804	Bombardeio americano de Trípoli, na Líbia.
Julho 1805-março 1848	Muhammad Ali senhor do Egito.
Julho de 1827	Tratado franco-anglo-russo sobre a Grécia.
Janeiro de 1829	Motim antirrusso em Teerã.
Junho de 1830	Desembarque francês na Argélia.
Outubro 1831	Início da campanha do Egito na Síria.
Janeiro de 1835	Coroação em Teerã de Muhammad Xá.
Janeiro de 1839	Desembarque britânico em Áden.
Fevereiro de 1840	Questão antissemita de Damasco.
Janeiro de 1841	Retirada do contingente egípcio da Síria.
Dezembro de 1847	Rendição do Emir Abdalcáder na Argélia.
Dezembro de 1848	Anexação oficial da "Argélia Francesa".
Fevereiro de 1852	Definição otomana do *status quo* em Jerusalém.
Outubro 1853-março 1856	Guerra da Crimeia.
Agosto de 1859	Rendição do Imã Shamil no Cáucaso.
Maio de 1860	Fundação em Paris da Aliança Israelita Universal.
Julho de 1860	Massacre dos cristãos de Damasco.
Junho de 1861	Estatuto especial do Monte Líbano.
Novembro de 1869	Inauguração do Canal de Suez.
Junho-julho de 1878	Congresso de Berlim.
Setembro de 1879	Revolta antibritânica de Cabul.
Maio de 1881	Protetorado francês sobre a Tunísia.
Agosto de 1882	Desembarque britânico no Egito.
Janeiro de 1885	Vitória dos apoiadores do Mádi em Cartum.
Agosto de 1897	Primeiro congresso sionista em Basileia.
Setembro de 1898	Reconquista britânica de Cartum.
Outubro de 1898	Guilherme II em Constantinopla, Damasco e Jerusalém.
Janeiro de 1899	Protetorado britânico sobre o Kuwait.
Março de 1905	Guilherme II em Tânger.
Maio de 1906	Acordo anglo-otomano na fronteira do Sinai.
Agosto de 1907	Partição anglo-russa das zonas de influência na Pérsia.
Setembro 1908	"Ferrovia do Hejaz" até Medina.
Abril de 1909	Fundação de Tel Aviv.
Outubro 1911	Início da invasão italiana da Líbia.
Março de 1912	Protetorado francês sobre o Marrocos.
Outubro de 1912	Tratado Ítalo-Otomano sobre a Líbia.

Para saber mais

BENSOUSSAN, G. *Une histoire politique et intellectuelle du sionisme*. Paris: Fayard, 2002.

BOUYRAT, Y. *Devoir d'intervenir ? L'intervention «humanitaire» de la France au Liban, 1860*. Paris, Vendémiaire, 2013.

BURTON, R. *Voyage à La Mecque. Relation personnelle d'un pèlerinage à Médine et à La Mecque en 1853*. Paris: Payot, 2007.

CHANTRE, L. *Pèlerinages d'empire. Une histoire européenne du pèlerinage à La Mecque*. Paris: Éditions de la Sorbonne, 2018.

CHURCHILL, W. *La Guerre du fleuve. Un récit de la reconquête du Soudan*. Paris: Les Belles Lettres, 2015.

FRÉMEAUX, J. *La Question d'Orient*. Paris: Fayard, 2014.

HERZL, T. *L'État des Juifs*. Paris: La Découverte, 2003.

LAMARTINE, A. *La Question d'Orient. Articles et discours*. Bruxelles: André Versaille, 2011.

LAURENS, H. *Les Crises d'Orient. Question d'Orient et Grand Jeu, 1768-1914*. Paris: Fayard, 2017.

SAID, E.W. *L'Orientalisme. L'Orient créé par l'Occident*. Paris: Points, 2015.

7
REFORMAS, RENASCIMENTO E REVOLUÇÕES (1798-1914)

Este capítulo começa em 1798 com a expedição francesa no Egito, com a qual o capítulo anterior já começava. Mas, desta vez, vamos acompanhar, durante este "longo século XIX", as dinâmicas internas aos regimes e às sociedades do Oriente Médio. Com efeito, os processos de modernização que os atravessam têm uma lógica própria, por vezes estimulada pela pressão externa, mas amiúde restringida ou até mesmo rompida pela cegueira colonial. A agitação francesa de 1798-1801 alimentou um profundo movimento de emancipação árabe, logo designado sob o termo "Nahda" [*al-nahḍah*], literalmente "Renascimento". Esse equivalente árabe do Iluminismo europeu era sustentado pelo despotismo esclarecido dos senhores do Cairo, e depois pelo constitucionalismo pioneiro dos beis de Túnis. Convém, por conseguinte, reverter a transitividade sobranceira e sua ilusão de uma modernidade que seria exportada pela Europa para o coração do Império Otomano, antes de ser difundida para as províncias árabes. Ao contrário, foi no Egito que se consolidou o primeiro projeto médio-oriental de "civilização", para retomar a terminologia da França revolucionária. E foi sob a ameaça desse Egito conquistador que o Império Otomano se lançou, em 1839, na aventura do Tanzimat, essas "reformas" cuja tradução literal remete antes à institucionalização. A constituição otomana de 1876 seria, no entanto, quinze anos posterior à primeira constituição do mundo muçulmano, adotada em uma Tunísia que se tornara, um século antes do Egito, autônoma da Sublime Porta.

Invalidar o clichê de uma modernidade "importada" da Europa pelos otomanos, que então a teriam transmitido aos árabes, tampouco deve alimentar o excesso inverso de um vanguardismo árabe no Iluminismo médio-oriental. Em primeiro lugar, é preciso lembrar que a identidade árabe só se afirmaria muito gradualmente, e isso graças à Nahda, assim como à incapacidade do regime otomano de refundar uma construção multinacional em benefício do conjunto dos seus súditos. Além disso, era uma insurreição árabe de um puritanismo agressivo que marcaria o início do século XIX com seu expansionismo devastador: o emirado wahabita que a Família Saud havia estabelecido na Arábia Central[293] estendeu-se até a margem sul do Golfo Pérsico, submeteu o Catar e depois o Bahrein, antes de iniciar, em 1801, um ciclo de razias antixiitas no sul do Iraque. Carbala foi saqueada duas vezes e Najaf foi alvo de repetidos cercos, enquanto massacres e atrocidades se sucederam contra os "hereges" xiitas. Os Saud então lançaram um ataque ao Hejaz, onde ocuparam Meca durante dois meses de 1803, com destruição das sepulturas dos pais do Profeta. Em 1805 chega a vez de Medina, onde o mausoléu do próprio Muhammad foi saqueado. Os wahabitas justificaram tal sacrilégio por sua luta implacável contra a "idolatria" representada pela peregrinação às tumbas dos homens santos. Os invasores impuseram uma ordem moral extremamente rigorosa, castigando qualquer falta a uma das cinco orações quotidianas e reprimindo o consumo de tabaco[294]. O xarife de Meca, que governava o Hejaz em nome da Sublime Porta, passou à tutela dos Saud, submetendo a realização do haje ao seu arbítrio. As tropas wahabitas prosseguiram suas incursões no sul do Iraque, assim como em Omã, no Iêmen e até mesmo na Síria, penetrando até as cercanias de Damasco em 1810.

Finalmente, foi demais para os otomanos que, incapazes de reagir diretamente, recorreram a Muhammad Ali. O governador do Egito enviou um dos seus filhos, Tusun [*Ṭūsūn*], à frente de um corpo expedicionário que, desembarcado em 1811, levou mais de um ano para retomar o controle do Hejaz[295]. O próprio Muhammad Ali conduziu a caravana da peregrinação

---

293. Cf. *supra*, p. 194.
294. Os ulemás otomanos haviam legalizado o tabaco desde 1652.
295. O chefe do Estado-Maior de Tusun é tão feroz que é alcunhado "Bonaparte".

em 1813 e enviou simbolicamente as chaves de Meca ao sultão otomano. Mas Tusun, promovido paxá de Jidá [*Jeddah, Djedda*], teve de fazer um pacto em 1815 com os Saud, ainda senhores da Arábia Central. As hostilidades recomeçaram no ano seguinte com a morte de Tusun, substituído por seu irmão Ibraim. O Cairo recebeu da Sublime Porta a instrução de liquidar desta vez o emirado wahabita, cuja capital, o oásis de Daria [*Al-Dirʿīyah*], foi sitiada e depois destruída em 1818. O chefe dos insurgentes e seus próximos foram transferidos para Constantinopla para ali serem decapitados. Essa primeira experiência de teocracia wahabita manchou o título otomano de guardião dos dois lugares sagrados[296]. A fragilidade da autoridade imperial em toda a Península Arábica, e até mesmo no Iraque e na Síria, não teve precedente. Por outro lado, o Egito afirmou-se como um poder de exercício pleno, de fato, se não de direito. Este foi o início de um ciclo no qual cada solicitação de Constantinopla em direção ao Cairo só evitou a humilhação do sultão ao custo de uma maior autonomia de Muhammad Ali.

7.1 A influência do Egito

Nada predispôs Muhammad Ali a encarnar por quase meio século a versão mais autorizada do Iluminismo árabe. Nascido na Macedônia otomana, ele era o chefe-adjunto dos milicianos albaneses enviados em 1801 para restaurar a autoridade do Sultão Selim III no Egito. As lutas pelo poder que abalaram o país após a retirada francesa permitiram não apenas jogar uns contra os outros, mas sobretudo aprofundar suas raízes locais. Em 1805, ele tornou-se o primeiro governador do Egito a ser assim plebiscitado pela população, ainda que a sua nomeação coubesse apenas ao sultão. Em 1807, ele expulsou o contingente inglês desembarcado em Alexandria, a primeira e última tentativa de intervenção estrangeira do seu reinado. Em 1811, ele massacrou centenas de mamelucos em uma emboscada na cidadela do Cairo, eliminando assim qualquer contestação ao seu domínio so-

---

296. Cf. *supra*, p. 172.

bre o Egito. Nesse processo, ele aboliu o arrendamento fiscal, dotando sua administração de recursos substanciais, mas cobrados em espécie, o que o levou a instituir toda uma série de monopólios públicos sobre a venda e a exportação desses produtos agrícolas.

O contingente que Muhammad Ali comandava na Arábia em 1813 ainda era otomano em seu recrutamento e sua doutrina. Dez anos mais tarde, a introdução do serviço militar obrigatório permitiu um rápido aumento dos efetivos, garantido pelo alistamento maciço do campesinato egípcio. Esse modelo de exército "nacional" poderia suscitar fortes resistências, pois, pela dureza da disciplina, estabeleceu uma relação inédita entre a população e o Estado em formação. Ele se ampliou pelo desenvolvimento de escolas de oficiais, indústrias de armamento e arsenais militares. O voluntarismo dos grandes canteiros de obras estendeu-se ao domínio civil, com projetos urbanísticos ambiciosos, em Alexandria ainda mais do que no Cairo, e a escavação de canais visando a ampliar a área cultivável. A produção de algodão aumentou muito significativamente, ainda que tenha beneficiado mais a exportação para as manufaturas britânicas do que a indústria têxtil local. Essa modernização a toque de caixa foi acompanhada, com a instituição de uma imprensa pública em 1822, de um programa de formação intensiva de quadros egípcios, seja em língua árabe no local, seja durante vários anos no exterior. Foi assim que o Imã Rifa'a al-Tahtawi [Rifā'ah Rāfi' al-Ṭahṭāwī], formado em Alazar à imagem da elite tradicional, orientou, de 1826 a 1831, cerca de quarenta bolsistas egípcios na França. De volta ao Cairo, ele aí fundou a escola de tradução e publica *L'Or de Paris* [O ouro de Paris], um apelo vibrante em favor dos valores compartilhados entre franceses e árabes.

Porque foi em Paris que Muhammad Ali apostou resolutamente em sua obra de "civilização", uma vez desmantelado sob seus golpes o emirado obscurantista dos Saud. O termo "Nahda" impôs-se pouco a pouco para designar em árabe um processo tão multiforme de "renascimento". Os conselheiros franceses, militares e civis, muitas vezes escolhiam eles mesmos a aventura egípcia, não hesitando em converter-se ao islamismo, ecoando o último governador francês do país[297]. De uma natureza totalmente diferente era o apoio que os soberanos da Restauração, e depois da Monarquia de Julho, concediam com constância às ambições do senhor do Cairo. Este demonstrou a sua gratidão oferecendo à França, em 1830, dois obeliscos de Luxor, um permanecendo no local, e o outro sendo finalmente erguido em 1836 na Praça da Concórdia, no mesmo local onde Luís XVI foi executado. Neste ínterim, vimos que Paris apoiava a ofensiva egípcia de 1831 na Síria[298], onde Ibraim Paxá, por força de sua vitória de 1818 sobre os wahabitas, empenhava-se em conter, e depois repelir as razias beduínas que ameaçavam os vales do Orontes e do Eufrates. Ele se pretendia tanto um libertador dos árabes contra os "turcos" quanto um pacificador e modernizador. Os conselhos que associavam notáveis muçulmanos e minoritários nos centros urbanos eram inegavelmente representativos. Mas o modelo egípcio de serviço militar obrigatório e tributação individual teve dificuldade de se instalar no longo prazo, sendo combatido pela propaganda otomana e pelas intrigas britânicas. A retirada de Ibraim Paxá para o Egito, em 1841, fechou o que doravante seria apenas um parêntese na história da Síria, enquanto a autoridade da Sublime Porta sobre Meca e Medina foi plenamente restabelecida.

7.2 A era do Tanzimat

Os sultões otomanos, cuja legitimidade de califa foi reconhecida por tratado internacional em 1774[299], empenharam-se em gerir a "questão do Oriente" ao menor custo. A neutralização da capciosa destrutividade da Rússia foi então acompanhada de uma aposta na Inglaterra contra a França, ambas engajadas na luta pela influência no Oriente Médio, e do incentivo à mediação da Áustria. Mas as potências europeias concordaram em apoiar o independentismo grego, o que acentuou ainda mais a dependência da Sublime Porta para com o Egito. O programa de modernização mi-

297. Cf. *supra*, p. 205.
298. Cf. *supra*, p. 208-209.
299. Cf. *supra*, p. 189-190.

litar de Selim III, conquanto fosse ambicioso, mobilizasse conselheiros estrangeiros e convertidos, contasse com a indústria pesada para expandir a artilharia e formalizar o currículo das academias militares, colidiu com a tenaz oposição dos janízaros[300], que chegaram a derrubar o sultão em 1807. Tendo subido ao trono no ano seguinte, Mamude II teve que poupar os janízaros por muito tempo e esperar até 1826 para finalmente massacrá-los às dezenas de milhares[301]. É significativo que essa liquidação implacável tenha ocorrido quinze anos depois daquela dos mamelucos por Muhammad Ali, que foi mais coerente e mais precoce em seu propósito de modernização. De qualquer forma, era tarde demais para evitar, em 1827, a dupla humilhação da perda da Grécia e da destruição da frota otomana.

Mamude II completou a reforma do seu utensílio militar suprimindo, em 1831, o assento fundiário da cavalaria[302], doravante profissionalizada. Ele também se esforçou para racionalizar, por um lado, a burocracia civil sob a autoridade do grão-vizir e, por outro lado, a hierarquia religiosa sob a do xeique do Islã. Esse nivelamento, no entanto, pareceu bem tímido diante do voluntarismo que o Egito empregava no mesmo momento na Síria. E foi logo após uma vitória retumbante de Ibraim Paxá no sudeste da Anatólia, em 1839, que Mamude II morreu para deixar o trono ao seu filho de dezesseis anos, Abdul Mejide [*Abdülmecid*]. O jovem sultão iniciou, com o edito de Gülhane, uma era de reformas, designadas sob o termo genérico "Tanzimat"[303]. Surgem ministérios autônomos, bem como um Conselho que deveria limitar a arbitrariedade do sultão. O arrendamento fiscal foi oficialmente abolido em benefício de uma cobrança de impostos apenas pela administração otomana. O princípio do alistamento militar obri-

---

300. Cf. *supra*, p. 153.
301. A eliminação dos janízaros foi acompanhada da perseguição à irmandade sufi dos bektashis, que estava organicamente ligada a eles (cf. *supra*, p. 191). Os bektashis, assim reprimidos, aproximam-se dos alevitas, de cujo esoterismo e sincretismo eles compartilham, a ponto de essas duas correntes se fundirem no alevismo da Turquia moderna.
302. Cf. *supra*, p. 178.
303. O édito, também chamado de "rescrito imperial", ou mesmo "decreto" ou "carta" (em turco *Hatt-i Sharif* [*Hatt-ı Şerif*]), foi assinado no "Palácio das Rosas" (Gülhane) de Constantinopla. O Tanzimat remete ao projeto otomano de *Nizam-i Cedid* ("Novo Regime"), do qual são a implementação.

gatório foi estabelecido com um serviço fixado mais tarde em cinco anos, seguido de sete anos na reserva. A garantia dos direitos dos súditos, sem distinção de confissão, foi oficializada. Tribunais seculares, bem distintos dos tribunais religiosos, sejam eles islâmicos, cristãos ou judeus, foram estabelecidos, especialmente para as disputas comerciais. Isso respondeu a uma forte exigência das potências europeias, no seio das quais a Inglaterra logo liderou uma frente antifrancesa, forçando, em 1841, Muhammad Ali a recuar suas tropas exclusivamente para o Egito.

A opção reformista de Abdul Mejide foi consolidada pela restauração da autoridade otomana na Síria. Mas a implementação do Tanzimat mostrou-se trabalhosa e, acima de tudo, muito contrastante segundo as províncias: apenas o coração anatólio do império curvou-se mais ou menos de boa graça à disciplina do serviço militar obrigatório, que revoltas recorrentes tornaram impraticável na Bósnia e na Albânia, tendo o sorteio de recrutas acabado por prevalecer na Síria; o arrendamento fiscal permaneceu em vigor em muitas regiões onde perdurou a fraqueza da administração otomana em face dos notáveis locais; e revoltas comunitárias podiam eclodir, como em Alepo em 1850, quando a plebe urbana e as elites tradicionais se uniram para denunciar o favoritismo de que os cristãos se beneficiariam. É verdade que o dinamismo demográfico dos cristãos do Oriente contrastava então com a estagnação de seus vizinhos muçulmanos. Esse fenômeno decorreu tanto do aumento da natalidade cristã quanto da queda da mortalidade, ambos favorecidos pelo quadro missionário. Donde uma emigração cristã de prosperidade, em razão da densidade cada vez mais forte nas terras montanhosas, ao passo que a imigração muçulmana para o império resultou dos terríveis conflitos nos Bálcãs e no Cáucaso, com expulsão de grande parte das populações conquistadas.

O Tanzimat aspirava, portanto, a refundar um Estado moderno sobre a base de uma "nação" que seria finalmente otomana e absorveria em seu seio as diferentes comunidades, quais sejam os *millet*, as "nações" invocadas na questão do Oriente[304]. Em 1844, o império contabilizava cerca de

---

304. Cf. *supra*, p. 184-185.

32 milhões de súditos, com 18 milhões de muçulmanos para 14 milhões de cristãos. Os católicos eram menos de 1 milhão, dois terços deles instalados na Europa, e os 150.000 judeus, ainda segundo as estatísticas otomanas, eram ligeiramente mais numerosos na Ásia. Pouco mais da metade dos súditos otomanos vivia no Oriente Médio, cuja população era quatro quintos muçulmana. O desafio das reformas residia, por conseguinte, na universalidade dos princípios que as regiam, universalidade repetidamente solapada em nome de particularismos locais e privilégios adquiridos. Em 1856, o Sultão Abdul Mejide promulgou um édito de emancipação[305] de seus súditos cristãos e judeus, cujos direitos iguais foram garantidos enquanto *millet* e não enquanto indivíduos. Mas todas as funções administrativas estavam agora abertas a não muçulmanos. Esse grande avanço, anunciado no fim da Guerra da Crimeia, foi validado pelo Concerto da Europa no Tratado de Paris, que resolveu o conflito. Ele foi completado, em 1858, por um novo código fundiário que favorecia a administração otomana e seus revezamentos latifundiários em detrimento do uso costumeiro da terra. A adoção de um código penal, seguida da formalização de um código civil, consolidaram a justiça secular nas suas competências e jurisprudências, enquanto os tribunais religiosos foram cada vez mais circunscritos aos assuntos abrangidos pelo estatuto pessoal.

Em Paris, em 1856, as potências europeias não se manifestaram acerca da emancipação dos judeus otomanos, sendo a igualdade de direitos garantida aos judeus apenas em pouquíssimos países do continente. No entanto, elas saudaram enfaticamente o fim da discriminação estatal contra os cristãos orientais, em particular com a autorização da construção de novas igrejas. Essa justificativa das ingerências estrangeiras pela defesa das "minorias", por sua vez, alimentou a oposição interna às reformas otomanas, levando, em 1860, aos massacres de cristãos no Líbano e em Damasco. Mas, em vez de promover a igualdade de direitos entre todos os súditos otomanos, vimos que o estatuto de autonomia do Monte Líbano, imposto sob a pressão europeia após esta crise, acentua a fragmentação comunitária, inclusive entre

---

305. Este édito assume a forma de um "rescrito imperial" (*Hatt-i Humayun*).

as diferentes denominações cristãs[306]. O Sultão Abdalazize ['Abd al-'Azīz], irmão de Abdul Mejide e filho de Mamude II, subiu ao trono em 1861 para prolongar e aprofundar o trabalho de reforma. Em 1867 ele foi o primeiro soberano otomano a visitar seus pares europeus, com uma turnê por Paris, Londres, Bruxelas, Berlim e Viena. No entanto, ele não conseguiu interromper o ciclo de decomposição do império na Europa, com as insurreições de Creta, em 1866, da Bósnia, em 1875, e da Bulgária, em 1876. O exército acusou Abdalazize de fraqueza culpável em relação à Rússia e o obrigou a abdicar. Logo depois o sultão foi encontrado morto, com as veias abertas, sem que se soubesse se se tratava de suicídio ou de assassinato. Seu sucessor, Murade V, foi rapidamente afastado por causa de demência.

Foi nessas circunstâncias trágicas que Abdulamide II, filho de Abdul Mejide e sobrinho de Abdalazize, ascendeu ao trono. Seu pai, ao assumir o poder em 1839, iniciara a era do Tanzimat, e ele imediatamente lançou-se na aventura constitucional. Os beis de Túnis, autônomos da Sublime Porta desde 1701, já haviam adotado, em 1861, a primeira Constituição do mundo islâmico. Esta experiência, no entanto, durou apenas três anos, devido a uma jacquerie contrária ao serviço militar obrigatório. Mas Abdulamide II apostava que uma Constituição o consolidaria tanto contra a corrente autocrática, cujas simpatias tsaristas enfraqueciam o império nas fronteiras, quanto contra os partidários da opção liberal, fortemente apoiada pela Grã-Bretanha. Uma comissão de 28 membros, dos quais 10 ulemás e 6 cristãos, redigiu a Constituição, promulgada após quatro meses de reinado. Duas assembleias, representativas da diversidade do império[307], por terem sido eleitas pelos conselhos provinciais, reuniram-se sucessivamente em 1877. Elas tentaram encarnar uma forma de contrapoder, no contexto da guerra desencadeada e conduzida com sucesso pela Rússia. Abdulamide II alegou esse perigo externo para suspender a Constituição logo no início de 1878, apenas um ano após sua entrada em vigor.

---

306. Cf. *supra*, p. 215.

307. A primeira "assembleia dos deputados" conta 71 muçulmanos, 44 cristãos e 4 judeus. Na segunda, os muçulmanos são 70 de 120. A diversidade das províncias também é muito forte. Não é o caso no Senado, cujos membros são nomeados de forma vitalícia pelo sultão.

7.3 A Pérsia de Naceradim Xá

A excepcional longevidade de Naceradim[308] Xá [*Nāṣer al-Dīn Shāh*] no trono Cajar, de 1848 a 1896, conferiu-lhe naturalmente uma importância maior na história da Pérsia. O início da sua era foi marcado pelo voluntarismo reformador do Primeiro-ministro Amir Kabir, com uma reorganização do exército, a instituição de um embrião de universidade e a difusão do primeiro jornal impresso. O país foi então atravessado pelo movimento messiânico do Báb, que se pretendia literalmente a "porta" de uma nova profecia. O líder do movimento, após proclamar-se Mádi, rompeu todos os vínculos com o Islã, incentivando seus seguidores a envolverem-se em violações públicas da xaria. Essas provocações alimentaram uma violenta campanha contra eles por parte do clero xiita, que obteve a execução do Báb em Tabriz em 1850. Uma tentativa de assassinato babista contra o xá, em 1852, acarretou uma repressão terrivelmente sangrenta contra a seita, cujos sobreviventes foram exilados no Iraque otomano, para aí serem mais uma vez o alvo da hostilidade dos ulemás xiitas[309]. Tal tormento radicalizou a oposição da hierarquia religiosa às veleidades de abertura. O soberano cajar sabia que sua legitimidade era bem frágil na piedade xiita, em face dos aiatolás, tornados os únicos intérpretes da vontade do imã oculto[310]. Ele lhes sacrificou Amir Kabir, executado em 1852.

Naceradim Xá não tinha, portanto, nem a constância metódica de um Muhammad Ali no Egito, nem a ambição reformista dos sultões do Tanzimat. Seu meio século de reinado foi uma sucessão errática de avanços e recuos, com desgraça de ministros modernizadores para acalmar os entusiasmos do clero. O Grande Jogo anglo-russo foi, aliás, escandido por ingerências brutais na corte de Teerã, o que tanto limitou a margem de manobra do soberano, reduzido a jogar uns contra os outros. O desenvolvimento do telégrafo, entre 1861 e 1865, permitiu o início da centralização

---

308. Às vezes ortografado Nasir al-Din [*Nāṣir al-Dīn*] ou Naser ed-Din [*Nāṣer od-Dīn*], o "Vencedor [em nome] da religião".
309. O Báb é sepultado em Acre, enquanto Bahá'ulláh, seu sucessor que será exilado e sepultado em Haifa, escolhe uma via resolutamente pacifista, a qual se tornou o atual bahaísmo.
310. Cf. *supra*, p. 197.

desse vasto império, de fato, multinacional. Mas o xá decidiu, em 1872, subcontratar ao barão britânico Reuter a maior parte do desenvolvimento do país. Ele lhe fez concessões muito substanciais em ferrovias, alfândegas e infraestruturas. Embora o soberano alegasse que preservava a independência nacional, transferindo o risco desses investimentos para uma companhia estrangeira, havia um clamor geral contra tal submissão aos "infiéis". Os ulemás foram acompanhados em sua campanha contra Reuter pelos *bazaaris*[311] da classe mercantil, capazes de resistir a uma concorrência tão desleal. O xá acabou por ceder, em 1873, abrindo assim um litígio duradouro com Reuter, apoiado pelo poder britânico. Em 1878 ele se muniu de uma guarda cossaca, comandada por oficiais russos e dedicada exclusivamente à sua pessoa, assim como o governante safávida de Isfahan havia recrutado sua guarda imperial entre os armênios e os georgianos, em vez de entre os persas[312].

Os ulemás das cidades sagradas do Iraque foram particularmente irredutíveis em sua resistência ao xá, porque, residindo em território otomano, eles escaparam da arbitrariedade cajar. O Aiatolá Hassan Shirazi distinguiu-se, assim, em 1870, ao recusar acolher Naceradim Xá em visita a Najaf, o que consolidou seu estatuto de *marja*, ou seja, de "referência" espiritual[313]. Coube a um infatigável militante persa, Jamal al-Din al-Afghani[314], conferir uma dimensão pan-islâmica a essa agitação clerical. O monopólio sobre o tabaco, concedido pelo soberano cajar a uma empresa britânica em 1890, permitiu a essa oposição xiita externa encorajar uma campanha interna de boicote. Os bazaaris, na vanguarda da contestação, ficam entusiasmados com a fátua antitabaco, emitida do Iraque, em 1891, pelo Aiatolá Shirazi. Os trabalhadores da indústria local do tabaco, despedidos pela concessão britânica, foram então acompanhados por uma grande parte de seus compatriotas, sendo o consumo de tabaco equiparado a uma ofensa

---

311. O bazar/mercado é o equivalente persa do *souk* [*sūq*, *soco*, *azoque*] árabe, sendo os *bazaaris* seus comerciantes.
312. Cf. *supra*, p. 182.
313. Cf. *supra*, p. 198.
314. Capaz de cobrir seus rastros, Jamal al-Din escolheu o nome de Al-Afghani, "o afegão", para apagar seu nascimento na província persa de Hamadan.

ao imã oculto. Bastaram algumas semanas para que o xá cedesse à pressão e revogasse o monopólio sobre o tabaco, e Shirazi, em troca, suspendeu sua proibição. Uma tão cruel admissão de fraqueza alimentou a subversão revolucionária, até o assassinato de Naceradim por um partidário de Afghani, em 1896. Constantinopla aceitou entregar três aiatolás iraquianos que, julgados cúmplices no regicídio, foram executados em Tabriz.

7.4 A diversidade da Nahda

A passagem da língua árabe para o impresso foi determinante no processo do Iluminismo árabe, qualificado pelos próprios interessados como Nahda/Renascimento. Com efeito, ela promoveu o surgimento de um novo tipo de esfera pública, onde os intelectuais árabes podiam comunicar-se em árabe de um extremo ao outro do Mediterrâneo. Tais comunicações foram enriquecidas pelo diálogo com os expatriados que estudavam na Europa ou instalaram-se permanentemente no exterior. Essa circulação de ideias, evidentemente restringida pelas censuras do Estado, era, no entanto, de uma fluidez e de uma densidade sem precedente. Em 1860, em Beirute, ela transcendeu as barreiras confessionais com a celebração da pátria (*watan*) por Butrus al-Bustani, maronita convertido ao protestantismo, que se opunha, em plena crise do Monte Líbano, à inevitabilidade do comunitarismo. Sami e Bishara Takla, dois irmãos greco-católicos, fundaram, em 1876, em Alexandria, o primeiro jornal árabe, *Al-Ahram* ("As Pirâmides"), que continua a ser publicado até hoje. O greco-ortodoxo Jurji Zaydan, expulso da Universidade de Beirute por apologia do darwinismo, mudou-se para o Cairo em 1882. Lá ele produziu uma obra monumental, que incluía uma história romanceada da civilização árabe desde o período pré-islâmico. Tais intelectuais cristãos transfiguraram de bom grado o Profeta Muhammad em um pioneiro do nacionalismo árabe, do qual o califado omíada teria representado uma primeira consagração.

A ocupação britânica do Egito, em 1882, sancionou o fim do despotismo esclarecido dos quedivas, enquanto Abdulamide II, por outro lado, encerrou a era do Tanzimat otomano. A Nahda ganhou em autonomia criativa o que perdeu em tolerância do Estado, desenvolvendo-se de maneira horizontal e com idas e vindas na diáspora. A trajetória do egípcio Muhammad Abduh é esclarecedora nesse sentido: formado em Alazar, colaborou em *Al-Ahram*, lutou contra a corrupção e defendeu a compatibilidade entre o Islã e o parlamentarismo; exilado no Líbano em 1882, juntou-se a Afghani em Paris, dois anos mais tarde, para fundar com ele a revista *Al-Urwa al-wuthqa* ("O vínculo indissolúvel"), uma verdadeira plataforma do reformismo islâmico; de volta ao Cairo em 1888, elaborou um projeto de modernização de Alazar, depois um tratado de divulgação teológica, a fim de conciliar as abordagens racionalista e dogmática; promovido a mufti em 1899, distinguiu-se por fátuas audaciosas para a época sobre questões sociais. Foi igualmente em 1899 que o magistrado Qasim Amin, camarada em Paris de Abduh e Afghani, publicou no Cairo *A libertação das mulheres*, manifesto de um feminismo que seria impulsionado menos pelo voluntarismo do Estado do que pelo progressismo de sociedade.

Nessa efervescência da Nahda, as inspirações que hoje qualificaríamos como "nacionalistas" e "islamistas"[315] contribuíam com sua própria sensibilidade para o mesmo desígnio de afirmação da identidade e dos direitos árabes. Com efeito, tratava-se mais de uma questão de registro do que de prioridade: os "nacionalistas" opunham aos imperialistas europeus a temática e o tríptico do "direito dos povos", reivindicando para os árabes, constituídos como "povo" e falando sua "língua", a "terra" na qual exercer sua soberania; quanto aos "islamistas", eles desafiavam o poder otomano, acusado de ter mergulhado o Islã na decadência, pelo próprio fato da usurpação do califado pelos turcos em detrimento dos árabes. Estes dois registos militantes eram tanto mais compatíveis quanto foram acompanhados de uma exigência partilhada de retorno às fontes, fontes da civilização árabe para os "nacionalistas", e fontes de uma religião desvencilhada das suas sucessivas derivas para os "islamistas". Essas duas correntes da Nahda poderiam até convergir na obra de uma única personalidade, como o

---

315. Esses dois termos, em sua acepção atual, não eram correntes na época. Os "islamistas" da Nahda autodenominam-se assim "reformistas" ou "salafistas" (termo derivado de *salaf*/"ancestrais", em referência aos primeiros muçulmanos, os "ancestrais piedosos").

xeique de Alepo, Abderrahmane Kawakibi: adversário resoluto da arbitrariedade otomana, cujos abusos contra os árabes ele denunciava em árabe, defendeu com o mesmo ímpeto a separação constitucional entre política e religião, por um lado, e a refundação do califado sobre uma base eletiva, por outro.

7.5 O absolutismo hamidiano

A suspensão da constituição otomana, em 1878, marcou o fim das quatro décadas do Tanzimat. Abdulamide II, que chegou ao trono como o mais ousado dos reformistas, marcaria as três décadas seguintes por um absolutismo tão identificado com a sua pessoa que foi descrito como "hamidiano". Ele aí ganharia a sinistra reputação de "sultão vermelho", a cor do sangue que foi acusado de amar derramar. O seu muito longo reinado distingue-se, no entanto, com exceção da crise de Creta em 1897-1898, pela ausência desses conflitos que tanto haviam minado a ação de seus antecessores. Enquanto o Tanzimat não havia conseguido impedir a desintegração do império, a restauração conduzida por Abdulamide II consolidou fronteiras finalmente estabilizadas. Mas o horror da guerra infligida pela Rússia em 1877-1878 completou, pela expulsão em massa das populações derrotadas, a mudança demográfica do espaço otomano, agora mais de três quartos muçulmano, com um peso sem precedente no Oriente Médio. O sultão estava convencido de que as potências europeias não hesitariam em "balcanizar" a Anatólia, e que a "nação" muçulmana era fundamentalmente o alvo dessa agressão multiforme. Não se tratava mais, portanto, de promover um *millet* otomano por síntese das diferentes comunidades do império, mas sim de defender essa entidade islâmica contra a coalizão dos perigos externos.

Abdulamide II, por conseguinte, recusava que o serviço militar obrigatório fosse estendido aos cristãos orientais. O imposto *per capta* que as minorias tinham de pagar antes do Tanzimat foi assim simplesmente substituído pela taxa de isenção do serviço militar. Populações muçulmanas, em Constantinopla, no Hejaz e no Iêmen, estavam igualmente isentas dessas obrigações. A agitação das tribos curdas, endêmica durante os anos precedentes, culminou com o levante de 1880, que o sultão controlou primeiro desviando os rebeldes contra a Pérsia, antes de imprensá-los. Abdulamide II, no entanto, absteve-se de executar o líder dos insurgentes, preferindo transferi-lo para a capital em 1881. O sultão desenvolveu, de forma mais geral, uma política de neutralização dos notáveis tribais, árabes, curdos e turcomanos, cujos pais foram "convidados" a permanecer na prisão dourada do palácio imperial. A instituição, em 1891, de uma cavalaria curda, conhecida como "hamidiana" (*hamidiye*), propiciou uma integração supletiva, segundo o modelo cossaco, desse componente tribal. Ela foi completada no ano seguinte com o estabelecimento, em Constantinopla, de uma "escola das tribos", inaugurada no dia do aniversário do nascimento do Profeta.

Abdulamide II só saía de seu palácio de Yildiz, na parte alta da capital, para assistir à oração de sexta-feira na mesquita vizinha, que levava seu nome, ou para renovar a lealdade de seus súditos durante as duas principais festas do calendário islâmico[316]. Os três pilares da sua administração eram o grão-vizir, para a administração civil, o *serasker* (ministro da Guerra), para os assuntos militares, e o xeique do Islã, para as questões religiosas[317]. A oração de sexta-feira era pronunciada em todos os lugares em nome do sultão-califa, mesmo na Bósnia, conquanto ocupada pela Áustria-Hungria desde 1878[318]. No entanto, seria excessivo falar de um "pan-islamismo" hamidiano, termo cunhado por um jornalista francês, em 1881, sobre o modelo do pan-eslavismo e do pangermanismo. Com efeito, o símbolo do califado foi mobilizado em uma dinâmica de consolidação interna e não de expansão externa. Além disso, o sunismo do soberano era militante, com campanhas brutais de conversão realizadas entre os xiitas do Iraque, e até mesmo entre os alevitas da Anatólia e os alauitas da Síria, campanhas

---

316. Essas duas *Aïd*, que marcam o fim do ramadã e o fim da peregrinação, são chamadas de *Bayram*, em turco.
317. Assombrado pelo precedente da abdicação de seu tio Abdulazize [*Abdülaziz*] em 1876, Abdulamide II exigiu do xeique do Islã uma fátua revogando aquela que havia justificado tal destituição.
318. É a mesma compensação simbólica que havia levado à reativação do califado após a perda da Crimeia em 1774 (cf. *supra*, p. 190).

rapidamente abandonadas por causa dos abusos da soldadesca. Ainda mais violenta foi a tentativa, em 1892, de "islamização" dos yazidis[319] do Iraque, com o saque de seu santuário de Lalish, no Norte de Mossul.

7.6 A crise armênia

Enquanto a esmagadora maioria dos armênios residia no interior da Anatólia e da Cilícia, Abdulamide II passou a considerá-los cada vez mais como uma quinta-coluna a serviço de uma "balcanização" de estilo europeu. A pressão sobre as terras dos caucasianos exilados em 1878 mantinha contendas inexpiáveis. Quanto à lealdade curda, ela foi muitas vezes empenhada pela opressão dos camponeses armênios, submetidos a uma dupla tributação pelo império e pelas tribos. Essa discriminação sistemática suscitou, na linha do populismo russo, a organização de partidos armênios na diáspora, primeiro o Partido Social-democrata Hentchak, em Genebra, em 1887, e depois a Federação Revolucionária Armênia, conhecida como Dashnak, na Geórgia, em 1890. A primeira "crise armênia" eclodiu em 1894, no sudeste da Anatólia, onde a repressão de uma suposta "revolta", na verdade uma recusa em pagar pela "proteção" curda, justificou os assassinatos perpetrados por milicianos locais. Grupos armênios organizaram a defesa das populações e adotaram o nome de "fedains", termo derivado do Islã medieval, designando os combatentes prontos para morrer por sua fé (*fidā'ī*). Mas tais militantes inspiraram-se antes nos *komitadji*, nacionalistas macedônios cujos atentados terroristas compensaram um equilíbrio de poder muito desfavorável por uma substancial cobertura da imprensa.

Os partidos armênios se esforçaram, a partir de Constantinopla, por mobilizar os diplomatas ocidentais e as opiniões europeias. Essa estratégia voluntarista de internacionalização alimentou, por sua vez, as obsessões hamidianas com o "inimigo interno". Em setembro de 1895, uma manifestação do Hentchak na capital, duramente reprimida, reviveu os massacres

---

319. Malconhecida por causa de seu esoterismo, a religião yazidi combina elementos muçulmanos, cristãos e masdeístas em uma doutrina original, implantada entre os curdos da Alta Mesopotâmia a partir do século XII.

nas províncias do interior. Em agosto de 1896, o Dashnak apostou todas as fichas na captura da sede do Banco Otomano, em Constantinopla, que ameaçou explodir com funcionários e clientes, feitos reféns. Esse extremismo terrorista visava a suscitar uma pressão extrema que tornaria inevitável uma intervenção europeia. O comando foi finalmente evacuado no iate do embaixador britânico, enquanto verdadeiros pogroms atingiam os armênios por toda a cidade. A carnificina prosseguiu ainda por mais algumas semanas na Anatólia, apesar do clamor internacional contra o "Sultão Vermelho"[320]. O balanço total dessa crise armênia oscila entre dezenas de milhares e 200 mil, até mesmo 300 mil vítimas, uma imprecisão ligada à falta de dados confiáveis, bem como à amplitude das mortes induzidas pelo frio e pela fome. Tais disputas sobre cifras, alimentadas pelas propagandas adversas, já se haviam espalhado durante os vários conflitos balcânicos e não podiam ser definitivamente resolvidas.

A hostilidade europeia levou Abdulamide II a se aproximar de Mozafaradim Xá [*Moẓaffar od-Dīn Shāh*], que, em 1896, sucedeu no trono persa seu pai assassinado. O sultão otomano já havia entregado a Teerã aiatolás iraquianos acusados de terem inspirado o regicídio[321]. Ele foi mais longe ao abandonar definitivamente os projetos de conversão de seus súditos xiitas ao sunismo e, em troca, obteve o compromisso persa de não apoiar a militância armênia. Essa convergência de absolutismos, que tudo separava antes da ameaça terrorista, tem ecos muito atuais. Notemos também que o terrorismo, em sua dimensão moderna e midiatizada, é introduzido no Oriente Médio por grupos cristãos, segundo o modelo vanguardista e europeu. Essas formações armênias são, além disso, muito marcadas à esquerda, como o seriam os grupos palestinos dos primeiros sequestros de aviões comerciais em 1970[322]. Nem o Oriente Médio nem o Islã, enquanto tais, constituem, por conseguinte, terrenos historicamente favoráveis ao terrorismo. Quanto a Abdulamide II, em 1905 ele escapou da explosão de uma "máquina infernal", segundo a terminologia da época, que fez vinte

---

320. Jean Jaurès denuncia assim, na Câmara dos Deputados, uma "guerra de extermínio".
321. Cf. *supra*, p. 243.
322. Cf. *infra*, p. 312.

e seis mortos no momento em que saíam da oração de sexta-feira. O autor do atentado, um anarquista belga ligado à causa armênia, foi poupado por ordem do sultão e provavelmente "devolvido" pela polícia otomana.

O reinado de Abdulamide II é raramente comparado à experiência contemporânea da era Meiji no Japão, quando essas duas monarquias de direito divino compartilhavam a mesma determinação de modernizar seu país, sem, no entanto, ocidentalizá-lo. Em ambos os casos, um nacionalismo exacerbado, nutrido da sacralização do soberano, concebe a modernização como o baluarte mais seguro contra os objetivos imperialistas. O desenvolvimento das infraestruturas otomanas foi espetacular, sobretudo no setor ferroviário[323], e foi acompanhado de um aumento muito significativo da produção agrícola. As principais culturas de exportação eram o algodão da Cilícia, o tabaco da Síria e as frutas cítricas da Palestina. Certamente o império parecia, no início do século XX, amplamente subpovoado, com menos de 25 milhões de habitantes[324], dos quais 1 milhão somente em Constantinopla[325]. Mas o assentamento de imigrantes caucasianos na rota de peregrinação de Damasco a Medina tornou possível levantar a hipoteca beduína sobre este principal eixo do poder otomano, e isso bem antes da construção da ferrovia do Hejaz. De 100 a 200 mil peregrinos eram doravante recebidos a cada ano em Meca, tanto pelo Porto de Jidá quanto pela via terrestre. E o sultão conseguiu, apesar da falência proclamada no início do seu reinado, restaurar relativamente as finanças públicas, enquanto o quediva egípcio não conseguiu evitar ser colocado sob tutela. O fato era que seu trabalho de modernização se justapunha, inclusive na educação, às instituições tradicionais, que ele renunciou a fazer evoluir. Somente o exército efetuou uma atualização autêntica, e, aliás, é dele que viria o golpe de misericórdia desferido contra o sultanato.

---

323. No início do século XX, o Império Otomano contava 6.500 quilômetros de ferrovias, que transportavam, a cada ano, 16 milhões de pessoas.
324. A título de comparação, o Império Russo era, então, cinco vezes mais populoso, e o Império Alemão, três vezes mais.
325. Cairo, Alexandria, Izmir e Teerã são então, respectivamente, duas, três, quatro e cinco vezes menos povoados.

7.7 O constitucionalismo persa

Mozafaradim Xá, a quem o assassinato do seu pai levou ao trono cajar em 1896, estabeleceu, como vimos, uma sólida parceria absolutista com o soberano otomano. Além disso, ele foi encorajado em suas tendências despóticas pelo apoio multiforme da Rússia, a principal financiadora de suas despesas suntuárias. No entanto, tratava-se de uma personalidade fraca, satirizado como "Mauvaise-affaire-eddine" pelos diplomatas franceses. Fascinado pela Europa, onde residiu oficialmente em três ocasiões, confiou a reorganização das finanças persas a conselheiros belgas, liderados por um ex-aduaneiro. A resistência ao monarca, alimentada pela revolta do bazar e pelos sermões dos aiatolás, denunciou tais concessões feitas a estrangeiros, ecoando mobilizações anteriores contra "monopólios" britânicos. Em 1905, a corrente liberal foi inflamada pelas humilhações infligidas ao protetor russo, derrotado pelo exército japonês, depois desestabilizado por uma greve geral e pela insurreição de Moscou. A exigência de um "tribunal de justiça" reuniu, em janeiro de 1906, as diferentes tendências da oposição com a ocupação (*bast*) das mesquitas pelos manifestantes. A repressão aos manifestantes em Teerã acarretou a partida coletiva de mil personalidades religiosas para Qom, em julho de 1906. O xá cedeu perante esse desafio da hierarquia xiita e consentiu em convocar uma "assembleia consultiva nacional"[326], cujos cento e cinquenta e seis deputados, eleitos por voto secreto por homens com mais de vinte e cinco anos, reuniram-se desde o outono. Este primeiro Parlamento começou desde logo a trabalhar na elaboração de uma Constituição que submeteu todo acordo internacional à autorização prévia da Câmara. O texto foi assinado por um Mozafaradim muito diminuído pela doença, que o derrubou pouco depois.

Seu filho Muhammad Ali Xá [*Moḥammad ʿAlī Shāh Qājār*] o sucedeu em janeiro de 1907 com a firme intenção de conter a dinâmica constitucionalista. Ele pôde contar com o Aiatolá Fazlullah Nouri, que pretendia subordinar as novíssimas liberdades às prescrições do xiismo. A hierar-

---

326. Em persa, como em turco, "nação" refere-se ao conceito de *millet* (cf. *supra*, p. 238), sendo "nacional" traduzido por *milli* (às vezes transcrito *melli*).

quia religiosa estava, a este respeito, dividida, na Pérsia como no Iraque, entre os defensores do primado da religião (*mashru'a*[327]) e os defensores dos princípios constitucionais (*mashruta*), liderados pelo Aiatolá Akhund Khurasani de Najaf, discípulo de Shirazi. Uma emenda à Constituição, sob a forma de uma "lei fundamental", em outubro de 1907, apresentou o xiismo como a religião oficial e requereu o aval de cinco aiatolás para validar cada texto legislativo. Tal comitê nunca se reuniria, devido às tensões dentro da hierarquia clerical, mas também ao renascimento da agitação revolucionária. A efervescência do Azerbaijão, acentuada pela imigração dos revolucionários russos do Cáucaso, tornou mais pesado o clima até na capital, onde ressoaram os apelos à destituição do soberano. Foi nesse contexto que a Rússia e a Grã-Bretanha concordaram, em agosto de 1907, em uma partição norte-sul das suas zonas de influência na Pérsia, partição empenhada pelo seu apoio conjunto ao regime cajar.

Assim consolidado pelos dois rivais europeus, Muhammad Ali Xá multiplicou as demonstrações de força, chegando mesmo a mandar sua guarda cossaca ocupar o Parlamento em junho de 1908. O período de "pequena tirania" que então se iniciou é descrito como "pequeno" porque durou apenas um ano. No entanto, ele foi marcado por uma repressão feroz. Os revolucionários, no entanto, mantiveram-se firmes em Tabriz, tomaram Isfahan, em janeiro de 1909, e avançaram para Teerã, em maio. A tentativa tardia de restabelecer a Constituição não salva o soberano Cajar, forçado, em julho, a refugiar-se na embaixada russa. A capital estava nas mãos dos insurgentes, que condenaram o Aiatolá Nouri a ser enforcado em local público. Um príncipe herdeiro de treze anos, Amade Xá [*Aḥmad Shāh Qājār*], foi colocado no trono, sob a autoridade de um regente com laços estreitos com a Rússia. Eleições rápidas permitiram a reunião de um segundo Parlamento em novembro de 1909. Mas a maioria dos deputados era de notáveis, logo em conflito com os eleitos revolucionários, num contexto de tensões nas províncias. O recurso a uma missão americana para reorganizar o orçamento do Estado foi particularmente ineficaz, porque

---

327. O termo *"mashru'a"* é derivado de "xaria" (*shari'a*).

os britânicos e os russos se opuseram a ela. Os primeiros intervieram em Shiraz e Isfahan, enquanto os últimos, já muito agressivos no Azerbaijão, acabaram por impor, em dezembro de 1911, em Teerã, a dissolução pura e simples do Parlamento.

Foi o fim de um experimento constitucional de cinco anos, que teria profundas ressonâncias no Irã moderno, inclusive durante a Revolução Islâmica de 1978-1979[328]. A aspiração constitucionalista estaria, doravante, intimamente ligada à vontade nacionalista de finalmente emancipar-se das ingerências estrangeiras. Disso decorreu a dimensão anti-imperialista do levante popular de 1978, onde os *slogans* "Abaixo o xá" e "Abaixo a América" seriam entoados em conjunto. A coalizão que então derrubaria o monarca seria tão heteróclita quanto aquela que venceu a "pequena tirania" em 1909. Ela se aliaria ao carismático Aiatolá Khomeini que, exilado em Najaf como Shirazi e Khurasani em face dos cajares, pregará incansavelmente a resistência ao déspota. Mas Khomeini, malderrubado o xá, fingiria reconectar-se com a herança constitucional da *mashruta* apenas para promover melhor a legitimidade teocrática da *mashru'a*. A Constituição da República Islâmica, aprovada por referendo, consolidaria, assim, a autoridade suprema de Khomeini sobre um sistema formalmente regido pela eleição. Quanto à Revolução Iraniana de 1979, ela perturbaria permanentemente o Oriente Médio, enquanto a experiência persa de 1906-1911 só repercutiu nas cidades sagradas do Iraque.

7.8 A Revolução dos Jovens Turcos

O movimento dos Jovens Turcos[329], que, em 1908, assumiu o controle do Império Otomano, já tinha uma longa história de duas décadas. Os diferentes grupos que se reconheciam neste termo genérico militavam pelo restabelecimento da Constituição de 1876. Suas publicações no exterior e suas atividades mais ou menos clandestinas há muito encontravam pouco

---

328. Cf. *infra*, p. 322.
329. Sua inspiração francesa aparece em sua denominação turca *Jön-Turk*, transcrita foneticamente do francês.

eco, sobretudo porque Abdulamide II negociou, em 1897, a lealdade de alguns dos seus líderes. O Congresso dos Jovens Turcos de Paris, em 1902, vê a exclusão das tendências descentralizadoras em prol do Comitê União e Progresso (CUP), muito marcado pelas tragédias balcânicas. Este comitê integrou, em 1907, em Salônica, os revolucionários infiltrados no exército da Macedônia. Os Jovens Turcos fizeram um pacto com a Dashnak armênia, não obstante sua autoria do ataque de 1896 contra o Banco Otomano, em uma frente comum contra o despotismo da Sublime Porta. O reagrupamento do exército da Anatólia, em julho de 1908, lhes abriu as portas do poder. O ultimato lançado pelos insurgentes ao "governo ilegítimo" exortou à reconciliação constitucional entre "a nação e o sultão". Abdulamide II só pôde endossar tal movimento que o invocou enfaticamente, mesmo que fosse para melhor retirar dele a maior parte dos poderes acumulados em três décadas.

Essa transição imbuída de lirismo levou o nome de "Proclamação da liberdade". O sultão aceitou restabelecer a Constituição e organizar um escrutínio parlamentar em todo o império. As liberdades de imprensa e de reunião estavam agora garantidas, com um extraordinário florescimento cultural e político. Os efetivos dos membros do CUP foram multiplicados por cem, de 3 mil para 300 mil, aumento amplamente facilitado pela filiação obrigatória dos militares. A anexação da Bósnia-Herzegovina pela Áustria-Hungria, em outubro de 1908, alimentou as tensões, sem, no entanto, comprometer a realização das eleições no mês seguinte. A nova assembleia contava 288 deputados, dos quais 147 turcos, uma ligeira maioria, mas também 60 árabes, 27 albaneses, 26 gregos, 14 armênios, 10 eslavos e 4 judeus. Ahmet Rıza [*Ahmed Rıza*], o presidente CUP do Parlamento, negociou com os notáveis provinciais para consolidar a maioria relativa do seu partido na Câmara. Mas esse intelectual, impregnado de positivismo religioso, logo foi marginalizado pela dinâmica da intriga militar. Em abril de 1909, a guarnição de Constantinopla se levantou contra os jovens oficiais unionistas, acusados de ateísmo. O sultão deixou passar, nada provando que ele mesmo tenha alimentado essa paradoxal insurreição do centro contra as províncias. Seu reinado, no entanto, não sobreviveria a esse período conturbado, durante o qual os armênios foram novamente alvo de massacres, desta vez na Cilícia.

A capital foi reconquistada por um "exército de ação" cooptado pelos Jovens Turcos nos Bálcãs, ao lado de unidades recrutadas nas comunidades minoritárias. Uma fátua do xeique do Islã legalizou a destituição de Abdulamide II que, exilado em Salônica, foi espoliado de sua imensa fortuna. Ele foi substituído no trono por um de seus primos, o muito apagado Muhammad V. A constituição foi emendada para que o governo seja finalmente responsável perante o Parlamento. Mas o verdadeiro poder estava nas mãos dos unionistas, particularmente autoritários por acreditarem terem sido excluídos de Constantinopla. O momento não era mais de celebração dos direitos humanos, mas de exaltação da "ordem e da disciplina" (*zapt-u-rapt*). A transição para um militarismo centralizador foi brutal, em nome da luta contra o separatismo e o obscurantismo. O serviço militar obrigatório dos cristãos doravante envolveu sua integração no corpo das tropas e a dissolução dos supletivos confessionais[330]. O CUP evoluiu para uma forma de partido-Estado cada vez menos tolerante. As eleições de abril de 1912, marcadas por inúmeros incidentes, ofereceram-lhe, assim, 269 dos 275 deputados. Ziya Gökalp, embora de origem curda, impôs-se como o principal ideólogo do partido, com uma leitura de Durkheim que pende para o darwinismo social. Enquanto os progressistas persas ainda reivindicavam a luta de classes, os unionistas acabaram por apresentar os próprios turcos como um grupo vítima da opressão, justificando, assim, sua sede de vingança.

Essas fortes tendências foram acentuadas por desastres externos. Vimos o oficial Mustafa Kemal distinguir-se por sua coragem durante a invasão italiana da Líbia em 1911[331]. Ismail Enver, um dos pivôs da revolução de 1908, bem como da onda unionista de 1909, organizou em vão a resistência a esse fiasco africano. Mas foram as duas guerras balcânicas de 1912-1913 que selaram o destino do império, tendo como pano de fundo o deslocamento de 200 mil a 400 mil muçulmanos para o território que permaneceu otomano. A primeira dessas guerras, de outubro de 1912 a

---

330. A Escola de Guerra abre-se em 1910 às minorias com, nesta promoção de 394 oficiais, apenas 4 armênios, 3 gregos e 1 judeu.

331. Cf. *supra*, p. 226.

maio de 1913, viu a Sérvia, Montenegro, a Grécia e a Bulgária unirem forças para aniquilar a presença otomana na Europa. O segundo desses conflitos, em junho-julho de 1913, opôs a Bulgária a seus antigos aliados, permitindo que Enver, promovido a paxá, reconquistasse Edirne, capital dos otomanos até 1453[332], e recuperasse simbolicamente uma posição na Europa. A ascensão dos mais intransigentes dos Jovens Turcos deu-se, então, em duas etapas: em janeiro de 1913, o ministro da Guerra foi assassinado por não ter conseguido impedir a queda de Edirne; e em junho foi a vez de o primeiro-ministro ser assassinado em represália. Aproveitando-se dessa confusão sangrenta, um triunvirato instaurou uma ditadura de fato. Estes são os "três Paxás": Enver, ministro da Guerra; Djemal, na Marinha; e Talat, no Interior. Apesar de suas tendências anticlericais, esses três dirigentes pretendiam fazer bom uso da influência do califa a seu favor, agora que despojaram o sultão de todo poder real. A sua visão do mundo, militarista e pessimista, baseava-se numa exaltação da força e da nação turcas, e até mesmo de uma hipotética "raça" turca. Eles instalaram seu país em uma verdadeira economia de guerra, impulsionando o êxodo de quase 200 mil gregos da costa do Mar Egeu. Seu panturanismo [ou turanismo] desenvolveu-se como eco do pangermanismo, o que só poderia reforçar suas ligações com Berlim.

7.9 Uma convivência médio-oriental

O longo século XIX viu o Império Otomano ser, gradual mas inexoravelmente, expulso do continente europeu. Esse processo, que o Tanzimat lutou para interromper e que o absolutismo hamidiano conseguiu conter durante uma geração, foi concluído após a revolução dos Jovens Turcos, que, no entanto, nasceu no exército macedônio. Um quarto da população muçulmana dos Bálcãs teria perecido durante este ciclo de conflitos, e um terço teria então fugido para se refugiar sob a autoridade do sultão. Tais números, como sempre discutíveis, dão uma ordem de grandeza dessa catás-

---

332. Cf. *supra*, p. 153.

trofe humana, agravada pelo êxodo paralelo dos muçulmanos expulsos do Cáucaso pela expansão russa. Esses deslocamentos tão extraordinários da população geraram tensões inevitáveis que contribuíram para os massacres de armênios de 1894-1896, mais ainda do que para os de 1909. Soma-se a isso o modelo tardio de integração da dissidência curda, sob Abdulamide II, e depois sob os Jovens Turcos, pelo desvio da violência tribal contra o campesinato cristão. A visão de uma "nação otomana", de caráter multicomunitário, foi abandonada em favor de uma retirada para uma "nação muçulmana" que os três paxás iriam eles mesmos irremediavelmente turquizar.

O contraste entre essa dinâmica de sangrenta exclusão na Anatólia e a emergência de uma "convivência" no resto do Oriente Médio é impressionante. Ainda que não devamos idealizar tal coexistência, convém sublinhar o caráter fecundo dessa gestão da diferença. O sistema tradicional do *millet*, com sua autonomia de jurisdição, mais ou menos centralizado segundo as Igrejas cristãs[333], e administrado localmente pelas comunidades judaicas, foi considerado tão protetor pelos europeus que eles o aproveitaram no contexto das capitulações. Mas o interlúdio egípcio na Síria e a era do Tanzimat abalaram seus fundamentos, com a abolição gradual das discriminações de Estado, em troca de um crescente intervencionismo das autoridades otomanas dentro das instituições comunitárias, por vezes em benefício dos mais "liberais". Em geral, os cristãos do Oriente acomodaram-se muito bem à sua isenção, de fato, do serviço militar sob o reinado de Abdulamide II, malgrado a violação que ela representava do princípio de igualdade entre todos os súditos otomanos.

Quanto às minorias do Islã, o regime otomano do sunismo de Estado proibiu-lhes qualquer reconhecimento oficial. Elas também foram regularmente alvo de campanhas de repressão, realizadas mais para reprimir dissidências locais do que para impor uma forma de ortodoxia. Mas esse não direito era muitas vezes acompanhado por uma dispensa do serviço militar obrigatório, um fator que só poderia encorajar, ao longo do século XIX, a

---

333. Os patriarcados ortodoxos e armênios de Constantinopla, pioneiros do *millet* (cf. *supra*, p. 159), representam sua instituição mais realizada, ao contrário das relações estabelecidas localmente com os coptas, os maronitas ou os assírios.

onda de conversão das tribos do sul do Iraque ao xiismo. O proselitismo dos ulemás de Najaf e de Carbala visava, então, os grupos nômades em via de sedentarização. Uma única confederação tribal passou a comportar segmentos sunitas e xiitas, com o direito consuetudinário prevalecendo sobre a justiça religiosa. A fluidez dessas passagens de uma família muçulmana para outra contrastava com a rigidez do confessionalismo instituído, sob pressão europeia, no Monte Líbano, em 1861[334]: não somente os representantes deveriam respeitar uma estrita proporção entre muçulmanos e cristãos, mas cada filiação era bem distinguida das outras, o que se aplicava às várias Igrejas cristãs, mas também aos sunitas, aos drusos e aos xiitas. Essa rara ênfase das minorias do Islã decorreu sobretudo da proteção que a Inglaterra pretendia exercer sobre os drusos feudais, e isso no contexto da sua queda de braço com a França, apoio histórico dos maronitas.

As luzes árabes da Nahda, então, opunham o modelo do *watan*, a nação-pátria, ao do *millet*, a nação-comunidade. Bustani qualificou o conflito do Monte Líbano como uma "guerra civil" e abre, em Beirute, em 1863, uma "escola nacional" (*wataniyya*), bem antes da instituição do moderno sistema educacional otomano. Cerca de quinze anos depois, foi em Alexandria que Christine Qardahi estabeleceu uma "escola nacional para as meninas". Os portos de Beirute e Alexandria tornaram-se cadinhos privilegiados de um nacionalismo ao mesmo tempo secular e elitista, alimentados pela imprensa de língua árabe e pelas trocas com a diáspora, embora a esmagadora maioria da população permanecesse analfabeta. A dinâmica emancipatória da Nahda, no entanto, difundiu-se pelo Egito ocupado pelos britânicos e pelas províncias árabes do Império Otomano. O damasceno Muḥammad Kurd ʿAlī, de pai curdo e mãe circassiana, foi uma das penas mais afiadas da imprensa árabe, a quem a censura otomana obrigou a idas e vindas entre a Síria e o Egito. Quanto a Jamīl Sidqī al-Zahāwī, filho do mufti curdo de Bagdá, ele criticou em árabe, tanto em verso como em prosa, a discriminação contra as mulheres, o obscurantismo wahabita e o

---

334. Cf. *supra*, p. 215.

despotismo hamidiano[335]. Aqui, novamente, o pertencimento a uma "nação" árabe decorria mais do compromisso patriótico do que da fatalidade étnica. No entanto, tal efervescência intelectual permaneceu reservada a uma elite (*khassa*), segundo a dicotomia com a massa (*amma*), herdada do Islã clássico[336] e declinada por esses notáveis do Império Otomano.

A revolução dos Jovens Turcos de 1908, com o *slogan* "Liberdade, Igualdade e Justiça", foi acompanhada de um desenvolvimento sem precedente da imprensa árabe. Ela foi celebrada em Jerusalém por manifestações que misturavam árabes, armênios, turcos, gregos e judeus, aos quais até mesmo o acesso ao Monte do Templo foi excepcionalmente concedido. Os sessenta árabes eleitos membros do Parlamento de Constantinopla, tanto notáveis quanto militantes, aderiram à perspectiva otomanista de um império plural. Eles só ficaram ainda mais desapontados com o endurecimento da CUP, perceptível a partir de 1909, e com a imposição, no ano seguinte, da única língua turca na administração das províncias. Mas foi a invasão italiana da Líbia, em 1911, e, portanto, a incapacidade dos Jovens Turcos de defender esta terra árabe, que levou os patriotas árabes à oposição a Constantinopla. Na Palestina, a pressão exercida pela imigração sionista acentuou as queixas contra a CUP, acusada de cumplicidade. Um "congresso árabe" foi realizado em Paris, em junho de 1913, com delegados vindos da Síria e do Egito, tanto cristãos quanto muçulmanos, sem que, no entanto, sua filiação confessional fosse enfatizada. Esse congresso defendeu tanto uma mais forte associação dos árabes às decisões do poder central quanto uma descentralização avançada de suas províncias, ao mesmo tempo que apoiava as "exigências reformistas dos armênios otomanos".

O longo século XIX abrangeu cinco espaços claramente diferenciados no Oriente Médio: o Egito, cujo projeto autoritário de modernização, estendido à Síria de 1831 a 1841, não resistiu a ser colocado sob tutela colonial em 1882; a Anatólia, traumatizada pelas consequências dos conflitos com a Rússia e nos Bálcãs, tendo como pano de fundo a crise armênia des-

---

335. Notadamente em seu poema "A um tirano", publicado em Bagdá em 1905.
336. Cf. *supra*, p. 95.

de 1894; a Síria e o Iraque, onde a Nahda manteve durante muito tempo o sonho de um otomanismo renovado; a Pérsia, entregue por seus soberanos a um desenvolvimento acidentado, até o levante revolucionário de 1906-1911; e finalmente a Arábia, onde o projeto teocrático dos Saud, esmagado em 1818 e novamente derrotado em 1891[337], foi relançado pela reconquista wahabita de Riad em 1902. Este último evento pareceu anedótico aos contemporâneos e só assumiria sua dimensão plena bem mais tarde[338]. Foi a ascensão dos nacionalismos que, então, mobilizou as atenções e as energias, porquanto os riscos de "balcanização" pareciam sérios na Anatólia. Todo este capítulo terá visto como tais identidades coletivas foram laboriosamente construídas, com uma tensão permanente entre afirmação nacional e reivindicações comunitárias, sejam estas étnicas ou religiosas. O Congresso Árabe de Paris foi a última tentativa de conciliação entre os Jovens Turcos, cada vez mais tentados pelo panturanismo, e os árabes, cada vez mais exigentes quanto aos seus direitos nacionais[339]. A Primeira Guerra Mundial consumaria sua ruptura, fazendo o Oriente Médio entrar em uma era fundamentalmente nova.

---

337. Os Saud restauram um emirado wahabita em Riad, em 1843, mas são expulsos por um clã rival, apoiado pelos otomanos, em 1891, e forçados a refugiar-se no Kuwait.
338. Cf. *infra*, p. 275.
339. A sociedade secreta *Al-Ahd* ("O Pacto"), fundada em agosto de 1913, rapidamente reuniu a grande maioria dos oficiais árabes do exército otomano, sob a autoridade de um antigo unionista, herói da resistência anti-italiana na Líbia.

Cronologia

Maio de 1803	Primeira ocupação wahabita de Meca.
Maio de 1807	Deposição do Sultão Selim III pelos janízaros.
Março de 1811	Massacre dos mamelucos no Cairo.
Setembro de 1818	Queda do primeiro emirado wahabita.
Março de 1821	Início da guerra de independência da Grécia.
Maio de 1826	Rifaa Tahtawi e quarenta e quatro bolsistas egípcios em Paris.
Junho de 1826	Massacre dos janízaros em Constantinopla.
Julho de 1839 a junho de 1861	Abdul Mejide I, sultão otomano.
Novembro de 1839	Início do Tanzimat do Império Otomano.
Setembro de 1848-maio de 1896	Naceradim, xá da Pérsia.
Janeiro de 1852	Execução do primeiro-ministro reformista em Teerã.
Fevereiro de 1856	Édito de emancipação das minorias otomanas.
Abril de 1861	Constituição da Tunísia (suspensa em abril de 1864).
Agosto de 1876 a abril de 1909	Abdulamide II, sultão otomano.
Dezembro 1876	Constituição otomana (suspensa em fevereiro de 1878).
Julho de 1881	Vitória otomana contra a revolta das tribos curdas.
Dezembro de 1891	Fátua antitabaco na Pérsia.
Agosto de 1894 a dezembro de 1896	Onda de massacres de armênios.
Agosto de 1896	Ataque armênio ao Banco Otomano.
Janeiro de 1902	Tomada wahabita de Riad.
Julho de 1905	Tentativa fracassada contra o sultão otomano.
Dezembro de 1906	Constituição persa, concluída em outubro de 1907.
Junho de 1908	Tomada do Parlamento em Teerã pela Guarda Imperial.
Julho de 1908	Tomada do poder pelos Jovens Turcos em Constantinopla.
Novembro de 1908	Eleição do primeiro Parlamento otomano.
Abril de 1909	Fracasso da contrarrevolução em Constantinopla.
Julho de 1909	Abdicação do xá da Pérsia sob a pressão revolucionária.
Dezembro de 1911	Dissolução do Parlamento Persa.
Outubro 1912-maio 1913	Derrota otomana na primeira guerra balcânica.
Junho de 1913	Congresso geral árabe em Paris.
Junho-julho 1913	Reconquista de Edirne na segunda guerra balcânica.

Para saber mais

FELLINGER, G. (dir.). *L'Empire des roses. Chefs-d'œuvre de l'art persan au xixe siècle*. Lens-Gand: Louvre-Lens-Snoeck, 2018.

GAYFFIER-BONNEVILLE, A.-C. *Histoire de l'Égypte moderne*. Paris: Flammarion, 2016.

GEORGEON, F. *Abdulamide II, le sultan calife*. Paris: Fayard, 2003.

KAWAKIBI, A. *Du despotisme*. Paris: Sindbad, 2016.

LUIZARD, P.-J. *Histoire politique du clergé chiite*. Paris: Fayard, 2014.

MOREAU, O. *L'Empire ottoman à l'âge des réformes*. Istanbul-Paris: Institut français d'études anatoliennes-Maisonneuve & Larose, 2007.

REY, M. *Histoire de la Syrie*. Paris: Fayard, 2018.

ROGAN, E. *Histoire des Arabes, de 1500 à nos jours*. Paris: Perrin, 2013.

SHAH, N.D. *Journal de voyage en Europe du shah de Perse*. Paris: Sindbad, 2000.

TAHTAWI, R. *L'Or de Paris. Relation de voyage, 1826-1831*. Paris: Sindbad, 2012.

8

O TEMPO DOS MANDATOS
(1914-1949)

Em 2 de agosto de 1914, um dia após a Alemanha entrar em guerra contra a Rússia, os Três Paxás fizeram uma aliança secreta com Berlim. Eles imediatamente estabeleceram uma Organização Especial (OE)[340], uma estrutura de propaganda e repressão com um mandato tão obscuro quanto eram exorbitantes os seus poderes. A revogação das capitulações, em 9 de setembro, aumentou ainda mais a distância entre Constantinopla e a Tríplice Entente. Em 29 de outubro a frota otomana atacou os russos no Mar Negro. Três dias depois, a Rússia declara guerra ao Império Otomano, seguida no dia seguinte pela França e pela Grã-Bretanha. Em 14 de novembro, o sultão proclamou, como califa, a jihad contra os aliados franceses, britânicos e russos. Esta declaração, redigida por orientalistas alemães e anunciada pelo xeique do Islã, foi amplamente divulgada em turco, árabe, persa e urdu pelos agentes da OE e da propaganda de Berlim[341]. Ela, no entanto, teve um impacto insignificante, sobretudo entre os árabes, cuja afirmação nacional agora suplantava qualquer consideração de solidariedade islâmica. Londres decidiu, por precaução, formalizar seu protetorado sobre o Egito, após mais de trinta anos de ocupação. O quediva foi deposto em favor do seu tio, a quem foi outorgado o título de "sultão" na ocasião. As forças britânicas aguentaram o choque da ofensiva lançada a partir de Damasco por Djemal Paxá [*Ahmed Cemal Paşa*] e seu 4º exér-

---

340. Em turco, *Teşkîlât-ı Mahsûsa*.
341. Os historiadores, aliás, banalizaram a expressão *"Jihad made in Germany"* para descrever essa operação.

cito, supervisionada por conselheiros alemães, impedida no Canal de Suez em fevereiro de 1915 e depois gradualmente expulsa do Sinai.

As tropas vindas da Grã-Bretanha foram complementadas pelo "Exército da Índia" e por contingentes recrutados no Canadá, na Austrália e na Nova Zelândia. Os desembarques aliados em Galípoli em 25 de abril de 1915[342] visavam diretamente Constantinopla, que só foi salva, nove meses depois, após a morte de 140 mil militares de ambos os lados. Mustafa Kemal obteve nessa Batalha dos Dardanelos, com suas divisas de general, uma formidável reputação de heroísmo e eficiência. Quanto ao exército das Índias, ele acumulava sucessos desde o seu desembarque no extremo sul do Iraque, em novembro de 1914. Depois de Baçorá, ele ocupou, em outubro de 1915, a posição estratégica de Kut [*Al-Kūt, Kūt al-ʿAmārah*], bloqueio no Tigre do acesso a Bagdá. Mas os britânicos foram impedidos de atacar a capital[343] e forçados a recuar para Kut. Eles foram aí sitiados durante cinco meses, antes de capitularem, em abril de 1916. O golpe foi severo para os Aliados, a ponto de o campo germano-turco, já consolidado pela resistência dos Dardanelos, considerar-se senhor do Oriente Médio. Djemal Paxá ordenou então o enforcamento, em Damasco e Beirute, de cerca de vinte patriotas árabes, dentre os quais delegados no congresso de 1913 em Paris.

8.1 A "Revolta Árabe"

Foi nesse contexto que o alto-comissário britânico no Cairo, Henry McMahon, e o Xarife Huceine [*Sharīf Ḥusayn, Ḥusayn ibn ʿAlī al--Hāshimī*], governador otomano de Meca, negociaram a entrada em guerra de um contingente árabe no lado dos aliados. Huceine tornou-se mandatário dos nacionalistas árabes de Damasco, uma vez que sua filiação haxemi-

---

342. Desde então, 25 de abril é comemorado como o dia do Anzac (Australia and New Zealand Army Corps). Em 26 de abril de 1915, a Itália entra em guerra com base em um tratado secreto com a França e a Grã-Bretanha, que lhe oferecem parte da costa mediterrânea da Turquia.

343. A batalha decisiva ocorreu em novembro de 1915, no sítio de Ctesifonte, a antiga capital do Império Sassânida (cf. *supra*, p. 34).

ta ao Profeta Muhammad[344] nutre suas pretensões a um califado novamente árabe. Esse líder tradicional tornou-se assim o herói paradoxal da Nahda em seus componentes, que hoje qualificaríamos como "nacionalistas" e "islamistas". A revolta do xarife ofereceu, além disso, a possibilidade de uma rápida tomada de controle do Hejaz, que seria o primeiro território árabe "libertado". Huceine exigiu o estabelecimento, em Damasco, de um "reino árabe" para toda a região, uma exigência que McMahon acabou por aceitar, malgrado sua especiosa distinção entre "árabes" do interior e "levantinos" da costa. Foi com base nessas trocas de cartas que o xarife lançou sua "revolta árabe" em junho de 1916. Tratou-se, com efeito, de uma "revolução" (*thawra*), a primeira de uma longa série de "revoluções árabes" disfarçadas de simples "revoltas" na imprensa da época e na historiografia posterior. Como se os árabes fossem apenas bons em se revoltar, mas incapazes de conduzir uma revolução digna desse nome.

No entanto, tratou-se, de fato, de um processo revolucionário, no qual os partidários de Huceine, liderados por seu filho Faiçal [*Fayṣal ibn Husayn*], conquistaram o Hejaz e cercaram a guarnição turca de Medina. Os Beduínos das tribos locais foram acompanhados por ex-oficiais otomanos e voluntários entusiasmados pela perspectiva de um reino árabe. Os Aliados lhes concederam um sustento material muito limitado, apesar do sucesso de suas operações ao longo da linha férrea que ligava os territórios insurgentes a Damasco. Seria necessário todo o talento de Thomas Edward Lawrence para acreditar o mito de um europeu importando para a Arábia as técnicas imemoriais da razia. A realidade é que a contribuição árabe para o esforço de guerra aliado era substancial, dados os poucos meios que lhe são concedidos. A Huceine, que se proclama "rei dos árabes", em novembro de 1916, Londres e Paris concederam apenas o título de "rei do Hejaz". E por um bom motivo: as duas potências europeias concluíram secretamente, antes mesmo do lançamento da revolta árabe, um pacto de partilha do Oriente Médio. Segundo esses "acordos Sykes-

---

344. "Haxemita" é derivado de "Haxim", o bisavô de Muhammad (cf. *supra*, p. 47). O título de "xarife" refere-se a essa ascendência profética.

-Picot"[345], a França arrogou-se a Cilícia, o Líbano e a costa síria ("zona azul"), assim como uma "zona de influência" que se estendia de Damasco e Alepo até Mossul. A Grã-Bretanha, por sua vez, tinha o controle direto das províncias de Bagdá e Baçorá ("zona vermelha"), além de uma "zona de influência" que se estendia do Jordão a Quircuque [Kirkuk]. A Palestina foi internacionalizada como uma "zona marrom", a fim de neutralizar as pretensões da França e da Rússia a "proteger" respectivamente católicos e ortodoxos. A retomada pelos britânicos de sua ofensiva no Iraque, com a ocupação de Bagdá em março de 1917, lhes permitiu desde logo controlar a zona vermelha que a França lhes havia reconhecido.

A entrada em guerra dos Estados Unidos, em abril de 1917, não teve repercussão militar no Oriente Médio, mas colocou na ordem do dia o direito dos povos à autodeterminação, do qual o Presidente Woodrow Wilson era um fervoroso defensor. A captura do Porto de Aqaba por Faiçal, em julho, ocorreu quando as tropas britânicas ainda pisavam nos portões de Gaza. Os insurgentes árabes atravessaram o Jordão para respaldar com suas incursões a campanha do General Edmund Allenby, para quem a conquista de Gaza, em novembro, abriu finalmente as portas da Palestina. Foi então que o governo britânico publicou a "Declaração Balfour", na verdade uma carta endereçada por seu ministro de Relações Exteriores, Arthur Balfour, à liderança sionista. Ele comprometeu-se a apoiar "o estabelecimento, na Palestina, de um lar nacional para o povo judeu", desde que fosse preservado o respeito "dos direitos civis e religiosos das comunidades não judaicas". A vitória foi histórica para o movimento sionista que, vinte anos após sua fundação, via coroada a sua aposta no imperialismo britânico[346]. Uma legião judaica de alguns milhares de voluntários combateria sob a bandeira britânica na Palestina[347]. Para os árabes, serem reduzidos na Palestina a "comunidades não judaicas", desprovidas de direitos nacionais, foi um choque severo. Este se agravou com a revelação, pela revolução

---

345. Do nome de seus dois negociadores, Mark Sykes e François Georges-Picot.
346. Cf. *supra*, p. 224.
347. Mobilizada pelo carismático Zeev Jabotinsky, essa legião judaica recruta em proporções comparáveis nos Estados Unidos, na Grã-Bretanha e no Yishuv palestino.

bolchevique em Moscou, do teor dos acordos Sykes-Picot. Apesar dessa dupla traição às promessas britânicas de um reino árabe, os fiéis do Xarife Huceine não tinham outra escolha senão prosseguir sua luta de libertação, apostando no apoio, quando chegado o momento, dos Estados Unidos às suas aspirações.

8.2 O genocídio armênio

Em janeiro de 1915, dois meses após o início das hostilidades, a Rússia infligiu uma derrota retumbante, na frente do Cáucaso, ao 3º exército de Enver Paxá. As perdas militares são contadas na casa das dezenas de milhares, enquanto a soldadesca de ambos os lados semeava o terror nas populações locais. Enver ordenou o desarmamento dos conscritos armênios que, enviados para campos de trabalho, eram em sua maioria eliminados. A propaganda turca retomou as obsessões de Abdulamide II [*Abdülhamid II, Abdul-Hamid II*] contra um "inimigo interno" armênio[348], com o qual os assírios de todas as convicções estavam amalgamados. Mas enquanto a crise armênia de 1894-1896 se havia originado tanto de uma complacência criminal quanto de uma vontade do Estado, desta vez foi um plano de liquidação sistemática que Talat Paxá [*Mehmed Talat Paşa*], ministro do Interior, fez com que a direção do CUP endossasse. A ameaça de um ataque aliado à capital foi duplicada pelo temor de uma operação comparável na Cilícia, amplamente armênia. Em 24 de abril de 1915, na véspera do desembarque de Galípoli, centenas de personalidades armênias foram capturadas pela polícia de Constantinopla. Era o início de uma onda de carnificinas perpetradas na Anatólia Oriental e na Cilícia por unidades governamentais, auxiliadas por milícias muitas vezes curdas[349]. A França, a Grã-Bretanha e a Rússia denunciaram, em 24 de maio, os "crimes contra a humanidade" de que foi vítima "a inofensiva população armênia",

---

348. Cf. *supra*, p. 247.
349. O governador de Van, cunhado de Enver Paxá, é assim responsável pela morte de cerca de 50 mil armênios só no mês de abril de 1915. Além disso, milhares de criminosos são liberados das prisões otomanas para serem alistados nos *tchétés*, as milícias auxiliares da OS.

lembrando a "responsabilidade pessoal" de todos aqueles que disso eram cúmplices diretos ou indiretos. Mas as autoridades turcas retaliaram, dois dias depois, adotando uma "lei de deportação" dos armênios, lei que ainda foi endurecida no mês seguinte. Quanto à OE, braço armado do extermínio, ela tanto mais facilmente eliminou as provas de seus crimes quanto sua ação foi coberta pelo sigilo de Estado e impôs-se a funcionários por vezes relutantes.

Uma vez realizadas as matanças no local, com seu cortejo de estupros e pilhagens, os armênios e assírios sobreviventes foram deportados para a Síria por via férrea ou geralmente em verdadeiras "marchas da morte", dizimados pela fome, a sede, a exaustão e os ataques de bandidos. Um fluxo menos significativo de deportados foi encaminhado para Urfa e Mossul em condições igualmente atrozes. Djemal Paxá, confrontado com o bloqueio aliado das costas sírias e com a retirada de suas tropas do Sinai, confinou os deportados em Alepo para melhor desviá-los para o Vale do Eufrates. Foi lá que foram estabelecidos campos de concentração, no sentido literal do termo, em Mascana [Maskanah, Meskene], Dibsi ou Raqqa. As privações e as doenças consumiram dezenas de milhares de mortos-vivos até abril de 1916. A mesma litania macabra foi desfiada no curso do Cabur [Khabur], que deságua no Eufrates ao sul de Deir ez-Zor. Nesta cidade, onde massacres ainda eram perpetrados no outono de 1916, o comandante turco transformou a Igreja Católica em um lupanar de escravas armênias. De maneira geral, as violências sexuais eram banalizadas e ficavam impunes. Quanto aos resgates pela população, mais numerosos na Síria do que na Anatólia, devido aos riscos incorridos, foram muitas vezes acompanhados da conversão dos sobreviventes sob uma nova identidade.

O terrível balanço do genocídio armênio é geralmente estimado em 1,5 milhão de vítimas. As fontes armênias o validaram subtraindo meio milhão de sobreviventes de uma população inicial estimada em 2 milhões de armênios. Mas mesmo aqueles para os quais esta tragédia deve ser relativizada em função de um conflito efetivamente terrível admitem um saldo mínimo de 600.000 a 850.000 mortos. O calvário assírio, menos estudado, foi designado pelo termo siríaco *"Seyfo"* [*Sayfo*] ("Espada") e teria causado 250.000 mortes de uma população de 620.000 pessoas. Quaisquer que sejam os números aceitos, a vontade de exterminar essas populações cristãs é incontestável. A justiça otomana condenaria à morte à revelia, em julho de 1919, os três paxás, em fuga para o exterior. Talat seria assassinado em Berlim, em março de 1921, por um sobrevivente armênio, afinal absolvido. O jurista polonês Raphael Lemkin, presente neste julgamento, cunharia, em 1943, o termo "genocídio", validado em Nuremberg, e depois pela ONU. O genocídio armênio só começaria, portanto, a ser qualificado como tal depois de mais de uma geração. A Turquia otomana, a dos julgamentos de 1919, poderia provavelmente ter assumido essa responsabilidade histórica. Mas Mustafa Kemal, como veremos, anistiou, em 1923, os unionistas condenados e refundou sobre esse alicerce a Turquia moderna[350]. Disso decorre até hoje um conflito de memórias entre o povo armênio e a República Turca, simbolizado pelo embate entre as comemorações do 24 de abril de 1915, pelo início do genocídio armênio, e do 25 de abril de 1915, pela epopeia turca de resistência à invasão.

8.3 A paz de todas as guerras

Deixamos o General Allenby, vencedor em Gaza em novembro de 1917, pronto para expulsar Djemal Paxá da Palestina. No mês seguinte, ele entrou solenemente em Jerusalém, onde a lei marcial foi proclamada em todas as línguas da cidade. Ele organizou na Oeta[351] a administração militar dos territórios até então otomanos. Isso lhe permitiu adiar *sine die* a aplicação das promessas contraditórias do seu governo em relação a franceses, árabes e sionistas. Damasco caiu em setembro de 1918 e Allenby deixou Faiçal e seus apoiadores conduzirem aí uma parada de vitória. Sua ajuda

---

350. Cf. *infra*, p. 273.
351. Existem três Oeta, para Occupied Enemy Territory Administration ("Administração dos territórios inimigos ocupados"). A Oeta-Sul corresponde à Palestina (sob ocupação britânica), a Oeta-Norte ao Líbano e ao litoral sírio (sob ocupação francesa), e a Oeta-Leste ao interior da Síria e à Transjordânia (controlados por Faiçal com postos britânicos).

foi, de fato, essencial para a batalha seguinte que, em Alepo, precipitou a capitulação turca, efetivada na ilha grega de Mudros [*Moudros*], em 31 de outubro. Este armistício encerrou a Primeira Guerra Mundial no Oriente Médio, onze dias antes do fim das hostilidades na Europa. A Síria, em geral, saiu exangue do conflito, onde provavelmente morreram trezentos mil civis, devido à fome induzida pelo bloqueio europeu e agravada, em 1915, por uma terrível invasão de gafanhotos. Diferentes fontes estimam a proporção das vítimas da guerra em um décimo da população síria, ou mesmo um terço da do Monte Líbano. O Iraque também sofreu muitas hostilidades, mas na Anatólia as perdas foram as mais terríveis, mesmo para além do genocídio dos armênios e dos assírios.

Até hoje os europeus têm dificuldade em entender a extensão do trauma representado pela Primeira Guerra Mundial no Oriente Médio, trauma acentuado pelo legado calamitoso da Conferência de Paz de Paris. Aberta em janeiro de 1919, ela admitiu Faiçal apenas como parte da delegação do Hejaz, negando-lhe assim qualquer legitimidade para falar em nome dos nacionalistas árabes. No entanto, um "Congresso Geral Sírio" se reuniu em Damasco, em junho de 1919, e seus oitenta e quatro membros, eleitos ou cooptados, defenderam a inclusão da Palestina e do Líbano em uma Síria federal. Mas a onda isolacionista nos Estados Unidos fragilizou o Presidente Wilson, cujo projeto de Sociedade das Nações (SDN) foi rejeitado pelo Senado. Essa primeira organização internacional de caráter planetário foi, portanto, estabelecida sem aquele que fora o seu mais ardente defensor, deixando aos imperialismos francês e britânico plena liberdade para enterrar o direito dos povos à autodeterminação. Em janeiro de 1920, a SDN realizou a sua primeira reunião em Londres, antes de transferir sua sede para Genebra. Dois meses depois, o Parlamento de Damasco proclamou a independência da Síria com Faiçal como soberano constitucional. As potências coloniais não deram a isso a menor importância: reunidas em San Remo, em abril de 1920, elas atribuíram "mandatos" da SDN à França (sobre uma Síria que inclui o Líbano) e à Grã-Bretanha (sobre a Palestina e o Iraque). A reconfiguração territorial do Oriente Médio contemporâneo, demasiado frequentemente atribuída de maneira equivocada aos acordos Sykes-Picot de 1916[352], foi efetivamente definida somente quatro anos mais tarde, em San Remo.

Esse *diktat* colonial jogou óleo no fogo da Palestina, onde tumultos haviam acabado de sacudir Jerusalém. Em maio de 1920, foi o Iraque que se precipitou numa revolta, primeiro civil, depois militar. Foram necessários muitos meses e provavelmente 10 mil mortes de árabes para que os britânicos conseguissem sufocar essa nova revolução (*thawra*). Em julho, as tropas francesas, saídas de Beirute, esmagaram os nacionalistas árabes na estrada para Damasco, antes de desdobrarem-se em toda a Síria. Em setembro, o "Grande Líbano" foi proclamado sobre um território que vai muito além de Beirute e do Monte Líbano para incluir áreas predominantemente muçulmanas[353]. O mandatário francês dilacerou o resto da Síria em quatro "estados": Damasco, Alepo, "Estado dos Drusos" e "Estado dos Alauitas". A França apostou nos alauitas para desempenharem o mesmo papel de revezamento da influência colonial que os maronitas do Líbano assumiram de bom grado. Uma grande autonomia também foi concedida à província de Antioquia, conhecida como "sanjaque de Alexandreta", cuja população era mais de um terço turca. Mustafa Kemal, com quem esse estatuto específico foi negociado, abandonou em troca a guerrilha antifrancesa de Alepo e do norte da Síria.

Os antagonismos comunitários não foram, por conseguinte, espontâneos nem atávicos, nem mesmo herdados do passado otomano, mas claramente construídos e exacerbados pela dominação colonial. A França instituiu no Líbano um sistema cada vez mais rígido, no qual determinada confissão correspondia a determinada função. Na Síria, ela contava mais com as minorias do Islã do que com os cristãos do Oriente para neutralizar a maioria sunita da população, profundamente ligada ao nacionalismo árabe. Quanto à Grã-Bretanha, ela recuperou Faiçal, o rei deposto de Damasco,

---

352. Esses acordos nunca foram implementados enquanto tais, e a Palestina, internacionalizada por Sykes-Picot, cai em San Remo sob mandato britânico.

353. Trata-se de Beca e do sul do Líbano, que são majoritariamente xiitas, assim como de Trípoli e do seu interior, que são amplamente sunitas.

para colocá-lo, em agosto de 1921, no trono do Iraque. Essa manobra foi apoiada pela organização de um plebiscito de pergunta única, que dá 96% dos votos a favor da coroação de Faiçal. Enquanto a resistência anticolonial associava sunitas e xiitas, os britânicos reconstroem o Estado iraquiano em torno dos ex-oficiais, todos sunitas, do exército otomano. A confusão neste Iraque, dominado a partir de Bagdá pelos árabes sunitas, das províncias de Baçorá (majoritariamente xiitas) e de Mossul (amplamente curdos)[354], foi carregada de tensões. Essa recomposição foi completada em 1922 com a incorporação da Declaração Balfour ao mandato britânico sobre a Palestina, o que acarretou o boicote das instituições mandatárias pelos notáveis e a população árabe. No entanto, Londres excluiu desse mandato o emirado da Transjordânia, Estado-tampão entre a Jordânia e o Iraque, confiado a Abdullah [*Abd Allāh ibn al-Ḥusayn*], um dos irmãos de Faiçal[355].

Nesse mesmo ano de 1922, Londres concedeu ao Egito a primeira das independências pós-coloniais do mundo árabe. Essa independência manteve-se estritamente enquadrada pelas prerrogativas que o antigo protetor continuou a se arrogar sobre o Canal de Suez, os assuntos militares e a garantia dos interesses estrangeiros, significativamente ligados ao das minorias. Foi ao culminar de três anos de contestação do protetorado, iniciados em março de 1919 com a prisão da delegação (*wafd*), que os nacionalistas quiseram enviar à conferência de Paris. Tal humilhação provocou uma verdadeira revolta popular que exibiu a sua não violência em face de um ocupante superarmado. A desobediência civil, que Gandhi, então, não conseguira mobilizar na Índia[356], inspirou no Egito boicote aos britânicos, paralizações e passeatas pacíficas, com uma participação das mulheres, certamente simbólica, mas sem precedente. O crescente e a cruz foram

---

354. A SDN, interpelada pela Turquia, confirma em 1925 a integração ao Iraque da antiga província otomana de Mossul. Esta cidade é majoritariamente árabe, ao contrário das cidades historicamente curdas de Arbil [*Erbil*] e Suleimânia [*As-Sulaymaniyah*].

355. Essa exclusão da Transjordânia do mandato britânico, aceita pelo movimento sionista em troca da incorporação da Declaração Balfour, provoca a dissidência dita "revisionista" dos partidários de Jabotinsky, que continuam a reivindicar a margem oriental do Jordão.

356. O massacre de Amritsar, em abril de 1919, sufocou a campanha não violenta de Gandhi, que a relançou, desta vez com sucesso, no ano seguinte.

brandidos em conjunto numa afirmação da unidade nacional, enquanto um religioso copta intervinha pela primeira vez na Universidade de Alazar. A onda de protestos propriamente dita se prolongou durante meses, apesar de mil vítimas. A estratégia pacifista, o voluntarismo multiconfessional e a dimensão feminina dessa revolução de 1919 se encontrariam na *thawra* de 2011 contra a ditadura de Mubarak[357]. Allenby, que se tornou alto-comissário no Cairo, só conseguiu estabilizar o país naufragando o protetorado. Mas o tratado de independência de 1922 concedeu à Grã-Bretanha capacidades de intervenção significativas. O Sultão Fuade [*Aḥmad Fu'ād Pasha*] assumiu então o título de "rei do Egito" em um âmbito constitucional no qual a vida política doravante aconteceria entre o palácio, os nacionalistas[358] e os britânicos, sempre muito intrusivos.

8.4 De Sèvres a Lausanne

Durante sua conferência de San Remo, em abril de 1920, as potências europeias decidiram não apenas o destino do Oriente Médio árabe, mas também o da Turquia otomana. O tratado assinado nesta base em Sèvres, quatro meses mais tarde, determinou o desmembramento do país entre a Grécia, a França e a Itália, que se arrogaram respectivamente a região de Izmir, a Cilícia e o Dodecaneso. Uma autonomia curda, com proteção dos direitos dos assírios, foi estabelecida no sudeste da Anatólia e poderia, em caso de recurso à Sociedade das Nações pelas populações locais, levar muito rapidamente a um Curdistão independente. A Armênia, liderada pelo partido Dashnak em Erevã [Yerevan], era parte no tratado e teria de definir sua fronteira por arbitragem com a Turquia. Finalmente, Constantinopla e os estreitos foram desmilitarizados e as capitulações restabelecidas. O caráter leonino desse tratado permitiu a Mustafa Kemal, aureolado por sua resistência nos Dardanelos, elevar o estandarte da resistência a partir de Ancara, onde a "Grande Assembleia Nacional"

---

357. Cf. *infra*, p. 368.
358. Seu partido é chamado de Wafd, ecoando a "delegação" (*wafd*) de 1919.

o sagrou líder supremo[359]. Em poucos meses, ele derrotou o exército armênio e pactuou com a URSS, que absorveria a República da Armênia. Assim consolidado em sua frente oriental, Kemal negociou com a Itália e a França para melhor se concentrar contra o invasor grego, finalmente rechaçado em setembro de 1922. O incêndio em Izmir simbolizou então o fim da Grécia asiática, em meio à expulsão de 200 a 300 mil gregos da costa do Mar Egeu. Na sequência, o sultanato foi abolido, conquanto o califado ainda permanecesse em vigor[360].

Kemal liderou com sucesso a luta pela libertação nacional, o esmagamento das intenções separatistas e a revolução antiotomana. Seu sucesso foi consagrado, em julho de 1923, pelo tratado que, em Lausanne, substitui o de Sèvres. A plena soberania da Turquia sobre todo o seu território foi reconhecida por todos os signatários, e uma troca de populações com a Grécia consegue até mesmo a homogeneização da Anatólia. Uma década de conflitos deixou o país arruinado e devastado, mas sobretudo despojado do legado otomano de pluralismo étnico e religioso. O negacionismo de Estado do genocídio armênio nasceu dessa refundação pela guerra da identidade turca[361]. Quanto às aspirações curdas, elas seriam doravante equiparadas ao desígnio sombrio de Sèvres e reprimidas enquanto tais sem clemência. A república foi proclamada em outubro de 1923, com Ancara como capital e Kemal como presidente, enquanto Constantinopla tornou-se oficialmente Istambul. Por conseguinte, nada mais impedia a abolição do califado, ocorrida em março de 1924.

A laicidade de Mustafa Kemal, importada para o turco pelo neologismo *laiklik*, situou-se, no entanto, nos antípodas da separação francesa entre a Igreja e o Estado. Foi um dogma sunita de Estado, de rito hanafita, que um islamismo estatizado pretendia impor, em conformidade com a prática

---

359. Como durante a revolução dos Jovens Turcos de 1908 (cf. *supra*, p. 252-253), o levante armado invoca a pessoa do sultão-califa para melhor combater o governo.
360. O último sultão, Muhammad V [*Mehmed V*], é exilado e substituído como califa por seu primo Abdul Mejide II [*Abdul-Medjid II*, *Abdülmecid II*].
361. A anistia geral, decretada por Kemal em março de 1923, revoga os veredictos proferidos em 1919 à revelia contra os responsáveis pelo genocídio armênio.

otomana e sua negação das convicções minoritárias, fossem elas alevitas, alauitas ou xiitas. O futuro Atatürk[362] estava sobretudo determinado a eliminar a menor forma de contrapoder: a luta contra a "reação religiosa" (*irtica*) permitiu-lhe, durante o mesmo ano de 1925, impor um regime de partido único, reprimir uma revolta curda, proibir irmandades sufis e banir qualquer outra cobertura para a cabeça que não fosse o chapéu. Esta última proibição, longe de ser anedótica, suscitou tantos protestos porque marcou a intrusão do Estado moderno na esfera individual. A educação foi unificada exclusivamente em torno do serviço público, assim como a justiça já não se baseava apenas num código civil e num código penal de inspiração europeia. Em 1928, o domingo tornou-se feriado e o alfabeto latino substituiu o alfabeto árabe. Em 1929, as mulheres obtiveram o direito de voto, pouco depois das britânicas, mas quinze anos antes das francesas. Não foi apenas no Oriente Médio que a modernização kemalista pareceu pioneira.

8.5 A saudização da Arábia

Um equívoco frequente no debate atual sobre o Oriente Médio pretende que os muçulmanos seriam "órfãos" inconsoláveis do califado, empenhados desde 1924 em compensar essa perda. A realidade é que a abolição pelos deputados turcos foi um ato de soberania interna, de natureza civil, e não religiosa. O califado otomano já havia revelado, em 1914, a sua incapacidade de mobilizar os muçulmanos contra os Aliados, mesmo em nome da jihad. Quanto ao califado árabe, ele já era, de 1258 a 1517, apenas uma caução simbólica ao reinado dos mamelucos[363]. Certamente a França e a Grã-Bretanha, a fim de melhor vincular as populações muçulmanas de suas colônias, empurrariam de bom grado um de seus protegidos para o título de califa. Mas o sultão de Marrocos, encorajado por Paris, conquanto pudesse reivindicar uma ascendência profética, ocupava uma posição demasiadamente periférica no espectro político regional. Quanto ao rei do

---

362. Este título de "Pai dos Turcos" lhe foi solenemente concedido em 1934 por unanimidade de votos da Assembleia Nacional.
363. Cf. *supra*, p. 146.

Egito, privilegiado por Londres, sofria tanto por seu *status* constitucional quanto pelas origens macedônias de sua linhagem. Xarife Huceine, soberano do Hejaz, acreditava então que era o momento propício para relançar as ambições "islamistas" de sua revolta árabe de 1916, agora que seu sonho "nacionalista" havia sido destruído pelo regime dos mandatos. Em março de 1924 ele reivindicou o título de "califa", do qual Atatürk acabara de privar os otomanos. Quatro meses depois ele convocou um congresso islâmico em Meca, a favor do haje, para consolidar seu próprio califado. Aquele que já tinha dois filhos nos tronos de Bagdá e Amã poderia transferir a coroa do Hejaz para um terceiro.

Essa manobra do patriarca dos Haxemitas foi combatida por uma ofensiva de Abdalazize ibne Saud [*'Abd al-'Azīz ibn Sa'ūd*], o líder dos seus inimigos jurados. Senhor de Riad desde 1902, este apresentou o terceiro projeto de uma teocracia wahabita, projeto que, ao contrário dos dois precedentes[364], conseguiria inscrever-se no espaço e no tempo. Ibne Saud organizou os mais fanáticos dos beduínos nas tropas de choque dos *Ikhwan*, literalmente os "Irmãos". Graças a eles, em 1913, Saud tomou a província predominantemente xiita de Hassa, na costa oriental. Em 1915, a Grã-Bretanha reconheceu sua soberania sobre Négede [Najd] e Hassa, sem, no entanto, pedir-lhe que contribuísse para a campanha antiotomana. Londres realmente mensurou a profundidade da hostilidade dos puritanos wahabitas contra os senhores haxemitas de Meca e Medina, que muitas vezes os haviam proibido de realizar o haje. Ibne Saud poupou, portanto, seus recursos durante a Primeira Guerra Mundial e então consolidou o seu intransigente emirado. A destruição francesa do "reino árabe" de Damasco e o clientelismo britânico dos haxemitas reforçaram ainda mais sua mão em face do Xarife Huceine, cujas ambições califais ele decidiu esmagar.

Ibne Saud tomou Meca em outubro de 1924, antes de conquistar, no ano seguinte, após um longo cerco, o porto estratégico de Jidá. Ele então juntou o título de "rei do Hejaz" ao de "Sultão do Négede", antes de ser reconhecido enquanto tal pelas potências europeias e pela URSS. O xarife

---

364. Cf. *supra*, p. 233 e p. 259.

Huceine foi forçado a exilar-se em Chipre, uma vez que Londres o proibiu de instalar-se com seu filho na Transjordânia, já frequentemente visada pelos ataques wahabitas. Ibne Saud assegurou, com sua polícia religiosa, o respeito meticuloso a uma moral obscurantista, mas deparou-se com a superioridade dos *Ikhwan*, segundo os quais a expansão pela jihad deveria prosseguir primeiro para o Iraque. Sua dissidência foi talhada em pedaços em março de 1929, com a ajuda decisiva da força aérea britânica. Ibne Saud levantou assim a hipoteca dos seus próprios extremistas, como os abássidas, os fatímidas e os safávidas o haviam feito para estabilizar sua dinastia nascente[365]. O tríptico de Ibne Caldune, em ação durante esses gloriosos precedentes, também esclareceu a ascensão de Ibne Saud, cujo "grupo" familiar, inspirado pela "pregação" wahabita, instaurou o "poder" ainda hoje dominante na Arábia, por expansão da "periferia" do Négede para o "centro" mais venerado do Islã. A proclamação do "Reino da Arábia Saudita", em setembro de 1932, oficializou um regime inédito de monopolização patrimonial, no qual a denominação dos súditos "sauditas" é derivada do nome da família reinante[366].

O reino de Ibne Saud e sua doutrina de outros tempos impuseram-se sobre as ruínas dos projetos haxemitas de um reino árabe em Damasco, e depois de um califado renovado em Meca. A dinâmica da traição da Nahda pela Grã-Bretanha e pela França conseguiu, assim, implantar no coração simbólico do Islã a versão mais retrógrada do seu dogma. Os impérios coloniais obviamente nunca consideraram as consequências a longo prazo de tal regressão, assim como seus preconceitos paternalistas, para não dizer racistas, os impediram de deixar que os árabes tomassem seu destino em suas próprias mãos. Mas foi a recusa a tratar os aliados árabes em pé de igualdade, no fim da Primeira Guerra Mundial, que levou à entrega de Meca e Medina aos wahabitas, que, no entanto, permaneceram neutros perante os otomanos. Muito antes do maná do petróleo[367], esse controle

---
365. Cf. *supra*, p. 70 , p. 99 e p. 173.
366. A título de comparação, os nacionais do "Reino Haxemita da Jordânia" são chamados de jordanianos, e não "haxemianos".
367. Cf. *infra*, p. 316.

dos dois lugares mais sagrados do Islã oferecia aos Saud um formidável poder de influência. A isso acrescenta-se que, ao eliminar o reino haxemita do Hejaz, Ibne Saud também eliminou o único Estado árabe pós-otomano além do seu a não ter sido colonizado[368]. É cruel a coincidência, bem no início do outono de 1932, entre a proclamação da Arábia Saudita e o tratado de independência do Iraque, uma vez que essa independência foi reprimida pela Grã-Bretanha, como o havia sido a do Egito dez anos antes. Ibne Saud e seus sucessores poderiam, por conseguinte, basear seu *status* de guardiões dos lugares sagrados[369] em sua herança virgem de toda sujeição colonial.

8.6 Da Pérsia ao Irã

Os cajares permaneceram oficialmente neutros durante a Primeira Guerra Mundial, mas essa neutralidade não poupou a Pérsia da devastação das intervenções cruzadas dos turcos contra os russos, dos alemães contra os britânicos, e dos aliados contra os bolcheviques, em um cenário de anarquia tribal, fome e epidemia. Amade Xá, que ascendeu ao trono ainda adolescente, em 1909, em meio à turbulência revolucionária[370], só permaneceu em Teerã, em 1915, sob a pressão de Londres, preocupada em evitar uma maior desintegração do reino. O soberano Cajar, banido da conferência de Paris devido à "neutralidade", concedeu privilégios exorbitantes à Grã-Bretanha em 1919. Os negociadores britânicos pagaram generosamente a seus homólogos persas, até mesmo o xá, para concluir esse texto. A indignação patriótica foi ainda mais profunda no país, condenando o acordo a permanecer letra morta. O Azerbaijão, sempre na vanguarda da contestação do poder imperial, fez dissidência sob o nome de Azadistão [*Āzādestān*], "a Terra da liberdade". Os problemas eram tão sérios que a

---

368. O caso do imamato do Iêmen é muito particular, devido ao seu caráter autárquico, já que o sul do país está sob o domínio britânico há um século.
369. Somente em 1986 esse título, herdado do Império Otomano (cf. *supra*, p. 172), será oficialmente assumido pelo monarca saudita.
370. Cf. *supra*, p. 251.

população de Teerã recebeu com relativo alívio, em fevereiro de 1921, o golpe de Estado de Reza Khan, o comandante persa da guarda cossaca.

O novo homem forte poupou Amade Xá e convocou o Parlamento pela primeira vez desde 1915. Ele obteve da URSS a retirada do Exército Vermelho do norte do país, sem, no entanto, atrair a hostilidade da Grã-Bretanha. Ele reduziu, um após o outro, os focos de rebelião regional, consolidando sua imagem de restaurador do Estado. Ministro da Guerra, foi nomeado em outubro de 1923 chefe de governo por Amade Xá, que preferiu permanecer na Côte d'Azur. Momentaneamente tentado pelo estabelecimento de uma república da qual ele seria, como Mustafa Kemal na Turquia, o primeiro presidente, Reza Khan foi dissuadido pela oposição resoluta dos aiatolás. Ele concordou com eles em Qom em preservar o princípio monárquico e, como sinal de boa vontade, lançou uma campanha contra os bahá'ís, acusados de apostasia pelo clero xiita[371]. O palco estava montado para a deposição do soberano Cajar pelo Parlamento e a eleição de uma Assembleia Constituinte que, em dezembro de 1925, votou pelo advento de uma nova dinastia, a Pahlavi[372], chefiada por Reza, promovido de cã a xá.

O início da era Pahlavi foi acompanhado da entrada em vigor de um calendário próprio da Pérsia, no qual o ano solar começa pelo Nuruz [*Nowruz*], ou seja, o equinócio de primavera, e foi contado a partir de 622, ou seja, o ano da Hégira profética[373]. Reza Xá, consciente do considerável atraso da Pérsia em relação à Turquia e ao Egito, lançou-se num programa voluntarista de modernização autoritária. O monopólio estatal sobre o açúcar e o chá, a abolição das capitulações e a instituição de um banco nacional permitiram disponibilizar financiamentos de grandes projetos de infraestruturas, dentre os quais a ferrovia norte-sul e o início de uma rede rodoviária. A sedentarização, imposta com extrema violência ao mundo tribal, visava tanto estabilizar o mundo rural quanto prevenir dissidências. Tal jacobinismo imperial, inevitavelmente brutal em um país atormentado

---

371. Cf. *supra*, p. 241.
372. Reza Khan escolheu este patronímico que significa "heroico" e remete à língua pálavi do Império Sassânida, também chamada de "persa médio".
373. Cf. *supra*, p. 48.

por tantas tendências centrífugas, alimentava-se de uma reorganização territorial, do recrutamento por concurso de funcionários públicos e, é claro, do alistamento militar obrigatório (com dois anos de serviço, seguidos de mais de vinte anos na reserva). O antigo oficial cossaco, no entanto, mostrou-se muito menos eficaz nessa grande obra militar do que na reforma do ensino público, cujos programas foram estendidos às escolas particulares e estrangeiras em 1928.

Reza Xá dispunha de um grande trunfo contra o clero xiita: os aiatolás de Najaf tiveram de se submeter ao mandato britânico sobre o Iraque e, assim, perderam a capacidade de intervenção que eles tinham durante a era Cajar no cenário persa; a hierarquia de Qom falha, por conseguinte, em 1927, em organizar a mobilização contra a imposição aos homens de trajes ocidentais, com terno e quepe. Essa derrota significativa foi agravada pela marginalização do clero pela própria dinâmica da modernização da justiça, com os ulemás perdendo gradualmente seus poderes judiciais e notariais, à medida que o código civil e os processos penais pouco a pouco evacuam as referências à xaria. Os religiosos continuaram a se beneficiar do dízimo que os fiéis xiitas lhes pagavam diretamente[374] e Reza Xá não podia proceder à funcionarização à maneira brutal de Kemal. Mas o poder imperial não cessava de fortalecer-se e de invocar a glória da herança pré-islâmica do país, rebatizado Irã, o país dos arianos, em 1935. Naquele ano, uma manifestação foi violentamente reprimida no interior mesmo do santuário de Mexede. Fortalecido por esse sacrilégio, Reza Xá decretou a proibição geral do véu, medida perante a qual até mesmo Kemal havia recuado. Mas este *diktat* serviu menos para a emancipação das mulheres iranianas do que para afirmação do absolutismo de Estado.

8.7 O confessionalismo à francesa

A Terceira República, apesar do laicismo que professava em seu solo, projetou no Oriente Médio um confessionalismo muito agressivo. Não se

---

374. Cf. *supra*, p. 198.

tratou simplesmente do "dividir para reinar", que a Grã-Bretanha praticou de bom grado para consolidar sua dominação, mas de uma ideologia essencialista, que instituiu as comunidades para melhor opô-las umas às outras. Uma vez amputada do Grande Líbano em 1920, a própria Síria foi seccionada em "estados", que deveriam sempre corresponder a um grupo dominante. Essa brincadeira com o fogo confessional voltou-se contra a França, quando uma revolta que começou no coração do "Estado druso", em julho de 1925, atingiu Damasco e se espalhou por todo o país. O bombardeio da capital, em outubro, não conseguiu deter essa revolução (*thawra*), cujo "conselho nacional" exigiu a independência da Síria, com igualdade entre seus cidadãos de todas as origens. A insurreição nacionalista foi mais uma vez caricaturada como uma "revolta", ou mesmo uma "revolta drusa", para esconder sua dimensão patriótica. O exército colonial, reforçado por um contingente transferido do Marrocos, recrutou seus auxiliares nas populações minoritárias, jogando os circassianos contra os drusos, antes de recrutar alauitas, curdos e armênios sob a bandeira de suas "tropas especiais". Damasco foi colocada em estado de sítio e seus arredores foram metodicamente esquadrinhados. As autoridades francesas organizam, em pleno conflito, em janeiro de 1926, uma farsa eleitoral, destinada a dar o troco à SDN[375]. A revolta prosseguiu ainda por vários meses, antes de ceder diante de um esmagador equilíbrio de poder.

A França, atolada nessa aventura militar na Síria, simplesmente tornou-se mais solícita para com o "bom aluno" do mandato que seria o Líbano. A Constituição de maio de 1926 estabeleceu como princípio desta república a "representação equitativa das comunidades" não só no governo, mas também na administração. O voto "proporcional comunitário" combinava o escrutínio democrático e cotas confessionais. Era a consagração, na escala do Grande Líbano, do sistema concebido em 1861, já por iniciativa da França, para o Monte Líbano e no quadro otomano[376]. Por outro lado, na Síria, a corrente nacionalista, derrotada militarmente, continuava

---

375. Bashar al-Assad se envolverá em encenações eleitorais semelhantes em 2014 e 2016 para consolidar sua legitimidade na ONU.

376. Cf. *supra*, p. 215.

a ganhar uma eleição atrás da outra. O mandatário francês, recusando-se a aceitar o veredicto das urnas, foi obrigado a dissolver a Constituinte síria e a promulgar, em 1930, os "estatutos orgânicos" de um "Estado da Síria", no qual permaneceriam entrincheirados os dois "governos" dos alauitas e dos drusos. Os nacionalistas retaliaram arvorando, a partir de 1932, uma bandeira com três estrelas, duas delas simbolizando Damasco e Alepo, e a terceira qualquer outro componente de uma Síria unificada, para além das regiões e das confissões. Essa mesma bandeira de três estrelas seria retomada pelos revolucionários sírios em 2011, a fim de proclamar sua exigência de unidade nacional, em face da bandeira do regime de Assad e das suas manobras de sedição comunitária.

A greve geral de janeiro de 1936 na Síria quebrou uma década de impasse político ao finalmente lançar negociações sobre um tratado franco--sírio. A onda da Frente Popular levou ao poder, em Paris, os partidários da unidade síria, com base na qual foi assinado, no Quai d'Orsay, em setembro, um tratado de aliança com 25 anos de duração. O Parlamento sírio logo ratificou o tratado e nomeou seu principal negociador, Hashim al--Atassi, para a presidência da República. Mas a queda do governo de Léon Blum, em junho de 1937, estimulou a campanha da direita conservadora e do *lobby* colonial contra a ratificação desse tratado. Essa ausência de ratificação arruinou uma oportunidade histórica de restabelecer o equilíbrio nas relações entre os franceses e os sírios, e, de maneira mais geral, os árabes. Em vez disso, Paris considerou prioritário neutralizar as tendências pró-alemãs da Turquia, no contexto do aumento dos perigos na Europa. O tratado celebrado com Ancara, em julho de 1938, autorizou o destacamento de tropas turcas no sanjaque de Alexandreta. Paris prometeu garantir aos apoiadores de Ancara a maioria em uma paródia de escrutínio local. Este foi o último combate de Atatürk, que faleceria quatro meses mais tarde, e em cuja presidência seu ex-primeiro-ministro, İsmet İnönü, o sucederia. Em junho de 1939, o sanjaque foi oficialmente anexado à Turquia sob o nome de Hatay. Dezenas de milhares de árabes e armênios fugiram para o lado sírio da nova fronteira. A França, não satisfeita em trabalhar constantemente para dividir a Síria, exceto durante o interlúdio de Blum, de 1936-1937, abusou, assim, do seu mandato para amputar o território que a Sociedade das Nações lhe havia confiado.

8.8 A impossibilidade palestina

O mandato britânico sobre a Palestina sofreu desde o início de uma insuperável contradição interna. Enquanto os mandatos sobre o Iraque, a Síria e o Líbano, a despeito de sua hipocrisia colonial, deveriam levar à independência de um povo constituído, a Grã-Bretanha apoia na Palestina o estabelecimento de um "lar nacional do povo judeu", sem, no entanto, reconhecer os direitos nacionais dos 90% da população árabe. A perspectiva de uma Palestina unificada, com a garantia dos direitos da minoria judaica, foi assim descartada em favor da alternativa tácita entre um Estado binacional judaico-árabe, de um lado, e dois estados para cada um dos dois povos, de outro. Foi essa armadilha que os palestinos recusaram boicotando as instituições do mandato, malgrado o fato de os sionistas aceitarem de bom grado participar delas. Os responsáveis britânicos contornaram esse obstáculo árabe transpondo para o domínio religioso sua centralização administrativa da Palestina a partir de Jerusalém. Eles criaram o posto de grão-mufti de Jerusalém, com autoridade sobre os muftis de província, e o confiaram ao ambicioso Hajj Amin al-Husseini [*Muḥammad Amīn Ṭāhir Muṣṭafā al-Ḥusayni*]. Eles em seguida colocaram esse grão-mufti à frente de um Conselho Supremo Islâmico (CSI), que administrava as numerosas fundações pias do país. As eleições para o CSI tornaram-se as principais datas da política árabe, com uma maioria pró-al-Husseini e uma minoria de oposição. Foi assim que Londres conscientemente "islamizou" a questão palestina para melhor evacuar a carga nacionalista.

Em 1923, al-Husseini lançou uma campanha internacional de angariação de fundos para a esplanada das mesquitas, apostando em uma solidariedade antes islâmica do que árabe. Essa internacionalização também alimentou a rivalidade entre os soberanos do Iraque e da Arábia, com al-

-Husseini jogando Ibne Saud contra Faiçal. Em setembro de 1928, durante a celebração do Yom Kippur eclodiram incidentes no Muro das Lamentações, denunciados pelos árabes como uma violação do *status quo* otomano nos lugares sagrados[377]. O Congresso Sionista de julho de 1929 criou uma Agência Judaica na Palestina e se recusou a ser restringido pelo *status quo*. Eclodiram tumultos, no mês seguinte, em Jerusalém, os quais se espalharam para Hebron e Gaza, que se esvaziaram de suas comunidades judaicas, que, no entanto, estavam aí instaladas há séculos. Conquanto esses distúrbios fizessem tantas vítimas entre os árabes quanto entre os judeus, o trauma foi bem mais profundo entre estes últimos. Ele levou os partidários sionistas da solução binacional, já minoritários dentro do Yishuv, a desvanecerem-se perante os proponentes de um Estado exclusivamente judeu. Essa polarização confessional também marginalizou os cristãos palestinos, que, no entanto, haviam desempenhado um papel pioneiro na resistência ao sionismo[378].

A Grã-Bretanha procedeu, a partir da Palestina, a uma verdadeira "política muçulmana" que serviu aos seus interesses coloniais, em particular na Índia. O grão-mufti pôde, assim, convocar em Jerusalém, em dezembro de 1931, um "congresso islâmico" de várias centenas de participantes, ao passo que Ibne Saud não conseguiu reunir tais encontros em Meca. Londres jogou com o contraste entre sua benevolência imperial e a brutalidade da França na Síria, para não mencionar a terrível repressão da Itália fascista aos guerrilheiros árabes na Cirenaica. Metade da população beduína estava aí encerrada em campos de concentração, onde dezenas de milhares de civis encontram a morte. Foi a esse custo exorbitante que Roma pôde, duas décadas após a invasão da Líbia, finalmente proclamar sua "pacificação". O delegado egípcio no Congresso Islâmico em Jerusalém denunciou as exações perpetradas na Líbia e lançou um apelo vibrante por um boicote árabe à Itália.

---

377. Cf. *supra*, p. 212.
378. Em 1931, a população árabe de Jerusalém era tanto cristã quanto muçulmana (20.000 para cada comunidade), em comparação com 50.000 judeus.

A tomada do poder por Adolf Hitler, em 1933, produziu uma onda massiva de judeus alemães para a Palestina[379], o único país onde foram acolhidos sem restrições. Em três anos, o efetivo do Yishuv dobrou, chegando a atingir quase 30% da população do território sob mandato. Essa pressão migratória sem precedente foi a causa direta da revolução (*thawra*) de 1936-1939, impropriamente traduzida, uma vez mais, como "revolta árabe". Uma greve geral foi proclamada em abril de 1936 por um Alto Comitê Árabe (ACA), constituído pelas várias facções palestinas, conquanto presidido pelo mufti al-Husseini. O movimento foi duramente reprimido pelos britânicos, que generalizaram as sanções coletivas. A greve também facilitou a integração pelo Yishuv da nova onda de migrantes, de acordo com os princípios de uma economia judaica com vocação para a autossuficiência. Em outubro de 1936, os soberanos árabes, solicitados por Londres, pressionaram pelo fim do protesto. O grande número de perdas árabes levou o ACA, cada vez mais dividido, a suspender a greve geral. Uma guerrilha inédita continuava, no entanto, a se desenvolver. Ela adotou como sinal de união o keffiyeh, o tradicional lenço de cabeça dos camponeses palestinos. A Grã-Bretanha enviou um reforço de 20.000 militares contra cerca de 2.000 insurgentes.

A publicação, em julho de 1937, de um plano britânico de partição entre um Estado judeu e um Estado árabe reiniciou a revolta palestina. O poder mandatário mobilizou veteranos da contrainsurgência na Irlanda e recrutou milhares de auxiliares judeus. O movimento sionista viu sua estratégia gradualista coroada de sucesso, enquanto seu ramo paramilitar, o Haganá [*Haganah*] ("Defesa"), foi fortalecido pela colaboração com os britânicos. Apenas os dissidentes revisionistas[380] do Irgun ("Organização") recusaram qualquer partilha da "terra de Israel", distinguindo-se pelo caráter indiscriminado dos seus atentados antiárabes. Por um tempo, a repressão alimentou o recrutamento de guerrilheiros nacionalistas, que

---

379. Um acordo concluído em 1933 entre a Agência Judaica e o Ministério das Relações Exteriores da Alemanha permitiu a emigração de mais de 50 mil judeus para a Palestina.
380. Cf. *supra*, p. 271, nota 355.

chegaram mesmo a conseguir, em outubro de 1938, tomar temporariamente a cidade velha de Jerusalém. Mas o caráter metódico da campanha britânica acabou exaurindo a resistência árabe nos combates locais, perdidos de antemão em face de um inimigo muito mais bem armado e estruturado. Uma vez restabelecida a ordem na Palestina, Londres adotou, em março de 1939, um "Livro Branco" que retomava a ideia de partição, limitava a imigração judaica por cinco anos e prometia a independência do país em dez anos. Os sionistas consideraram-se traídos, embora al-Husseini, refugiado no Líbano, não fosse menos crítico desse texto. De maneira geral, a elite nacionalista, dizimada pelas execuções, as prisões e o exílio, foi incapaz de se mobilizar para tirar proveito do Livro Branco. A realidade é que os árabes, esmagados enquanto movimento nacional, talvez já tivessem perdido a Palestina mesmo antes da Segunda Guerra Mundial.

8.9 Mobilizações curdas

O mito hamidiano de uma união entre turcos e curdos sob a bandeira otomana continuou, como vimos, a ser alimentado pelos Jovens Turcos, inclusive durante a perpetração do genocídio armênio[381]. Além disso, os intelectuais curdos puderam dar sua contribuição decisiva à ideologia unionista ou à Nahda árabe[382]. Afinal, as regiões curdas permaneceram sob a influência de uma elite tradicional, combinando a autoridade tribal e o carisma sufi. Todos esses fatores contribuíram para o surgimento tardio do nacionalismo curdo, com o estabelecimento, em 1918, em Istambul, do Comitê de Recuperação do Curdistão. Este comitê negociou, com a delegação armênia na conferência de Paris, um acordo de partilha das províncias orientais da Turquia entre uma Grande Armênia e um futuro Curdistão. O Reino Unido, cuja autoridade a França então reconheceu sobre Mossul (em troca da participação na exploração petrolífera da área), esperava desviar para a Turquia as reivindicações curdas no norte do Iraque. Foi nesse con-

---

381. Cf. *supra*, p. 266.
382. Cf. *supra*, p. 255 e p. 258.

texto que o Tratado de Sèvres de 1920 previu um Curdistão independente em território até então otomano[383].

O reino árabe de Damasco foi então varrido pelas tropas francesas de ocupação, fortalecidas pelo mandato que a SDN lhes confiou sobre a Síria. Uma guerrilha nacionalista, no entanto, persistiu no norte do país, com o apoio de Mustafa Kemal, que a viu como a melhor maneira de enfraquecer as reivindicações francesas sobre o sul da Anatólia. Essa resistência anticolonial foi liderada por Ibrahim Hananu, um notável curdo da região de Alepo, para quem o patriotismo sírio deveria prevalecer sobre as afiliações etnolinguísticas. Em troca do abandono da Cilícia pela França, em 1921 Kemal suspendeu seu apoio à insurreição síria, que não tardou a colapsar. Hananu, capturado pelo exército francês, foi condenado à morte em 1922, mas perdoado devido à sua imensa popularidade. Ele permaneceu até sua morte, em 1935, o símbolo de um nacionalismo intratável, que nunca deixa de exigir a independência incondicional da Síria. A "cidade de Hananu", um dos bairros modernos de Alepo batizado com seu nome, tornou-se, em 2012, um dos bastiões da resistência, tanto árabe quanto curda, ao regime dos Assad. Toda a área seria entregue, em 2016, à Rússia pela Turquia[384], que a cada século renova sua traição ao nacionalismo sírio.

Quanto à perspectiva de um Curdistão, aberta em Sèvres em 1920, ela foi arruinada pelo esmagamento, entre 1922 e 1925, de várias revoltas: no Irã, Reza Khan subjugou um feudo que um líder curdo, aproveitando-se da anarquia geral, dirigira por quatro anos no noroeste do país; no Iraque, o "reino do Curdistão", estabelecido em Suleimânia, durou pouco mais de um ano, antes de cair sob os golpes do exército britânico; na Turquia, Mustafa Kemal obteve, em 1923, a revogação do Tratado de Sèvres pelo de Lausanne, omisso sobre os direitos curdos, e sufocou, em 1925, uma insurreição curda de amplitude na região de Diarbaquir. Cada uma dessas dissidências foi neutralizada sem que uma autêntica solidariedade curda se manifeste para além das fronteiras do Estado. Isso não impediu que

---

383. Cf. *supra*, p. 272.
384. Cf. *infra*, p. 376.

ativistas curdos lamentassem a divisão de seu sonhado Curdistão entre um "Norte" turco (*Bakûr*), um "Sul" iraquiano (*Bashûr*), um "Leste" iraniano (*Rohjelat*) e um "Oeste" sírio (*Rojava*)[385]. Só em 1946, e com o apoio decisivo da URSS, é que uma "República Curda" foi proclamada na cidade iraniana de Mahabad, com o reforço de milhares de curdos vindos do Iraque. Esses voluntários aí ganharam o nome de peshmergas, "aqueles que vão ao encontro da morte", denominação agora genérica dos combatentes curdos. Mas essa primeira experiência do separatismo moderno colapsou depois de alguns meses.

8.10 A Segunda Guerra Mundial

O Reino Unido era a potência dominante do Oriente Médio no início da Segunda Guerra Mundial, em setembro de 1939. Conforme o tratado celebrado três anos antes com o Egito, todo o território desse país foi colocado à disposição do comando britânico. Este acomodou-se com a passagem, em junho de 1940, da Síria e do Líbano à autoridade de Vichy. Por outro lado, mobilizou-se contra o avanço italiano no leste do Egito, conduzido a partir da Líbia, no outono de 1940. O contra-ataque britânico derrotou as tropas fascistas, que foram expulsas do Egito e, em fevereiro de 1941, eliminadas da Cirenaica. Um golpe de Estado pró-nazista em Bagdá, dois meses depois, foi sufocado com a reocupação do Iraque pelo antigo poder mandatário. O uso de aeroportos sírios pela força aérea alemã acarretou, em junho de 1941, uma ofensiva conjunta da Grã-Bretanha e da França livre, que substituiu, em Beirute e Damasco, os petainistas derrotados. Nesse mesmo mês de junho de 1941, a invasão da URSS por Hitler a fez passar ao campo dos Aliados. A Ferrovia Trans-iraniana tornou-se uma importante rota de abastecimento do Exército Vermelho pelo Golfo Pérsico. A germanofilia de Reza Xá, sob o manto da neutralidade oficial, deixou de ser tolerada por Londres, que o derrubou em favor do seu filho

---

385. É sob esse nome, Rojava, que os separatistas curdos proclamam, em 2013, sua autonomia no nordeste da Síria.

Muhammad Reza. O Irã foi ocupado conjuntamente pelos soviéticos ao norte e pelos britânicos ao sul.

A liderança sionista, apesar da sua rejeição do Livro Branco britânico na Palestina, estava firmemente comprometida contra o Eixo. David Ben-Gurion, o líder trabalhista do Yishuv, chegou mesmo a envolver a Haganá, no verão de 1941, na campanha anglo-gaullista da Síria. Os revisionistas do Irgun aderiram a esta linha antifascista, o que provocou a cisão do Lehi[386], para o qual o Reino Unido permaneceu o principal inimigo. Do lado árabe, o mufti al-Husseini, instalado em Bagdá desde 1939, aí apoiou ativamente a junta pró-nazista. A reconquista britânica do Iraque o empurrou para um novo exílio, desta vez na Alemanha. Recebido pelo Führer em novembro de 1941, foi encarregado de organizar a propaganda e o recrutamento de muçulmanos para o Terceiro Reich. Mas essa segunda *Jihad made in Germany* não foi mais eficaz do que a de 1914, quando Berlim apostara no apelo do califa otomano à jihad contra os Aliados[387]. Somente na Bósnia al-Husseini conseguiu suscitar o alistamento dos seus correligionários na SS. Em contrapartida, seus esforços fracassaram no mundo árabe, apesar da mobilização da propaganda nazista. Na própria Palestina, o número de voluntários judeus e árabes engajados no lado dos britânicos era comparável.

Perante o fracasso das tropas italianas na Líbia, Berlim enviou o seu próprio Afrika Korps, que expulsou os britânicos da Cirenaica em junho de 1942. Alexandria parecia ameaçada e um vento de pânico soprava no Cairo[388]. Mas o Reino Unido retomou a iniciativa e rompeu a frente alemã em El Alamein em novembro. Pouco depois, os Estados Unidos desembarcaram no norte da África e sua propaganda apresentou, em árabe, o combate dos soldados americanos como uma "jihad" pela liberdade. O Presidente

---

386. Lehi é o acrônimo hebraico de Combatentes pela liberdade de Israel, mas a propaganda britânica prefere estigmatizar o "grupo Stern", do nome do seu fundador.

387. Cf. *supra*, p. 262.

388. O futuro Presidente Anwar Sadat, então um jovem oficial nacionalista, foi condenado por espionagem em benefício dos Afrika Korps, dos quais esperava o fim da dominação britânica sobre o Egito.

Franklin Roosevelt apresentou então seu país como uma alternativa ao colonialismo europeu e como um defensor dos direitos dos povos. A pressão foi ainda mais forte sobre Charles de Gaulle, que havia considerado, em 1941, a independência da Síria e do Líbano apenas para rejeitá-la no pós--guerra. As eleições do verão de 1943 deram em Damasco e Beirute uma clara maioria aos nacionalistas, que exigiram a dissolução dos mandatos. As autoridades francesas tentaram, no outono, sufocar o movimento, antes de cederem à pressão anglo-saxônica.

A brutalidade gaullista obteve a unanimidade contra ela entre sírios e libaneses, cuja independência foi assim negociada em concerto, ao contrário do processo de imposição dos mandatos em 1920. Em Beirute, um "pacto nacional" não escrito confiou a presidência da República a um maronita e a direção do governo a um sunita, com os cristãos comprometendo-se a reconhecer o caráter árabe do Líbano, em troca do abandono pelos muçulmanos do irredentismo sírio. Tal pacto libanês, apesar de suas conotações patrióticas, resultou na perpetuação do confessionalismo político, inclusive na administração[389]. A Síria e o Líbano, cuja soberania era agora reconhecida, participaram, em março de 1945, no Cairo, do estabelecimento de uma "Liga de Estados Árabes". Eles aí eram as duas únicas repúblicas, ao lado do Egito do Rei Faruque [Farouk, *Fārūq*], da Arábia de Ibne Saud, assim como das duas monarquias haxemitas do regente Abdelilah, no Iraque, e do seu tio, o Emir Abdullah, na Transjordânia[390]. Esses seis estados participaram, no mês seguinte, da conferência de fundação da Organização das Nações Unidas (ONU). De Gaulle não percebeu a importância desse novo acordo e tentou, com o bombardeio de Damasco, em maio de 1945, conter a onda nacionalista. Ele foi mais uma vez repudiado por Washington e Londres. A França teve que retirar todas as suas forças da Síria e do

---

389. Este pacto nacional foi concluído com base no recenseamento de 1932, que deu uma ligeira maioria aos cristãos na população residente no Líbano. Nenhum outro recenseamento foi realizado desde então, porquanto a instituição do confessionalismo politizou a questão demográfica.
390. Faruque sucedeu, em 1936, no trono do Egito ao seu falecido pai, Fuade. Quanto ao Iêmen do Imã Iáia [*Yaḥyā*], juntou-se à Liga Árabe em maio de 1945.

Líbano em 1946, ao passo que o Reino Unido preservou o essencial do seu dispositivo militar nos países que se tornaram independentes.

Os Estados Unidos gozavam então de uma enorme popularidade no Oriente Médio, onde o seu poder militar impressionava tanto quanto a sua postura anticolonialista seduzia. Roosevelt talvez não estivesse convencido pela tese de Mahan de 1902 sobre o *Middle East* como a chave da hegemonia mundial[391]. Ele, no entanto, percebeu a importância do petróleo do Oriente Médio para a prosperidade dos Estados Unidos e na perspectiva de uma queda de braço com a URSS. É por isso que, em fevereiro de 1945, tão logo encerrada a cúpula de Yalta com Churchill e Stalin, ele voou para o Egito para encontrar-se secretamente com Ibne Saud. Essa entrevista fundou um pacto informal no qual a defesa da Arábia pelos Estados Unidos garantia o fornecimento americano de petróleo saudita. Roosevelt morreu no mês seguinte, o que levou seu vice-presidente, Harry Truman, para a Casa Branca. O novo chefe de Estado fez carreira no aparelho do Partido Democrata, no Missouri, e depois no âmbito federal. Preocupado em manter as simpatias do eleitorado judeu, ele também foi sensível ao biblismo protestante dos democratas do Sul e à recusa geral de uma nova onda de imigração para os Estados Unidos. Tais considerações políticas o levaram a apoiar a exigência sionista de uma abertura da Palestina à imigração judaica, exigência de que a descoberta do horror da Shoah incumbiu de uma urgência de reparação moral. Desde 1945, o pacto militar-petrolífero com a Arábia e, por motivações mais domésticas do que diplomáticas, o apoio ao sionismo, já definiam a política dos Estados Unidos para o Oriente Médio.

8.11 A fundação de Israel

A partir de 1945, a Palestina foi abalada por uma série de atentados antibritânicos, atribuídos ao Irgun e ao Lehi, enquanto o Haganá, frequentemente associado a esse tipo de terrorismo, concentrava-se oficialmente na transferência ilegal de imigrantes judeus. A imensa aflição dos sobreviventes do

---

391. Cf. *supra*, p. 222.

Holocausto na Europa alimentava a propaganda sionista, segundo a qual o estabelecimento de um Estado judeu era a única resposta ao "nunca mais". Truman intensificou, em 1946, suas pressões sobre um Reino Unido exaurido pela guerra mundial. Londres decidiu, em fevereiro de 1947, contar com a ONU para resolver sua questão palestina. Os árabes, com a força de sua maioria de dois terços da população, exigiram uma independência imediata. A ONU elaborou um plano de partilha entre um Estado árabe e um Estado judeu, para o qual foi alocada mais da metade do território, com Jerusalém abrangida por um *status* internacional. A parte árabe rejeitou tal plano, que, no entanto, foi aprovado pelo movimento sionista, com exceção do Irgun e do Lehi. Stalin considerou então o progressismo marxizante dos militantes judeus da Palestina como o melhor aliado contra a ordem britânica no Oriente Médio, da qual, aos seus olhos, os regimes árabes seriam apenas emanações. Essa transição de Moscou a favor do plano de partilha representou uma convergência inesperada com Washington nesse início de Guerra Fria. A partição da Palestina foi aprovada, em novembro de 1947, pela maioria de dois terços exigida na Assembleia Geral da ONU.

Esse plano nunca conheceu o menor início de implementação, porque imediatamente começaram as hostilidades entre as milícias sionistas, empenhadas em garantir a continuidade territorial entre seus diferentes enclaves, e os grupos árabes, mal-organizados e muito menos armados. Abdullah da Transjordânia negociou secretamente com os líderes sionistas uma divisão da Palestina na qual se apropriaria dos territórios reservados ao Estado Árabe. Em março-abril de 1948, a resistência palestina colapsou, sobretudo na região de Jerusalém, o que provocou o êxodo de populações inteiras. Em 14 de maio, às vésperas do término do mandato britânico, Ben-Gurion proclamou, em Tel Aviv, a fundação do Estado de Israel. Os Estados Unidos e a URSS rapidamente lhe concederam seu reconhecimento. O conflito, de guerra civil judaico-árabe na Palestina, internacionalizou-se para tornar-se a primeira guerra árabe-israelense. Os 20.000 militares enviados pelos estados árabes[392] permaneceram, mesmo

---

392. Os efetivos são estimados em 10.000 egípcios, 4.500 transjordanianos, 1.500 sírios, igual número de iraquianos e sauditas, assim como 1.000 libaneses.

com o apoio dos milhares de milicianos engajados desde o inverno, em número inferior aos 30.000 a 35.000 combatentes do novíssimo exército israelense[393]. Este carecia de armamento pesado e a dureza dos confrontos dos meses precedentes pesara sobre essas tropas ainda novatas. Mas ele se beneficiou de uma unidade de comando que cruelmente faz falta no campo árabe. Com efeito, a Transjordânia recusou-se a combater com os israelenses, exceto em Jerusalém, que permaneceu fora do plano de partição.

O mediador da ONU para a Palestina, Folke Bernadotte, conseguiu, em junho de 1948, negociar uma trégua, mas não conseguiu evitar a retomada das hostilidades. Ele tentou salvar o plano de partição e favorecer o retorno dos refugiados árabes, que já se contavam às centenas de milhares. Seu assassinato pelo Lehi, em setembro, em Jerusalém, deixou a palavra exclusivamente às armas, e, portanto, a vitória a Israel[394]. A ONU limitou-se, a partir de janeiro de 1949, a patrocinar uma série de armistícios entre Israel e seus vizinhos árabes. A conferência reunida em Lausanne no verão seguinte não conseguiu chegar a um acordo de paz, instalando a região em uma situação de cessar-fogo indefinido. A Palestina desapareceu, dividida entre Israel, que absorveu 77% do seu território, e a Transjordânia, que anexou 22%, nomeadamente Jerusalém Oriental e a Cisjordânia. Essa "união" entre as duas margens do Jordão permitia agora que Abdullah se proclamasse rei da "Jordânia". Quanto à "Faixa de Gaza", administrada pelo Egito, ela agrupava, em 1% da Palestina mandatária, um quarto de sua população árabe. É a Nakba, literalmente a "Catástrofe", para os árabes da Palestina, reduzidos em sua maioria a não serem mais do que refugiados[395], para os quais a ONU criou uma agência específica, sem mandato para assegurar seu retorno à sua terra.

---

393. Ele é constituído sob o nome de Tsahal (o acrônimo hebraico de Forças de Defesa de Israel/*Tzva Haganah Le Israel*) por amálgama em torno do Haganá.

394. 1% da população da Palestina mandatária pereceu no conflito, uma proporção que se reflete nas perdas israelenses, majoritariamente militares, e palestinas, amplamente civis.

395. A população árabe da Palestina, estimada em 1,3 milhão em 1948, é dividida, um ano depois, em quatro categorias: 160.000 que permaneceram em Israel, 80.000 habitantes originais da Faixa de Gaza, 300.000 habitantes que agora são "jordanianos" de Jerusalém Oriental e da Cisjordânia, e pelo menos 750.000 refugiados, dispersos entre a Faixa de Gaza, a Jordânia, a Síria, o Líbano e até mesmo além (estes dois últimos números são objeto de ásperos debates).

Israel realizou as suas primeiras eleições em janeiro de 1949, enquanto o conflito perdurava, razão pela qual fez-se um escrutínio com uma única circunscrição eleitoral e uma representação proporcional integral. Ben-Gurion obteve, para seu Partido Trabalhista e seus aliados, uma confortável maioria de 90 deputados dos 120 dessa Knesset (Assembleia), enquanto os revisionistas de Menachem Begin, ex-chefe do Irgun, foram marginalizados. Os parlamentares elegeram como presidente do Estado, uma função amplamente honorífica, Haïm Weizmann, inspirador da Declaração Balfour e o primeiro líder da Agência Judaica. O poder executivo foi exercido com firmeza pelo primeiro-ministro que, para evitar disputas sobre o *status* oficial do judaísmo, escolheu não elaborar uma Constituição. Um consenso padrão reuniu, assim, leigos e religiosos em torno de um Estado que se definia ao mesmo tempo como judeu e democrático. A lei do serviço militar, fixada em trinta meses para os homens e vinte e quatro meses para as mulheres, estabeleceu o quadro de uma nação judaica armada, da qual os árabes estão excluídos[396]. A lei dos "bens dos ausentes" legalizou a transferência para instituições sionistas dos bens dos palestinos "ausentes" após o plano de partilha da ONU. A "lei do retorno" prescreveu que "todo judeu tem o direito de imigrar para Israel", o que incentivou uma aliá [*aliyah*] sem precedente, com a população dobrando em três anos. Essa corrente concerniu importantes comunidades sefaraditas, dentre as quais a do Iêmen, transferida por transporte aéreo, ao passo que o sionismo, até 1948, recrutava antes nas populações asquenazes da Europa. O sistema socializante do novo Estado permitiu integrar de maneira voluntarista essas ondas de imigração.

8.12 A falência das elites árabes

O Oriente Médio, tão duramente atingido pela Primeira Guerra Mundial, foi muito menos atingido pela Segunda. A sua população duplicou du-

---

[396]. Apenas os drusos são submetidos ao serviço militar obrigatório, ao passo que o alistamento dos beduínos é encorajado, mas de forma individual. A lei marcial foi imposta em áreas majoritariamente árabes de Israel até 1966.

rante a primeira metade do século XX, devido à aceleração do crescimento demográfico iniciada na segunda metade do século precedente. O Egito e a Turquia tinham cerca de 20 milhões de habitantes, com o Cairo pesando, com seus 2 milhões de habitantes, duas vezes mais do que Istambul. Três quartos da população do Oriente Médio permaneciam rurais, conquanto o crescimento dos centros urbanos fosse espetacular, com o desenvolvimento dos portos de Beirute e Alexandria, assim como os novos bairros de Heliópolis, no Cairo, e de Abou Roummaneh, em Damasco. Uma nova classe média estava envolvida na administração dos estados em formação, nas profissões liberais em plena expansão e em uma globalização muito moldada pelas prioridades coloniais[397]. O "campo nas cidades" também alimentava formas inéditas de artesanato e proletariado, com as lutas sociais que disso decorriam. O exército tornou-se um formidável elevador social para as classes mais desfavorecidas, num momento em que o domínio das elites pós-otomanas continuava muito forte sobre a propriedade fundiária, a indústria média e as grandes empresas.

O abandono do povo palestino sancionou, em 1949, o fracasso dessas elites árabes em defender seus direitos nacionais, primeiro contra as potências coloniais, e depois diante da espoliação sionista. Mas já se passaram duas décadas desde que o processo de tais elites foi instruído por formações constituídas sobre o modelo bolchevique. A Irmandade Muçulmana, fundada no Egito em 1928 por Hassan al-Banna, poderia muito bem ser islamista, mas seu "guia supremo" tinha a mesma autoridade que o "secretário-geral" dos partidos comunistas, o "conselho consultivo" (*Majlis al-Shūrā*) da primeira correspondendo ao "gabinete político" dos últimos, com, em ambos os casos, um comitê central, organizações de massa e um "centralismo" muito pouco democrático. A Irmandade Muçulmana condenava as transigências com o imperialismo britânico por parte dos partidos parlamentares, à frente dos quais está o Wafd[398]. Ela encontrou na Palestina a causa ideal para ser amplamente mobilizada no Egito, de 1935-1936, sem

---

397. É o caso do oleoduto, inaugurado em 1935, que transporta petróleo iraquiano dos campos de Quircuque aos portos palestinos de Haifa e aos portos libaneses de Trípoli.
398. Cf. *supra*, p. 272 , nota 358.

desafiar diretamente as autoridades. Com centenas de milhares de adeptos, ela desenvolveu filiais na Síria e na Jordânia, além de um ramo paramilitar, mobilizado contra Israel em 1948. Ela atribuiu publicamente a derrota dessa "jihad" na Palestina ao Rei Faruque, cujo primeiro-ministro foi assassinado, o que acarretou, em represália, o assassinato de al-Banna. A organização tinha agora o seu "mártir" emblemático, caído sob os golpes de um regime estigmatizado como "ímpio".

Inúmeras formações que defendiam um nacionalismo radical partilhavam, portanto, com a Irmandade Muçulmana, não só a estruturação de tipo leninista, mas também uma hostilidade cada vez mais virulenta em relação à ordem liberal. Elas também desenvolveram estruturas armadas e secretas, em uma perspectiva putschista. Era o caso, no Iraque, do Partido da Fraternidade Nacional, cujo fundador conduziu o golpe de Estado pró-nazista de 1941. O Partido Social Nacionalista Sírio defendia, desde o Líbano, a união "grande-síria" entre esse país, a Síria, o Iraque, a Jordânia e a Palestina. Tão oposto ao pan-arabismo quanto à independência libanesa, este partido tentou um *putsch* em Beirute, em 1949, pelo qual seu líder foi executado, depois vingado no sangue do primeiro-ministro libanês, em 1951. O Partido Baath ("Ressurgimento"), estabelecido em Damasco, em 1947, reivindicava um "socialismo árabe", em nome de uma "nação unida" do Marrocos ao Golfo Pérsico e portadora de uma "mensagem universal". Tais formações "progressistas" lucraram com o descrédito no qual o apoio de Stalin a Israel mergulhou os partidos comunistas do mundo árabe. Elas animaram a contestação de classe contra os notáveis tradicionais, um registro não negligenciado pela Irmandade Muçulmana, cujo ramo sírio reivindicava um "socialismo islâmico". Enfim, todos esses grupos questionavam, em nome de uma solidariedade pan-árabe, "Grande Síria" ou islâmica, a legitimidade das fronteiras nas quais a emancipação da tutela colonial foi realizada.

É óbvio que essa emancipação foi trabalhosa, acidentada e imperfeita, e isso em um quadro territorial muitas vezes artificial, sempre arbitrário, e onde a emergência de uma cidadania autêntica era combatida por um comunitarismo mais ou menos instituído. Mas as elites árabes, tão fustigadas por sua falência histórica, mantiveram, nesse ambiente tão restrito, um sistema pluralista com uma imprensa relativamente livre, eleições efetivamente disputadas e uma gestão parlamentar da diferença. A França na Síria e a Grã-Bretanha no Egito colidiram com a constância dos deputados árabes que se recusavam a trair os seus mandantes, enquanto as câmaras de registro contentavam-se em oferecer ao "salvador da nação" a abolição do califado na Turquia e a derrubada dos cajares no Irã. Esse legado de pluralismo árabe seria metodicamente ocultado pelas ditaduras da segunda metade do século XX, prontas a denunciar a "corrupção" dos regimes caídos para melhor mascarar as próprias torpezas. Supostas boas almas entoariam a mesma cantilena em 2011, afirmando, a despeito da realidade histórica, que a ausência de experiência parlamentar condena o mundo árabe às trevas do autoritarismo. Importa, ao contrário, reabilitar esse passado liberal se quisermos compreender toda a brutalidade da ruptura despótica. Bem-vindo à era do desvio das independências árabes.

Cronologia

2 de agosto de 1914	Aliança secreta entre otomanos e alemães.
14 de novembro de 1914	Apelo otomano à jihad contra os aliados.
18 de dezembro de 1914	Protetorado britânico sobre o Egito.
24 de abril de 1915	Início, em Constantinopla, do genocídio armênio.
Julho de 1915-janeiro de 1916	Correspondência Hussein-McMahon.
16 de maio de 1916	Acordos franco-britânicos conhecidos como "Sykes-Picot".
10 de junho de 1916	Lançamento da "revolta árabe" no Hejaz.
2 de novembro de 1917	Declaração Balfour sobre a Palestina.
9 de dezembro de 1917	Ocupação britânica de Jerusalém.
31 de outubro de 1918	Armistício de Mudros.
18 de janeiro de 1919	Abertura da Conferência de Paz de Paris.
9 de março de 1919	"Revolução" antibritânica no Egito.
19 a 26 de abril de 1920	Conferência de San Remo sobre o Oriente Médio.
Maio-outubro de 1920	Revolta antibritânica no Iraque.
24 de julho de 1920	Vitória francesa sobre os nacionalistas sírios.
10 de agosto de 1920	Tratado de Sèvres desmembrando a Turquia.
1 de setembro de 1920	Proclamação do Grande Líbano.
21 de fevereiro de 1921	Golpe de Estado de Reza Khan em Teerã.
23 de agosto de 1921	Faiçal, primeiro rei do Iraque.
28 de fevereiro de 1922	Independência formal do Egito.
24 de julho de 1923	Tratado de Lausanne, anulando o de Sèvres.
3 de março de 1924	Abolição do califado pelo parlamento turco.
13 de outubro de 1924	Tomada de Meca por Ibne Saud.
18 a 20 de outubro de 1925	Bombardeio francês de Damasco.
12 de dezembro de 1925	Os cajares suplantados pelos Pahlavi.
16 de dezembro de 1925	Mossul atribuída pela Sociedade das Nações ao Iraque.
23 de maio de 1926	Constituição da República do Líbano.
23 a 29 de agosto de 1929	Revoltas intercomunitárias na Palestina.
22 de setembro de 1932	Proclamação oficial da Arábia Saudita.
3 de outubro de 1932	Independência formal do Iraque.
24 de novembro de 1934	Mustafa Kemal proclamado "Atatürk".
19 de abril de 1936	Greve geral da população árabe da Palestina.
9 de setembro de 1936	Tratado franco-sírio assinado em Paris.
17 de março de 1939	"Livro Branco" do Reino Unido sobre a Palestina.
21 de junho de 1941	Tomada de Damasco pelas tropas anglo-gaullistas.
16 de setembro de 1941	Abdicação de Reza Xá em favor de seu filho.
3 de novembro de 1942	Vitória britânica em El Alamein.
22 de novembro de 1943	Independência do Líbano.
14 de fevereiro de 1945	Cúpula Roosevelt-Ibne Saud no Egito.
22 de março de 1945	Fundação da Liga Árabe no Cairo.
17 de abril de 1946	Fim da retirada francesa da Síria.

29 de novembro de 1947	Plano de partição da Palestina pela ONU.
14 de maio de 1948	Proclamação do Estado de Israel.
17 de setembro de 1948	Assassinato de Folke Bernadotte em Jerusalém.
25 de janeiro de 1949	Primeiras eleições israelenses na Knesset.
15 de setembro de 1949	Fracasso da conferência da ONU em Lausanne.

Para saber mais

AKÇAM, T. *Ordres de tuer: Arménie 1915*. Paris: CNRS Éditions, 2020.

BARR, J. *Une ligne dans le sable. Le conflit franco-britannique qui façonna le Moyen-Orient*. Paris: Perrin-Ministère de la Défense, 2017.

COHEN, M. *Du rêve sioniste à la réalité israélienne*. Paris: La Découverte, 1990.

DIGARD, J.-P.; HOURCADE, B.; RICHARD, Y. *L'Iran au XXe siècle*. Paris: Fayard, 2007.

KASSIR, S. *Histoire de Beyrouth*. Paris: Fayard, 2003.

KHALIDI, R. *Palestine, histoire d'un État introuvable*. Paris: Actes Sud, 2007.

LAURENS, H. *Les Crises d'Orient*, t. II, *La Naissance du Moyen-Orient, 1914-1949*. Paris: Fayard, 2019.

MONNIER, F. *Atatürk, naissance de la Turquie moderne*. Paris: CNRS Éditions, 2015.

MOTADEL, D. *Les Musulmans et la machine de guerre nazie*. Paris: La Découverte, 2019.

NICHANIAN, M. *Détruire les Arméniens*. Paris: PUF, 2015.

9

GUERRA FRIA E CONFLITO ÁRABE-ISRAELENSE (1949-1990)

O Oriente Médio instalou-se, em 1949, em uma situação de nem guerra nem paz entre Israel e seus vizinhos árabes. Foi também o ano em que o chefe do Estado-Maior sírio, espancado durante o recente conflito, assumiu o poder em Damasco. Ele aí instaurou uma ditadura de caráter militar, ao passo que as intervenções anteriores de um exército árabe, no Iraque vizinho, haviam preservado o quadro monárquico. Esse mesmo golpe de Estado foi seguido por dois outros *putschs* em poucos meses, após os quais o General Adib Chichakli [*Adib al-Shishakli*] restabeleceu o regime parlamentar por dois anos. Em dezembro de 1951, Chichakli realizou o quarto golpe de Estado da Síria independente, suspendeu a Constituição e proibiu os partidos políticos. Doravante apenas o Movimento Árabe de Libertação era legal, criado para levá-lo à presidência com oficialmente 99,7% dos votos[399]. Em janeiro de 1952, o massacre de policiais egípcios pelo exército britânico, no Canal de Suez, provocou o "incêndio do Cairo", ou seja, o saque de lojas, cinemas e hotéis identificados com interesses europeus. A Irmandade Muçulmana, muito ativa durante esses distúrbios, conversou com um grupo de oficiais conspiradores, liderados pelo Tenente-coronel Gamal Abdel Nasser, ele próprio um ex-membro da confraria islamista. Seis meses depois, esses

---

399. Esta prática de referendos unânimes foi introduzida no Oriente Médio pelos britânicos que, em 1921, fizeram com que Faiçal fosse "eleito" rei do Iraque por 96% dos votos (cf. *supra*, p. 270-271).

"oficiais livres" derrubaram o Rei Faruque, que logo foi forçado ao exílio, e proclamaram a "revolução bendita"[400]. O dia 23 de julho, data do seu golpe de Estado, tornou-se a festa nacional do Egito, e o é ainda hoje.

Nasser e seus camaradas prenderam os generais, com exceção do muito popular Muḥammad Naguib, que lhe serviu de fiador como primeiro-ministro. O verdadeiro poder emanava de um Conselho do Comando Revolucionário (CCR), presidido por Nasser. Naguib, vinculado ao parlamentarismo, foi apoiado pela Irmandade Muçulmana, convencida de que as eleições seriam a seu favor. A queda de braço entre eles resultou, em junho de 1953, na acessão de Naguib à presidência da novíssima República, mas num contexto de dissolução das formações políticas. Em abril de 1954, o chefe de Estado não conseguiu restaurar o pluralismo: o Assembleia da Libertação, uma emanação do CCR, permaneceu o único partido autorizado e todos os sindicatos foram proibidos. Seis meses mais tarde, uma tentativa de assassinato de Nasser, atribuída à Irmandade Muçulmana, justificou a prisão de 20 mil islamistas, enquanto Naguib foi colocado em prisão domiciliar. Julgamentos amplamente mediatizados foram conduzidos contra a oposição, associada à aliança supostamente indefectível entre o "imperialismo", o "sionismo" e a "reação", ou seja, a monarquia deposta. A transição do putsch para a ditadura foi concluída em junho de 1956, com a aprovação, por 99,8% dos votos, de uma nova Constituição que leva Nasser à presidência da República.

O meio século das independências árabes vai de 1922, com a emancipação formal do Egito, até 1971, ano da admissão na ONU dos quatro últimos protetorados britânicos do Golfo[401]. Dentro desse ciclo das independências, os vinte anos de 1949 a 1969 marcam seu desvio por juntas militares que lançaram às masmorras da "reação" os regimes estabelecidos, em um quadro constitucional, durante a acessão à soberania. Tal desvio, ini-

---

400. Foi Anwar Sadat, condenado em 1942 por inteligência com os nazistas (cf. *supra*, p. 288, nota 388), quem anunciou essa tomada do poder.
401. Trata-se dos Emirados Árabes Unidos, do Catar, do Bahrein e de Omã.

ciado em 1949 pela enxurrada de golpes de Estado na Síria, prosseguiu no Egito e no Iraque, até concluir-se com a derrubada, em 1969, do Rei Idris da Líbia[402]. Os putschistas de Trípoli instituíram então um CCR, segundo o modelo egípcio, e colocaram à sua frente o Coronel Muammar Gaddafi [*Mu'ammar al-Qadhdhāfī*], um ardente emulador de Nasser. Gaddafi confessaria mais tarde que escolheu a carreira militar em vez do serviço público, tendo em vista participar de um golpe de Estado. Uma sede de poder tão desenfreada alimentava a dinâmica conspiratória bem depois de a ordem constitucional ter sido derrubada. Esse processo darwiniano favoreceu então o surgimento do mais implacável dos putschistas, ao longo das lutas de poder que dividiram por toda parte as juntas dirigentes.

Tal militarização da política árabe se alimentou do escândalo palestino e do conflito com Israel, em cujos termos a história desse período é geralmente considerada. Mas isso é esquecer que as derrotas infligidas por Israel a esses oficiais "revolucionários" nunca fragilizaram a natureza ditatorial do seu poder, muito pelo contrário, servindo no máximo a um clã para eliminar um outro[403]. É, sobretudo, negligenciar a instrumentalização desse conflito externo para fins de repressão interna, sendo toda forma de contestação, mesmo a mais pacífica, equiparada a uma traição e tratada como tal. Essa estigmatização da oposição, seja ela liberal, progressista ou islamista, justifica a sua erradicação, em benefício do partido único, pelas várias polícias políticas. Estas, designadas em árabe sob o termo genérico *"mukhabarat"*[404], foram de fato múltiplas, a fim de não constituírem um contrapoder ao déspota do momento. O povo, invocado à saciedade pela propaganda estatal, só foi convocado para as manifestações unanimistas de apoio ao regime, com "eleições" por quase 100%.

---

402. Arquiteto da independência de uma Líbia federal em 1951, Idris centralizou o poder dessa monarquia constitucional em Trípoli em 1963. Foi o primeiro líder árabe a impor, em 1955, o princípio da soberania nacional sobre os recursos petrolíferos.
403. A "Guerra dos Seis Dias" pode ter sido um desastre para o Egito em 1967 (cf. *infra*, p. 311), mas permitiu, assim, a Nasser desvencilhar-se do seu principal rival, o chefe do Estado-Maior.
404. Este termo árabe significa "serviços de inteligência".

9.1 Nacionalismo e anticomunismo

A Turquia do Presidente İnönü, que sucedeu a Atatürk em 1938, manteve sua política de neutralidade durante a Segunda Guerra Mundial. Ela só declarou guerra à Alemanha em fevereiro de 1945, a fim de participar da conferência de fundação da ONU, e, sobretudo, de se beneficiar do apoio americano contra a vontade soviética de tornar o país seu satélite. Truman intensificou a ajuda à Turquia desde o início da Guerra Fria, chegando a incluí-la em 1951 na Organização do Tratado do Atlântico Norte (Otan), ao mesmo tempo que a Grécia. A contrapartida dessa integração no campo ocidental foi a abertura do campo político, com a criação de um Partido Democrata por dissidentes do partido-Estado kemalista. Eles obtiveram a maioria nas eleições de 1950 e seu líder, Adnan Menderes, tornou-se primeiro-ministro, enquanto İnönü assumiu a liderança da oposição parlamentar. Uma "Lei da Proteção de Atatürk", ainda em vigor, punia a difamação do fundador da Turquia moderna. Seria preciso mais para acalmar as apreensões dos kemalistas diante da liberalização econômica e da renovação das irmandades. Somente um anticomunismo militante permitiu apaziguar tais contradições. Foi também neste espírito que a Turquia reforçou seus vínculos com o Iraque haxemita e o Irã imperial. Os três regimes eram particularmente hostis à URSS porque ela acolheu os sobreviventes da efêmera "República Curda" de Mahabad[405] e porque parecia ser o único Estado a apoiar o separatismo curdo.

Muhammad Reza, imposto em 1941 pela Grã-Bretanha no trono Pahlavi, esteve por muito tempo submetido a uma fortíssima pressão de Stalin, cujas tropas só se retiraram do Irã em 1946. Essa retirada consolidou a posição dominante de Londres, que excluiu a menor concessão no setor petrolífero. Os recursos do Irã em moedas estrangeiras estavam em colapso devido às desvalorizações da libra esterlina e à recusa de uma partilha equitativa das receitas do petróleo, que os Estados Unidos,

---

405. Cf. *supra*, p. 287.

no entanto, aceitaram na Arábia Saudita[406]. Mohammad Mossadegh, um dos raros deputados a recusar, em 1925, a instauração da nova dinastia, tornou-se o campeão da contestação antibritânica. O Parlamento elegeu-o primeiro-ministro, em abril de 1951, para implementar a nacionalização dos hidrocarbonetos, num clima de fervor patriótico. Londres e Washington decidiram, em retaliação, boicotar o petróleo iraniano, mergulhando o país em uma grave recessão. Embora a arbitragem da Corte Internacional de Justiça, em julho de 1952, tenha sido favorável a Teerã, ela não suspendeu a guerra de desgaste conduzida pela Grã-Bretanha, com a qual o Irã, três meses depois, rompeu relações diplomáticas. Os Estados Unidos do "falcão" republicano Dwight Eisenhower assumiram, por conseguinte, a questão iraniana. A filial da CIA em Teerã organizou uma metódica operação de desestabilização[407], estigmatizando Mossadegh como um fantoche comunista, e até mesmo um inimigo do Islã. O xá fugiu do país para não afiançar com sua presença o golpe de Estado que derrubou Mossadegh em agosto de 1953. A CIA considerou a operação tão bem-sucedida que ela lhe serviu de modelo para a derrubada, no ano seguinte, do governo democrático da Guatemala. Muhammad Reza, ao retornar a Teerã, impôs a lei marcial e reprimiu até mesmo a oposição liberal, em nome da luta anticomunista. Como seu pai trinta anos antes, em 1955 ele lançou uma campanha contra os bahá'ís, com a intenção de, mais uma vez, conquistar os favores do clero xiita para os Pahlavi[408]. Foi também em 1955 que o Irã aderiu ao "Pacto de Bagdá", que uniu o Iraque, a Turquia e o Paquistão em uma oposição resoluta à URSS.

Nasser, figura emblemática do Terceiro Mundo emergente, apresentou-se como uma alternativa nacionalista ao Pacto de Bagdá. Ele, no entanto, recorreu aos Estados Unidos para financiar o seu grande projeto de bar-

---

406. A Aramco (Arabian American Oil Company) foi fundada em 1944, pouco antes da cúpula Roosevelt-Ibne Saud (cf. *supra*, p. 290), ao passo que a Apoc (Anglo-Persian Oil Company), estabelecida em 1909, tornou-se Aioc (Anglo-Iranian Oil Company) em 1935 e BP (British Petroleum) em 1955.
407. Os documentos da CIA sobre esta "operação Ajax" serão desclassificados a partir de 2000.
408. Cf. *supra*, p. 278.

ragem no Nilo, em Assuã [*Aswān*]. Foi a recusa americana que precipitou, em julho de 1956, a nacionalização do Canal de Suez por Nasser. Ele proclamou em um retumbante discurso que "a pobreza não é uma vergonha, é a exploração dos povos que o é". A ligação assim forjada entre o controle dos recursos nacionais e a vingança social dos deserdados transfigurou Nasser em um defensor dos condenados da terra, ao passo que a nacionalização de Mossadegh, cinco anos antes, teve um eco limitado fora do Irã. A onda nasserista tomou tais proporções no mundo árabe que Israel, a Grã-Bretanha e a França[409] fizeram um pacto secreto para derrubá-la. Trata-se da "Operação Mosqueteiro", lançada em 29 de outubro por uma ofensiva israelense contra a península egípcia do Sinai. Paris e Londres fingiram interpor-se entre os beligerantes para melhor ocupar o Canal de Suez. As tropas de Nasser cederam por toda parte aos invasores. Muito rapidamente, no entanto, esse triunfo militar se transformou em um desastre político.

Com efeito, Eisenhower ficou furioso com tal irrupção da "política da canhoneira" em plena Guerra Fria, com a URSS aproveitando-se dessa crise para esmagar a revolta anticomunista na Hungria. Washington força Paris e Londres a se retirarem do Canal de Suez, enquanto Israel deve evacuar incondicionalmente o Sinai e a Faixa de Gaza. Um contingente de capacetes azuis da ONU[410] se desloca na fronteira israelo-egípcia. Os dois antigos impérios coloniais tiraram lições divergentes dessa humilhação histórica: a Grã-Bretanha iniciou um processo gradual de desengajamento "a leste de Suez", com as independências do Kuwait em 1961, do Iêmen do Sul em 1967 e, finalmente, dos Emirados Árabes Unidos, do Catar, do Bahrein e de Omã em 1971; a França, ao contrário, lançou-se ao desenvolvimento da arma atômica, cuja tecnologia ela transfere secretamente para Israel, mantendo-se o principal parceiro militar desse país. As capitais árabes, com exceção de Beirute, romperam

---

409. O governo socialista de Guy Mollet convenceu-se de que o levante independentista, desencadeado em 1954 na Argélia, ruiria com Nasser.

410. Essas forças de manutenção da paz, as primeiras do tipo para a ONU, estão equipadas na urgência com equipamentos americanos, cujos capacetes verdes são repintados de azul dadas as circunstâncias. Os capacetes azuis se tornarão emblemáticos desse tipo de operações.

suas relações diplomáticas com Paris. Nasser pode ter sido salvo do desastre por esse "imperialismo" que ele pretendia combater, mas sua aura de Saladino moderno parecia irresistível.

9.2 A República Árabe Unida

Na Síria, os partidos autoritários recusam-se a prosseguir a experiência parlamentar que permitiu restaurar, em 1954, a queda de Chichakli. Eles preferiram, por iniciativa do Baath, afundar a independência da Síria para melhor oferecê-la a Nasser. Foi o advento, em fevereiro de 1958, da República Árabe Unida (RAU), cuja bandeira de duas estrelas, para o Egito e a Síria, substituiu em Damasco a bandeira de três estrelas da independência da Síria[411]. Essa "união" estabeleceu um proconsulado de oficiais egípcios sobre a mera "província do Norte" que a Síria se tornou. Nesse contexto, a derrubada da monarquia iraquiana, em julho de 1958, pareceu ao mundo inteiro de inspiração nasserista. No entanto, o líder dos putschistas, Coronel Abdul Karim Kassem ['Abd al-Karīm Qāsim], mostrou-se mais patriótico do que pan-árabe. Ele se recusou a integrar a RAU e contou com as formações progressistas para contrariar os objetivos do Cairo. Além disso, o soberano deposto e seus parentes, exilados durante o golpe de Estado de 1952 no Egito, foram dessa vez massacrados. Este assassinato fundador da nova República fez a história do Iraque entrar em um ciclo de violência sem precedente. Em todo caso, foi o fim do Pacto de Bagdá, reduzido a nada mais do que um acordo turco-iraniano, apoiado a distância pelos Estados Unidos.

Os partidários da RAU tentaram tomar Mossul, em março de 1959, mas sua revolta foi rapidamente esmagada pelo exército, respaldado pelas milícias comunistas e pró-Kassem. Deve-se notar que esses milicianos eram em sua maioria xiitas e curdos, sendo os nasseristas majoritariamente sunitas. Daí a fazer desse banho de sangue um confronto entre xiitas e su-

---

411. Esta bandeira ainda é a do regime de Assad na Síria, tendo a bandeira de três estrelas sido retomada em 2011 pelas forças revolucionárias.

nitas, ou mesmo entre árabes e curdos, há um passo que seria alegremente dado hoje em dia. Os conflitos ideológicos eram, então, bem mais virulentos do que as fraturas comunitárias, mesmo que estas agravassem aqueles. O antagonismo entre Kassem e Nasser também pode ser interpretado à luz do triângulo do Oriente Médio regularmente evocado nesta obra, com o Iraque resistindo à hegemonia egípcia já imposta à Síria. Em outubro de 1959, Kassem escapou de uma tentativa de assassinato perpetrada por um comando baathista, que se refugiou em Damasco[412]. Dois meses depois, o senhor de Bagdá acusou "três gângsteres" de terem compartilhado, em 1948, os despojos da Palestina, colocando no mesmo nível Israel, a Jordânia e o Egito. Quando o Iraque ameaçou, no verão de 1961, invadir o Kuwait recém-independente, o Egito participou da força interárabe destacada para proteger o emirado. Apesar da profundidade desse divórcio entre Nasser e Kassem, os Estados Unidos continuaram a tratar com igual suspeita as tendências opostas do nacionalismo árabe. Eles preferem, em sua queda de braço com a URSS no Oriente Médio, confiar cada vez mais na Arábia Saudita e, por meio dela, no Islã político.

9.3 A Guerra Fria Árabe

A Irmandade Muçulmana, caçada em todo o Egito desde 1954, era agora caçada na Síria da RAU. Ela já não podia operar livremente a não ser na Jordânia, onde havia apoiado a anexação da Cisjordânia pelo reino haxemita. Por isso, seus membros fugiram aos milhares para a Arábia Saudita, que lhes ofereceu, além do asilo político, a oportunidade de investir nas novas instituições de ensino e formação "islâmicas" do país. O desvio das independências acabou, assim, por encerrar a Nahda e seus herdeiros em uma sinistra alternativa entre, de um lado, o nacionalismo das ditaduras militares e, de outro, a amálgama islamista entre o wahabismo saudita e a Irmandade Muçulmana exilada. Encerrou-se o diálogo fecundo entre essas

---

[412]. A participação do jovem Saddam Hussein neste comando contribuirá para sua lenda militante.

duas correntes de pensamento que haviam irrigado o renascimento árabe do século XIX[413]. O fechamento do horizonte democrático acelerou essa polarização entre nacionalismo militarizado e islamismo saudita, polarização que degenerou em uma verdadeira "guerra fria árabe"[414].

As duas figuras tutelares dessa guerra são Nasser e Faisal [*Fayṣal ibn 'Abd al-'Azīz ibn 'Abd al-Raḥmān Āl Sa'ūd*] da Arábia[415]. A primeira rodada redundou em benefício dos sauditas que celebraram, em setembro de 1961, a ruptura da RAU e o restabelecimento da soberania síria. A ocupação de fato da "Província do Norte" pelo Egito foi tão brutal que há um alívio geral no país. A Jordânia do Rei Hussein foi consolidada em seu tropismo pró-saudita. Nasser, no entanto, vingou-se um ano depois, quando um de seus emuladores proclamou a república no Iêmen do Norte. O imã derrubado foi apenas ferido no *putsch* e, tendo se refugiado na Arábia, aí organizou a resistência das tribos monarquistas. O contingente egípcio, enviado para respaldar o novo regime, viu seu efetivo crescer inexoravelmente, chegando a atingir 70 mil soldados. Mas a guerrilha monarquista, servida por um relevo acidentado do qual tinha perfeito controle, infligiu pesadas perdas ao corpo expedicionário. A força aérea egípcia retaliou atacando as bases retaguardas da insurreição em território saudita. Isso levou Washington, em junho de 1963, a destacar para a Arábia aviões de combate, cuja simples presença foi suficiente para dissuadir novas incursões egípcias[416].

Os putschs que novamente abalaram a Síria e o Iraque em 1963 não afetaram o equilíbrio de poder entre Nasser e Faisal. Em março, os militares baathistas que tomaram o poder em Damasco restabeleceram aí a bandeira de duas estrelas da RAU, conquanto sua ambição estivesse voltada para o

---

413. Cf. *supra*, p. 244.
414. Esta expressão foi forjada pelo historiador americano Malcolm Kerr, que foi assassinado pelo Hezbollah em Beirute em 1984.
415. Faisal só se tornou rei da Arábia em novembro de 1964, mas ele há muito havia usurpado inúmeras prerrogativas de Saud, seu irmão e antecessor.
416. Esta operação, suspensa ao fim de seis meses, é marcada pela recusa saudita em acolher militares judeus, ao que os Estados Unidos se adaptam recusando-se a especificar a religião dos seus soldados.

Iraque, onde seus camaradas de partido haviam contribuído, um mês antes, para a derrubada de Kassem. No entanto, os baathistas iraquianos foram excluídos do poder em novembro, sendo cada uma dessas reversões em Bagdá acompanhada de expurgos sangrentos[417]. Nasser, para monopolizar a questão palestina, nestes tempos de disputas interárabes, estabeleceu, em maio de 1964, uma Organização para a Libertação da Palestina (OLP). Ele confiou sua presidência a um ex-embaixador saudita na ONU, aliado do Egito, e ele mesmo de origem palestina. Faisal retaliou oferecendo seu apoio a Yasser Arafat e seu Movimento de Libertação da Palestina, o Fatah, cujos fedains[418] iniciam a "luta armada" em janeiro de 1965. Essas infiltrações, qualificadas como "terroristas" em Israel, permaneceram limitadas, enquanto desencadeava-se a propaganda do Cairo contra o Fatah, equiparado à Irmandade Muçulmana e outros "agentes do imperialismo". Os palestinos, ocultos da cena árabe desde 1949, reencontraram alguma visibilidade graças a essa dupla instrumentalização, da OLP por Nasser e do Fatah por Faisal. Um novo *putsch* em Damasco, em fevereiro de 1966, colocou os baathistas uns contra os outros e redundou em benefício dos defensores esquerdistas da "guerra popular", que concederam aos fedains facilidades sem precedente. Israel responsabilizou as autoridades sírias por tais infiltrações palestinas, acarretando um aumento das tensões na fronteira israelo-síria.

Nasser, obcecado por sua rivalidade com Faisal, viu na vulnerabilidade síria apenas uma oportunidade de recuperar uma posição em Damasco. Em novembro de 1966 foi anunciado um pacto de defesa entre o Cairo e Damasco. O déspota egípcio estava ciente de que um terço do seu exército estava engajado no Iêmen, após quatro anos de conflito, e malgrado o recurso cada vez mais frequente a armas químicas. Mas ele não considerava seriamente um conflito com Israel, cuja retórica ele apenas pensava em manter para melhor consolidar seu magistério árabe. Ele não reagiu a um confronto aéreo

---

417. A derrubada de Kassem levou ao reconhecimento pelo Iraque da independência do Kuwait, proclamada dois anos antes e garantida até então por uma força interárabe.

418. Este termo [fedaim, *fedayin, fedayee, fadā'ī, fidā'ī, fidāwī*], popular no islamismo medieval, mas retomado no fim do século XIX pelos milicianos armênios (cf. *supra*, p. 247), refere-se à fé (fida') na luta até o sacrifício supremo.

entre Israel e a Síria em abril de 1967, o que alimentou os julgamentos contra ele na imprensa de Damasco e Riad. Tendo a escalada prosseguido, Nasser exige da ONU, em 15 de maio, a retirada dos capacetes azuis, destacados na fronteira israelense desde o fim da crise de Suez, uma década antes. Em 22 de maio, ele ordenou o fechamento do Golfo de Aqaba, submetendo o Porto de Eilat ao bloqueio. Em 26 de maio, Nasser prometeu "a destruição de Israel" em caso de ataque do Egito ou da Síria. Tais bravatas parecem ter valido a pena, uma vez que o Rei Hussein da Jordânia, em 30 de maio, foi pessoalmente ao Cairo para colocar seu exército sob o comando egípcio. Nasser estava convencido de ter, enfim, vencido a Guerra Fria Árabe.

9.4 O sétimo dia

O trabalhista Lévy Eshkol sucedeu a Ben-Gurion como chefe do governo israelense em 1963. Ele recorreu amplamente, para assuntos militares, ao seu chefe do Estado-Maior Yitzhak Rabin. Sua política de contenção, perante as repetidas provocações de Nasser em maio de 1967, conquistou para Israel um amplo apoio na opinião ocidental, convencida de que um novo Holocausto estava sendo preparado. A aproximação da Jordânia do campo egípcio-sírio ocasionou, em 1º de junho, a formação de um governo israelense de unidade nacional, no qual o "falcão" Moshe Dayan assumiu a pasta da Defesa. Os generais fizeram Eshkol adotar seu plano de guerra preventiva e passaram à ofensiva nas primeiras horas de 5 de junho. A força aérea egípcia foi destruída em terra, antes que o mesmo destino fosse infligido à força aérea jordaniana. Uma onda de bombardeios sobre a Síria conseguiu, desde o primeiro dia do conflito, privar os exércitos árabes de cobertura aérea. Em 7 de junho, a Cidade Velha de Jerusalém foi conquistada. Moshe Dayan e o Estado-Maior dirigiram-se ao Muro das Lamentações[419], e depois à Esplanada das Mesquitas. O exército jordaniano recuou para a margem oriental do Jordão e dinamitou as pontes. O colapso egípcio

---

419. O "bairro magrebino", historicamente habitado por muçulmanos de origem norte-africana, foi demolido, em 11 de junho, para estabelecer a perspectiva atual sobre o *Kotel*, em hebraico o "Muro" (das Lamentações).

se confirmou e, em 8 de junho, os israelenses chegaram ao Canal de Suez. Essa "Guerra dos Seis Dias" terminou com uma ofensiva devastadora para o exército sírio.

Israel tomou não só a Cisjordânia e Gaza, mas também o Sinai egípcio e as Colinas de Golã, na Síria. Jerusalém Oriental foi de fato anexada, como parte de uma unificação "municipal" da Cidade Santa, com controle sobre o terceiro local sagrado do Islã[420]. Massas de refugiados palestinos atravessaram o Jordão, juntando-se nos campos à primeira onda de 1948. Após a Nakba, a catástrofe que havia então atingido os palestinos, eis a Naqsa, o "revés" cujo choque todos os árabes tiveram que suportar. A propaganda egípcia, paralisada por essa derrota, acusou os Estados Unidos de terem contribuído diretamente para isso. As instituições americanas foram alvo de desordeiros nas capitais árabes, que romperam relações com Washington, como haviam feito em 1956 com a França, época em que os Estados Unidos eram celebrados por sua assistência a Nasser. A URSS e seus satélites "socialistas", com exceção da Romênia, romperam, por sua vez, as relações diplomáticas com Tel Aviv. Nunca a polarização entre Israel, aliado dos Estados Unidos, de um lado, e os estados árabes respaldados pelo bloco soviético, de outro, foi tão forte. Enquanto o Egito se enganou de crise ao acreditar derrotar a Arábia em maio de 1967, o Estado judeu de fato venceu a guerra fria árabe-israelense. Quanto a Nasser, ele logo teve de consentir a Faisal a retirada das tropas egípcias do Iêmen[421]. Mesmo a Guerra Fria Árabe terminou, assim, com uma derrota egípcia.

As ditaduras do Cairo e de Damasco estavam suficientemente militarizadas para não tremerem em suas bases. A prioridade conferida à proteção dos regimes por sua guarda pretoriana, aliás, pesou na mediocridade das suas atuações no campo de batalha. Mas o pan-arabismo, seja nasserista ou baathista, perdeu o essencial do seu apelo. A revolução (*thawra*) dos

---

420. Somente a gestão religiosa da Esplanada das Mesquitas continua a ser da responsabilidade da Jordânia.
421. O conflito continua até o compromisso de 1970, em que Faisal reconhece a "República Árabe" de Sanaã, desde que seja conservadora, a fim de bloquear a satelitização pela URSS do Iêmen do Sul.

fedains torna-se o novo horizonte, particularmente exaltado pelos árabes, porque a Palestina inteira lhe escapou. O Fatah, apoiado pelo exército jordaniano, não abandonou suas posições em face de um ataque israelense, em março de 1968, no Vale do Jordão. Não foi preciso mais para transfigurar este confronto em solo jordaniano no começo de uma "guerra de libertação" e os fedains em campeões da honra árabe. Nasser teve, mais uma vez, de se dobrar à nova conjuntura: ele permitiu que Arafat e as facções armadas, em fevereiro de 1969, assumissem o controle da OLP e, em novembro, obrigou o Líbano a conceder aos fedains a liberdade de agir a partir do seu território.

A ONU, no entanto, continuava a considerar os palestinos apenas do ponto de vista da ajuda aos refugiados, e não como um povo com fortes direitos nacionais[422]. A OLP, por conseguinte, desconfiou das manobras diplomáticas, uma vez que teme sofrer suas consequências. Ela investiu na Jordânia, onde metade da população era de origem palestina[423], consolidando suas bases nos campos de refugiados e no Vale do Jordão. O Fatah estava cada vez mais flanqueado à sua esquerda pela Frente Popular para a Libertação da Palestina (FPLP), que pretendia combinar a luta anti-israelense e a revolução árabe. Em agosto de 1970, a mediação dos Estados Unidos pôs fim à "guerra de desgaste" entre Israel e o Egito no Canal de Suez. Os radicais palestinos temiam que o Rei Hussein entrasse na mesma lógica. Em setembro, a FPLP sequestrou aviões comerciais ocidentais em um aeroporto jordaniano e os destruiu perante a imprensa[424]. Foi a irrupção no Oriente Médio de um terrorismo declamatório, que atingiu alvos civis, sem vínculo direto com o conflito em curso, mas amalgamado a esse confronto em nome de uma retórica globalizada. Como eco involuntário

---

[422]. A Resolução 242 do Conselho de Segurança de novembro de 1967, a referência sobre o assunto, pede a Israel que "se retire dos territórios ocupados durante o recente conflito", mas só menciona a "solução justa do problema dos refugiados".
[423]. A Jordânia, após a anexação da Cisjordânia em 1949, de fato concedeu a nacionalidade a todos os seus novos súditos, inclusive os refugiados palestinos.
[424]. A FPLP manteve cinquenta e cinco reféns, após ter libertado as tripulações e o resto dos passageiros.

da captura do Banco Otomano pelos fedains armênios em 1896[425], uma vanguarda autoproclamada e marxizante apostou na internacionalização da crise por um lampejo espetacular. Como, então, a fuga para a frente terrorista voltou-se contra a própria causa que deveria promover.

Durante este "setembro negro", toda a OLP foi arrastada pela FPLP em uma batalha de antemão perdida contra as tropas leais ao Rei Hussein. Os fedains só poderiam ter sido salvos pelo reforço dos veículos blindados sírios que então cruzaram a fronteira, mas Hafez al-Assad, encarregado da Defesa em Damasco, recusou-se a conceder-lhes cobertura aérea, deixando a aviação jordaniana bombardeá-los. Assad preferiu sacrificar uma parte do seu próprio exército para melhor enfraquecer os seus rivais baathistas, manobra coroada de sucesso, dois meses depois, pelo *putsch* que inaugurou suas três décadas de poder absoluto sobre a Síria. Quanto à OLP, ela mediu seu trágico isolamento em face dos regimes árabes que concordaram em neutralizar seu potencial desestabilizador. Nasser, à beira da morte, mobilizou suas últimas energias em favor de um cessar-fogo favorável ao Rei Hussein. Os fedains foram forçados a recuar para o noroeste da Jordânia, de onde foram posteriormente expulsos para a Síria e depois para o Líbano. A escalada entre as facções palestinas, ela mesma estimulada pelo acerto de contas entre os regimes árabes, alimentou a espiral terrorista. Um grupo denominado "Setembro Negro" liderou uma sangrenta tomada de reféns israelenses, em setembro de 1972, nos Jogos Olímpicos de Munique. As represálias israelenses, primeiro contra os campos palestinos no Líbano, foram ainda mais mortais do que de costume.

O triunfo de 1967 colocou Israel à frente de um vasto conjunto territorial árabe e consolidou as parcerias de revés estabelecidas com o Irã de Muhammad Reza e, em menor escala, com a Turquia sob tutela militar[426]. Esta posição dominante e o domínio da arma nuclear fizeram com que nenhum seguimento fosse dado às propostas do Rei Hussein, apesar das

---

425. Cf. *supra*, p. 248.
426. Em 1960 e 1971, dois golpes de Estado deveriam restabelecer a "ordem" kemalista em Ancara.

suas numerosas entrevistas secretas com os líderes israelitas. Tampouco a expulsão de milhares de conselheiros soviéticos por Anwar Sadat, sucessor de Nasser, levou Israel a alterar sua linha intransigente em relação ao Egito. É verdade que o Estado judeu, embriagado por sua supremacia militar, reatou em Jerusalém Oriental e na Cisjordânia com as referências religiosas do vínculo com a *Eretz-Israel*[427]. Mesmo que a colonização da Cisjordânia fosse limitada, com uma abordagem bastante securitária, Hebron, de onde os judeus haviam sido expulsos em 1929[428], viu a primeira implantação de tipo messiânico. Além disso, as repercussões das independências árabes e dos conflitos com Israel levaram ao desaparecimento gradual das comunidades sefaraditas do Oriente Médio. Esses judeus "orientais", cuja proporção não cessava de crescer mesmo em Israel, sentiram-se incompreendidos pelo *establishment* trabalhista, amplamente asquenaze. A ruptura com sua sociedade de origem também os levou a duvidar das chances de uma reconciliação entre seu novo Estado e seus vizinhos árabes.

9.5 A crise do petróleo

Tanto Sadat quanto Assad assumiram o poder no outono de 1970 e impuseram uma política de "retificação" dos erros do passado, que lhes permitiu eliminar seus rivais. Cada um estabeleceu independentemente uma sólida cooperação com Faisal, em um contexto de liberalização econômica, repressão à esquerda e gestos em direção aos Estados Unidos. Os excessos radicais agora emanavam do general iraquiano Ahmed Hassan al-Bakr, que finalmente instalou o Baath no poder, em 1968, com um parente distante, Saddam Hussein, como seu vice. A nacionalização dos hidrocarbonetos em 1972, duas décadas após a tentativa fracassada no Irã, permitiu a Bagdá apresentar-se como a ponta de lança de um terceiro-mundismo combativo. Como durante a resistência de Kassem à República Árabe Unida, Bakr e Saddam exibiam a independência do Iraque em face

---

427. Esta tradução hebraica da "terra de Israel" por vezes é equiparada a um "Grande-Israel" sobre toda a antiga Palestina mandatária.
428. Cf. *supra*, p. 283.

da junta Sadat-Assad. No jogo de enganos do despotismo árabe, pertencer ao mesmo partido, longe de aproximar Damasco de Bagdá, ao contrário, aumentava a distância entre as duas lideranças pan-árabes do Baath, cada uma afirmando ser a única legítima, com o partido sírio dispondo de uma filial iraquiana, ilegal no Iraque, e vice-versa. Soma-se a isso um antagonismo comunitário ainda subjacente, que merece explicação em um partido que reivindicava seu secularismo.

Vimos, em 1959, um levante esmagado na cidade sunita de Mossul por milicianos majoritariamente xiitas e curdos[429]. O Baath iraquiano, em sua oposição a Kassem e ao comunismo, atraía então inúmeros militantes sunitas, que uma década de lutas e intrigas uniria em torno de Bakr. Na Síria, tanto antes como depois do *putsch* vitorioso de 1963, os oficiais baathistas eram minorias do Islã, cujos sucessivos expurgos reforçaram as solidariedades de proximidade. Assad, o alauita, em sua marcha para o poder pessoal, primeiro eliminou seus rivais drusos e ismaelitas, antes de opor-se, em 1970, a outros generais alauitas e triunfar sobre eles. Tratava-se, tanto em Damasco como em Bagdá, de uma dinâmica de conspiração, por definição antidemocrática, que levou Assad e Bakr, uma vez tornados presidentes, a privilegiar o seu entorno imediato, alauita para o primeiro, sunita para o segundo. Tais contradições, agravadas pela queda de braço entre os dois Baaths, no entanto, não perturbaram a relação entre Assad e Sadat, que não eram opostos por nenhuma competição ideológica e eram aproximados por interesses compartilhados.

Os ditadores egípcio e sírio queriam ambos apagar a humilhação de 1967 para consolidar seu regime "retificado". Eles planejaram uma ofensiva conjunta no Sinai e nas Colinas de Golã para forçar Israel a negociar sua retirada. Seu ataque coordenado, em 6 de outubro de 1973, pegou o Estado judeu de surpresa[430], antes que um vigoroso contra-ataque permi-

---

429. Cf. *supra*, p. 306.
430. Além disso, o dispositivo israelense está enfraquecido pelo feriado de Yom Kippur. Esta guerra que se inicia durante o mês do Ramadã, é conhecida como a "Guerra do Yom Kippur" em Israel e a "Guerra do Ramadã" no mundo árabe, daí o nome "Guerra de Outubro" preferido pelos historiadores.

tisse a Israel, após dez dias, estabelecer uma cabeça de ponte na margem ocidental do Suez e ameaçar os subúrbios de Damasco. A ponte aérea que os Estados Unidos organizaram em benefício do exército israelense foi crucial nessa reversão. O Rei Faisal considerou que desta vez há, de fato, cobeligerância. Ele anunciou em retaliação, em 20 de outubro, um embargo ao petróleo contra os Estados Unidos. Os demais produtores árabes o seguiram, o que levou à quadruplicação dos preços do barril em poucas semanas. Israel, convocado pelo Conselho de Segurança da ONU a aceitar um cessar-fogo, em 22 de outubro, só aquiesceu dois dias depois.

Essa crise do petróleo gera recursos colossais para as monarquias do Golfo. Os antigos protetorados britânicos, emancipados dois anos antes em meio à indiferença geral, eram agora cortejados por todos os lados. Os Emirados Árabes Unidos, o Kuwait e, naturalmente, a Arábia Saudita atraíam milhões de imigrantes, vindos principalmente do resto do Oriente Médio. Suas transferências em moeda estrangeira rapidamente pesaram de maneira significativa na economia do Egito, do Iêmen e da Jordânia. Orgulhosos de seu sucesso social, eles aclimataram, em seus países de origem, práticas sociais e religiosas até então desconhecidas. Comportamentos supostamente "islâmicos" no vestuário, na família e na oração logo se generalizaram por imitação do Golfo. A Arábia Saudita também investiu uma parte substancial do maná petrolífero em suas instituições e redes de proselitismo internacional. Foi assim que a síntese islamista entre os pregadores wahabitas e a Irmandade Muçulmana se difundiu com um vigor inigualável. Foi, portanto, necessário datar da crise do petróleo de 1973 essa onda fundamentalista no Oriente Médio, muitas vezes associada ao desastre de 1967, como se o islamismo tivesse ocupado mecanicamente um terreno deixado vago pelo pan-arabismo. O maná dos hidrocarbonetos permitiu aos Saud acentuar o carácter patrimonial da gestão do país que leva o seu nome, enquanto os mais fanáticos dos seus apoiadores viam nessa formidável riqueza a própria prova das virtudes da família reinante.

Faisal, que tanto havia protegido Arafat contra Nasser durante a Guerra Fria Árabe, em 1973 concedeu um sinal de apoio ao líder da OLP, aos seus olhos o melhor baluarte contra as derivas esquerdistas da questão palestina. A generosidade saudita foi duplicada pelas transferências significativas dos palestinos instalados no Golfo, e mesmo com a coleta, em benefício da OLP, de um dízimo da comunidade do Kuwait[431]. Arafat, que controlava pessoalmente as finanças da sua organização, usou tal alavancagem financeira para conter a escalada terrorista dos grupos fedains. Em junho de 1974, ele fez com que a OLP endossasse o princípio de uma "Autoridade Palestina" sobre "qualquer porção do território liberado". A FPLP retaliou constituindo uma "Frente de Recusa" das facções vinculadas à "libertação de toda a Palestina". Arafat corria o risco de quebrar o consenso-padrão dentro de um movimento politicamente fragmentado e geograficamente disperso. Em outubro ele foi recompensado por isso, com a admissão da Palestina como membro de pleno direito da Liga Árabe, para grande desgosto da Jordânia. Ele foi convidado, no mês seguinte, para a Assembleia Geral da ONU, onde a causa palestina recolheu uma adesão de princípio entre os países recentemente descolonizados. A OLP usufruiu, por conseguinte, de uma base financeira e de um apoio diplomático raros para um movimento de libertação. Arafat consolidou o novo "Estado dentro do Estado" que ele instalou no Líbano e viajou pelo mundo para defender a causa do seu povo. Mas, assim absorto no cenário árabe e internacional, se lhe tornava cada vez mais difícil compreender a realidade vivida no quotidiano por seus compatriotas sob ocupação israelense.

9.6 A *Pax americana*

Em outubro de 1973, os Estados Unidos enfrentaram uma grande crise no seu dispositivo do Oriente Médio, tendo o seu alinhamento com Israel comprometido o seu pacto com a Arábia, razão pela qual deu-se a crise do petróleo. O presidente republicano Richard Nixon encarregou o chefe da sua diplomacia, Henry Kissinger, de aplicar uma doutrina simples: nenhuma guerra no Oriente Médio poderia ser vencida graças à URSS, e

---

431. Foi no Kuwait que o Fatah, majoritário na OLP, foi fundado em 1959.

nenhuma paz poderia ser concluída sem os Estados Unidos. A ponte aérea da guerra de outubro já havia permitido a Israel varrer as conquistas dos exércitos árabes, apoiadas por Moscou. Restava lançar as bases de uma *Pax americana* instituída sob a égide exclusiva dos Estados Unidos. Tanto Assad quanto Sadat eram candidatos a esse patrocínio, do qual esperavam uma garantia americana da perenidade de seus respectivos regimes. O boicote da Síria à conferência de paz da ONU, reunida em Genebra em dezembro de 1973, foi decisivo para que Kissinger promovesse negociações entre Israel e o Egito, por um lado, e Israel e a Síria, por outro. Elas culminaram, no início de 1974, em dois acordos paralelos de desengajamento no Sinai e nas Colinas de Golã, em boa parte ainda ocupados por Israel. O embargo petrolífero dos países árabes contra os Estados Unidos foi levantado ao fim de cinco meses.

Kissinger conseguiu, assim, romper a frente comum entre o Egito e a Síria, bem como restaurar o eixo Washington-Riad, sem nada pedir a Israel além de "pequenos passos". A URSS, apesar do seu grande investimento no Oriente Médio, teve de endossar na ONU um acordo sírio-israelense feito pelos americanos. Assad respeitaria escrupulosamente, por um quarto de século, o cessar-fogo assim estabelecido com Israel nas Colinas de Golã ocupadas. A campanha diplomática da OLP em 1974 se inscreveu a contrapelo dessa dinâmica com alguns sucessos, como acabamos de ver. Arafat foi ainda mais reticente quanto a implicar suas forças na guerra civil que eclodiu em abril de 1975 no Líbano. A direita cristã das Falanges podia denunciar a "ocupação" palestina do país, mas por muito tempo ela só combateu o Movimento Nacional Libanês (MNL), coalizão de milícias progressistas e muçulmanas. Os confrontos foram particularmente violentos no centro de Beirute, com o aparecimento de franco-atiradores que atacavam os civis do campo adversário de maneira indiscriminada. Da mesma forma, os sequestros perpetrados com base na afiliação religiosa, mencionada na carteira de identidade, banalizaram-se em todo o seu horror.

Foi preciso esperar até janeiro de 1976 para que o massacre falangista de uma favela de Beirute, com grande população palestina, provocasse a participação da OLP na liquidação de uma localidade maronita, ao norte de Sidon. Esses assassinatos e contra-assassinatos aumentavam a distância confessional entre as milícias no Líbano, enquanto a capital se dividia entre um Leste "cristão" e um Oeste "palestino-islâmico-progressista". A entrada em jogo da OLP permitiu ao MNL passar com sucesso à ofensiva, o que levou Assad a invadir o Líbano, em junho de 1976, por receio de que um Líbano pró-palestino comprometesse os seus próprios acordos com Israel sobre as Colinas de Golã. O senhor de Damasco pôde vangloriar-se do pedido de socorro do presidente libanês, ele próprio maronita, pedido transmitido pelos líderes falangistas. Israel endossou a intervenção do exército sírio contra a OLP e o MNL, mas o proibiu de ser destacado ao sul de Sidon, deixando aos fedains o controle, de fato, do sul do Líbano. A Arábia, onde um ano antes o Rei Khalid sucedera a Faisal[432], deu seu aval à vitória de Assad sobre Arafat. As tropas de Damasco foram apresentadas como uma "força árabe de dissuasão", destinada a trazer calma ao país. A ocupação síria do Líbano duraria quase trinta anos.

O democrata Jimmy Carter, que entrou na Casa Branca em janeiro de 1977, alimentou com sua fé batista a ambição de reconciliar os "filhos de Abraão". Ele reconhecia tanto o direito de Israel a "fronteiras defensáveis" quanto o direito dos palestinos a uma "pátria" (*homeland*). Seu engajamento pacifista foi, no entanto, contrariado no mês de maio, com a derrota nas eleições israelenses dos trabalhistas, no poder desde a independência de 1948. Begin, o novo primeiro-ministro, era uma figura histórica do revisionismo, para quem o abandono da Jordânia já representava uma dolorosa concessão do sionismo[433]. Seu partido, o Likud, relançou a colonização de Gaza e da Cisjordânia, descritas como "Judeia e Samaria", e proclamou a indivisibilidade de *Eretz-Israel*, a "terra de Israel". Sadat acreditava sair desse impasse indo ele mesmo a Jerusalém, em novembro,

---

432. Faisal foi morto em Riad, em março de 1975, por um de seus sobrinhos. As mais loucas teorias da conspiração já correram sobre esse assassinato, que, no entanto, foi obra de um desequilibrado.

433. Cf. *supra*, p. 271, nota 355.

para aí defender a paz em um discurso vibrante no Knesset. Mas Begin permanece inflexível. Arafat, que hesitou em acompanhar Sadat a Jerusalém, jogou a cartada militar para voltar ao centro do jogo. Um grande atentado do Fatah em Israel, em março de 1978, levou à ocupação do sul do Líbano pelas tropas israelenses, cuja retirada Carter exigiu e obteve[434].

No entanto, o presidente americano também considerou que a OLP se havia excluído do jogo diplomático em curso. Ele concentrou-se na paz entre Israel e o Egito, recebendo, em setembro de 1978, Begin e Sadat em sua residência em Camp David, no norte de Washington. Esta cúpula duraria treze dias, durante os quais os três líderes estariam isolados do mundo. Ela resultou em dois acordos. O primeiro constituía a base de um tratado israelo-egípcio, com o desmantelamento das colônias israelitas no Sinai e a evacuação deste território egípcio ao longo de três anos. O segundo tratava da "paz no Oriente Médio" e previa a associação da Jordânia e de "representantes do povo palestino" na criação de uma autonomia transitória da Cisjordânia e de Gaza. A recusa de Begin a fazer qualquer concessão na "Judeia e Samaria" convenceu o Rei Hussein, malgrado a pressão de Carter, a não endossar esse processo, ele mesmo condenado pela OLP. O painel palestino de Camp David foi, portanto, natimorto, e com ele o grande projeto de Carter de uma paz em todo o Oriente Médio. O tratado israelo-egípcio de março de 1979 valeu aos seus dois signatários o Prêmio Nobel da Paz, mas não impediu que o Egito fosse banido do mundo árabe, algo que a excepcional ajuda americana não poderia compensar. A Liga Árabe deixou o Cairo e instalou sua sede em Túnis. Na Cisjordânia e em Gaza, os serviços israelenses incentivaram as redes islamistas a neutralizarem os apoiadores da OLP. Na Líbia, Gaddafi consolidou o poder absoluto de sua "Jamairia" [*Jamahiriya*], literalmente sua "massocracia", cujas tendências totalitárias visavam a liquidar qualquer forma de corpo intermediário.

---

434. O exército israelense, no entanto, continua a controlar, em sua fronteira norte, um "cinturão de segurança" administrado por uma milícia de auxiliares libaneses.

9.7 A Revolução Islâmica

Muhammad Reza, proclamado "rei dos reis, sol dos arianos", organizou, em 1971, cerimônias suntuosas em Persépolis, que deveriam marcar o aniversário de 2.500 anos do Império Aquemênida. Sua polícia política, a Savak, treinada pela CIA, amordaçou as diversas tendências da oposição, enquanto o clero xiita suportava em silêncio a exaltação oficial do passado pré-islâmico. A alta das cotações do petróleo permitiu ao xá comprar a paz social, ao mesmo tempo que se munia de um arsenal digno da sua ambição, incentivada pelos Estados Unidos, de ser o "policial do Golfo". Ele apoderou-se, em 1971, de três ilhas estratégicas que guardavam a entrada do Estreito de Ormuz[435], mas reconheceu a soberania do Bahrein, há muito reivindicada por seus predecessores. Ele interveio diretamente em Omã, em 1973, para proteger o sultanato de uma insurreição marxista, apoiada por seu vizinho sul-iemenita. Ele também apoiou um levante curdo no Iraque em 1974, antes de abandoná-lo, no ano seguinte, em troca de uma solução em seu favor da disputa de fronteira no Xatalárabe, o estuário comum ao Tigre e ao Eufrates[436].

Muhammad Reza, muito próximo de Sadat, o apoiou nas suas propostas de paz para com Israel, ele mesmo um parceiro-chave do Irã. O xá considerava ter neutralizado a oposição religiosa ao exilar, em 1964, sua figura mais virulenta, o Aiatolá Khomeini. Pouco lhe importavam as diatribes do sombrio clérigo contra a corrupção do regime imperial, sua submissão a Washington e seus compromissos com Israel. Khomeini elaborou então, na cidade sagrada de Najaf, no Iraque, o projeto teocrático de um "governo do juiz religioso" (velāyat-e faqīh). Ele se projetou de bom grado nesse papel supremo, rompendo assim com a tradição do quietismo xiita. Para ele, já não se tratava de castigar o soberano por suas falhas, por delegação do imã oculto[437], mas de efetivamente tomar o poder e exercê-lo.

---

435. Essas três ilhotas são ocupadas pelo Irã poucos dias antes da admissão nas Nações Unidas dos Emirados Árabes Unidos, que ainda exigem sua restituição.

436. A fronteira iraquiano-iraniana, fixada antes de 1975 na margem oriental do estuário, está agora traçada no meio dele.

437. Cf. *supra*, p. 198.

O caráter inédito dessa visão paradoxalmente escapou à esmagadora maioria dos observadores, mesmo aos ativistas, nesses tempos impregnados de retórica terceiro-mundista. Quanto aos líderes iraquianos, eles viam em Khomeini, sobretudo, um meio muito conveniente de pressão contra o seu poderoso vizinho.

A "Primavera de Teerã" floresceu em 1977, devido a uma tolerância sem precedente do regime imperial, impelido nessa direção pela administração Carter. Um espaço parecia abrir-se para uma contestação liberal e progressista que conteria a megalomania do xá. Mas a difusão pela Savak, em janeiro de 1978, de calúnias contra Khomeini provocou um motim em Qom, que foi duramente reprimido pela polícia. As manifestações de homenagem às vítimas, quarenta dias depois[438], foram elas próprias reprimidas, alimentando de quarenta em quarenta dias um ciclo de radicalização, até a "Sexta-feira Negra" de 8 de setembro, marcada pela intervenção sangrenta do exército. O Baath iraquiano, inquieto com o eco desse distúrbio em sua população majoritariamente xiita, pediu à França que acolhesse Khomeini, que deixou Najaf para o subúrbio parisiense de Neauphle-le-Château. Os sermões incendiários daquele que doravante exigiu ser chamado de "imã" circularam em cassetes por todo o Irã. A comemoração do martírio do Imã Hussein, em dezembro, atraiu por dois dias seguidos mais de 1 milhão de pessoas nas ruas de Teerã, de onde o exército retirou seus blindados. A greve de protesto no setor petrolífero levou à suspensão das exportações. A burguesia do bazar, até então mobilizada de maneira desigual, aderiu ao movimento, paralisando o país.

Em janeiro de 1979, Muhammad Reza deixou o Irã para o Egito. Duas semanas depois, uma maré humana de milhões de pessoas deu as boas-vindas a Khomeini, de volta do exílio em um voo especial da Air France. O esforço derradeiro da Guarda Imperial não pode mais impedir, em 11 de fevereiro, a derrubada dos Pahlavi pela primeira "revolução islâmica" da história. O anti-imperialismo ressoava no grito de "Abaixo a América"

---

438. O luto dos quarenta dias é muito seguido na piedade xiita, onde uma festa específica marca, a cada ano, o quadragésimo dia após a morte de Hussein (cf. *supra*, p. 63).

e a embaixada israelense, prontamente evacuada, foi entregue ao próprio Arafat para tornar-se a embaixada da Palestina. A coalizão da oposição ao xá, que via em Khomeini apenas uma figura tutelar, descobriu nele o fundador de um novo regime. O imã teve a "República Islâmica" aprovada por referendo com 98% dos votos, um resultado desta vez crível, ao contrário dos plebiscitos das ditaduras árabes. Ele se muniu dos "Guardiões da Revolução", os pasdarans, equivalente khomeinista da Guarda Imperial, de um Partido da República Islâmica e de redes de "comitês" de apoiadores incondicionais, supervisionados pelo clero. Os tribunais revolucionários multiplicaram as sentenças de morte, sobretudo nas províncias curdas, onde os peshmergas, já sublevados contra o xá, só reivindicaram, no entanto, uma forma de autonomia.

A recepção do soberano deposto nos Estados Unidos, em novembro de 1979, serviu de pretexto para a tomada da embaixada americana em Teerã, da qual dezenas de agentes foram mantidos reféns durante quatrocentos e quarenta e quatro dias. Esse golpe permitiu a Khomeini evocar o espectro da derrubada de Mossadegh pela CIA, em 1953[439], e acusar todos os seus adversários de terem parte com o "Grande Satã" americano. Um novo referendo ratificou, em dezembro, com um resultado unânime, muito mais questionável do que o da primavera, a Constituição da República Islâmica. Em conformidade com as teses de Khomeini em Najaf, foi instituído um sistema com dois níveis de legitimidade, sendo a legitimidade eleitoral do presidente e do Parlamento sujeita à legitimidade teocrática do "Guia da Revolução", explicitamente derivada do Imã Oculto. Embora a maioria dos aiatolás tenha denunciado esse desvio de séculos de dogmática xiita, sua agitação foi logo sufocada em Qom e Tabriz. Em contrapartida, os clérigos leais a Khomeini se beneficiaram de rendas nas diversas fundações religiosas, das quais a mais poderosa, a Astan-e Quds (o "Limiar Sagrado"), desenvolveu seu domínio em Mexede. As nacionalizações foram massivas, de fato ou de direito, com um aumento de 40 a 70% da participação do Estado na indústria.

---

439. Cf. *supra*, p. 304.

9.8 A Guerra do Golfo

Saddam Hussein, cuja ambição devoradora não combinava com uma simples vice-presidência, demitiu Bakr em julho de 1979. Ele, que não tinha nenhuma experiência militar, já se havia arrogado a patente de general. Ele agora acumulava os postos de chefe de Estado e primeiro-ministro, confiando a direção dos serviços de inteligência a parentes próximos. Ele mesmo assassinou alguns dos seus rivais baathistas, acusados de inteligência com a Síria. Ele estabeleceu uma Guarda Republicana, dedicada exclusivamente à sua pessoa. Mas ele deveria, acima de tudo, enfrentar o desafio da contestação xiita, conduzida pelo Aiatolá Baqir al-Sadr [*Bāqir al-Ṣadr*], a partir de Najaf, e inflamada pela revolução em Teerã. Al-Sadr havia acolhido Khomeini, durante seu exílio iraquiano, e contribuiu para a redação da nova Constituição iraniana. Saddam ordenou seu enforcamento em abril de 1980, transformando-o no mártir de um movimento que recomeçou com um ardor renovado. O senhor de Bagdá esperava, atacando o Irã, não apenas tirar proveito das terríveis tensões que abalavam a República Islâmica, mas também extinguir o foco de inspiração da dissidência xiita no Iraque. Em setembro de 1980, Saddam rasgou na televisão o acordo de fronteira celebrado entre Bakr e o xá. Suas tropas invadiram o Irã, onde enfrentaram uma resistência encarniçada, alimentada, inclusive na província de língua árabe do sudoeste do país, por uma explosão geral de união sagrada. Acreditando derrubar Khomeini, Saddam provavelmente ofereceu à República Islâmica a chance de se regenerar como a encarnação do nacionalismo persa.

Esse grande conflito reestruturou profundamente o Oriente Médio, onde a neutralização do Egito e a queda do xá agravaram a luta entre os dois Baaths pela liderança regional. O regime de Assad decidiu ficar do lado da República Islâmica, por hostilidade compartilhada contra Saddam e em nome da "resistência" a Israel. Em contrapartida, os outros países árabes e a OLP se uniram a Bagdá, cujas petromonarquias financiaram amplamente a campanha. A ofensiva iraquiana afirmava ser a réplica moderna da Cadésia de 637[440], que vira a vitória dos árabes sobre os persas, mas

---

440. Cf. *supra*, p. 52.

também do islamismo sobre o masdeísmo. A propaganda iraniana não era menos excessiva ao equiparar, por exemplo, Saddam ao califa que mandou executar Hussein em 680. Essa convocação da epopeia do primeiro século do Islã prova paradoxalmente que a clivagem entre sunitas e xiitas, longe de ser espontânea, deve ser escavada metodicamente pela máquina de guerra dos dois despotismos, iraquiano e iraniano. A união sagrada que salvou a República Islâmica em nome do nacionalismo persa também se aplica, ainda que de modo mais atenuado, ao Iraque, onde os soldados de infantaria, em grande parte xiitas, permaneceram leais e combativos.

Assad decidiu aliar-se a Khomeini, a despeito do mundo árabe, por razões igualmente domésticas. Desde 1979 ele enfrentou uma onda de contestação política e sindical, enquanto uma fração armada da Irmandade Muçulmana multiplica os atentados. Esses insurgentes islamistas retomaram o anátema lançado, no século XIV, por Ibne Taimia, contra os alauitas[441], acusados de colaborarem, hoje, com Israel como teriam colaborado, então, com os cruzados. Essa estigmatização alimentou o terrorismo antialauita e permitiu a Assad fortalecer seu controle ainda falho sobre sua comunidade de origem. Segundo um processo já observado no Líbano e no Iraque, a polarização confessional manteve a sua própria dinâmica cumulativa. As liquidações indiscriminadas de civis sunitas pelas forças baathistas culminaram, em março de 1982, no massacre de Hama[442]. O apoio que Saddam forneceu à Irmandade Muçulmana Síria, por sua vez, justificou a ajuda de Assad aos opositores xiitas no Iraque e, claro, o pacto histórico com Khomeini. Mas o regime de Assad, ao contrário de um clichê muito difundido, não agiu como "xiita", primeiro porque os alauitas não eram propriamente xiitas[443], depois pelo fato de que esse "Estado de barbárie"[444] não poderia ser reduzido a uma estrutura confessional.

---

441. Cf. *supra*, p. 150.

442. Pelo menos 10 mil pessoas foram mortas pelo regime de Assad no esmagamento desta cidade no centro da Síria, que havia passado o mês anterior sob controle islamista.

443. Cf. *supra*, p. 107-108. Hafez al-Assad também está aproveitando sua ocupação do Líbano para aí impor o reconhecimento oficial de uma comunidade alauita, bem distinta da xiita.

444. A expressão é de Michel Seurat, morto pelas mãos do Hezbollah em 1986, que aplica o tríptico de Ibne Caldune à conquista do "centro" sírio pelo "grupo" de Assad, levado da "periferia" costeira pela "pregação" baathista.

9.9 A invasão do Líbano

Begin e seu ministro da Defesa, Ariel Sharon, pegos de surpresa com a queda do xá, regozijaram-se ao ver Saddam lançar para o leste o mais bem equipado dos exércitos árabes. Israel ofereceu secretamente à República Islâmica sua assistência militar em face da invasão iraquiana. Apesar dos arrebatamentos contra o "Pequeno Satã", Teerã aceitou de bom grado essa contribuição, que foi crucial para as peças sobressalentes do equipamento americano adquirido sob o xá[445]. Circuitos complexos de transporte de petróleo iraniano para Israel foram igualmente utilizados pela emigração de dois terços da comunidade judaica local. Em junho de 1981, a força aérea israelense bombardeou a central de Osirak, o coração do programa nuclear de Saddam[446]. Esse ataque, com alcance de 1.600 quilômetros, realizado por sobrevoo da Arábia, preservou o monopólio da arma atômica que Israel detinha na região. O choque do assassinato de Sadat, três meses depois, foi rapidamente absorvido pelo esmagamento de uma revolta islamista no Alto Egito e pela entronização do sucessor designado, Hosni Mubarak, à presidência. Israel pôde, assim, completar sua retirada do Sinai em abril de 1982, em conformidade com o tratado de paz. Essa neutralização do Egito o deixou livre para atacar, em sua fronteira norte, a Síria e a OLP.

A crise dos reféns no Irã manchou o último ano do mandato de Carter, que foi substituído pelo republicano Ronald Reagan na Casa Branca. Com o ressurgimento da Guerra Fria, o novo presidente tendia a considerar Assad e Arafat como meros prolongamentos da URSS. Foi por isso que ele subscreveu a invasão israelense do Líbano, em junho de 1982, não obstante ela rapidamente ultrapassasse o limite dos quarenta quilômetros inicialmente fixados para livrar Israel da ameaça "terrorista" em sua fronteira norte. Begin e Sharon estavam, de fato, determinados a instalar no poder, em Beirute, seu aliado falangista Bashir Gemayel, inimigo ferrenho da OLP e da Síria. Assad concluiu um cessar-fogo que abriu

---

445. A queda de um avião a jato de grande capacidade na Armênia soviética, em julho de 1981, revelou a extensão desse tráfego aéreo.
446. Um ataque iraniano contra Osirak havia falhado em setembro de 1980.

aos invasores o acesso a Beirute. O exército israelense, recebido como libertador no leste da cidade, sitiou o oeste e seu meio milhão de civis. Arafat apresentou-se como o líder da resistência a esse bloqueio de uma capital árabe, em face do qual todos os regimes árabes e seus exércitos permanecem passivos. O sítio, pontuado por intensos bombardeios de áreas densamente povoadas, durou dois meses e meio. Begin exigiu uma capitulação da OLP, Sharon trabalhou para liquidar seus líderes, enquanto François Mitterrand, por força da sua histórica visita a Israel, em março de 1982, a primeira de um chefe de Estado francês, não poupou esforços para evitar o banho de sangue.

No fim de agosto de 1982, a evacuação de Arafat e seus milhares de combatentes ocorreu sob a égide de uma "Força Multinacional" franco-americano-italiana. Mas uma nova escalada ocorreu a partir de meados de setembro. Bashir Gemayel, recém-eleito presidente da República, morreu em um atentado teleguiado desde Damasco. O oeste de Beirute foi ocupado por Israel, que permitiu que grupos de milicianos cristãos entrassem nos campos de refugiados de Sabra e Chatila. Foi aí que um massacre de civis palestinos foi perpetrado durante dois longos dias. A descoberta do horror ocasionou, em Beirute, o retorno da Força Multinacional e, em Tel Aviv, imensas manifestações de protesto. Sharon, pessoalmente implicado na tragédia, perdeu a pasta da Defesa. Amine Gemayel foi impelido à presidência libanesa, no lugar de seu irmão assassinado. A pressão de Reagan obrigou-o a assinar, em maio de 1983, um tratado de paz com Israel, cujas cláusulas eram tão leoninas que uma frente de recusa foi constituída com o apoio da Síria.

Assad, que Israel acreditava ter marginalizado um ano antes, deixou Begin terminar em Beirute o trabalho de liquidação da OLP que ele próprio havia iniciado no Líbano em 1976. Ele também voltou contra Reagan a lógica da Guerra Fria e obteve um apoio maciço da URSS para não apenas restaurar, mas dobrar suas capacidades militares. Por fim, ele aproveitou sua aliança com Khomeini para implantar no Líbano, sob os auspícios dos serviços sírios e iranianos, um "Partido de Deus" (Hezbollah), cujos atentados suicidas mudaram o equilíbrio de poder[447]. Em novembro de 1982, o comando israelense em Tiro (76 mortos), em abril de 1983, a embaixada americana em Beirute (63 mortos) e, em outubro, o quartel dos contingentes americano e francês da Força Multinacional (241 *marines* e 58 paraquedistas mortos). Quando as milícias pró-Síria tomaram o oeste de Beirute em fevereiro de 1984, os Estados Unidos deixaram o país às pressas. A França esperou mais um mês para retirar seu contingente, sem conseguir negociar uma rendição pela ONU. O tratado de paz com Israel foi revogado por um Líbano novamente sob a influência de Damasco. No sul do país, a ocupação israelense só eliminou o desafio da OLP para se ver diante da "resistência islâmica" do Hezbollah.

9.10 A reviravolta iraniana

A ofensiva iraquiana de setembro de 1980 não tardou a atolar. Ao fim de três meses, ela só havia assumido o controle de 1% do território inimigo e de uma única cidade, o Porto de Khorramshahr. Saddam escolheu então apoiar os peshmergas iranianos, que se vingaram da repressão ordenada em 1979 por Khomeini e conseguiram "libertar" as províncias curdas na primavera de 1981. Atentados, provavelmente urdidos em Bagdá, decapitaram durante o verão a presidência e o governo iranianos. O Hojatoleslam [*Hujjat al-Islam*][448] Ali Khamenei, até então comissário político dos Guardiões da Revolução, tornou-se, em outubro, presidente da República Islâmica. Essa ascensão recompensou sua lealdade absoluta ao "Guia" Khomeini, lealdade que já lhe valeu uma tentativa de assassinato. No mês seguinte, a contraofensiva Al-Quds ("Jerusalém") mobilizou pela primeira vez ondas de soldados de infantaria, fanatizados pela perspectiva de libertar não apenas seu território, mas até mesmo a Cidade Santa. As propagandas dos dois beligerantes estigmatizaram então o "sionismo" do campo adverso, enquanto Assad decidiu, em abril de 1982, fechar sua fronteira

---

447. O Hezbollah, estabelecido no Líbano em 1982, só anunciou sua fundação oficial três anos depois, para não endossar a responsabilidade por essas carnificinas terroristas.
448. Este título é inferior ao de "aiatolá" na hierarquia clerical do xiismo (cf. *supra*, p. 196).

com o Iraque, bem como o oleoduto que atravessava seu território. O golpe foi severo para Saddam e transformou o porto jordaniano de Aqaba na principal saída para o Iraque, com idas e vindas de caminhões para garantir o abastecimento.

Em maio de 1982, os Guardiões da Revolução, após terem expulsado os peshmergas das cidades curdas, entraram em Khorramshahr libertada. Em junho, Saddam retirou todas as suas forças do território iraniano e proclamou um cessar-fogo unilateral. A Arábia Saudita acompanhou essa abertura de paz com uma oferta de cinquenta bilhões de dólares em reparações de guerra ao Irã. O cerco israelense de Beirute justificou publicamente esses gestos de apaziguamento, em nome de um imperativo de solidariedade islâmica. Mas Khomeini rejeitou tais propostas, determinado a castigar Saddam e derrubar seu regime. Em julho, ele lançou suas tropas no Iraque, tendo por objetivo declarado Baçorá, a segunda cidade do país. Essa invasão suscitou então no Iraque, ainda que de uma forma atenuada, um reflexo de solidariedade patriótica comparável ao que havia unido a população iraniana no outono de 1980. Khomeini, por outro lado, comprometeu a dinâmica voluntarista de mobilização dos seus compatriotas contra o "agressor" árabe. A ONU, que havia reagido debilmente ao início das hostilidades por Bagdá, designou desta vez o Irã como o único responsável pela continuidade do conflito. A URSS suspendeu sua importante cooperação militar com Teerã e intensificou seu apoio ao Iraque. O Partido Comunista Iraniano, até então poupado pela repressão geral, paga o preço desse abandono soviético. Era o fim, no Oriente Médio, de um movimento comunista que, já muito enfraquecido no mundo árabe, só havia sobrevivido pactuando com as piores ditaduras. Além disso, o Hezbollah pró-iraniano visava os progressistas libaneses para arrogar-se o monopólio da resistência à ocupação israelense.

O mundo árabe, com exceção da Síria, postava-se, então, atrás do Iraque e vivia sob a assombração de uma onda iraniana. Mubarak jogava com essa solidariedade árabe para tirar o Egito do seu isolamento, com rodadas de oficiais indo servir no Iraque como "conselheiros" no *front*.

Ali Abdullah Saleh, que governava o Iêmen do Norte desde 1978, enviou ao Iraque milhares de "voluntários" recrutados nas tribos. A Arábia e os emirados do Golfo financiaram massivamente o esforço de guerra de Saddam e obrigaram seus aliados a entregarem a Bagdá a tecnologia militar mais avançada. Os Estados Unidos jogaram essa carta, mas era a França de Mitterrand que estava mais engajada ao lado de Bagdá. Teerã se vingou desses dois países com os espetaculares atentados de Beirute, coordenados com os serviços de Assad. As ofensivas iranianas patinaram e, espelhando a manobra de Saddam dois anos antes, Khomeini lança, no verão de 1983, uma campanha para apoiar uma revolta curda no Iraque, com impacto limitado. Não apenas os curdos iranianos, abandonados por seus compatriotas do Iraque, se voltaram contra eles, mas os dois partidos curdos do Iraque foram divididos, o PDK integrando-se ao dispositivo iraniano, e o UPK negociando sua neutralidade com Saddam[449].

9.11 Os gases de Saddam

Embora o *front* iraniano-iraquiano se estendesse por mais de 1.200 quilômetros, foi no pantanal do seu extremo sul que Khomeini ordenou, em fevereiro de 1984, uma grande ofensiva. Ela só foi repelida por Saddam ao preço de um recurso sem precedente a armas químicas[450], com a instalação de linhas de alta tensão nos pântanos para eletrocutar os invasores. A República Islâmica celebrou apaixonadamente o culto dos "mártires", construiu uma "fonte de sangue" onde a água avermelhada do seu sacrifício correu em Teerã e recrutou, a partir dos doze anos, "voluntários" (*bassidjis*), enviados para o *front* com a "chave" do paraíso pendurada no pescoço. Centenas de milhares de iranianos fugiram, geralmente pela Turquia, tanto da ordem moral quanto dos riscos do serviço militar obrigatório. Esse êxodo

---

449. O PDK (Partido Democrático do Curdistão) é liderado por Massoud Barzani, cujo pai liderou as revoltas de 1961-1970 e de 1974-1975 contra Bagdá. O UPK (União Patriótica do Curdistão) de Jalal Talabani se separou do PDK depois que o xá soltou os guerrilheiros curdos em 1975.

450. Trata-se de tabun vaporizado por aeronaves e gás mostarda disparado por projéteis. O exército egípcio já havia utilizado gás ocasionalmente no Iêmen em 1965-1967 (cf. *supra*, p. 309).

de uma parte da classe média radicalizou o discurso populista do regime em favor dos "deserdados". No Iraque, Saddam organizou o culto da sua personalidade em proporções delirantes. No entanto, ele teve o cuidado de limitar o impacto do conflito no país, garantindo a lealdade do exército por meio de expurgos regulares. A Guarda Republicana, generosamente dotada, tornou-se a espinha dorsal do regime. Além disso, Bagdá se beneficiou de sua reconciliação com Ancara, cujo exército foi autorizado a perseguir, no extremo norte do Iraque, os peshmergas turcos do Partido dos Trabalhadores do Curdistão (PKK). Este novo grupo, cujo marxismo intransigente combatia as hierarquias tradicionais, agravou ainda mais as divisões da cena curda.

Khomeini lançou, em março de 1985, a segunda batalha dos pântanos. Embora seus soldados estivessem agora equipados com máscaras de gás e seringas de atropina, eles foram reprimidos pela Guarda Republicana e pelo exército iraquiano, que mais uma vez recorreu a armas químicas. Esses combates encarniçados, às vezes corpo a corpo, lembravam as imagens dantescas da Primeira Guerra Mundial na Europa. Eles foram acompanhados por uma "guerra das cidades", onde os dois países dispararam indiscriminadamente mísseis balísticos nos seus respectivos centros urbanos. A força aérea iraquiana decretou uma zona de exclusão aérea em todo o território iraniano e realizou bombardeios indiscriminados até Teerã. A trégua, concluída em junho de 1985 sob a égide da ONU, diz respeito apenas a esta guerra das cidades, ao passo que as hostilidades prosseguiram nas frentes dos pântanos e do Curdistão. Dois meses depois, Ali Khamenei foi reeleito presidente com 88% dos votos, tendo a propaganda iraniana conseguido encobrir o escândalo da deserção de sua irmã no Iraque. Em fevereiro de 1986, o Irã tomou a península iraquiana de Al-Faw [*Fao*], na foz do Xatalárabe. A Arábia Saudita respondeu a esse avanço dobrando a sua produção de petróleo, o que provocou um colapso das cotações. O Iraque, ao contrário do Irã, pôde compensar essa amputação brutal das suas receitas com a generosidade dos seus aliados do Golfo. O Governo Reagan encorajou essa "contracrise" do petróleo para enfraquecer a URSS de Mikhail Gorbachev.

Teerã conseguiu reconciliar sob sua égide os partidos curdos do Iraque, que lançaram operações coordenadas entre peshmergas e pasdarans no norte do país. Na primavera de 1987, Saddam retaliou com uma campanha de terra arrasada, com arabização forçada e deportação de populações. Uma nova ofensiva iraniana, em março de 1988, conseguiu tomar a cidade curda de Halabja. Saddam ordenou que ela fosse atingida por um tapete de bombas de napalm, seguido pela dispersão de gases letais. Milhares de civis foram mortos nesta carnificina que interrompeu o avanço iraniano. Em abril, a Guarda Republicana liderou com sucesso a batalha pela reconquista de Al-Faw [451]. Saddam fez uma amplamente difundida peregrinação de ação de graças a Meca. O Iraque conseguiu gradualmente expulsar as forças iranianas dos territórios que elas continuavam a ocupar. Em julho, Khomeini finalmente concordou, segundo as suas próprias palavras, em "engolir o veneno" de um cessar-fogo, com efeito no mês seguinte. Ambos os países estavam arruinados e esgotados, com cerca de 200.000 mortos do lado iraquiano e 500.000 do lado iraniano, o que correspondia à proporção entre as populações dos dois países. Essas perdas eram esmagadoramente militares, a despeito da guerra das cidades e dos massacres de curdos de 1987-1988 no Iraque. Saddam se gabava, embora devesse reconhecer a fronteira com o Irã que ele justamente denunciara em 1980. Quanto a Khomeini, ele morreu em junho de 1989, legando o seu título de "Guia" a Khamenei, promovido a aiatolá na ocasião.

A perenidade da República Islâmica foi assim assegurada pela lealdade política e não pela legitimidade religiosa, um paradoxo que não é suficientemente enfatizado por esse sistema de inspiração teocrática. Embora Khamenei tenha sido abruptamente nomeado "aiatolá", ele não tinha nenhum título para ser um *marja*, uma "referência de imitação" para os fiéis xiitas[452]. Khomeini podia acumular as duas legitimidades do carisma religioso e do poder político, mas o seu sucessor era completamente inca-

---

451. Nesse mesmo mês de abril de 1988, a marinha iraniana foi duramente atingida pelos Estados Unidos, em nome da garantia da liberdade de circulação em todo o Golfo Pérsico.
452. Cf. *supra*, p. 198.

paz de fazê-lo. No entanto, as mortes de aiatolás altamente respeitados no Iraque e no Irã levaram Khamenei, em 1994, a reivindicar o título de "*marja*". As resistências a essa demonstração de força eram tão vivas, mesmo no Irã, que Khamenei teve de restringir suas pretensões apenas aos xiitas que viviam fora do Irã. Foi assim que o Hezbollah libanês, ao escolher Khamenei como guia ao mesmo tempo político e religioso, forneceu os grandes batalhões de seus discípulos no exterior. Mas os aiatolás de Najaf continuavam sendo os mais populares, tanto no Iraque quanto no Irã. Essa preeminência baseia-se na vontade da hierarquia xiita, apoiada pela grande maioria dos fiéis, de dissociar o político do religioso, contrariando o próprio princípio da República Islâmica. Tais tensões no coração mesmo do clero xiita mais uma vez invalidaram as confusões confessionais.

9.12 A primeira intifada

Yitzhak Shamir, ex-líder militar do Lehi[453], sucedeu a Begin em 1983 como chefe do Likud e do governo israelense. No ano seguinte, associou o partido trabalhista a um governo de unidade nacional, do qual assumiu a liderança alternadamente com Shimon Peres, tendo a pasta da defesa sido confiada a Yitzhak Rabin. A política de "punho de ferro" no sul do Líbano não conseguiu deter a ascensão de uma resistência da qual o Hezbollah assumiu o controle. Quanto à OLP, teve de seguir a Liga Árabe para instalar-se em Túnis, onde sua sede foi bombardeada em outubro de 1985 pela força aérea israelense. Arafat, que saiu ileso desse ataque, retomou suas turnês diplomáticas de promoção da causa palestina. Mas uma nova geração emergiu na Cisjordânia e em Gaza, impulsionada pela urgência de pôr termo a uma ocupação e uma colonização cada vez mais opressivas. Ela se reconheceu na OLP, ao mesmo tempo que repreendeu sua liderança exilada por ter perdido o senso das realidades do "interior" da Palestina[454]. Revoltas anti-israelenses, iniciadas em um campo de refugiados da Faixa

---

453. Cf. *supra*, p. 288.
454. Em árabe *dakhil*, oposto a *kharij*, o "exterior" do exílio.

de Gaza, em dezembro de 1987, logo se estenderam por todos os territórios ocupados. Mesmo em Jerusalém Oriental, os distúrbios reativaram a "Linha Verde" que separava Israel da Jordânia antes de 1967.

Foi o início de uma "intifada", qual seja, literalmente, um levante, cuja recusa da luta armada reviveu a greve geral de 1936 na Palestina, assim como a "revolução" não violenta do povo egípcio contra a ocupação britânica em 1919[455]. Enquanto vimos tantos povos árabes arrastados por seus déspotas para conflitos sangrentos, esta "revolução das pedras" colocou a OLP perante a responsabilidade histórica de limitar a "libertação da Palestina" apenas aos territórios ocupados em 1967. O Rei Hussein da Jordânia resignou-se à nova situação e, em julho de 1988, renunciou publicamente a qualquer reivindicação da Cisjordânia. O passo seguinte foi dado em novembro, em Argel, onde a OLP reuniu-se com seu Conselho Nacional. Apesar da oposição da FPLP, o Estado da Palestina foi proclamado com base nas resoluções da ONU e, portanto, no reconhecimento de Israel. No mês seguinte, os Estados Unidos finalmente aceitaram dialogar com a OLP. Esse avanço diplomático foi, no entanto, limitado no âmbito do embaixador americano em Túnis, na medida em que Shamir recusava a menor concessão aos "terroristas". Esse bloqueio fez o jogo dos islamistas palestinos que, há muito incentivados por Israel, constituíram-se no Hamas, acrônimo de Movimento de Resistência Islâmica. Apoiados por Damasco e por Teerã, eles retomaram por conta própria a exigência de uma "libertação de toda a Palestina", exigência abandonada pela OLP, e doravante islamizada.

9.13 O afegão desconhecido

Enquanto todas essas perturbações abalavam o Oriente Médio, ninguém se interessava pelo percurso de uma falange de extremistas árabes nos confins do Afeganistão. Nos últimos dias de 1979, as disputas que rasgaram o Partido Comunista local forçaram o Exército Vermelho a inter-

---

455. Cf. *supra*, 271 e p. 284.

vir diretamente. Tratava-se, para a URSS, de preservar, em Cabul, a única "República Democrática" em sua fronteira sul. Os invasores inicialmente limitaram-se a controlar os centros urbanos e os eixos estratégicos, mas a insurreição generalizada rapidamente os levou a aprofundar seu engajamento. A revolta afegã em nome da jihad pertencia a uma linhagem, de um século e meio, de resistências nacionais conduzidas num registro islâmico, e isso desde Abdalcáder na Argélia e Shamil no Cáucaso[456]. O enraizamento local muito forte dos grupos combatentes permitiu-lhes resistir perante a ferocidade da invasão, mas os impediu de se estruturar como uma coalizão em escala nacional. Dos 15 milhões de afegãos, cerca de 2 milhões se refugiam no Irã e 3 milhões no Paquistão, onde seus acampamentos eram frequentemente montados em "áreas tribais". Esses espaços de não direito foram instituídos na época do Império das Índias, que já se protegia das turbulências afegãs[457]. O sistema foi renovado pelo Paquistão independente como uma verdadeira barreira tribal contra o irredentismo afegão[458].

A Arábia Saudita encontrou no Afeganistão a causa islâmica ideal para ultrapassar o âmbito árabe de suas ambições e para contrariar a "exportação" da revolução iraniana. Teerã se concentrou, então, na ajuda aos insurgentes na província fronteiriça de Herate e no planalto central, predominantemente xiita. Os generais islamistas no poder no Paquistão foram promovidos a parceiros estratégicos de Washington neste novo episódio da Guerra Fria. Os serviços sauditas concluíram com a CIA um acordo de financiamento paritário dos grupos antissoviéticos. Bilhões de dólares seriam assim despejados em dez anos, essencialmente nas áreas tribais, investidos pelos pregadores wahabitas. Foi nesse contexto que um "*Bureau* de serviços*" foi estabelecido em 1984 no Paquistão para encaminhar candidatos árabes à jihad afegã. Esse *Bureau* foi dirigido por duas antigas

---

456. Cf. *supra*, p. 211.
457. Cf. *supra*, p. 220.
458. O Afeganistão contesta sua fronteira com o Paquistão desde 1949, traçada em 1893 por Londres. Com efeito, as tribos do leste do Afeganistão e das áreas tribais paquistanesas compartilham a mesma etnia pastós [*Pashtun, Pushtun, Pakhtun*], que historicamente detém o poder em Cabul, devido à sua maioria relativa na população.

Irmandades Muçulmanas, desautorizadas por sua organização. O Xeique Abdullah Azzam, um jordaniano de origem palestina, desenvolveu o argumento de uma "jihad global" na qual todo muçulmano teria, em todo o mundo, a obrigação imperativa de vir combater no Afeganistão. Tratava-se de uma ruptura com quatorze séculos de teologia sunita, segundo a qual a jihad, fosse ela defensiva ou ofensiva, estava sempre ligada a uma população e a um território[459]. Seu adjunto, Osama bin Laden, era filho do mais rico empreiteiro saudita de obras públicas. Ao contrário de uma afirmação muito difundida, Bin Laden não precisou de nenhum apoio da CIA, tão confortáveis eram seus recursos sauditas. Em contrapartida, Azzam conduziu, até mesmo no território dos Estados Unidos, viagens de recrutamento para seu *Bureau* de serviços.

Milhares de voluntários árabes foram, assim, convergir para as áreas tribais do Paquistão, mesmo que apenas uma pequena parte deles cruzasse a fronteira para lutar efetivamente no Afeganistão. O próprio Bin Laden só participou dos combates contra o Exército Vermelho durante dez dias de 1986. Mesmo assim, ele construiu sua lenda militante, utilizando o suporte do videocassete, assim como Khomeini havia transmitido sua mensagem revolucionária em formato de áudio em 1978. De maneira geral, a contribuição dos militantes árabes para o conflito era insignificante, com algumas dezenas de mortes para centenas de milhares de vítimas afegãs da ocupação soviética. Mas as áreas tribais tornaram-se uma verdadeira incubadora do extremismo árabe. O treinamento militar foi aí menos destinado à jihad afegã do que à subversão violenta, ao retorno aos países de origem. A URSS começou sua retirada do Afeganistão em maio de 1988, tornando o *Bureau* de serviços obsoleto. Bin Laden, emancipado de seu mentor Azzam, estabeleceu então a sua própria organização "jihadista", porquanto dedicada à jihad global. Era a Al-Qaeda, "a Base", fundada no Paquistão no maior segredo, no próprio dia do cessar-fogo entre o Irã e o Iraque. De volta à Arábia, Bin Laden foi aí celebrado como um herói, enquanto os serviços sauditas, ignorantes da

---

459. Cf. *supra*, p. 79-80.

existência da Al-Qaeda, mobilizaram seus apoiadores para operações de desestabilização do Iêmen do Sul comunista.

9.14 Os *fronts* derrubados

O Oriente Médio é, desde 1945, um terreno fértil para reviravoltas de alianças e frentes invertidas, quando não se trata de guerras inconfessáveis, conduzidas sob o manto de conflitos explícitos. Foi assim que a Transjordânia, oficialmente em guerra com o Estado judeu em 1948, partilhou com ele o território palestino. Ou que a Síria antissionista pactuou com Israel, em 1976, para derrotar a OLP no Líbano. Quanto a Nasser, a prioridade que ele conferiu à sua guerra contra a Arábia no Iêmen o fez perder de vista, em 1967, a realidade do conflito com Israel, no qual ele se precipitou sem uma preparação séria. Os diferentes ramos do nacionalismo árabe dilaceraram-se constantemente, em vez de oporem uma frente unificada ao suposto inimigo comum. As contradições eram ainda mais violentas entre os dois Baaths, a ponto de levar, por um lado, Saddam a apoiar a Irmandade Muçulmana na Síria e, por outro, Assad a romper a solidariedade árabe ao aliar-se a Khomeini. Israel não era mais coerente com sua doutrina oficial quando apostava nos islamistas para dividir o campo palestino, ou quando secretamente renovava, com o Irã revolucionário, a parceria reversa em vigor sob o xá.

O clichê segundo o qual "o inimigo do meu inimigo é meu amigo" só é válido se for identificado o objetivo prioritário de cada um dos atores nesses conflitos frequentemente entrelaçados. Soma-se a isso a confusão muito frequente entre a "razão de Estado", pedra angular da visão vestfaliana das relações internacionais, e "razão do regime", bússola dos autoritarismos que disfarçam seus interesses de camarilha em prioridades nacionais. Israel, instituído e vivido em um Estado judeu e democrático, destacou-se por sua capacidade de mobilizar em nome de um interesse superior, é verdade à custa da exclusão de sua minoria árabe dessa dinâmica patriótica. A hierarquia militar na Turquia pretendia encarnar uma razão de

Estado, identificada com a herança kemalista, e operou em seu nome os três putschs de 1960, 1971 e 1980, sempre seguidos de uma laboriosa restauração do sistema partidário. Quanto à República Islâmica do Irã, ela foi duradoura, primeiro pela união sagrada que a agressão do Iraque suscitou, e depois pelo prolongamento "revolucionário" do conflito, prolongamento que foi tão desastroso para o país quanto é benéfico para o regime.

A bancarrota das elites da Nahda sancionou, no mundo árabe, a impossibilidade de uma autêntica razão de Estado e, *a fortiori*, de uma política conduzida em função do interesse geral. Por toda parte, os regimes, e somente eles, impõem suas prioridades em nome de uma nação reduzida ao silêncio. Uma vez eliminadas por golpes de Estado as dinastias negociadoras da independência, no Egito, no Iraque e na Líbia, as monarquias sobreviventes passaram a contar com uma legitimidade patrimonial, tendo a família reinante literalmente construído o país em torno dela, na Arábia, na Jordânia e nos emirados do Golfo. As repúblicas ditatoriais, por outro lado, lutam para ancorar uma legitimidade que não seja repressiva, apesar das reformas agrárias, das nacionalizações, dos grandes projetos de infraestrutura e, é claro, dos investimentos em educação e saúde. Com efeito, a promoção das "massas" era acompanhada de uma proibição de acesso à cidadania, ficando os povos reféns da "razão do regime" em vigor. A república confessional do Líbano foi um caso muito particular, mas a "razão dos regimes" comunitários que aí coabitam é determinante na descida aos infernos milicianos. A este respeito, a derrota da OLP em 1976 em face da Síria foi também a da esquerda libanesa e de seu projeto de secularização.

Ousemos uma transposição iconoclasta do tríptico de Ibne Caldune para o caso de Israel. O "grupo" judeu, portador da "pregação" sionista, conseguiu, desde a periferia mundial, conquistar o "centro" palestino. Objetar-se-á que a colonização de povoamento e o apoio da diáspora, assim como dos Estados Unidos, tornam discutível tal transposição. Mas é incontestável que o Oriente Médio árabe, arrebentado sob os golpes da Nakba de 1948 e da Naqsa de 1967, esgotou-se numa espiral de conflitos entre o Cairo e Riad, o Cairo e Bagdá, e Damasco e Bagdá, sem contar os conflitos que foram resolvidos por procuração em Beirute. A "pregação" nacionalista soa cada vez mais oca, assim como esvazia-se a substância ideológica dos partidos-estados, o que pouco a pouco priva o "grupo" dominante de qualquer outra solidariedade que não comunitária. É assim que o Baath tirou a máscara do reinado, em Damasco, de um clã alauita sobre uma maioria sunita e, em Bagdá, de um clã sunita sobre uma maioria xiita. As ditaduras republicanas, animadas unicamente pela "razão do regime", alimentam, assim, a dinâmica confessional que só um verdadeiro processo de emancipação nacional poderia tolher.

A Arábia estava livre dessas contradições, uma vez que o seu processo de construção estatal é literalmente "saudita", identificado, portanto, com a família reinante, e o wahabismo de Estado só exclui a minoria xiita da costa oriental. A crise do petróleo de 1973 também ofereceu recursos fabulosos à pregação fundamentalista, tanto no Oriente Médio quanto além. Mas a vitória de Khomeini, em 1979, marcou a irrupção de uma alternativa revolucionária ao modelo islamista até então associado a Riad. A República Islâmica do Irã, apesar de suas pretensões universalistas, vai, no entanto, inscrever seu particularismo xiita no próprio texto de sua Constituição e concentrar a "exportação" de sua revolução apenas para as comunidades xiitas. A pressão islamista, longe de ser uniforme, desemboca, por conseguinte, como a pressão nacionalista antes dela, em novas linhas de fratura no Oriente Médio. O antagonismo entre sunitas e xiitas, longe de ser um dado atemporal, nunca foi tão acentuado quanto desde o confronto entre dois regimes de inspiração teocrática em Teerã e Riad. Os despotismos, sejam eles nacionalistas ou islamistas, são efetivamente os principais fatores de polarização confessional no Oriente Médio. Mas são os Estados Unidos, mais por cegueira imperial do que por cinismo calculista, que vão contribuir de maneira decisiva para tal processo de decomposição e fragmentação, e isso até os nossos dias.

Cronologia

30 de março de 1949	Primeiro de três putschs em oito meses na Síria.
29 de abril de 1951	Mohammad Mossadegh, primeiro-ministro do Irã.
22 de outubro de 1951	Integração da Turquia na Otan.
24 de dezembro de 1951	Independência do "Reino Unido" da Líbia.
23 de julho de 1952	Golpe de Estado dos "Oficiais Livres" no Egito.
19 de agosto de 1953	Golpe de Estado da CIA contra Mossadegh no Irã.
24 de fevereiro de 1955	"Pacto de Bagdá" contra a URSS.
26 de julho de 1956	Nacionalização do Canal de Suez por Nasser.
29 de outubro de 1956	Ataque franco-anglo-israelense ao Egito.
2 de fevereiro de 1958	República Árabe Unida (RAU) egípcia-síria.
14 de julho de 1958	Derrubada da monarquia iraquiana.
28 de setembro de 1961	Retirada síria da RAU.
26 de setembro de 1962	República Árabe do Iêmen em Sanaã.
8 de março de 1963	Tomada do poder pelo Baath na Síria.
21 de junho de 1963	Lévy Eshkol, primeiro-ministro de Israel.
2 de novembro de 1964	Faisal, rei da Arábia Saudita.
1º de janeiro de 1965	Primeiro atentado anti-israelense do Fatah.
5 a 10 de junho de 1967	"Guerra dos Seis Dias" árabe-israelense.
30 de novembro de 1967	República Popular do Iêmen em Áden.
17 de julho de 1968	Tomada do poder pelo Baath no Iraque.
4 de fevereiro de 1969	Yasser Arafat, líder da OLP.
1º de setembro de 1969	*Putsch* de Muammar Gaddafi na Líbia.
6 a 27 de setembro de 1970	Crise do "setembro negro" na Jordânia.
28 de setembro de 1970	Morte de Nasser, substituído por Anwar Sadat.
17 de novembro de 1970	Tomada do poder por Hafez al-Assad na Síria.
1º de junho de 1972	Nacionalização do petróleo iraquiano.
6 a 24 de outubro de 1973	Guerra árabe-israelense do Kippur/Ramadã.
20 de outubro de 1973	Embargo petrolífero da Arábia Saudita contra os Estados Unidos.
21 de dezembro de 1973	Conferência de paz da ONU em Genebra.
13 de abril de 1975	Início da "guerra civil" no Líbano.
1º de junho de 1976	Intervenção síria no Líbano.
17 de maio de 1977	Vitória do Likud nas eleições israelenses.
19 de novembro de 1977	Visita do Presidente Sadat a Jerusalém.
5 a 17 de setembro de 1978	Cimeira israelo-egípcia de Camp David.
11 de fevereiro de 1979	Revolução Islâmica no Irã.
26 de março de 1979	Tratado de paz israelo-egípcio em Washington.
16 de julho de 1979	Saddam Hussein senhor absoluto do Iraque.
4 de novembro de 1979	Tomada da embaixada dos Estados Unidos no Irã.
27 de dezembro de 1979	Invasão soviética do Afeganistão.
22 de setembro de 1980	Invasão do Irã pelo Iraque.
6 de outubro de 1981	Assassinato de Sadat no Cairo.

6 de junho de 1982	Invasão israelense do Líbano.
13 de julho de 1982	Contraofensiva do Irã no Iraque.
16 a 18 de setembro de 1982	Massacre de Sabra e Chatila.
18 de abril de 1983	Atentado contra a embaixada americana em Beirute.
15 de agosto de 1984	Início da guerrilha curda do PKK na Turquia.
9 de dezembro de 1987	Início da primeira intifada palestina.
16 de março de 1988	Ataque químico contra curdos iraquianos.
15 de maio de 1988	Início da retirada soviética do Afeganistão.
20 de agosto de 1988	Cessar-fogo entre o Iraque e o Irã.
15 de novembro de 1988	Proclamação do Estado da Palestina em Argel.
3 de junho de 1989	Morte de Khomeini.

Para saber mais

BARNAVI, É. *Israël, un portrait historique*. Paris: Champs, 2015.

CLERCK, D.; MALSAGNE, S. *Le Liban en guerre*. Paris: Belin, 2020.

PÉTRIAT, P. *Aux pays de l'or noir. Une histoire arabe du pétrole*. Paris: Folio, 2021.

PICARD, E. *Liban-Syrie, intimes étrangers*. Paris: Sindbad, 2016.

RAZOUX, P. *La Guerre Iran-Irak*. Paris: Perrin, 2013.

ROY, O. *Généalogie de l'islamisme*. Paris: Pluriel, 2011.

SACCO, J. *Gaza 1956, en marge de l'Histoire*. Paris: Futuropolis, 2010.

SANBAR, E. *La Palestine expliquée à tout le monde*. Paris: Seuil, 2013.

SEGEV, T. *1967, six jours qui ont changé le monde*. Paris: Pluriel, 2009.

SEURAT, M. *Syrie, l'État de barbarie*. Paris: PUF, 2015.

10
Vida e morte do Oriente Médio americano (1990-2020)

Quando Mahan conceituou, em 1902, o *Middle East* como a chave da hegemonia planetária[460], seu discurso dirigia-se à potência marítima dominante do momento, a Grã-Bretanha. Foi preciso esperar até 1945 para que Roosevelt, ao estabelecer o pacto americano-saudita, e Truman, ao aliar-se ao campo sionista, estabelecessem os dois pilares da política americana no Oriente Médio. Foi nessa região que, em 1956, Eisenhower precipitou o fim dos impérios coloniais da França e do Reino Unido. Em 1967, o triunfo militar de Israel foi a consagração da preeminência americana, assim como a vitória da Arábia em sua "guerra fria árabe" contra o Egito. Foi no Oriente Médio que os Estados Unidos compensaram, em 1973, seus reveses no Vietnã, iniciando um processo negociado que dissociou o Egito, mais ainda do que a Síria, de seu patrocinador soviético. Mas a crise do petróleo demonstra então a vulnerabilidade dos Estados Unidos às turbulências médio-orientais, inclusive por parte dos seus mais próximos aliados. A Arábia de Faisal não é mais um peão americano do que o Israel de Begin. Este arruinou, em 1978, o projeto de Carter de uma *Pax americana* em escala regional, e envolveu, em 1982, Reagan na aventura do Líbano, da qual os Estados Unidos saíram humilhados, dois anos mais tarde. No entanto, foi no Oriente Médio que, em 1990, Washington lançaria as bases de uma "nova ordem mundial" pós-soviética.

---

460. Cf. *supra*, p. 222.

10.1 Tempestade no Deserto

George Herbert Bush, vice-presidente de Reagan, sucedeu-o na Casa Branca em 1989. O novo ciclo da Guerra Fria, alimentado pelas administrações republicanas, terminou com um triunfo americano, ao passo que a URSS, exaurida pela corrida armamentista e pela "contracrise" do petróleo, retirou suas tropas do Afeganistão. O conflito entre Irã e Iraque tornou possível, visto de Washington, neutralizar os dois beligerantes e suas veleidades de exportação dos seus respectivos modelos. Mas Saddam travou sua guerra a crédito, financiado como foi pelas monarquias do Golfo, e pretendeu fazê-las pagar a fatura colossal da reconstrução do Iraque. As tensões aumentaram entre Bagdá e seus financiadores, cada vez mais reticentes em renovar sua generosidade. Elas foram agravadas pelo restabelecimento do *status quo* fronteiriço no Xatalárabe, que deixou para Bagdá apenas metade desse estuário como única saída para o Golfo Pérsico. Comprimido pelo cessar-fogo do lado iraniano, Saddam intensificou a pressão sobre o vizinho kuaitiano para expandir seu acesso marítimo. Ele, assim, se reconectou com as pretensões otomanas sobre o Kuwait e a contestação por Bagdá, em 1961, da independência do emirado[461].

Em 2 de agosto de 1990, as tropas iraquianas invadiram o Kuwait e exterminaram o exército em poucas horas. Bush assumiu a liderança da mobilização internacional contra tal golpe, a fim de dissuadir Saddam de prosseguir sua ofensiva contra a Arábia. Em 6 de agosto, as tropas americanas montaram seu "Escudo do deserto" no coração da zona petrolífera, na costa oriental do reino. Saddam reagiu decretando, dois dias depois, a anexação pura e simples do Kuwait. O fechamento das fronteiras do Iraque levou à captura de milhares de ocidentais como reféns e, posteriormente, à sua libertação aos poucos, segundo a arbitrariedade de Bagdá. No mundo árabe, manifestações celebraram Saddam como o novo Saladino, equiparando as petromonarquias ao imperialismo ocidental, e até mesmo a Israel. Com efeito, Bagdá só pretendia retirar-se do Kuwait em troca da

---

461. Cf. *supra*, p. 221 e p. 307.

evacuação por Israel de todos os territórios árabes ocupados. A Jordânia e o Iêmen, já engajados ao lado do Iraque durante seu conflito com o Irã, aliaram-se novamente a ele. A OLP deixou-se levar por essa escalada nacionalista, em meio ao impasse da intifada na Cisjordânia e em Gaza.

A febre pró-Saddam também conquistou a Irmandade Muçulmana, que arrisca um confronto com seu patrono saudita para não se desligar da sua base popular. Riad retaliou expulsando a confraria islamista de suas posições de responsabilidade e substituindo-a por defensores de uma abordagem literalista do dogma. Era a vitória de tal corrente "salafista", de comprovada lealdade ao poder vigente, em nome da "idolatria" que o ativismo político representaria. O salafismo e sua rigorosa ordem moral agora controlavam a rede de proselitismo da Arábia e beneficiavam-se, no lugar da Irmandade Muçulmana, de recursos igualmente formidáveis. Mas uma tendência então ultraminoritária recusava-se a escolher entre o apoio de alguns em Bagdá e o aval dado por outros ao destacamento americano. Bin Laden, colocado em prisão domiciliar, antes de ser expulso para o Paquistão, encarnaria esse extremismo jihadista. Enquanto a atenção internacional se concentrava na fronteira saudita-kuaitiana, o divórcio se consumava entre o ativismo dos membros da Irmandade Muçulmana, o seguidismo dos salafistas e o extremismo dos jihadistas. O Catar, também um emirado wahabita, levaria muitos anos para tornar-se o mecenas oficial da Irmandade Muçulmana, uma maneira de sair da sombra da Arábia e afirmar-se no cenário internacional.

No fim do verão de 1990, era hora de mobilizar-se contra Saddam. Os Estados Unidos constituíam metodicamente uma coalizão cujo componente árabe era politicamente essencial, a despeito do seu fraco impacto militar. O Egito de Mubarak colocou a serviço da Arábia os mesmos oficiais que haviam atuado como "conselheiros" de Saddam contra o Irã[462]. A Síria de Assad trocou sua participação pelo cheque em branco americano no esmagamento do último reduto patriótico em Beirute, embolsando, assim, o fruto de quatorze anos de ocupação do Líbano. O senhor de Damasco teve

---

462. Cf. *supra*, p. 329.

a inteligência de ser, em seus objetivos expansionistas, mais paciente e menos provocador do que o seu homólogo baathista de Bagdá. Em 29 de novembro de 1990, a diplomacia americana, após meses de tratativas, obteve o voto pelo Conselho de Segurança da ONU da resolução 678. Ela dava ao Iraque até o dia 15 de janeiro de 1991 para evacuar o Kuwait e legitimava, em caso contrário, o uso da força. Naquela data, 500.000 soldados americanos, apoiados na Arábia por uma coalizão de 34 nações, enfrentaram um número comparável de soldados iraquianos. No entanto, essa equivalência só existia no papel, na medida em que Washington obteve um mandato da ONU para travar a guerra como quisesse.

Em 16 de janeiro de 1991, Bush lançou, com a "Tempestade no Deserto", uma campanha de cinco semanas de bombardeios contra alvos iraquianos, militares e civis[463]. A superioridade tecnológica dos Estados Unidos era avassaladora e a opinião mundial descobriu ao vivo, com a CNN[464], a eficácia espetacular do poder de fogo do Pentágono. Saddam tentou ampliar o conflito disparando 40 mísseis contra Israel, onde o risco de um ataque químico era levado muito a sério. Mas esses mísseis carregavam cargas convencionais e acabaram matando apenas três israelenses. Bush implantou baterias de mísseis interceptores e proibiu Israel de qualquer forma de retaliação. A ofensiva terrestre, lançada em 24 de fevereiro, durou apenas cem horas. Washington destacou os contingentes árabes na libertação do Kuwait. A falta de resistência surpreendeu o mais otimista dos planejadores americanos. Com efeito, o exército iraquiano debandou, ao passo que a Guarda Republicana protegeu Saddam e a capital. Os Estados Unidos perderam apenas 154 soldados em combate durante toda a campanha, para perdas iraquianas pelo menos cem vezes maiores. Mas um balanço iraquiano de dezenas de milhares de mortes de civis e militares não pode ser descartado. Tal imprecisão, devido ao caos então reinante no

---

463. Esta campanha, lançada pela Casa Branca na noite de 16 de janeiro de 1991, teve início, devido à diferença horária, nas primeiras horas do dia 17 no Oriente Médio.
464. Este canal americano de informação contínua dispõe, além do seu credenciamento junto à coalizão, do único correspondente ocidental em Bagdá.

Iraque, foi agravada pela sobreposição de conflitos com, desde a libertação do Kuwait, uma vasta insurreição anti-Saddam.

10.2 A nova ordem

Em 2 de março de 1991, a rebelião eclodiu em Baçorá, se espalhou pelas cidades sagradas de Najaf e Carbala, antes de alcançar os bairros xiitas de Bagdá. Milhares de desertores passaram para a guerrilha, convencidos de que os Estados Unidos, após semanas encorajando-os à insubordinação, vão ajudá-los. Em 5 de março, as províncias curdas, por sua vez, se sublevaram. O regime aceitou todas as condições americanas para um cessar-fogo e pôde, assim, concentrar suas forças na frente interna. O Governo Bush, que temia ver o Irã lucrar com os distúrbios, tolerou o recurso a helicópteros e o uso de napalm contra as cidades insurgentes. Uma vez esmagada a revolta xiita, Saddam voltou-se para o norte curdo, de onde ondas humanas fugiram para a Turquia. Em 6 de abril, uma zona de exclusão aérea foi finalmente imposta pelos Estados Unidos, a Grã-Bretanha e a França ao norte do Paralelo 36, permitindo à população refugiar-se ali sem deixar o Iraque[465]. Mas Saddam superou a provação, ao preço do massacre de dezenas de milhares de civis e do saque das cidades sagradas xiitas. A carnificina ocorreu a portas fechadas, com a imprensa estrangeira considerando que a crise havia terminado com a libertação do Kuwait. O regime chegou mesmo a aproveitar-se das muito duras sanções internacionais e do racionamento generalizado para reforçar o seu controle sobre uma população entregue à sua mercê.

Bush declarou, em setembro de 1990, que a restauração da soberania do Kuwait era apenas o primeiro passo para o estabelecimento de uma "nova ordem mundial". Os povos, celebrados na Europa pela queda do Muro de Berlim e o colapso do bloco socialista, não tinham nenhum lugar nessa nova ordem no Oriente Médio. A população iraquiana fez a cruel

---

465. O PDK e o PUK administram essa autonomia, de fato, do Curdistão iraquiano, antes de se separarem, de 1994 a 1997, ano em que a área foi dividida entre os dois partidos, com o PDK em Arbil [*Erbil*] e o PUK em Suleimânia.

experiência disso em março de 1991, abandonada como foi à selvageria de Saddam. Uma oportunidade histórica de refundar um Iraque plural, se não democrático desde o início, foi assim perdida. Pouco importava para os estrategistas americanos, para os quais só contam os regimes, identificados aos seus respectivos estados. A manobra, ao mesmo tempo inteligente e brutal, mobilizou, em torno do imperativo da defesa da Arábia, a assistência do Egito e da Síria, enquanto Israel deveria, pela primeira vez, resistir a bombardeios sem reagir. Essa reconfiguração do Oriente Médio desintegra a relação triangular entre os polos estruturantes da região. Ela foi acompanhada do confinamento do Iraque sob embargo, para grande satisfação do Irã, finalmente livre do desafio baathista em sua fronteira. Quanto à Turquia, o seu papel estratégico na Otan, longe de desaparecer com a ameaça soviética, justificou a criação de uma zona tampão na sua fronteira sudeste, em território iraquiano.

Uma obra imperial tão grande impressionava pela sua coerência, ao passo que a URSS, reduzida à impotência, só pôde ratificar os desígnios de Washington. Essa "nova ordem", no entanto, limitou-se, no Oriente Médio, a reciclar os dispositivos da antiga, que mal foram atualizados, com exacerbação de sua arbitrariedade e de sua brutalidade. Com efeito, ela baseava-se na santuarização do regime saudita, consolidado pelo endurecimento salafista nos seus defeitos mais retrógrados. Foram-se os ingênuos para os quais o destacamento de meio milhão de militares ocidentais deveria ter levado mecanicamente à evolução do reino wahabita. Os Estados Unidos e seus aliados, ao aceitarem ser dispensados de seu engajamento, tornaram-se menos protetores do que obrigados das petromonarquias, cujos favores e contratos eles, aliás, disputavam. Os imigrantes jordanianos, palestinos e iemenitas do Golfo, em contrapartida, pagavam pelo alinhamento de seus líderes com Saddam com uma expulsão em massa para seus países de origem, sendo assim privados de suas transferências em moeda estrangeira. Eles foram substituídos por indianos, paquistaneses, bengaleses e filipinos, considerados mais dóceis. A distância entre os árabes mais pobres e os mais ricos aumentou ainda mais. Mas é, sem dúvida, a regressão salafista que representou o legado mais funesto desta crise. E os ocidentais, ao intervirem incondicionalmente para salvarem a Arábia Saudita ameaçada, teriam contribuído poderosamente para tanto.

10.3 O processo de paz

Bush convocou, em Madri, em outubro de 1991, uma conferência de paz cujo objetivo fundamental era consagrar a hegemonia americana no Oriente Médio. Gorbachev assumiu uma copresidência simbólica, pouco antes do desaparecimento oficial da URSS. A ONU e a Europa dos Doze obtiveram cada uma apenas um assento de observador. A diplomacia americana negociou com Israel, a Síria e o Líbano as condições de sua presença. Ela também cuidou da constituição de uma delegação jordano-palestina, da qual a OLP foi excluída, assim como, por insistência de Shamir, os residentes de Jerusalém Oriental e os refugiados. A conferência foi interrompida após dois dias, a fim de permitir que Israel negociasse bilateralmente, em Washington, com cada uma das partes árabes. Foi o início do "processo de paz", cujo desenrolar enquanto tal garantiu a preeminência dos Estados Unidos, sem prazo para um resultado. O recurso americano à "ambiguidade construtiva", destinada a apaziguar as diferenças, embaralhou um pouco mais as cartas.

A continuação da intifada palestina fez surgir em Israel um "campo de paz" favorável à retirada dos territórios ocupados, especialmente da Faixa de Gaza. Em junho de 1992, os trabalhistas conquistaram sua primeira vitória eleitoral desde 1973, e Rabin, que se tornara primeiro-ministro, podia até mesmo se gabar de uma "maioria judaica" pela paz[466]. Mas a mediação americana lhe parecia trabalhosa demais, especialmente porque excluía a OLP. Foi por isso que Rabin, ansioso por obter sucesso, estabeleceu com Arafat um canal secreto de negociação, sob os auspícios da Noruega. Esses "Acordos de Oslo", concluídos em setembro de 1993, equivalem ao

---

466. Com efeito, o Governo Rabin dispõe de maioria no Knesset sem o apoio dos partidos ditos "árabes", já que são provenientes dos 20% árabes da população.

reconhecimento mútuo entre Israel e a OLP. Uma "Autoridade Palestina" assumiria o controle dos territórios gradualmente evacuados por Israel. A direita israelense acusou Rabin de ter feito um pacto com os "terroristas". Arafat também foi amplamente criticado em seu campo por adiar, após um período de transição de cinco anos, a solução de questões relacionadas a Jerusalém, às fronteiras, aos assentamentos e aos refugiados. Mas esse avanço diplomático suscitou tanto entusiasmo internacional que os Estados Unidos, embora ausentes de Oslo, patrocinaram a assinatura desses acordos na Casa Branca. O presidente democrata Bill Clinton, que sucedera a Bush há oito meses, apresentou-se, assim, como um paradoxal "fazedor de paz" (*peacemaker*).

A realidade é que a diplomacia americana deu seguimento aos acordos negociados sem ela. Donde as tensões e as frustrações que levaram, em maio de 1994, a uma retirada israelense limitada a dois terços da Faixa de Gaza e, na Cisjordânia, apenas à cidade de Jericó. Arafat poderia muito bem ter sido recebido por multidões jubilosas ao retornar a Gaza, dois meses depois, mas cada nova evacuação israelense permanecia condicionada ao desempenho da Autoridade na luta contra o terrorismo. A repressão do Hamas e da FPLP pelos serviços de Arafat avivou as dissensões palestinas. Tal impasse convenceu o Rei Hussein a conduzir as suas próprias negociações secretas com Rabin. O tratado de paz entre Israel e Jordânia, assinado em outubro de 1994, foi mais uma vez fruto de conversações bilaterais, conduzidas fora da presença americana. Enquanto isso, o processo de paz, em Washington, em setembro de 1995, finalmente desembocou num acordo na Cisjordânia. Este território estava dividido em zona A da Autoridade Palestina (3%), zona C sob controle exclusivo de Israel (72%) e zona B onde a administração palestina coexistia com a segurança israelense (25%). A população palestina estava em grande parte sob o controle total ou parcial da Autoridade.

Havia um novo clamor dentro da OLP, onde Arafat foi acusado de ter vendido a terra da Palestina para melhor transformar sua Autoridade em agente de colaboração com Israel. A campanha de denúncia foi ainda mais virulenta em Israel, onde Rabin foi caricaturado como membro da SS em comícios liderados por Benjamin Netanyahu, sucessor de Shamir à frente do Likud. Em novembro de 1995, o primeiro-ministro foi assassinado, ao deixar um comício pela paz em Tel Aviv, por um extremista judeu ligado aos colonos messiânicos. Peres o sucedeu à frente do governo trabalhista, enquanto Arafat foi eleito, em janeiro de 1996, por 87% dos votos, presidente da Autoridade Palestina. Esta eleição, conduzida sob supervisão internacional, contrastou com as farsas dos regimes árabes. Arafat doravante cumulou esse título com a liderança da OLP e do Fatah, atuando nesses três níveis de legitimidade. Mas Peres precisava enfrentar Netanyahu em uma votação marcada por uma onda de atentados suicidas do Hamas. Em maio, o líder do Likud vence por pouco. À frente do governo israelense, ele não descansaria enquanto não enterrasse esses acordos de Oslo que ele condenou desde o início.

10.4 O colapso do processo

Clinton, que havia apostado tudo na eleição de Peres, manteve relações gélidas com Netanyahu. Este último, familiarizado com os Estados Unidos, onde viveu metade de sua vida, cuidava de suas relações com o Partido Republicano, que tinha maioria nas duas câmaras do Congresso. Foi-lhe assegurado, na direita americana, o apoio dos "sionistas cristãos", fundamentalistas para os quais o "retorno" do povo judeu à sua terra, inclusive na Cisjordânia ocupada, fazia parte do cumprimento de profecias. Escavações arqueológicas sob a esplanada das mesquitas, em Jerusalém, levaram, em setembro de 1996, a um surto de violência entre israelenses e palestinos. Um ano depois, a tentativa rocambolesca de assassinato de um líder do Hamas, em Amã, tornou-se uma humilhação para Netanyahu[467], que foi forçado a libertar o fundador do movimento islamista, que logo

---

467. Com efeito, o comando do Mossad encarregado de injetar um veneno lento no líder do gabinete político do Hamas é interceptado pelos serviços jordanianos, que só concordam em libertá-lo em troca, além do antídoto, de setenta e quatro palestinos e jordanianos detidos em Israel, inclusive o fundador do Hamas.

retornou a Gaza. Esse aumento do poder do Hamas só pôde enfraquecer Arafat, cuja gestão autocrática pesava sobre a legitimidade e eficácia da autoridade palestina. De maneira geral, o processo de paz deixou de suscitar o interesse de ambas as populações; para os israelenses devido à continuação dos atentados do Hamas, conquanto menos numerosos, e para os palestinos em razão dos bloqueios israelenses e do agravamento da colonização. A administração Clinton teve uma grande responsabilidade por esse descontentamento, uma vez que o único acordo celebrado sob sua égide, em janeiro de 1997, dividiu Hebron entre os dois partidos[468], acrescentando uma zona de atrito adicional à equação israelo-palestina.

Washington acreditava que encontraria uma margem de manobra em maio de 1999, com a derrota eleitoral de Netanyahu, substituído à frente do governo pelo trabalhista Ehud Barak, ex-chefe do Estado-Maior, enquanto Sharon assumiu a liderança do Likud. O Knesset foi o mais dividido da história de Israel, forçando Barak a contar com uma coalizão de sete partidos. O novo primeiro-ministro privilegiou as conversações com a Síria em detrimento das negociações com a OLP. Mas a ambiguidade supostamente "construtiva" da administração Clinton mostrou-se contraproducente perante o implacável Assad. Uma disputa sobre uma porção residual do Golã, que Israel, no entanto, aceitou evacuar em 99%, foi suficiente para causar o fracasso da cúpula americano-síria de Genebra, em março de 2000. Barak, sob o golpe desse fracasso, decidiu, dois meses depois, a retirada unilateral das tropas israelenses do Líbano. O Hezbollah celebrou o fim de vinte e dois anos de ocupação israelense[469], que atribuiu exclusivamente à sua "resistência islâmica". Este foi o último combate de Hafez al-Assad, que morreu em junho de 2000 em Damasco. Seu filho Bashar herdou, juntamente com o poder absoluto, seus títulos de "Presidente da República", "Secretário-geral do Baath" e "Chefe das Forças Armadas". Pela primeira vez, uma república árabe inscreveu sua ditadura na sucessão dinástica.

---

468. Mil soldados israelenses protegem algumas centenas de colonos em uma parte de Hebron ainda predominantemente árabe, com o resto da cidade e de sua população retornando à Autoridade Palestina.

469. Israel controla desde 1978 um "cinturão de segurança" no sul do Líbano (cf. *supra*, p. 320, nota 434), bem antes de sua invasão em 1982.

Clinton convocou, em julho de 2000, Barak e Arafat a Camp David, na esperança de repetir a mediação bem-sucedida de Carter, em 1978, entre Begin e Sadat. Mas esta cúpula tripartite estava claramente menos bem preparada, com um presidente americano no fim do seu segundo e último mandato. Seria preciso esperar muitos meses para que os "parâmetros de Clinton" propusessem uma resolução global, com o estabelecimento de um Estado palestino desmilitarizado na Faixa de Gaza e quase toda a Cisjordânia, Jerusalém capital dos dois estados, trocas territoriais que permitissem a Israel anexar os blocos de assentamentos e, finalmente, limitação do "direito de retorno" dos refugiados apenas ao Estado palestino. Os contornos dessa solução de dois estados ainda não estavam claros em Camp David, cúpula que a ambiguidade bem pouco "construtiva" de Clinton conduziu ao fracasso. Barak acusou Arafat de ter recusado a oferta mais generosa já feita aos palestinos, embora justamente tal oferta não tenha sido formalizada em Camp David e só o seria cinco meses mais tarde[470]. A OLP, por sua vez, estava sob forte pressão do Hamas, para quem a retirada israelense do Líbano demonstrava a futilidade da via diplomática e a virtude exclusivamente da "resistência islâmica".

A visita de Sharon e de uma delegação do Likud à Esplanada das Mesquitas, em setembro de 2000, acendeu a pólvora. Os motins palestinos se espalharam para áreas árabes de Israel e foram duramente reprimidos. Este foi o início da segunda intifada, conhecida como "Al-Aqsa", em celebração da sacralidade de Jerusalém. Ela rompeu com o levante pacífico de 1987 por seu registro islâmico e seu recurso à luta armada. Com efeito, todas as facções envolveram-se em atentados suicidas, uma escalada que reflete a utilização, por Israel, da força aérea e da artilharia na Cisjordânia e em Gaza, pela primeira vez desde o início da ocupação em 1967. Tal extremismo esvaziou de substância as conversações que Clinton finalmente conduz com rigor. Seu vice-presidente Al Gore, vencedor da eleição presidencial de novembro, teve, no entanto, que se curvar, após semanas de litígio. Em

---

470. Os parâmetros de Clinton de uma solução de dois estados foram apresentados em dezembro de 2000 na Casa Branca às delegações israelense e palestina. Não negociáveis, eles são endossados por Barak e Arafat nos dias seguintes.

janeiro de 2001, George Walker Bush, o filho do antecessor de Clinton, acessou a Casa Branca. Pouco depois, Sharon foi levado ao poder em Israel por um maremoto eleitoral. Foi o fim do processo de paz.

10.5 Guerras globais

Bin Laden, expulso da Arábia em 1991, foi destituído de sua nacionalidade três anos depois. Ele então teceu a teia da Al-Qaeda a partir do Sudão, onde a ditadura militar-islamista o acolheu até 1996. Radicado em seguida no Afeganistão, ele aí se colocou sob a proteção dos talibãs, literalmente os "seminaristas". Essa milícia ultraconservadora impôs seu "Emirado Islâmico" no caos que se seguiu à retirada do Exército Vermelho e à queda, em 1992, do regime comunista. Bin Laden declarou a "jihad global" contra os Estados Unidos, considerando que seus nacionais e seus interesses deveriam ser atingidos no mundo inteiro, e isso enquanto durasse sua "ocupação" da Arábia. Em agosto de 1998, Bin Laden ordenou um duplo ataque suicida contra as embaixadas dos Estados Unidos no Quênia e na Tanzânia (224 mortos, dos quais 12 americanos)[471]. Clinton respondeu disparando mísseis contra uma base afegã da Al-Qaeda, da qual Bin Laden saiu ileso. Os talibãs, considerando-se agredidos, consolidaram seu pacto com os jihadistas. Em junho de 1999, o FBI declarou Bin Laden o inimigo público número um e ofereceu uma recompensa de 5 milhões de dólares por sua cabeça. A propaganda dos Estados Unidos assegurou, assim, a notoriedade planetária da Al-Qaeda, cujos campos de treino acolheram cada vez mais voluntários. Bin Laden embarcou, então, no planejamento de um atentado de proporções sem precedente em solo americano.

Em 11 de setembro de 2001, dois aviões sequestrados pela Al-Qaeda se chocaram, em Nova York, contra as torres gêmeas do World Trade Center, enquanto um terceiro destruiu, em Washington, uma parte do Pentágono.

---

471. Esta carnificina deve marcar o oitavo aniversário do início do "Escudo do Deserto", e, portanto, da alegada "ocupação" americana do território saudita.

Um quarto avião, que o sacrifício dos passageiros fez com que se precipitasse no campo, tinha como alvo o Capitólio, ou até mesmo a Casa Branca. Quase 3 mil pessoas foram mortas nesses atentados, que Bin Laden teve o cuidado de não reivindicar, a fim de posar como o líder da "resistência" à inevitável retaliação americana. A ONU apoiou o ultimato dos Estados Unidos contra o Talibã, que, no entanto, se recusou a entregar Bin Laden. Cerca de quarenta países se juntaram de várias maneiras à ofensiva lançada em outubro por Washington contra o Emirado Islâmico. Os jihadistas estavam convencidos de que seus adversários iriam se atolar no Afeganistão como o Exército Vermelho antes deles. Mas o Governo Bush deixou habilmente as milícias afegãs da "Aliança do Norte", oposta ao Talibã, conduzir os combates em terra. O apoio da aviação, da artilharia e da inteligência americanas foi decisivo, mas foram, de fato, os afegãos, e não os invasores, que derrubaram o Emirado Islâmico. Dois terços dos membros da Al-Qaeda foram mortos ou presos. Bin Laden fugiu para o Paquistão.

George W. Bush, em vez de contentar-se com esta retumbante vitória, lançou a "guerra global ao terror". A potência americana caiu, assim, na armadilha jihadista ao "globalizar" o confronto que a Al-Qaeda queria precisamente estender a todo o planeta. As ditaduras árabes ofereceram de bom grado sua colaboração, tanto para obter favores de Washington quanto para estigmatizar a sua própria oposição como "terrorista". Enquanto os déspotas árabes da Guerra Fria liquidavam seus dissidentes em nome da luta contra a "reação", o sionismo e o imperialismo, seus sucessores da "guerra global", justificavam a ferocidade de sua repressão em nome do "antiterrorismo". Em Israel, Sharon equiparou Arafat a Bin Laden, a fim de combater cada vez mais duramente a segunda intifada. Em março de 2002 o exército israelense ocupou novamente toda a Cisjordânia. Arafat, sitiado nos gabinetes da sua presidência, daí não sairia durante dois anos e meio. A Autoridade estava em ruínas e o sonho de um Estado palestino chegava ao fim.

Os ideólogos do Governo Bush pressionavam ainda mais sua vantagem. Impropriamente chamados de "neoconservadores", eles na verdade defendiam uma recomposição revolucionária do Oriente Médio, comprometida com a derrubada do regime (*regime change*) em Bagdá. A queda de Saddam deveria inaugurar um círculo virtuoso de democratização no Iraque, seguido de contágio nos outros países árabes, assim inevitavelmente levados à paz com Israel, uma vez que as duas democracias não poderiam entrar em guerra. Os preconceitos paternalistas dos neoconservadores foram agravados pela febre messiânica dos sionistas cristãos, determinados a derrotar o anticristo muçulmano. Em janeiro de 2002, George Bush denunciou solenemente um "eixo do mal", associando o Iraque, o Irã e a Coreia do Norte. A campanha de desinformação era tal que a maioria dos americanos doravante considerava Saddam culpado do 11 de setembro. No dia seguinte ao primeiro aniversário desses atentados, Bush denunciou à ONU a ameaça que o Iraque representaria para a paz mundial. Em fevereiro de 2003, o chefe da diplomacia americana insistiu perante o Conselho de Segurança que Saddam tinha "armas de destruição em massa" e colaborava com a Al-Qaeda. O apelo do seu homólogo francês por um "desarmamento em paz" pode ter sido calorosamente aplaudido, mas já era tarde demais para conter o belicismo dos Estados Unidos.

10.6 A ocupação do Iraque

Em 20 de março de 2003, uma enxurrada de mísseis se abateu sobre o Iraque. Foi o *"shock and awe"*, "o pavor e o espanto", destinados a paralisar o inimigo sob uma relação de forças avassaladora. De fato, os 150 mil soldados americanos levaram apenas três semanas para conquistar o sul do Iraque e chegar à capital. Em 9 de abril, a queda de uma estátua de Saddam foi encenada em Bagdá, no que pareceu ser um *remake* árabe da queda do Muro de Berlim. Mas era o caos que reinava no país. Os depósitos de armas foram tomados de assalto por várias milícias. O museu de Bagdá foi saqueado, assim como muitos sítios arqueológicos. As forças de ocupação recusavam-se a garantir a manutenção da ordem, contentando-se em manter certas posições estratégicas, inclusive o Ministério do Petróleo. As duas primeiras decisões do procônsul americano[472] eram a desmobilização do exército e o expurgo dos membros do Baath. Assim, dezenas de milhares de militares despedidos retornaram aos seus lares com suas armas pessoais, ao passo que a massa de funcionários, forçados pela ditadura a aderir ao Baath, foi excluída do serviço público. Em pouco tempo, todo o Estado iraquiano entrou em colapso. Em 1º de maio, Bush anunciou, em um porta-aviões cruzando o Golfo Pérsico, que "a missão estava cumprida"[473]. No entanto, nenhum vestígio das famosas "armas de destruição em massa" foi encontrado.

As tropas americanas foram respaldadas no Iraque por cerca de 20 mil soldados de uma coalizão díspar. Mas enquanto as coalizões de 1990 e 2001 se haviam reunido em torno dos Estados Unidos, a de 2003 dividiu-se, particularmente na Europa, com o envolvimento da Grã-Bretanha, da Espanha e da Itália, apesar do repúdio da França e da Alemanha. Essas divergências entre os governos europeus contrastavam com a oposição maciça de todas as opiniões europeias à invasão do Iraque. As autoridades de ocupação estabeleceram seu quartel-general em Bagdá na mesma "zona verde" de onde Saddam e sua camarilha já governavam o país. Elas usaram as mesmas prisões para infligir tratamentos desumanos, cujas imagens suscitariam escândalo[474]. Só o alvo da repressão em massa mudou, ontem os adversários do Baath, doravante os "terroristas", sunitas em sua imensa maioria. As milícias xiitas e curdas engajadas ao lado dos Estados Unidos acentuam esse viés comunitário, ao passo que o procônsul cerca-se de ex-exilados, aureolados por sua resistência a Saddam, mas ignorando tudo da geração crescida sob o embargo.

Em abril de 2004, a cegueira dos Estados Unidos os levou a enfrentar ao mesmo tempo uma revolta xiita e uma guerrilha sunita. Tratava-se de

---

472. Seu título oficial é "administrador provisório da coalizão".

473. A invasão do Iraque em 2003 é, muitas vezes, chamada, do ponto de vista ocidental, de "segunda guerra do Golfo", tendo a primeira sido, em 1991, a da libertação do Kuwait. Mas é o conflito Irã-Iraque de 1980-1988 que historicamente representa a primeira dessas três "guerras do Golfo".

474. Trata-se da revelação, na primavera de 2004, das torturas filmadas na prisão de Abu Ghraib pelos carcereiros americanos.

uma reunião heteróclita de autênticos patriotas, nostálgicos de Saddam e islamistas de diferentes convicções. A propaganda americana ampliou o papel de al-Zarqawi, um jihadista jordaniano, a fim de ocultar a dimensão iraquiana desta insurreição. Essa manobra resultou, ao contrário, no aumento do prestígio militante de al-Zarqawi e, portanto, de suas capacidades de recrutamento e financiamento. Do lado xiita, Moqtada al-Sadr [*Muqtadā al-Ṣadr*], sobrinho-neto de Bāqir al-Ṣadr, enforcado por ordem de Saddam em 1980[475], e filho de um aiatolá assassinado pela ditadura, mobilizou o registro islâmico para levantar um "exército do Mádi" contra o ocupante. Os Estados Unidos não podiam desta vez acusar os insurgentes de simpatias baathistas. Eles aceleraram a instalação de um governo iraquiano encarregado, em junho de 2004, de organizar as eleições. Mas o exército americano continuou a controlar o país, chegando mesmo a sitiar Moqtada al-Sadr, dois meses depois, no mausoléu de Ali em Najaf. Após confrontos sangrentos na cidade santa, o chefe do exército do Mádi aceitou retirar-se com seus apoiadores para os subúrbios xiitas de Bagdá. Quanto a al-Zarqawi, Bin Laden o nomeou chefe do ramo iraquiano da Al-Qaeda.

A invasão americana do Iraque permitiu, assim, aos jihadistas, até então confinados na periferia afegã, conquistarem uma posição segura no coração do Oriente Médio. A resistência à "agressão dos cruzados", para retomar a retórica da Al-Qaeda, também favoreceu o ressurgimento, desta vez na Europa, do terrorismo antiocidental, com os atentados de Madri, em março de 2004, e de Londres, em julho de 2005. No próprio Iraque, o boicote sunita às eleições de janeiro de 2005 para a Assembleia Constituinte resultou em um projeto de inspiração federal, favorável às províncias curdas e xiitas, detentoras de recursos petrolíferos no norte e no sul. A nova Constituição, massivamente rejeitada pelos sunitas, agravou o fosso entre as comunidades. Os Estados Unidos, na pressa de saírem do atoleiro iraquiano, refundaram o país sobre um pacto tripartite que amalgamava elementos do mandato britânico de 1920-1932 e do confessionalismo instituído pela França no Líbano. Tal combinação oferecia o poder real a um

---

475. Cf. *supra*, p. 324.

primeiro-ministro xiita, com os curdos mantendo a presidência do Estado e os sunitas a do Parlamento. Mas os curdos, cuja língua adquiria o mesmo *status* que o árabe, dispunham da autonomia muito avançada de seu "governo regional" de Arbil. Os sunitas não receberam nenhuma compensação por sua exclusão do poder central.

Mais grave ainda, as novas instituições privilegiavam, devido ao imperativo de segurança dos Estados Unidos, os partidos garantidos por poderosas milícias. Esse agravamento da dinâmica confessional pela lógica miliciana levou à promoção dos líderes mais bem providos, mas também à discriminação das minorias desprovidas de tais grupos armados. Este é obviamente o caso dos cristãos, cuja população, devido à emigração, caiu pela metade em poucos anos, mas também dos yazidis, apesar de serem de etnia curda, ao passo que os turcomanos se voltaram para Ancara a fim de fazerem valer seus direitos e armar seus ativistas. O Governo Bush desencadeou assim um mecanismo infernal que desembocou na guerra civil de 2006 entre milícias xiitas e sunitas. A capital, outrora multiconfessional, estava coberta de muros entre bairros que se tornaram homogêneos, com um êxodo das populações sunitas e cristãs. Tal militarização foi acompanhada da pilhagem do país por partidos organizados em verdadeiras máfias. Quanto ao Irã, aproveitou-se dessa desintegração para desenvolver suas redes e impulsionar seus interesses.

10.7 O eixo de resistência

Bush não ofereceu simplesmente à República Islâmica a cabeça de Saddam[476] e o desmantelamento do seu regime. Ele permitiu ao Irã liberar-se da fronteira que, traçada em 1639 entre os otomanos e os safávidas[477], desde então separava os árabes dos persas. O que Khomeini não conseguiu ao prolongar, de 1982 a 1988, a terrível guerra com o Iraque, Khamenei

---

476. Capturado em dezembro de 2003 por milicianos curdos, o ditador deposto foi enforcado três anos depois sob as imprecações xiitas e após um julgamento altamente contestado.
477. Cf. *supra*, p. 181.

conseguiu sem disparar um tiro, deixando os Estados Unidos liquidarem eles mesmos o inimigo baathista. Essa transição regional foi acompanhada pela reversão do equilíbrio de poder dentro do clero xiita. Os aiatolás de Najaf e Carbala haviam consagrado, durante dois séculos[478], uma autonomia clerical que lhes conferia um peso determinante sobre o futuro do Irã. O rompimento de 2003 reverteu essa relação em benefício do Irã de Khomeini e dos aiatolás de Qom, que sitiaram Najaf para aí impor sua visão muito específica do xiismo. As monarquias do Golfo, inicialmente favoráveis à derrubada de Saddam, ficaram paralisadas por essa irrupção do Irã em solo árabe e reagiram apoiando a guerrilha sunita do Iraque. Quanto a Bashar al-Assad, ele também apoiou essa guerrilha para atolar os Estados Unidos no Iraque e desviá-los de uma eventual intervenção na Síria. Neste Oriente Médio fã de frentes invertidas, os protegidos dos Estados Unidos na Península Arábica chegaram a financiar uma insurreição antiamericana à sua porta, ao passo que o aliado sírio da República Islâmica manteve a violência sunita contra as alternâncias de Teerã no Iraque.

O crescente poder do Irã no Iraque e na região tornou menos urgente para Khamenei prosseguir com seu programa nuclear. De 1987 a 1992, a República Islâmica havia assinado acordos de cooperação com o Paquistão, a China e a Rússia na área nuclear. Mas foi uma rede mafiosa, sediada em Dubai, que permitiu a Teerã adquirir suas primeiras centrífugas. Em outubro de 2003, a mediação da França, da Grã-Bretanha e da Alemanha convenceu o Irã a suspender suas atividades de enriquecimento de urânio. Nesse sentido, foi celebrado um acordo formal, um ano mais tarde, inscrevendo essa suspensão na perspectiva de um regulamento duradouro. Esse processo virtuoso entrou em colapso no verão de 2005, com a eleição de Mahmoud Ahmadinejad como presidente iraniano. Esta foi a primeira vez que essa posição escapou a um clérigo, tendo Ahmadinejad conduzido sua carreira na Guarda Revolucionária, particularmente durante o conflito com o Iraque. Além disso, o novo presidente iraniano era um messiânico convencido da iminência do retorno do Mádi. Por conseguinte, ele multiplicou

---

478. Cf. supra, p. 198.

as provocações internacionais e ameaça publicamente destruir Israel. A despeito desses gestos sinistros, o Governo Bush estimou, em dezembro de 2007, que o Irã provavelmente não havia retomado seu programa militar.

Bashar al-Assad, que em 2000 herdou o poder absoluto de seu pai sobre a Síria, pôde contar com o apoio diplomático de Jacques Chirac. A França já não questionava o protetorado sírio sobre o Líbano, porque, ao contrário, ela contava com a sua própria cooperação com Damasco para tornar tal protetorado mais benevolente. O grande beneficiário desta nova situação era o primeiro-ministro libanês, Rafic Hariri, que tinha laços estreitos com Chirac e a Arábia Saudita. Mas a ocupação americana do Iraque fez com que Assad mais uma vez estreitasse seu domínio sobre o Líbano. Hariri, deposto da presidência do governo em 2004, morreu, em fevereiro de 2005, em um atentado atribuído ao Hezbollah. Manifestações gigantescas abalaram o país no mês seguinte, polarizando oponentes e apoiadores da Síria. Assad decidiu retirar suas tropas, após vinte e nove anos de ocupação, mas uma campanha de assassinatos de personalidades antissírias logo revelou que a dominação de Damasco, por ser menos direta, não era menos brutal. Essa "Revolução do Cedro" de 2005 ampliou a distância entre sunitas e xiitas no Líbano, dividiu os cristãos entre esses dois campos antagônicos e, finalmente, consagrou a preeminência do Hezbollah, mais bem-equipado do que o próprio exército.

A República Islâmica proclamou a solidez desse "eixo de resistência" que, de Teerã a Damasco e Beirute, resistiria aos projetos americanos no Oriente Médio. Em contrapartida, as ditaduras árabes estigmatizavam o "crescente xiita" que seria assim consolidado, esperando mobilizar contra essa ameaça seu patrocinador americano, ele próprio, no entanto, responsável pela expansão iraniana no Iraque. O Hamas podia ser um sunita exigente, mas ele uniu-se a esse "eixo" em nome da comunidade de "resistência islâmica" com o Hezbollah. O desaparecimento de Arafat[479] deixou, em 2005, a OLP e a Autoridade Palestina nas mãos de Mahmoud Abbas, opo-

---

479. O chefe da OLP, sitiado desde 2002 na presidência palestina, foi evacuado, muito doente, em outubro de 2004, e morreu pouco depois em um hospital nos subúrbios de Paris.

sitor declarado da militarização da intifada. Sharon, no entanto, recusou-se a coordenar com ele a retirada israelense da Faixa de Gaza, o que fez o jogo das milícias islamistas. Na sequência, o Hamas ganhou as eleições palestinas em janeiro de 2006 e, a partir de junho, entrou em conflito com Israel em Gaza. O Hezbollah, em nome da solidariedade de "resistência", abriu uma segunda frente no norte de Israel, donde uma "guerra de trinta e três dias", devastadora para o Líbano, mas igualmente muito penosa para o Estado judeu[480]. O Hezbollah reivindicava a "vitória divina", celebrada por Ahmadinejad e pela propaganda iraniana. Em junho de 2007, o Hamas assumiu o controle militar da Faixa de Gaza, da qual a OLP foi expulsa. O conflito entre as "autoridades palestinas" de Ramallah e Gaza[481] enfraqueceu ainda mais a solução de dois estados, o que consolidou tanto os "falcões" israelenses quanto os defensores do "eixo de resistência".

Essa desarticulação do Oriente Médio árabe se acentuou com o grande retorno da Turquia, que se manteve discreta na região desde a anexação, em 1939, da província síria de Antioquia[482]. Recep Tayyip Erdogan, cujo AKP conservador islâmico[483] venceu as eleições de 2002, tornou-se primeiro-ministro no ano seguinte e viu no Oriente Médio a "profundidade estratégica" de seu país. Ele pretendia desenvolver uma cooperação mutuamente benéfica com todos os seus vizinhos, o que o levou a recusar o uso da Turquia como base de retaguarda da invasão americana do Iraque. Embora o Pentágono alimentasse uma duradoura desconfiança em relação ao seu aliado turco da Otan, essa demonstração de soberania permitiu que Erdogan desenvolvesse suas relações com Ahmadinejad, e sobretudo com Assad. O acordo de livre-circulação que ele assinou com este último em 2007 foi muito benéfico para as províncias fronteiriças de Gaziantep, na Turquia, e de Alepo, na Síria. Ancara também assegurou as trocas comer-

---

480. As perdas civis em Israel, cerca de cento e vinte mortos, representam apenas um décimo das perdas civis no Líbano, mas equivalem às perdas militares em Israel, devido às centenas de foguetes disparados pelo Hezbollah sobre o norte do país.
481. Com efeito, o Hamas afirma, desde sua vitória eleitoral de janeiro de 2006, ser a única "Autoridade Palestina" legítima.
482. Cf. *supra*, p. 281.
483. O AKP é o acrônimo turco de Partido da Justiça e do Desenvolvimento.

ciais, nomeadamente petrolíferas, do governo curdo do norte do Iraque, em troca de uma tolerância para com os ataques turcos contra o PKK[484]. Finalmente, o AKP, do qual um componente minoritário era proveniente da Irmandade Muçulmana, tornou-se o centro de reunião dos diferentes ramos da irmandade, banidos da Arábia Saudita e perseguidos pelos Emirados Árabes Unidos. Erdogan chegou mesmo a patrocinar, em 2008, conversações secretas entre Israel e a Síria, enquanto esses dois países, até então, haviam recusado qualquer outra mediação que não a americana.

10.8 O discurso do Cairo

A hegemonia americana sobre o Oriente Médio, consagrada durante o mandato de Bush pai, já estava malconduzida, sob Clinton, por sua gestão calamitosa do processo de paz. Mas foi Bush Junior quem pôs abaixo a grande obra paterna ao ceder à vertigem neoconservadora da invasão do Iraque. As centenas de bilhões de dólares engolidos nessa aventura, sem contar a perda de milhares de militares americanos, deveriam ser suficientes para invalidar as visões conspiratórias de uma América onisciente e maquiavélica. A realidade era da ordem do desastre, obviamente para as sociedades do Oriente Médio, mas também para os interesses dos Estados Unidos. A Rússia, marginalizada na região desde o naufrágio da URSS, iniciou, com Vladimir Putin, um retorno tão paciente quanto metódico, cultivando sua relação com o Irã e seus aliados, sem, no entanto, proibir outras parcerias militares e petrolíferas. Enquanto a defesa da Arábia Saudita havia sido o pilar da "nova ordem" de 1991, Bush filho enfraqueceu permanentemente o parceiro saudita ao abrir o Iraque à multiforme influência do Irã, ao instalar a ameaça jihadista na região[485] e ao enterrar o processo de paz israelo-árabe. O "plano Abdullah", endossado em 2002

---

484. O PDK no poder em Arbil é, de fato, historicamente oposto ao PKK marxista, cujos maquis de peshmergas turcos estão instalados nos maciços do extremo norte do Iraque. Saddam Hussein já havia tolerado os ataques de Ancara contra o PKK em seu território (cf. *supra*, p. 331).
485. De 2003 a 2005, o ramo saudita da Al-Qaeda conduziu uma campanha de atentados sangrentos na Arábia.

pela Liga Árabe, por iniciativa do príncipe herdeiro da Arábia, que se tornou rei três anos mais tarde, ofereceu a Israel uma paz efetiva com todos os estados árabes em troca da retirada israelense de todos os territórios ainda ocupados desde 1967[486]. Paz total em troca de retirada total, a fórmula teria em outros tempos seduzido, mas George W. Bush não lhe conferiu nenhum interesse sério.

No outono de 2002, Barack Obama opôs-se ao próprio princípio de uma invasão do Iraque que, segundo ele, só poderia fortalecer os inimigos dos Estados Unidos. Tal lucidez então o isolou dentro do Partido Democrata, mas serviu em sua campanha presidencial vitoriosa em 2008. Essa dinâmica popular levou a um desinvestimento do Oriente Médio, tanto pela retirada das tropas quanto pela redução da dependência energética. Em junho de 2009, o presidente proferiu um discurso histórico no Cairo de reconciliação entre "a América e o Islã". Em vez de invocar o mundo árabe, Obama preferiu dirigir-se aos "mais de 1 bilhão de fiéis" de uma religião, cuja comunhão de valores com os Estados Unidos ele enfatizou. Muçulmanos e americanos foram, assim, exortados a combater juntos o "extremismo violento" da Al-Qaeda. Ao qualificar a relação americano-israelense como "inabalável", Obama considerou a situação dos palestinos "intolerável" e sua aspiração a um Estado "legítima". Meio século após a crise de Suez[487], a popularidade dos Estados Unidos estava novamente em seu apogeu no Oriente Médio árabe, lembrando-nos de que o antiamericanismo era aí tão pavloviano quanto em qualquer outro lugar, nutrido como era pelo ressentimento contra esta ou aquela política concreta.

Obama também inaugurou seu mandato com a mão estendida ao Irã, oferecendo apoio à mediação europeia sobre a questão nuclear. Mas a reeleição de Ahmadinejad, eivada de fraudes, em junho de 2009, provocou uma onda de protestos sem precedentes na República Islâmica. Era o "movimento verde", com a força de centenas de milhares de manifestantes

---

486. Trata-se, além do Golã sírio, dos territórios palestinos de Jerusalém Oriental, da Cisjordânia e da Faixa de Gaza.

487. Cf. *supra*, p. 305.

em todo o país e duramente reprimido pela polícia e pelo Exército dos Guardiães da Revolução Islâmica (*Pasdaran*). Uma tecnologia de ponta também permitiu que o regime restringisse telefones celulares e redes sociais, agora câmaras de eco dos protestos no mundo inteiro. Obama manteve discrição, em suposta ruptura com a política de *regime change* do seu predecessor. A revelação do canteiro de obras de uma nova instalação de enriquecimento de urânio acarretou, em setembro, uma resposta coordenada entre Obama e seus pares europeus com, nos meses seguintes, um endurecimento das sanções endossadas pela ONU. Washington continuou convencido de que o Irã estava, de fato, buscando adquirir as capacidades de um programa militar, sem tê-lo, no entanto, iniciado.

Netanyahu reconquistou, em março de 2009, a liderança do governo israelense, dez anos após tê-la perdido. A "guerra global ao terror", o esmagamento da segunda intifada e o controle de Gaza pelo Hamas exacerbaram sua recusa da solução de dois estados. Se ele fingiu ceder a Obama nesse ponto, foi para emitir a exigência inédita de reconhecimento pelos palestinos do caráter judaico do Estado de Israel, exigência ausente dos tratados de paz assinados com o Egito, em 1979, e a Jordânia, em 1994. Ainda sob pressão de Washington, Netanyahu anunciou, em novembro de 2009, um "congelamento" da colonização por um período de dez meses, para melhor excluir Jerusalém Oriental e o desenvolvimento "natural" das colônias existentes. Após esses dois descartes bem-sucedidos, o primeiro-ministro israelense apostou, em 2010 como em 1996, na pressão no Congresso do Partido Republicano, no contexto das campanhas agressivas dos cristãos sionistas contra Obama. O equilíbrio de poder se inverteu entre os dois líderes: o presidente americano, apesar dos seus apelos à ONU em favor de um Estado palestino, decide, desavergonhadamente, opor veto à admissão da Palestina[488].

Obama encontrou mais sucesso na sua reorientação da luta contra o terrorismo exclusivamente contra a Al-Qaeda. No Iraque, a trégua que de-

---

488. A Palestina obteve na ONU, em novembro de 2012, apenas o modesto *status* de Estado não membro observador.

correu com a guerrilha nacionalista permitiu o recrutamento de milícias antijihadistas no meio sunita. Nas áreas tribais da fronteira afegã, bem como no Iêmen, os drones americanos infligiram graves perdas aos quadros da Al-Qaeda. Em maio de 2011, Bin Laden foi morto em um ataque de helicóptero dos Estados Unidos no Paquistão. Obama pôde declarar que "a justiça foi feita", uma década após os ataques de Nova York e Washington. O presidente americano confirmou a próxima retirada de suas forças do Iraque, determinado a acabar com os parênteses desse conflito funesto. Mas ele assim conferiu um poder exorbitante ao Primeiro-ministro Nouri al-Maliki, cujo sectarismo xiita transformou-se em obstinação contra a minoria sunita. As milícias que haviam sido tão eficazes contra a Al-Qaeda foram desmanteladas. Os jihadistas locais recuperaram a confiança e seu líder, Abu Bakr al-Baghdadi, recusou-se a jurar lealdade ao sucessor de Bin Laden. Um "Estado Islâmico no Iraque" constituiu-se, assim, clandestinamente, ao longo da fronteira síria. Os veteranos de Saddam aí conviviam com os de al-Zarqawi, cada um trazendo a sua própria experiência do terror como arma de guerra[489].

10.9 O retorno da Nahda

Desde 1990, os povos árabes representam o ponto cego do Oriente Médio americano. A "revolução das pedras" na Cisjordânia e em Gaza resultou apenas nas frustrações de uma paz reduzida a um estado de processo, antes que a segunda intifada esgotasse a dinâmica popular na escalada das facções armadas. No Iraque, os Estados Unidos abandonaram o povo insurgente à ferocidade de Saddam, em 1991, e só o livraram dessa barbárie, em 2003, para entregá-lo à tirania das milícias. Além disso, as destruições e o êxodo causados pelo *regime change* de Bagdá serviram de poderosos realces para as ditaduras árabes. Sua propaganda agitou o espantalho do caos que inevitavelmente seguiria o fim do seu reinado. Os vários déspo-

---

[489]. Um manual que era muito popular entre os jihadistas iraquianos na época chamava-se *A gestão da selvageria*.

tas, que já haviam utilizado a "guerra global ao terror" para intensificar sua repressão, doravante designam seus oponentes, mesmo os mais patriotas, como meros agentes de uma subversão urdida em Washington. A administração Bush conseguiu manchar o princípio mesmo de uma transição democrática, associando-o à ocupação estrangeira e à anarquia miliciana. O discurso do Cairo de Obama pode ter afrouxado um pouco esse torno, mas era a profunda evolução das sociedades árabes que iria provocar uma mudança duradoura no Oriente Médio.

Preferiremos a expressão revolta democrática a "Primavera Árabe". Tratou-se, com efeito, mais do que de uma temporada de florescimento emancipatório, da continuação da longa luta dos povos árabes por sua autodeterminação. Tal luta, que começou com a Nahda do século XIX, sofreu as duas derrotas históricas da imposição de mandatos, de 1920 a 1948, e depois do sequestro das independências, até 1969, por ditaduras ainda em vigor. Estas são, no Egito, no Iêmen e na Líbia, tentadas pelo modelo dinástico já instituído em 2000 na Síria, com a transmissão do poder absoluto de Hafez a Bashar al-Assad. Mas a nova geração árabe, nascida no fim do século anterior, não partilhava nem da exaltação dos "salvadores da nação", do tempo dos seus avós, nem do moralismo islamizante do pós-"crise do petróleo", no qual seus pais estiveram frequentemente imersos. A transição demográfica, que a Europa levara dois séculos para operar, foi realizada em quarenta anos no mundo árabe. Ela provocou o surgimento de uma juventude mais bem-formada, mais crítica, e crescida com um ou dois irmãos.

Foram esses jovens adultos, frequentemente pais eles mesmos, que saíram às ruas, homens e mulheres, com o *slogan* "O povo quer derrubar o regime"[490]. A onda de protestos partiu da Tunísia no fim de 2010 e forçou o ditador Ben Ali, após 23 anos no poder, a fugir para a Arábia. A revolução tunisiana foi servida pela vitalidade do movimento sindical e associativo, a recusa do exército em reprimir os protestos e a tradição de um século e

---

490. A variante palestina deste *slogan* é "O povo quer o fim da divisão" entre a Cisjordânia da OLP e a Faixa de Gaza do Hamas.

meio de constitucionalismo[491], que reuniria os partidos em torno do estabelecimento de uma nova República, malgrado o ônus de negociar duramente seus termos durante os três anos seguintes. As ditaduras árabes do Oriente Médio precisavam ter a sociedade civil fragmentada, sobretudo pelo confessionalismo, e contar com o apoio de verdadeiras guardas pretorianas. Elas também jogavam com a posição dominante dos islamistas dentro da oposição e com o medo, e mesmo a rejeição, que podiam suscitar dentro do país e no exterior. Finalmente, elas se aproveitaram de um nível sem precedente das cotações do petróleo, cuja renda elas monopolizaram por captação na fonte ou transferência do exterior[492].

A revolta egípcia contra Mubarak, cuja dimensão não violenta lembra a "revolução" antibritânica de 1919[493], desembocou em um golpe de Estado. É verdade que o déspota foi derrubado em fevereiro de 2011, após três décadas de domínio. Mas foi uma junta militar que assumiu o poder e pactua com a Irmandade Muçulmana para sufocar o movimento popular. Logo depois, na Líbia, o levante de Bengasi levou a uma fratura dentro do exército e a uma polarização entre a Tripolitânia leal e a Cirenaica insurgente[494]. Uma quebra semelhante ocorreu, no mês seguinte, dentro do exército iemenita, entre partidários e opositores de Ali Abdullah Saleh [*Ālī 'Abd Allāh Ṣāliḥ*], há 32 anos no poder[495], após semanas de manifestações pacíficas, duramente reprimidas. No Bahrein, o protesto popular exigiu uma Constituição, sem pôr em causa o reinado de uma dinastia sunita sobre um emirado predominantemente xiita. O sectarismo da propaganda iraniana, no entanto, serviu de pretexto para uma intervenção militar da Arábia e dos Emirados Árabes Unidos, que sufocaram os protestos. Na própria Arábia

---

491. Cf. *supra*, p. 240.
492. A Rússia e o Irã investem parte de sua receita petrolífera na Síria, enquanto a Arábia e os Emirados fazem o mesmo no Egito.
493. Cf. *supra*, p. 272.
494. Os rebeldes se unem em torno da bandeira da independência nacional, a da monarquia derrubada em 1969 por Gaddafi, assim como os revolucionários sírios agitam, no mês seguinte, a bandeira de sua própria independência, que o Baath substituiu pela sua em 1963.
495. Saleh, presidente do Iêmen do Norte desde 1978, tornou-se o chefe de Estado do Iêmen unificado em 1990, ainda com Sanaã como capital.

as autoridades despejaram centenas de bilhões de dólares para abafar o menor sinal de dissidência. É que Riad e Abu Dhabi só temiam a ameaça externa do Irã. Os dois grandes captadores de recursos da contrarrevolução árabe também temiam um avanço da Irmandade Muçulmana, incentivada pela Turquia e pelo Catar. Mais uma vez, o prisma confessional mostrou-se enganador, pois o Catar era tão wahabita quanto a Arábia e sua aposta na Irmandade Muçulmana era tão política quanto a de Riad nos salafistas.

10.10 A Revolução Síria

À guisa de uma "Primavera Árabe", os povos são as vítimas, desde março de 2011, de um *putsch* militar no Egito, de uma contrarrevolução vitoriosa no Bahrein e de duas guerras civis: uma aberta na Líbia e outra encoberta no Iêmen. É em um contexto tão degradado que começaram manifestações pacíficas na Síria, onde Assad imediatamente decretou a liquidação desses supostos "terroristas". Ele foi apoiado nessa opção ultrarrepressiva pela Rússia e pelo Irã, onde o "movimento verde" havia sido rapidamente esmagado dois anos antes. Os oponentes sírios se organizaram em coordenações locais federadas em torno de uma plataforma de transição democrática. Tal estruturação horizontal, com um forte enraizamento popular, lhes permitiu resistir a uma repressão bastante feroz. Grupos locais de autodefesa, apoiados por desertores cada vez mais numerosos, se uniram à bandeira de um Exército Livre da Síria (ELS). Mas este ELS, cujo Estado-Maior encontrava-se instalado na Turquia, não dispunha nem de cadeia de comando nem de estruturas de abastecimento. Obama, cujo engajamento na Líbia, no âmbito da Otan, permitiu aos insurgentes tomar Trípoli, em agosto de 2011, não tinha nenhuma intenção de se lançar em uma nova campanha. Netanyahu, uma vez assegurado de que o regime de Assad preservava a calma em Golã, pressionou os Estados Unidos à contenção. O projeto de Erdogan de uma "zona de segurança" ao sul de sua fronteira na Síria, nos moldes daquele instaurado em 1991 no Iraque[496], foi rejeitado por Washington. O

---

496. Cf. *supra*, p. 347.

fluxo de refugiados para a Turquia, que havia sido interrompido vinte anos antes por essa santuarização, prosseguiu desta vez com ainda mais intensidade do que os fluxos paralelos para o Líbano e a Jordânia.

Assad lançou-se numa escalada militar na qual o apoio incondicional da Rússia e do Irã lhe garantiu o monopólio da força aérea, da artilharia pesada e dos blindados. O Hezbollah também respaldou as forças leais nos combates urbanos, antes de engajar-se diretamente, para suprir sua deficiência. As destruições sistemáticas visavam a expulsar populações consideradas "rebeldes" e castigadas enquanto tais. Os massacres de civis sunitas alimentavam uma engrenagem de "represálias" sectárias[497] que permitiu ao regime passar-se por "defensor" das minorias. O campo revolucionário foi prejudicado pela recusa de Obama em conceder-lhe a legitimidade internacional que ele havia conferido, em março de 2011, à oposição líbia. Essa falta de reconhecimento diplomático foi agravada pelo apoio limitado à suposta estrutura central do ELS. Além disso, os Estados Unidos vetaram qualquer entrega por seus aliados de mísseis terra-ar aos guerrilheiros. Cada grupo insurgente desenvolveu, por conseguinte, a sua própria rede de armamentos, em um processo de fragmentação e escalada agravado pela rivalidade entre, de um lado, a Turquia e o Catar, e do outro, a Arábia e os Emirados.

No Egito, a junta militar deixou a Irmandade Muçulmana ganhar as eleições legislativas do fim de 2011, mantendo o poder executivo em suas mãos. Os vários componentes do levante anti-Mubarak não conseguiram se coalizar em uma terceira via entre os generais e os islamistas. Essa polarização culminou durante a eleição presidencial de junho de 2012, vencida com 51,7% dos votos pelo candidato da Irmandade Muçulmana, Mohammed Morsi. Este acreditava levantar a hipoteca militar demitindo os oficiais de mais alto escalão e nomeando para a Defesa o mui apagado General Abdel Fattah al-Sisi. Mas o novo ministro preparou pacientemente a reconquista do poder pelo exército, aproveitando-se da política sectária e confusa de

---

497. Essa dinâmica assassina lembra a do conflito libanês em janeiro de 1976 (cf. *supra*, p. 318-319).

Morsi. Ondas de manifestações anti-islamistas, protegidas e incentivadas pelos militares, desembocaram, em julho de 2013, na derrubada de Morsi por al-Sisi. Como em fevereiro de 2011, uma autêntica revolta popular foi sequestrada por um golpe de Estado clássico, atendendo o rito dos plebiscitos unanimistas[498]. Era o fim de um interlúdio contestatório de dois anos e meio, doravante associado à instabilidade desordeira e à intolerância islamista. O paralelo é impressionante com a sequência que, de 1952 a 1954, levou da derrubada da monarquia à tomada do poder por Nasser[499]. A Arábia e os Emirados recompensaram os putschistas com a concessão imediata de vinte bilhões de dólares ao Egito. A Turquia e o Catar, extremamente engajados com a Irmandade Muçulmana, tiveram que suportar o choque.

10.11 A falha de Obama

Os revolucionários sírios, apesar de um equilíbrio de poder muito desfavorável, conseguiram, em julho de 2012, tomar os subúrbios de Damasco e a parte oriental de Alepo. O regime de Assad sacrificou as áreas majoritariamente curdas do Nordeste aos peshmergas do PKK, transferidos da Turquia no âmbito de um cessar-fogo entre os guerrilheiros curdos e Ancara. Quanto a Obama, ele se recusou a dar à oposição síria os instrumentos da vitória. Limitou-se a advertir o regime de Assad de que o uso de armas químicas constituiria uma "linha vermelha", aceitando tacitamente os bombardeios com projéteis convencionais e os "barris" de explosivos[500]. O conflito continuou, por conseguinte, a se atolar e as consequências humanas a aumentar, enquanto o senhor de Damasco via nas matanças e expulsões uma chance de "sanear" a nação. A prioridade de Obama foi para a retomada das negociações sobre a questão nuclear iraniana, da qual ele esperava uma pacificação duradoura do Oriente Médio. É por isso que

---

498. Em maio de 2014, al-Sisi, neste ínterim promovido a marechal, foi "eleito" presidente com 97%.
499. Cf. *supra*, p. 301.
500. Recheados de TNT e granalhas, esses "barris" são lançados por aeronaves em baixa altitude.

ele tanto poupou Putin, livre para entregar ao menor custo na Síria um simulacro de "guerra fria".

Em junho de 2013, a eleição do reformador Hassan Rouhani para a presidência da República Islâmica encorajou as esperanças de Obama sobre a questão iraniana. Em julho, o *putsch* de al-Sisi sancionou o fracasso da opção revolucionária no mais populoso dos países árabes. Netanyahu foi confirmado em sua preferência por uma restauração da ordem ditatorial nas fronteiras de Israel. Em agosto, o regime de Assad acreditou estar rompendo a frente insurgente ao redor de Damasco ao bombardear com gás sarin os subúrbios ocupados pela rebelião[501]. É o mesmo cálculo que, um quarto de século antes, havia levado Saddam a gasear a cidade curda de Halabja[502]. A manobra militar, desta vez, fracassou por causa do sobressalto do campo revolucionário, convencido de que Obama iria impor sanções pela violação da sua própria "linha vermelha". Mas o presidente americano, após ter planejado ataques conjuntos com a França[503], decidiu privilegiar o diálogo com Putin. Um acordo de desmantelamento do arsenal químico do regime sírio foi concluído sob a égide dos Estados Unidos e da Rússia. Assad, mesmo que apenas para implementar tal acordo, retornou ao centro do jogo[504].

A importância dessa reviravolta foi capital. Embora faça parte de uma longa linha de negação americana dos direitos dos povos árabes, desta vez representava uma ruptura, porquanto um engajamento público dos Estados Unidos se mostrou vazio de sentido. Tal desvalorização da palavra de Washington foi acompanhada pelo colapso da credibilidade da ONU, paralisada na Síria pelos vetos russos e chineses. A violação sistemática do direito internacional, particularmente em seu aspecto humanitário, tornou-se

---

501. Cerca de mil e quatrocentas pessoas, a grande maioria civis, foram mortas nesses ataques, que misturam cargas convencionais e químicas (tendo estas causado cerca de mil mortes).

502. Cf. *supra*, p. 332.

503. Greves pontuais foram previstas, para significar para Assad o fim de sua impunidade, após o mais hediondo de seus crimes de guerra. Nada a ver com a campanha aérea da Otan na Líbia em 2011, nem *a fortiori* com a invasão americana do Iraque em 2003.

504. O ditador sírio manterá, em violação a este acordo, uma capacidade química, com bombardeios regulares de áreas insurgentes com gás sarin, além de cloro.

a norma que o horror sírio banaliza no Oriente Médio. O questionamento por Moscou da realidade mesma da carnificina química de Damasco alimentou uma onda moderna de negacionismo. Mais grave ainda, os jihadistas alimentaram desse escândalo sua condenação absoluta do sistema internacional, do qual representariam a única alternativa virtuosa. O seu "Estado Islâmico no Iraque e na Síria", proclamado alguns meses antes, e designado pela sigla árabe Daesh, intensificou seu recrutamento na Europa, em nome da chamada "defesa" dos muçulmanos que seriam agredidos em toda parte.

A guerrilha anti-Assad lançou, em janeiro de 2014, sua "segunda revolução", dessa vez contra o Daesh, expulso de Alepo e do noroeste da Síria. No entanto, o regime intensificou seus ataques contra as áreas assim livres da ameaça jihadista. O PKK, cujo ramo sírio estabeleceu uma autonomia em relação ao Rojava[505], observou uma trégua, de fato, com o Daesh e permitiu que os serviços de Assad operassem em sua área. Em junho, Baghdadi passou para o lado iraquiano da fronteira e lançou uma ofensiva fulgurante contra Mossul. O exército se dispersou, entregando a cidade aos jihadistas e abrindo o caminho para Bagdá. O aiatolá mais reverenciado de Najaf apelou para a "mobilização popular" nas milícias xiitas que impediram o avanço do Daesh. Em julho, Baghdadi se proclamou "califa" de Mossul e inventou para si uma ascendência profética para justificar tais pretensões. Seus apoiadores doravante ameaçavam as regiões curdas da Síria e do Iraque, enquanto perseguiam a minoria yazidi, cujas mulheres foram escravizadas.

Foi somente em agosto de 2014, dois longos meses após a derrota de Mossul, que Obama ordenou os primeiros ataques contra o Daesh no Iraque, estendidos à Síria no mês seguinte, para ali defender o enclave curdo. As reticências do presidente americano em relação a um novo engajamento militar no Oriente Médio não podiam, por si sós, explicar uma discrepância tão cruel, da qual o Daesh tira a maior vantagem. Obama, da mes-

---

505. *Rojava* significa, em curdo, "oeste" (do Curdistão) e corresponde ao nordeste da Síria (cf. *supra*, p. 287).

ma maneira que não compreendeu a gravidade do abandono de sua "linha vermelha" na Síria, demorou a fazer um balanço da ameaça do Daesh que, ao contrário da Al-Qaeda, atingiria a Europa e não os Estados Unidos[506]. Perante uma guerrilha jihadista, cuja mobilidade era o principal trunfo, ele privilegiou uma campanha de longa duração, cujos ataques aéreos foram respaldados em terra, no Iraque, pelo exército e pelas milícias xiitas e, na Síria, pelas forças curdas. Ele, assim, permitiu ao Daesh apresentar-se como defensor de um sunismo cercado por todos os lados, o que facilitou seu recrutamento e financiamento. Obama organizou sua coalizão anti--Daesh de setenta países a serviço do poder americano[507], como Bush pai e filho o haviam feito em 1990 e 2003. Mas seriam necessários três longos anos para que tal coalizão reconquistasse Mossul, que caiu nas mãos do Daesh em poucos dias. Nesse ínterim, a França, a Bélgica, a Grã-Bretanha, a Alemanha e a Suécia, entre outros, teriam sido atingidos por uma campanha terrorista de caráter europeu.

10.12 O momento Putin

A conclusão de um acordo multilateral sobre a questão nuclear iraniana[508] em julho de 2015 confirmou Obama em sua estratégia para o Oriente Médio. Mas este acordo só foi endossado em Teerã pelo Presidente Rouhani, eleito dois anos antes, ao passo que Khamenei, forte desde 1989 em sua legitimidade teocrática como Guia, perseverava em suas diatribes contra os Estados Unidos. Quanto aos Guardiões da Revolução, já muito envolvidos no conflito sírio, eles consolidaram sua presença no Iraque através das milícias da "mobilização popular" e em nome da luta contra o Daesh. Os dois pilares tradicionais da política americana na região, Israel e Arábia, também se opuseram fortemente ao acordo. Netanyahu conduziu uma viru-

---

506. O primeiro atentado do Daesh na Europa foi perpetrado em maio de 2014 contra o Museu Judaico de Bruxelas.
507. Apenas a França e a Grã-Bretanha contribuem significativamente para essa coalizão, colocada exclusivamente sob comando americano.
508. O acordo é assinado em Viena pelo Irã, os Estados Unidos, a Rússia, a França, a Grã-Bretanha, a China, a Alemanha e a União Europeia.

lenta campanha nos Estados Unidos, intervindo até mesmo nas duas casas do Congresso para tentar, em vão, contrariar a Casa Branca. Quanto ao Rei Salman da Arábia, este deixou seu filho Mohammed, o mais jovem ministro da Defesa do mundo[509], vituperar contra o acordo. Mohammed bin Salman [*Muḥammad ibn Salmān*] e Mohammed bin Zayed [*Muḥammad ibn Zāyid*][510], o príncipe herdeiro dos Emirados, lançaram, em março de 2015, uma grande intervenção no Iêmen. Eles acusaram o Irã de orbitar este país através dos houthis [houthistas], um grupo guerrilheiro proveniente do extremo norte do país e aliado do ex-presidente Saleh[511]. No exato momento da assinatura do acordo de Viena, a Força Aérea Saudita e seus aliados locais retomavam o controle do Porto de Áden, onde o governo iemenita, reconhecido pela comunidade internacional, começou a se reinstalar.

A aposta virtuosa de Obama em uma dinâmica regional de apaziguamento foi frustrada ainda mais, em setembro de 2015, pela intervenção direta da Rússia no conflito sírio. Putin foi encorajado a essa escalada pelo Irã, preocupado com a fragilidade do regime de Assad diante de uma ofensiva da guerrilha, desta vez apoiada massivamente pela Turquia. Mas o presidente russo, mesmo sem ter lido Mahan, mediu o quanto a afirmação de seu país no Oriente Médio serviria ao seu poder no mundo inteiro. Ele também anunciou seu compromisso com a Síria em um discurso-programa na ONU, onde celebrou a soberania dos regimes, identificados com os estados. Era a versão russa da "guerra global ao terror", a confusão "terrorista" autorizando, como com Bush, a repressão dos opositores de todas as convicções. O Kremlin, que já dispunha de uma base marítima na Síria, instalou uma base aérea em Lataquia, com *status* extraterritorial. A força aérea russa pôde concentrar seus ataques nos insurgentes anti-Assad, deixando a coalizão liderada pelos Estados Unidos encarregar-se do Daesh

---

509. Mohammad bin Salman assumiu a pasta da Defesa em janeiro de 2015, aos 29 anos.
510. Sua proximidade faz com que sejam frequentemente associados nas duas siglas MBS e MBZ.
511. Saleh deve, sob pressão da Arábia, ceder o poder em 2012 ao seu vice-presidente Hadi. Mas ele então pactua com os houthis, permitindo-lhes tomar Sanaã em 2014, e depois ocupar o resto do país.

no leste do país. A guerra da Síria foi, assim, liderada por Putin a um custo bastante razoável, sendo a maior parte das perdas militares terceirizada para sociedades "privadas"[512] de mercenários.

A Turquia, isolada diante da contraofensiva russa na Síria, sentiu-se igualmente ameaçada pela aliança antijihadista estabelecida pelos Estados Unidos com o PKK. Além disso, uma tentativa de *putsch* matou mais de duzentas pessoas em julho de 2016, abalando as próprias fundações do poder turco. Erdogan, muito apoiado na provação por Putin, decidiu doravante colaborar com ele na Síria. A Turquia abandonou os insurgentes de Alepo ao assalto das forças de Assad e das milícias pró-iranianas, apoiadas pela força aérea russa[513]. Instaurou-se um processo tripartite entre Moscou, Ancara e Teerã a fim de neutralizar, um após o outro, os redutos ainda mantidos pela oposição. Essas sucessivas rendições desembocaram na transferência dos resgatados para o bolsão de Idlib, anexado à fronteira turca, no noroeste do país. O exército russo supervisionou essa restauração do regime de Assad em nome de uma pretensa "reconciliação" entre os sírios. Netanyahu recorreu a Putin para conter a presença iraniana na fronteira norte de Israel. As diplomacias europeias voltaram-se para Moscou na esperança de assim pesar sobre a crise síria. Putin foi recebido em todo o Oriente Médio com uma pompa antes reservada aos dignitários americanos. Doravante seria ele o homem forte da região, e não Obama, que deixou a Casa Branca para Donald Trump em janeiro de 2017.

10.13 Trump, o liquidatário

A demolição do multilateralismo, pela qual o novo chefe de Estado se empenhava constantemente, foi acompanhada de uma internalização por sua administração dos fundamentos da política americana no Oriente Mé-

---

512. Os Estados Unidos já recorreram a esse tipo de mercenarismo durante sua ocupação do Iraque em 2003-2011, mas com uma presença terrestre de dezenas de milhares de combatentes regulares.

513. O paralelo é marcante com o abandono, em 1921, dos nacionalistas sírios por Mustafa Kemal, em troca do reconhecimento pela França do poder pós-otomano na Turquia (cf. *supra*, p. 270 e p. 286).

dio. O apoio a Israel valia menos enquanto tal do que para conservar, nos próprios Estados Unidos, o apoio dos sionistas cristãos ao presidente republicano. O pacto com a Arábia não se baseava mais na importação do seu petróleo, mas em seu papel de garantidor das cotações, tendo os Estados Unidos se tornado o maior produtor mundial. Trump estava convencido de que o contraste iraniano poderia aproximar de forma duradoura Israel e a Arábia sob sua égide. A partir do mês de maio de 2017 ele visitou esses dois países, um após o outro. Ele deixou a Arábia, os Emirados e o Egito imporem, em junho, o bloqueio ao Catar, convocado a romper com o Irã e a Irmandade Muçulmana. Em dezembro, Trump reconheceu solenemente Jerusalém como capital de Israel. Ele assim celebrou, à sua maneira, o centenário da Declaração Balfour, que não mencionava, como ele tampouco o fez, o termo "árabe", pois que a liberdade de culto dos palestinos já equivalia a uma negação de seus direitos nacionais[514]. Em maio de 2018, Trump denunciou o acordo nuclear iraniano e transferiu sua embaixada em Israel de Tel Aviv para Jerusalém. A cerimônia foi abençoada por dois pastores americanos, apoiadores incondicionais do presidente e figuras de proa dos sionistas cristãos.

Trump celebrou a reconquista de Mossul, em julho de 2017, como uma vitória retumbante sobre o Daesh, ao passo que as milícias pró-iranianas conquistaram assim uma posição nesta cidade historicamente sunita. Foram necessários ainda dois anos de operações militares para que o último bastião jihadista fosse finalmente liquidado, desta vez na Síria. Trump decidiu retirar as tropas americanas desse país sem qualquer garantia para seus parceiros curdos, entregues a uma ofensiva da Turquia. A crise se resolveu diretamente entre Ancara e Moscou, ao passo que o regime de Assad fortaleceu seu controle das áreas curdas, ainda que o desengajamento americano fosse apenas parcial. Obama já havia provado, em 2013, que a palavra dos Estados Unidos já não valia grande coisa no Oriente Médio. Trump demonstrou em 2019 que os Estados Unidos estavam dispostos a

---

514. Cf. *supra*, p. 265.

até mesmo abandonar seus companheiros de combate da noite para o dia. A solidez do apoio de Putin aos seus aliados foi ainda mais apreciada na região, onde os pasdarans continuaram a tecer a teia da influência da República Islâmica. O Pentágono descobriu bem tardiamente que as bases americanas no Iraque, sitiadas por toda parte, já não asseguravam senão a própria defesa contra as provocações do Irã.

Trump ateve-se a sua linha de "pressão máxima" contra a República Islâmica. Este dispositivo de sanções americanas foi estendido a qualquer empresa que continuasse a negociar com o Irã, o que permitiu aos Estados Unidos reprimirem a concorrência europeia. A eficácia de tais sanções sobre o regime de Teerã é mais discutível, sobretudo porque servem de álibi para as falhas do governo e soldam em torno dele uma forma de solidariedade patriótica. No mesmo espírito, os movimentos de contestação de janeiro de 2018 e novembro de 2019 no Irã, duramente reprimidos, sofreram um incentivo muito desastrado de Washington. Seria preciso mais para dissuadir Trump de perseverar em sua estratégia. Em janeiro de 2020, ele apresentou na Casa Branca, ao lado de um radiante Netanyahu, um "plano de paz" que validava a anexação por Israel de boa parte da Cisjordânia. Um Estado remanescente da Palestina nasceria dos enclaves ligados por um complexo sistema de túneis. Árabes e europeus foram chamados a financiar este "acordo do século", a custo zero para o contribuinte americano. A OLP rejeitou categoricamente esse plano, que nenhum regime árabe ousou apoiar publicamente e que não recebeu nenhum início de aplicação. Impotente tanto para conduzir a guerra quanto para garantir a paz, Trump assinou a certidão de óbito do Oriente Médio americano. Ele contentou-se em ser a "testemunha" do tratado assinado em setembro entre Israel e os Emirados Árabes Unidos[515], uma aproximação estratégica que deveu muito mais ao desengajamento dos Estados Unidos do que à sua mediação.

---

515. Mohammed Bin Zayed, o homem forte dos Emirados, sequer se desloca para Washington para a ocasião. O outro "Acordo de Abraão", assinado no mesmo dia entre Israel e o Bahrein, é muito menos ambicioso.

10.14 O fim da hegemonia

A Rússia, no entanto, seria completamente incapaz de ocupar a posição dominante que era a da América. Ela era capaz de bombardear a Síria e de compartilhar seus despojos com o Irã e a Turquia, mas a reconstrução deste país devastado estava além de sua força administrativa e financeira. Putin podia brilhar em um Oriente Médio de predadores e déspotas, superando uns e outros em brutalidade, cinismo e violência. Tudo isso era apenas um recurso negativo em uma região já saturada de brutalidade, cinismo e violência. O presidente russo acreditava apenas nos regimes, dos quais ele opunha a soberania formal ao direito dos povos à autodeterminação. Ele chegou mesmo a obter um mandato de fato sobre a Síria da parte de uma ONU tão pouco escrupulosa quanto a Sociedade das Nações o fora com a França. O regime de Assad, abalado pelo acerto de contas no topo, era, no entanto, apenas uma sombra de si mesmo e esgota-se em combater a ameaça, aos seus olhos existencial, de um retorno em massa de refugiados[516]. Porquanto esses refugiados só voltariam se lhes fosse garantido um mínimo de direitos, o que a ditadura síria se recusou categoricamente a lhes conceder. A Rússia foi, assim, capturada pela própria fragilidade do déspota no qual ela apostou tudo, déspota que lhe devia sua sobrevivência, mas que ela não poderia obrigar à menor concessão.

Nenhum país árabe viu a restauração do *status quo* prevalecente antes da onda revolucionária de 2011. Em toda parte, orçamentos colossais, eles mesmos penhorados sobre uma renda petrolífera em irreversível declínio, foram engolidos em conflitos que se eternizam. Al-Sisi doravante lidera no Egito uma ditadura ainda mais repressiva do que a de Mubarak e organizou sua permanência no poder pelo menos até 2030. Mas mostrou-se incapaz de reduzir a insurgência jihadista que assolava a ainda estratégica península do Sinai. Quanto a Khalifa Haftar[517], antigo camarada de Gaddafi, cuja

---

516. O conflito forçou mais da metade da população da Síria a deixar suas casas, com 6,6 milhões de refugiados no exterior e um número comparável de deslocados internos.
517. Exilado nos Estados Unidos de 1984 a 2011, Haftar batizou sua milícia de "Exército Nacional da Líbia" e foi proclamado "marechal" em 2016.

milícia, na Cirenaica, era respaldada pela fronteira egípcia, se veria como o equivalente líbio de al-Sisi. Eis por que ele lançou, em maio de 2014 e abril de 2019, duas guerras civis para tomar Trípoli, com o apoio dos Emirados, do Egito, da Rússia e da Arábia. Mas embora pudesse qualificar seus inimigos como "terroristas", foram eles, e não ele, que conseguiram, em dezembro de 2016, reduzir o bastião jihadista que o Daesh havia implantado em Sirte. Além disso, o apetite de Haftar por um poder exclusivo suscitou contra ele uma coalizão de forças líbias tão heteróclita quanto eficaz, ao lado da qual a Turquia se engajou com sucesso em janeiro de 2020. No Iêmen, a campanha desencadeada em março de 2015 pela Arábia e pelos Emirados pôde ser devastadora para a população local, mas não ofereceu às petromonarquias nenhuma vitória decisiva. Abu Dhabi retirou gradualmente suas forças a partir de julho de 2019, apostando doravante nos separatistas do Iêmen do Sul ou nos partidários do ditador deposto, Saleh[518], o que enfraqueceu ainda mais a mão saudita.

Esses diversos impasses militares, em um cenário de desengajamento americano, tampouco beneficiaram a China, cuja sede insaciável de petróleo por ora substituía uma política médio-oriental. Pequim buscava diversificar seus fornecedores de hidrocarbonetos, bem como os países-alvo de sua política maciça de investimentos, tendo como pano de fundo o apoio a todos os regimes vigentes, quaisquer que fossem as contradições que os opunham. Foi assim que a Arábia e os Emirados, por um lado, e o Irã, por outro, mantiveram uma parceria privilegiada com Pequim. Os vários déspotas, republicanos ou monárquicos, apreciaram essa forte benevolência e, em troca, proibiram críticas à sorte reservada aos muçulmanos no oeste da China. Mas eram trocas de boas práticas entre ditaduras, sem nenhuma visão do futuro da região, além da renovação indefinida do *status quo*. Assim como Putin, Xi Jinping não pôde substituir Trump como hegemônico médio-oriental, a despeito da queda de braço planetária entre a China e os Estados Unidos.

---

518. Saleh foi eliminado pelos houthis em dezembro de 2017, fazendo com que seus apoiadores, liderados por seu sobrinho e ex-chefe da guarda presidencial, passassem à órbita dos Emirados.

A falência dos regimes árabes do Oriente Médio e sua dependência clientelista de um patrocinador externo decorreu da incompletude dos processos de construção nacional, ela própria ligada ao desvio ditatorial das independências. O regime saudita, o único que permaneceu fora do domínio otomano e da sujeição colonial, busca hoje se regenerar, sob a palmatória de Mohammad bin Salman[519], em um modelo ditatorial em sintonia com a norma regional. Os imensos recursos da Arábia lhe permitem financiar a fundo perdido esse empreendimento muito pouco "reformador". Os demais déspotas árabes não têm essa latitude, confrontados como são ao imenso desafio de continuar a assegurar os serviços básicos a uma população falsamente sonolenta. Em outubro de 2019, o Líbano e o Iraque foram sacudidos por uma onda de protestos explicitamente "revolucionários" contra um regime cujo confessionalismo alimentou a corrupção. Esses dois movimentos opunham o patriotismo e a não violência à arbitrariedade miliciana e à dominação do Irã. As cidades sagradas de Najaf e Carbala voltaram a ser polos de resistência do xiismo árabe às veleidades persas de dominação.

O Oriente Médio não precisa de uma nova hegemonia, mas sim de uma ordem que esteja enfim comprometida com as aspirações de seus povos. O fim do Império Otomano, em vez de levar em conta tais aspirações, levou à sua negação pelos mandatos francês e britânico, eles mesmos seguidos de independências desviadas por juntas militares. A "profundidade estratégica" com a qual Erdogan sonhava em sua fronteira meridional reduziu-se a míseras "zonas de segurança" em território sírio, onde mercenários eram recrutados para servir como bucha de canhão nas campanhas turcas na Líbia e no Cáucaso. Esse ativismo militar de Ancara não pôde, entretanto, compensar os danos à população resultantes da regressão autoritária e da recessão econômica. Quanto à República Islâmica, ela foi duramente repreendida pelos manifestantes iranianos por suas aventuras árabes, conquanto coroadas de sucesso, porque os sucessos exteriores do regime

---

519. Tendo se tornado príncipe herdeiro em junho de 2017, ele eclipsa o poder de seu pai, o Rei Salman, em declínio de saúde.

constituíam outras tantas derrotas para uma sociedade que precisava de um Estado. As nostalgias imperiais que subjaziam às ambições médio-orientais da Turquia e do Irã estimulavam como reação a reaproximação entre os Emirados Árabes Unidos e Israel. Esta aliança em formação se estabeleceu significativamente entre um Estado árabe sem povo[520] e um Estado fundado na espoliação de um povo árabe.

Porque é de fato o estado de guerra contra os povos, por parte dos predadores regionais, fora de suas fronteiras, e das ditaduras locais, dentro dessas mesmas fronteiras, que caracteriza hoje o Oriente Médio. É ilusório acreditar que a estabilidade regional se baseia em tal estado de guerra, aberta ou latente. A decomposição do triângulo egípcio-sírio-iraquiano, que estruturou o Oriente Médio durante tantos séculos, abre uma sequência de crises incessantemente renovadas. A Síria é entregue aos apetites de suas potências ocupantes, o Egito, colapsado sob o próprio peso, parece a reboque das petromonarquias, enquanto no Iraque a juventude patriótica paga um alto preço pelo expansionismo iraniano. O inevitável esgotamento da renda, renda econômica ligada aos hidrocarbonetos, renda estratégica derivada do "antiterrorismo", condena, no entanto, o projeto contrarrevolucionário ao fracasso. Somente a reapropriação popular da construção nacional poderá tirar o Oriente Médio de tal impasse e permitir que os imensos recursos de suas mulheres e homens possam finalmente florescer.

Será então o momento de escrever uma nova página da história do Oriente Médio.

---

520. Apenas 10% da população dos Emirados têm sua nacionalidade.

Cronologia

2 de agosto de 1990	Invasão do Kuwait pelo Iraque, anexado no dia 8.
17 de janeiro de 1991	Começo da "Tempestade no Deserto".
28 de fevereiro de 1991	Cessar-fogo concluído entre os Estados Unidos e o Iraque.
30 de outubro de 1991	Abertura da Conferência de Paz de Madri.
13 de julho de 1992	Yitzhak Rabin, primeiro-ministro de Israel.
13 de setembro de 1993	"Acordos de Oslo" assinados na Casa Branca.
1º de julho de 1994	Retorno de Yasser Arafat a Gaza.
4 de novembro de 1995	Assassinato de Rabin em Tel Aviv.
29 de maio de 1996	Benjamin Netanyahu, primeiro-ministro de Israel.
6 de julho de 1999	Ehud Barak, primeiro-ministro de Israel.
26 de março de 2000	Fracasso da cúpula Clinton-Assad em Genebra.
23 de maio de 2000	Retirada israelense do sul do Líbano.
29 de setembro de 2000	Início da "intifada Al-Aqsa".
6 de fevereiro de 2001	Ariel Sharon, primeiro-ministro de Israel.
11 de setembro de 2001	Atentados da Al-Qaeda em Nova York e Washington.
28 de março de 2002	Iniciativa árabe de paz em Beirute.
29 de março de 2002	Reocupação israelense da Cisjordânia.
20 de março de 2003	Invasão do Iraque pelos Estados Unidos.
9 de abril de 2003	Queda do regime de Saddam Hussein.
11 de novembro de 2004	Morte de Arafat em Paris.
27 de abril de 2005	Retirada das tropas sírias do Líbano.
12 de setembro de 2005	Fim da retirada unilateral de Israel de Gaza.
20 de maio de 2006	Nouri al-Maliki, primeiro-ministro do Iraque.
12 de julho de 2006	Início da "guerra dos trinta e três dias" entre Israel e o Hezbollah.
30 de dezembro de 2006	Execução de Saddam Hussein em Bagdá.
14 de junho de 2007	Tomada de controle da Faixa de Gaza pelo Hamas.
31 de março de 2009	Netanyahu novamente primeiro-ministro de Israel.
4 de junho de 2009	Discurso de Barack Obama na Universidade do Cairo.
13 de junho de 2009	"Movimento Verde" de contestação no Irã.
14 de janeiro de 2011	Fuga do presidente tunisiano Ben Ali para a Arábia.
25 de janeiro de 2011	Começo dos protestos em massa no Egito.
11 de fevereiro de 2011	*Putsch* anti-Mubarak no Cairo.
16 de fevereiro de 2011	Início da revolta anti-Gaddafi em Bengasi.
14 de março de 2011	Intervenção da Arábia e dos Emirados no Bahrein.
15 de março de 2011	Início das manifestações anti-Assad na Síria.
20 de agosto de 2011	Captura de Trípoli pelos revolucionários líbios.
17 de junho de 2012	Mohammed Morsi, eleito presidente do Egito.
9 de abril de 2013	Proclamação do "Estado Islâmico no Iraque e na Síria" (Daesh).
14 de junho de 2013	Hassan Rouhani, eleito presidente do Irã.
3 de julho de 2013	*Putsch* no Egito do General Abdel Fattah al-Sisi.
14 de agosto de 2013	Repressão de reuniões islamistas no Cairo.
21 de agosto de 2013	Bombardeio químico dos subúrbios de Damasco.
16 de maio de 2014	Início em Bengasi da segunda guerra civil da Líbia.
10 de junho de 2014	Início da ofensiva relâmpago do Daesh no Iraque.

8 de agosto de 2014	Primeiros ataques no Iraque da coalizão anti-Daesh.
26 de março de 2015	Intervenção da Arábia Saudita e dos Emirados no Iêmen.
14 de julho de 2015	Acordo nuclear internacional com o Irã.
30 de setembro de 2015	Engajamento direto da Rússia na Síria.
8 de dezembro de 2016	Reconquista de Sirte, bastião do Daesh na Líbia.
22 de dezembro de 2016	Queda dos últimos bairros insurgentes de Alepo.
5 de junho de 2017	Bloqueio do Catar liderado pela Arábia Saudita.
21 de junho de 2017	Mohammed Bin Salman, príncipe herdeiro da Arábia Saudita.
9 de julho de 2017	Mossul oficialmente "libertada" do Daesh.
8 de maio de 2018	Retirada dos Estados Unidos do acordo nuclear com o Irã.
14 de maio de 2018	Transferência para Jerusalém da embaixada americana em Israel.
23 de março de 2019	Queda do último bastião do Daesh na Síria.
4 de abril de 2019	Relançamento da guerra civil na Líbia por Haftar.
1º de outubro de 2019	Início das manifestações antigovernamentais no Iraque.
9 de outubro de 2019	Ofensiva turca no nordeste da Síria.
17 de outubro de 2019	Início de um protesto "revolucionário" no Líbano.
16 de janeiro de 2020	Intervenção turca na Líbia ao lado do governo de Trípoli.
28 de janeiro de 2020	"Acordo de paz" Trump-Netanyahu.
4 de agosto de 2020	Explosão catastrófica no Porto de Beirute.
15 de setembro de 2020	Tratado de paz entre Israel e os Emirados Árabes Unidos.

Para saber mais

ACHCAR, G. *Le Peuple veut. Une exploration radicale du soulèvement arabe*. Paris: Sindbad, 2013.

BACZKO, A.; DORRONSORO, G.; QUESNAY, A. *Syrie: anatomie d'une guerre civile*. Paris: CNRS Éditions, 2016.

BONNEFOY, L. *Le Yémen, de l'Arabie heureuse à la guerre*. Paris: Fayard, 2017.

DAKHLI, L. (dir.). *L'Esprit de la révolte*. Paris: Seuil, 2020.

GORGAS, J.T.; JAMES, B. *Les Kurdes en 100 questions. Un peuple sans État*. Paris: Tallandier, 2018.

HADIDI, S.; MAJED, Z.; MARDAM-BEY, F. *Dans la tête de Bachar al-Assad*. Paris: Actes Sud, 2018.

HUSSEIN, M. *Les Révoltés du Nil. Une autre histoire de l'Égypte moderne*. Paris: Grasset, 2018.

LACROIX, S. *Les Islamistes saoudiens*. Paris: PUF, 2010.

LOUËR, L. *Chiites et sunnites: histoire politique d'une discorde*. Paris: Seuil, 2017.

SHLAIM, A. *Le Mur de fer. Israël et le monde arabe*. Paris: Buchet-Chastel, 2007.

A França médio-oriental

Não ousaremos, nesta conclusão, a confusão da Terceira República, que encena no Panteão de Paris, em uma alegoria da França no Oriente Médio, a entrega a Carlos Magno das chaves do Santo Sepulcro em Jerusalém[521]. Tampouco seguiremos a imprensa francesa que, durante a visita de Mitterrand a Israel, em 1982, a apresenta como a primeira de um chefe de Estado francês na Terra Santa desde Luís IX. Tais anacronismos não se aplicam aos carolíngios, que são mais francos do que franceses, ou a um São Luís em penitência palestina. Consideraremos, portanto, que a marca da França enquanto tal é impressa mais tarde no Oriente Médio, a partir desse Renascimento no qual se institui a diplomacia francesa. É, portanto, impressionante a continuidade de uma França aliada ao Império Otomano, de Francisco I a Luís XVI, para melhor neutralizar o inimigo comum, primeiro os habsburgos, e depois a Inglaterra e a Rússia. Mas o mais impressionante é que esse pacto franco-otomano ignora as considerações religiosas muitas vezes apresentadas como decisivas no Oriente Médio. Constantinopla ganha com isso uma sólida aliança, em contrapartida de facilidades multiformes concedidas aos cônsules franceses e aos comerciantes de sua "nação". Uma interpretação cada vez mais extensiva dessas "capitulações" vê Luís XIII e seus sucessores reivindicarem desta vez um "direito" de proteção dos católicos do Oriente, em cuja vanguarda estão os maronitas do Líbano. Que tal "proteção" pertença amplamente ao simbó-

---

521. Trata-se de uma pintura de 1881, reproduzindo a fábula de uma transmissão dessas chaves a Carlos Magno pelos embaixadores do Califa Harune Arraxide, numa época em que a Terceira República defendia constantemente o papel "histórico" da França na Jerusalém otomana.

lico e ao unilateral não tira nada do *status* muito particular que a França adquire através dela na região.

A Revolução Francesa, quando escolheu pela primeira e única vez se projetar fora da Europa, o fez no Oriente Médio. A expedição do Egito rompeu o pacto franco-otomano e o substituiu pelo apoio de Paris às ambições do Cairo durante a ocupação da Síria por Muhammad Ali, de 1831 a 1841, e depois da escavação do Canal de Suez, de 1859 a 1869. Desse tropismo egípcio decorre uma arabofilia imperial, frustrada pelo fracasso contundente do projeto acalentado por Napoleão III de um "Reino Árabe". Mas a Segunda República, ao anexar a Argélia, e a Terceira, ao colonizar massivamente essa "Argélia Francesa", proíbem a França de defender no Oriente Médio um nacionalismo árabe que ela sufoca no norte da África. Tais ambições magrebinas levam Paris a considerar os árabes apenas como muçulmanos, e, portanto, a tratar os cristãos árabes do Oriente Médio apenas como "minorias" a serem protegidas. A Terceira República simplesmente renova com maior intensidade a missão de "proteção" que Suas Majestades Muito Cristãs já atribuíam a si mesmas. A França perde uma oportunidade histórica de contribuir para uma autêntica modernização do Oriente Médio, pela promoção uma cidadania que sublimaria as comunidades ali presentes. Em vez disso, os líderes franceses, mesmo os mais seculares, vão encorajar no Levante a consolidação de um confessionalismo que consagra os grupos religiosos em vez de deles emancipar os indivíduos.

Esse viés tão "Ancien Régime" da França republicana no Oriente Médio se acentua após a Primeira Guerra Mundial, com a traição dos árabes, que, no entanto, eram fiéis aliados contra os turcos e os alemães. Coube a um general francês, em 1920, esmagar o "reino árabe" de Damasco, apesar de sua legitimidade constitucional, e oferecer um "Grande Líbano" aos protegidos cristãos da França. Esse esquartejamento confessional, que já transforma os muçulmanos em "minoria" no Líbano, é agravado na Síria pela instituição de "estados" específicos para os alauitas e os drusos. Depois de ter jogado as "minorias" cristãs contra as "maiorias" muçulmanas,

Paris doravante aposta nas minorias do Islã contra a "maioria" sunita, tudo para continuar a negar o carácter árabe de tal maioria. Com a grande exceção da Frente Popular, os líderes franceses teimam, até De Gaulle, em tratar o Líbano e a Síria como uma atrelagem de comunidades e não como entidades nacionais. Eles não só perdem uma posição que poderia ter sido eminente em Damasco, mas também a oportunidade de cumprir sinceramente os "mandatos" que lhes foram confiados nesses dois países. A Quarta República, longe de aprender as lições de tais erros, encerrou-se numa aliança estratégica com Israel, que a levou, em 1956, ao desastre de Suez.

O Egito, centro da política francesa no Oriente Médio no século XIX, tornou-se seu túmulo. A guerra então travada pela França na Argélia levou-a, apesar do desastre de Suez, a perseverar em seu viés pró-israelense, a ponto de entregar a arma nuclear ao Estado judeu. Foi com um arsenal em grande parte francês que Israel conquistou a retumbante vitória de 1967 contra seus vizinhos árabes. Tal triunfo, no entanto, é parte de uma guerra fria na qual Israel construiu-se como um posto avançado do poder americano no Oriente Médio. Certamente De Gaulle autorizou o fornecimento secreto a Israel de peças de reposição, cruciais para as ofensivas aéreas dos "Seis Dias". Mas sua recusa a apoiar publicamente a guerra preventiva do Estado judeu foi suficiente para justificar a "lenda negra" de uma França que supostamente teria apunhalado Israel pelas costas, e isso no momento mesmo do combate decisivo. O engajamento de Paris em favor de uma retirada israelense dos territórios ocupados em 1967 alimentou uma virulenta campanha antifrancesa da parte de Israel e seus apoiadores. Ele nutre, de forma invertida, no mundo árabe o mito de um De Gaulle "pró-árabe"; ele que, no entanto, ordenou o bombardeio de Damasco em 1945.

A França, uma defensora inabalável de Israel até 1967, não sucumbiu subitamente às sereias do arabismo. Foi Israel que, ao perpetuar sua ocupação de territórios árabes, mudou a própria natureza da equação médio-oriental. De Gaulle lembra a Israel desde 1967 que sua "ocupação não pode ocorrer sem opressão, repressão, expulsões", nutrindo "uma resistência que, por sua vez, ele qualifica como terrorismo". O caráter inaceitável da ocupação no direito internacional fundamenta a constância neste assunto da diplomacia francesa. Seu consulado em Jerusalém, diretamente ligado a Paris, não reconhece a soberania de Israel sobre a Cidade Velha da mesma forma que não reconhecia, antes de 1967, a da Jordânia. É dentro de um quadro internacional que o *status* da Cidade Santa deve ser definido, e não pelos fatos consumados do ocupante na metade oriental da cidade. Essa perseverança da França a expõe à contracorrente da exaltação da "reunificação" de Jerusalém, mas preserva sua credibilidade de fiadora de uma solução que seria realmente negociada.

A relação privilegiada entre Paris e Beirute permitiu ao Líbano concluir, em 1949, o menos desfavorável dos acordos de cessar-fogo israelo-árabes. O Líbano sabiamente evitou a escalada de provocações árabes em 1967 e a derrota que dela resultou. Mas a instalação gradual de comandos palestinos no Líbano acarreta uma escalada de ataques israelenses conduzidos em represália. Foi a destruição da aviação civil libanesa por um desses ataques que levou De Gaulle a decretar, em 1969, o embargo militar contra o Estado judeu. Mas foi sob seu sucessor, Georges Pompidou, que uma "política árabe" tomou forma. Essa expressão, que se tornou muito polêmica, não se refere a uma política "pró-árabe", mas à ambição de uma política coerente em todas as capitais árabes, com base em um direito internacional muitas vezes desrespeitado. Durante a guerra de outubro de 1973, o apoio da URSS ao Egito e à Síria, e depois a ponte aérea dos Estados Unidos a favor de Israel consolidaram, em contraste, a imagem da França como campeã no Oriente Médio do direito e não da força.

Essa referência ao direito é fundamental para a formalização de uma abordagem europeia no Oriente Médio, na qual Paris desempenha um papel preponderante. Mas tal invocação do direito teria sido mais convincente se não estivesse restrita aos termos de um acordo árabe-israelense. Ora, a "crise do petróleo" fez da França uma parceira privilegiada das ditaduras religiosas do Golfo e de seu equivalente "progressista" no Iraque e na Líbia. Valéry Giscard d'Estaing, eleito em 1974, também se mostrou impotente para deter a descida do Líbano aos infernos da "guerra civil".

Paris chega a endossar tacitamente o protetorado do regime de Assad sobre o país dos Cedros, é verdade que em uníssono com um concerto árabe desta vez desfavorável à OLP. O Eliseu espera que o asilo oferecido em 1978 ao Imã Khomeini lhe valerá os favores do novo senhor do Irã. Mas seus cálculos foram varridos em 1980, quando Saddam Hussein invadiu seu vizinho persa. A França é relegada, em Teerã, à posição de "Pequeno Satã", devido à amplitude de sua cooperação militar com o Iraque. Giscard d'Estaing é mais perspicaz em sua análise dos riscos da paz separada entre Israel e o Egito, sem que, no entanto, surja uma alternativa europeia a esta *Pax americana*.

A chegada de Mitterrand e da "união da esquerda" ao poder, em 1981, foi acompanhada de uma dupla ruptura, com uma clara aproximação de Israel, por um lado, e o apoio à soberania do Líbano contra a Síria, por outro lado. O regime de Assad vinga-se ordenando uma série de atentados. Essa "guerra das sombras" é agravada pelas atividades terroristas da República Islâmica, que faz, assim, com que a França pague pelo seu apoio militar ao Iraque, que se acentuou desde que o Irã adentrou, em 1982, o território do seu agressor. A invasão israelense do Líbano acarreta um engajamento político-militar sem precedente da França, que evita a liquidação da OLP em Beirute. Essa operação de resgate de Arafat e seus apoiadores, renovada em 1983 no norte do Líbano em face da Síria, visa a preservar na OLP o parceiro de uma solução negociada com Israel. Mitterrand considera que sua comprovada solidariedade com o sionismo o obriga a se opor ao aventureirismo do Likud, perigoso aos seus olhos para o futuro de Israel e da região. Sua visão fundamentalmente muito gaullista de uma "terceira via" o leva a defender o povo libanês e palestino esmagado pela "nova guerra fria" entre Israel e a Síria. Ele foi encorajado nesse sentido pela mobilização na própria França de partidos e sindicatos progressistas.

O fim da união da esquerda correspondeu, em 1984, à restauração do protetorado sírio sobre o Líbano, no contexto da ocupação israelense do sul do país e do exílio da OLP na Tunísia. O voluntarismo da França no Oriente Médio já não é relevante. Jacques Chirac, chefe do governo durante a primeira coabitação de 1986-1988, acentua essa discrição. Seu sucessor, o socialista Michel Rocard, pretende ser mais dinâmico, ao passo que Mitterrand convida Arafat a Paris em 1989. Mas a crise no Kuwait, em 1990, arruinou os esforços da França para corrigir o "dois pesos, duas medidas" dos Estados Unidos. Por conseguinte, conquanto Mitterrand proclame que a ocupação israelense dos territórios palestinos e a ocupação síria do Líbano são tão inaceitáveis quanto a ocupação iraquiana do Kuwait, ele acaba se aliando à coalizão liderada por Washington. A França desapareceu da conferência de Madri em 1991, onde a Europa dos Doze obteve apenas um estatuto de observador. E foi a Noruega, e não a França, que patrocinou as negociações secretas de 1992-1993 entre Israel e a OLP. Mitterrand pode, por conseguinte, congratular-se por ter "tido razão cedo demais" no Oriente Médio, a França não pesa nada nesse processo de paz que talvez tivesse sido mais uma paz do que um simples processo, se ela tivesse contribuído.

Chirac, investido no Palácio do Eliseu em 1995, anunciou no Cairo, no ano seguinte, a retomada da "política árabe" da França. Ao contrário de seus predecessores gaullistas, ele estabeleceu uma ligação explícita entre essa política árabe e a significativa população de origem árabe na França. Mas essa política árabe repousa mais do que nunca, no mundo árabe, nas potências em vigor. Chirac construiu grande parte de sua diplomacia no Oriente Médio sobre sua relação muito estreita com Hariri, primeiro-ministro do Líbano de 1992 a 1998, e depois de 2000 a 2004. Ele assim inverteu a postura francesa de defesa da soberania do Líbano em face da Síria para, ao contrário, empenhar numa cooperação inédita com o regime de Assad a benevolência deste para com o governo libanês. Muito interessado nessa questão sírio-libanesa, Chirac o é muito menos na questão palestina. Enquanto Mitterrand lutou, em 1982, para salvar Arafat do cerco israelense de Beirute, Chirac não tenta, vinte anos depois, nenhuma iniciativa para levantar o cerco israelense de Arafat em sua presidência de Ramallah. Ele no máximo aceita, a pedido de Israel, acolher na França o líder da OLP que, esgotado por trinta meses de prisão, morre em um hospital militar nos subúrbios de Paris.

No entanto, Chirac permanece nas memórias como o líder ocidental mais mobilizado, em 2003, contra a invasão americana do Iraque. Essa posição, muito popular na própria França, impede que uma expedição tão funesta apareça levada por um Ocidente coeso sob a bandeira americana. Mas a França, em vez de oferecer uma alternativa autenticamente democrática ao *regime change* americano, torna-se defensora de um *status quo* árabe muito pouco reformado. O imenso capital adquirido por Chirac em sua corajosa campanha contra a cegueira americana é assim dilapidado em um combate de retaguarda em benefício das ditaduras do Oriente Médio. Foi preciso o assassinato de Hariri, em 2005, para que o presidente francês, convencido da culpa do regime de Assad, passasse a uma hostilidade para com o déspota de Damasco tão impetuosa quanto havia sido até então a sua complacência. Durante seus dois últimos anos à frente do Estado, o Oriente Médio foi, para Chirac, acima de tudo, o terreno no qual resolver sua disputa com o seu homólogo sírio.

Nicolas Sarkozy, eleito em 2007, rapidamente deixou sua marca na região ao reconciliar a França com Bashar al-Assad. Em contrapartida, ele obteve, em 2008, o estabelecimento das relações diplomáticas entre Damasco e Beirute, ou seja, o reconhecimento formal da soberania do Líbano por seu poderoso vizinho, pela primeira vez desde a independência dos dois países em 1943. O presidente francês também defendeu com êxito que a cooperação europeia com Israel e os seus vizinhos deixasse de estar subordinada às contingências do processo de paz. Ele assim priva a UE de sua alavancagem financeira na questão árabe-israelense, a única coisa que lhe permitiria pesar em face dos Estados Unidos. As convicções atlantistas de Sarkozy são, de qualquer forma, servidas pela acessão de Obama à Casa Branca e pela abordagem doravante mais construtiva dos Estados Unidos na região. Mas o Eliseu, apanhado de surpresa pelas revoluções do início de 2011 na Tunísia e no Egito, passou a um apoio militante ao levante armado na Líbia. Foi mesmo Sarkozy quem arrastou Obama para o reconhecimento do governo revolucionário, às custas da ditadura Líbia, e depois para a intervenção da Otan contra as forças de Gaddafi. Quanto ao apoio francês à oposição síria, ele rapidamente levou à crise entre Paris e Damasco. Perante o regime de Assad, Sarkozy não foi mais consequente do que Chirac, passando da calmaria inicial à ruptura brutal.

Em 2012, François Hollande inscreveu-se na linha médio-oriental de seu antecessor, rompendo com mais de três décadas nas quais cada alternância no Eliseu afetava a política seguida na região. Na questão israelo-palestina, a França está cada vez mais em segundo plano dentro de uma UE ela própria cada vez mais marginalizada por Washington. Mas Hollande, disposto a se engajar, em 2013, ao lado de Obama na Síria, vê com muita amargura a retirada americana diante dos bombardeios químicos de Damasco. O mal-estar se agrava quando Washington, em vez de atacar o Daesh de maneira rápida e dura em 2014, como foi o caso contra a Al-Qaeda em 2001, opta por uma campanha clássica, lançada dois longos meses após a conquista jihadista de Mossul e estendida por vários anos. Além disso, a Casa Branca prioriza o Iraque sobre a Síria no cronograma das suas operações. No entanto, é de fato nas bases jihadistas da Síria que se planeja a onda de atentados que enlutam a França em 2015. O sentimento de abandono pelo aliado americano leva, no nordeste sírio, a uma maior cooperação entre as forças especiais francesas e as milícias curdas, na linha de frente contra o Daesh.

Em 2017, Emmanuel Macron acredita poder romper com essa engrenagem aproximando-se de Putin na Síria. A Rússia embolsa os gestos de boa vontade da França sem, no entanto, oferecer nada em troca. A condução errática da questão síria por Trump fragiliza ainda mais o seu homólogo francês, que assiste, impotente, ao abandono, em 2019, das milícias curdas perante a Turquia. Paris é então emboscada por sua escolha de manter, nas mãos de seus parceiros curdos, centenas de seus nacionais, jihadistas detidos e suas famílias, em vez de repatriá-los, julgá-los e encarcerá-los na França. A aposta no não direito médio-oriental, para poupar-se vergonhosamente das "restrições" do Estado de Direito, volta-se contra seus iniciadores, no contexto do risco de evasão, ou mesmo de libertação dos partidários franceses do Daesh, no âmbito das trocas de prisioneiros.

Macron aliás se esforça para salvar o que pode ser salvo do acordo nuclear iraniano, denunciado por Trump em 2018. Por outro lado, ele permanece surpreendentemente passivo perante a demolição, pelo seu homólogo americano, dos próprios princípios de um acordo de paz israelo-palestino.

É no Líbano, três anos após sua acessão ao Eliseu, que Macron acredita poder reinvestir a França no Oriente Médio. Ele reconecta-se aí com a vontade de Mitterrand de proteger esse país e seu povo dos confrontos regionais, então entre a Síria e Israel, dessa vez entre os Estados Unidos e o Irã. No entanto, ele rompe com o compromisso chiraquiano no lado de uma facção contra as outras, insistindo na sua capacidade de dialogar com todas as tendências, em nome de uma "missão" de resgate do Líbano. A dupla explosão do Porto de Beirute, em 4 de agosto de 2020[522], confere a essa mobilização presidencial um caráter de urgência sem precedente, em um cenário de contestação popular do regime sectário e dos líderes que o encarnam. Chegando ao local menos de quarenta e oito horas após a catástrofe, Macron organiza em Paris uma conferência de solidariedade com o Líbano, e logo em seguida retorna a Beirute para assegurar o prosseguimento. Mas ele subordina o desembolso da ajuda internacional a profundas reformas do sistema financeiro e do serviço público que minariam a base dos líderes comunitários. Essa aposta de uma "exigência sem ingerência" esbarra, por conseguinte, na inércia dos políticos libaneses, prontos para silenciar suas diferenças para conservar os arranjos dos quais no fundo todos se beneficiam.

Esse sobrevoo excessivamente rápido da política dos presidentes da Quinta República não pode nos fazer esquecer de que, para cada um deles, o Oriente Médio representa um âmbito privilegiado de afirmação da França no cenário internacional e de encarnação da República em face dos cidadãos. Porque o Oriente Médio, na França, apaixona e inflama, frequentemente polariza e às vezes divide, mesmo que também possa unir, como durante a oposição à invasão do Iraque, em 2003, e durante as mar-

---

522. Essa explosão, que devastou o centro da capital libanesa, causou pelo menos 200 mortes e mais de 300 mil desabrigados.

chas de 2015 contra a barbárie jihadista. O debate francês sobre o Oriente Médio alimenta-se de bom grado de referências históricas mais ou menos dominadas. Mas permanece até hoje constrangido pelos dois fracassos da Terceira República, quais sejam a islamização dos árabes, por um lado, e a prioridade concedida às "minorias" em detrimento dos povos, por outro. Que o próprio Papa Francisco prefira o conceito de "cidadania" ao de "minorias", considerado "discriminatório", nos lembra que a França, apesar de seu proclamado secularismo, está longe de estar na vanguarda. Que essas "minorias" sejam frequentemente associadas exclusivamente aos cristãos só pode agravar a cegueira para a pluralidade étnica e religiosa das sociedades médio-orientais. Foi assim que a esmagadora maioria dos franceses só descobriu a existência dos yazidis quando o Daesh começou a liquidá-los. A prioridade concedida ao princípio de proteção (das "minorias") sobre o direito à autodeterminação (dos povos) também leva a privilegiar o despotismo de um suposto "protetor" em detrimento de qualquer forma de soberania popular. O prisma comunitário acaba por encerrar a França em um impasse, obrigando-a a tomar partido entre os sunitas e os xiitas, ou entre os árabes e os curdos, como se cada um destes campos fosse um bloco homogêneo na sua composição e na sua oposição ao outro.

E depois há a violência, a violência multiforme, abjeta e lancinante desta "terra de sangue" que o Oriente Médio se tornou. Uma violência que só pode alimentar os medos e as confusões. Mesmo que isso signifique associar os povos da região a essa violência da qual eles, no entanto, são as primeiras vítimas. E render-se à impostura de um "homem forte" para coibir tal violência, ou pelo menos contê-la lá, longe de nós. Mas esses supostos "homens fortes" ficam paralisados diante da sua própria população, rastreando a menor forma de dissidência para melhor reprimi-la ou empurrá-la para o exílio. Eles pactuaram com as correntes mais retrógradas para expulsar as mulheres do espaço público e restaurar a legitimidade patriarcal da ditadura. De qualquer forma, esses autocratas terão mil vezes mais a compartilhar com a Rússia de Putin, ou mesmo com a China de Xi Jinping, do que com um Estado democrático. E não importa se nem Moscou nem

Pequim forem capazes, como vimos, de substituir Washington como potência hegemônica na região. O desengajamento americano abre, portanto, um vazio estratégico por ora ocupado pelos vários predadores regionais, dispostos a esquecerem suas disputas para todos concordarem em negar os direitos dos povos do Oriente Médio.

Uma evolução tão desastrosa nunca foi inevitável. Importa enfim compreender que a queda do muro do medo, no mundo árabe em 2011, ecoa a queda do Muro de Berlim em 1989. Ninguém ousaria então defender a manutenção de metade da Europa sob a bota soviética em nome de uma pretensa "estabilidade". No entanto, duas décadas depois, a contrarrevolução árabe pôde se desdobrar em toda a sua ferocidade, com a cumplicidade ativa ou passiva das democracias ocidentais. Esse abandono covarde estava longe de ser "realista", uma vez que o ano de 2015 provou tragicamente, com os atentados jihadistas e a crise dos refugiados, a vulnerabilidade da França e da Europa às convulsões do Oriente Médio. Seis anos mais tarde, também ficou claro que a França e, com ela, a Europa só poderão recuperar o seu lugar neste mundo pós-americano se finalmente influenciarem o Oriente Médio. Elas têm tudo a ganhar se formularem um projeto para o futuro de uma região tão próxima quanto estratégica, e tudo a perder se deixarem os conflitos se entrelaçarem. Mas tal projeto não pode limitar-se às disputas geopolíticas em curso se pretender fazer parte da duração da história e da profundidade das sociedades. Numa altura em que os predadores regionais manipulam o passado para justificar suas aventuras, importa opor-lhes uma leitura desapaixonada dos séculos decorridos e evitar que os relatos de combate alimentem novas crises. Avaliar a dimensão deste desafio médio-oriental implica, por conseguinte, empreender uma reflexão sobre o tempo longo de uma região ao mesmo tempo carregada de referências, repleta de ameaças e portadora de esperanças. Ao redigir este livro, espero ter contribuído para essa reflexão coletiva.

Vocês são doravante os seus únicos juízes.

Vincennes, abril de 2021.

O berço das crises

A invasão russa da Ucrânia, em fevereiro de 2022, é uma ilustração paradoxal da persistência da centralidade do Oriente Médio nas relações internacionais. Com efeito, é a partir dessa região que começou a contagem regressiva para o pior conflito na Europa desde a Segunda Guerra Mundial. A retirada americana de agosto de 2013, após o bombardeio químico de Damasco, claramente convenceu Putin de que as reações ocidentais seriam igualmente moderadas em face da anexação russa da Crimeia, decretada seis meses depois. Essa demonstração de força, longe de ser sem futuro, marcou o início da guerra de desgaste do Kremlin contra uma Ucrânia considerada ao mesmo tempo independente demais e liberal demais, ao passo que a Rússia, em setembro de 2015, passava, na Síria, de um engajamento substancial, mas indireto, a uma campanha militar ampla. As técnicas ofensivas que Moscou testou, e depois banalizou, no teatro sírio, entretanto demonstraram seu alcance destrutivo na Ucrânia, a fim de aterrorizar a população local e coagi-la ao êxodo. É o caso dos bombardeios de hospitais, escolas e infraestruturas públicas, mas também dos muito inapropriadamente denominados "corredores humanitários", nos quais os civis são presos para pressionar ainda mais a resistência local. Tem-se, aliás, regularmente traçado o paralelo entre o devastador cerco de Alepo, em 2016, e o de Mariupol, seis anos depois, com, em ambos os casos, a destruição metódica de um bastião da resistência, afinal forçado à capitulação em um campo de ruínas.

Uma boa parte dos decisores e estrategistas havia acabado por relegar o Oriente Médio à margem das grandes questões geopolíticas, sem medir a dimensão simbólica inerente às relações de poder, e a potência que delas decorre. Ao optar por fornecer à oposição síria os meios para sobreviver, mas nunca para vencer, Obama não entendeu que estava oferecendo a Putin a oportunidade de realizar, no coração do Oriente Médio, um simulacro de "guerra fria" por procuração. Ao oferecer um apoio incondicional ao regime de Assad, o Kremlin conquistou um lugar proeminente junto a todos os ditadores árabes, mesmo os mais ligados aos Estados Unidos, uma vez que a "derrubada" de Mubarak por Obama havia inquietado todos esses déspotas. De qualquer forma, o presidente russo não precisou forçar sua naturalidade, porquanto ele partilhava e continua partilhando com o tirano de Damasco a mesma cultura conspiratória, derivada da formação de ambos no mundo opaco dos serviços de inteligência. Aos seus olhos, o "povo" não deve existir senão nos versos da propaganda, e, quando esse povo consegue, apesar de tudo, se organizar, e até mesmo se opor, então importa esmagar esse movimento reduzindo-o a uma infame "conspiração" do estrangeiro. Se somarmos a isso o *status* de herdeiro de ambos os presidentes, um designado pelo declinante Yeltsin, o outro por seu pai Hafez al-Assad, a complementaridade entre "Vladimir Assad" e "Bashar Putin" deveria ter suscitado o debate bem antes da crise ucraniana.

Vimos, no capítulo anterior, que a Rússia consolida metodicamente a partir da Síria, e mais geralmente do Oriente Médio, o restabelecimento do *status* de potência planetário que era o da URSS. Trata-se de nada menos do que derrotar a "nova ordem mundial" que os Estados Unidos instituíram e administraram, em seu próprio benefício, desde 1991 a partir do Oriente Médio. Mas Obama define como seu horizonte geopolítico o Oceano Pacífico, visando um confronto com a China, e não leva a sério as intenções de Putin no Oriente Médio, que seu sucessor Trump tenta depois apaziguar em vez de combater. É verdade que Netanyahu, muito próximo do presidente republicano, pesa em favor da cooperação com Putin, aos seus olhos o único baluarte contra uma implantação duradoura do Irã na fronteira norte de Israel. Pouco importa que esse avanço de Teerã e de seus asseclas tenha ocorrido no âmbito de uma colaboração com Moscou a serviço do regime de Assad. O essencial para Netanyahu e Trump é limitar os danos dessa política russa, em vez de contê-la na fonte. Os Estados Unidos, além disso, têm a gentileza de assumir a maior parte do ônus da luta contra o Daesh, permitindo que a força aérea russa concentre seus ataques contra uma oposição síria bem menos dotada do que os jihadistas. Isso mostra o quanto a Rússia, para relançar o seu expansionismo na Europa a partir do Oriente Médio, beneficiou-se nessa região tanto do engajamento dos Estados Unidos, em benefício de Israel ou contra o Daesh, quanto do seu desengajamento.

Quanto a esse desengajamento americano do Oriente Médio, ele é menos militar do que político, diplomático e simbólico. Ao contrário do clichê em voga, o "Oriente Médio americano" não morreu, ao fim de três décadas, durante a humilhante retirada do Afeganistão em agosto de 2021, quando os Estados Unidos foram forçados a coabitar em Cabul, durante duas semanas, com seus inimigos jurados, os talibãs. É a partir de janeiro de 2020 que a construção americana de uma hegemonia mundial, empenhada no controle do Oriente Médio, vacila para nunca mais se recuperar. Vimos que Trump e Netanyahu anunciam então, na Casa Branca, um "acordo do século" que deveria resolver definitivamente a questão palestina, com base em um Estado remanescente, desmilitarizado e privado de continuidade territorial. Basta, no entanto, que a muito fraca "Autoridade Palestina" recuse categoricamente tal *diktat* para que este "acordo do século" desmorone, revelando a fragilidade de todo o dispositivo americano na região. É significativo que o acordo assinado no mês seguinte, no Catar, entre os Estados Unidos e o Talibã se concentre nas modalidades da retirada americana do Afeganistão, e não nos meios de conter uma insurreição triunfante. A incapacidade de Washington de impor, administrar e consolidar um processo de paz no Oriente Médio sinaliza a abdicação de seu *status* de potência dominante na região, e isso bem antes da humilhação de Cabul.

O ato fundador desse Oriente Médio pós-americano ocorreu, aliás, em setembro de 2020, portanto, quase um ano antes da queda de Cabul, quando foram concluídos os "Acordos de Abraão". Uma ilusão de ótica, amplamente mantida pela propaganda de Trump, viu nesses "Acordos de Abraão" o cumprimento do "acordo do século" israelense-palestino, ao passo que o fiasco deste condiciona justamente a conclusão daqueles. Com efeito, a lógica subjacente aos "Acordos de Abraão" visa a dissociar a normalização árabe-israelense do tratamento da questão palestina, abrindo caminho para uma cooperação estratégica entre Israel e os Emirados Árabes Unidos, agora ligados por um tratado de "paz quente", ao contrário da "paz fria" concluída por Israel com o Egito em 1979, e depois com a Jordânia em 1994. Os Estados Unidos são apenas as modestas "testemunhas" dessa aliança multiforme entre Tel Aviv e Abu Dhabi, aliança que a crise ucraniana demonstrará ser tudo menos alinhada com Washington. Com efeito, Israel e os Emirados Árabes Unidos se recusam a endossar as sanções americanas contra o Kremlin, tornando Dubai o santuário privilegiado dos oligarcas russos inscritos nas diversas "listas negras" ocidentais.

Essa mesma crise ucraniana, que vê a Rússia mobilizar no teatro europeu os instrumentos do seu poder forjados no Oriente Médio, agora atua como um revelador da desordem agravada pela falência do projeto americano para a região. Com efeito, não há vazio, mas, ao contrário, transbordamento de poder, ou antes, de poderes, no plural, porque nem a Rússia nem a China estão em condições de assumir a ambição estruturante da hegemonia americana, vítima da sua própria militarização, que se tornou um fim em si mesmo, antes de desaparecer abruptamente. O Kremlin provou, por seu fracasso em patrocinar uma transição política na Síria, que seu ativismo militar, amplamente facilitado pelos Estados Unidos e Israel, não é movido por outra visão que não aquela da preservação a todo custo do *status quo* ditatorial. É a mesma visão estática que sustenta o voluntarismo econômico da China, cujos investimentos em todos os campos do Oriente Médio estão empenhados na perpetuação de regimes que, no entanto, se opõem uns aos outros de forma duradoura. A incapacidade de Moscou e Pequim de animar uma dinâmica de paz, para a Rússia em uma Síria exangue, para a China entre seus diversos parceiros, ecoa o colapso do "acordo do século" tão caro a Trump. Para se substituir a hegemonia desaparecida seria necessária uma dimensão suplementar do poder, ao mesmo tempo política, diplomática e simbólica, dimensão que nem a Rússia nem a China parecem capazes de implantar no Oriente Médio.

São, portanto, os predadores regionais que ocupam hoje o protagonismo, em relações complexas que desafiam todos os automatismos e remetem às dinâmicas específicas de preservação e projeção do poder de uns e de outros. O embate anunciado entre o eixo nascido dos "Acordos de Abraão" e a Turquia, por um lado, e o Irã, por outro, não aconteceu, longe disso, uma vez que Ancara se reconciliou espetacularmente com os Emirados Árabes Unidos, depois com a Arábia Saudita, em que pese aos bajuladores dos três regimes em questão. É, ao contrário, entre a Turquia e o Irã que as tensões aumentam, tendo como pano de fundo o crescente intervencionismo do Presidente Erdogan, não apenas na Síria, mas também no norte do Iraque, em nome da luta contra o separatismo curdo. Quanto aos Emirados Árabes Unidos, eles puseram fim ao seu engajamento direto no Iêmen, deixando a Arábia Saudita buscar uma porta de saída que, tendo em conta o equilíbrio de poder no terreno, passará no mínimo por uma moderação por Teerã de seus aliados locais. A crise ucraniana, além disso, confirmou a importância para Riad de sua parceria com Moscou na gestão das cotações do petróleo, mesmo que tal parceria estratégica contrarie publicamente Washington.

Os conflitos que nos foram descritos como inexpiáveis no Oriente Médio no início do terceiro milênio não o são, por conseguinte, nem mais nem menos do que aqueles evocados ao longo deste livro, e isso desde a fundação do Império Romano do Oriente. Convém, no espírito do secularismo reivindicado por esta obra, secularismo que dessacraliza não apenas o discurso religioso, mas também as *narrativas* políticas e nacionalistas, distinguir rigorosamente as propagandas concorrentes das práticas efetivas. Vimos assim como o Império Bizantino e a Pérsia Sassânida, apesar do monoteísmo de Estado reivindicado por cada um de seus soberanos, coabitaram harmoniosamente por cerca de dois séculos, antes de se dilacerarem a ponto de ambos cederem perante a potência vinda da Arábia. Vimos como a suposta "era de ouro" do cristianismo e do islamismo foi, de fato, crivada de sangrentas repressões e lutas intestinas que, sob o pretexto de disputas doutrinárias, remetiam amplamente a conflitos pelo poder. Como um califado rival ao de Bagdá pôde se estabelecer no Cairo e como a aberração dessa coexistência de dois "comandantes dos crentes" favoreceu o ciclo das cruzadas. Como essas cruzadas, por vezes exaltadas como um "choque de civilizações", foram um confronto relativamente menor em um Oriente Médio onde reis cristãos e muçulmanos frequentemente colaboravam, antes que a devastação das invasões mongóis semeasse a ruína para todos na região.

Essa primazia da política na atormentada história do Oriente Médio assumiu uma nova dimensão no início do século XVI, com o Império Otomano assumindo o controle da maior parte desse espaço, com exceção de uma Pérsia doravante unida em torno de um xiismo de Estado, ele próprio objeto de complexas negociações entre o xá safávida e a hierarquia clerical. E mesmo nesse quadro que ressoa com as "guerras religiosas" da Europa dessa época, a fronteira traçada em 1639 entre otomanos e safávidas não corresponde, como vimos, a nenhuma delimitação confessional, étnica ou linguística, encontrando-se as duas cidades mais sagradas do xiismo em território otomano. Essa fronteira, no entanto, se perpetuará nessas grandes linhas até hoje, a despeito do terrível conflito que opôs o Iraque ao Irã de 1980 a 1988. Se acrescentarmos a isso o fato de que uma grande parte da população xiita do sul do Iraque atual só deixou o sunismo para se converter no fim do século XIX, certas confusões em voga parecem singularmente frágeis, para além do viés essencialista que legitimam arbitrariamente. E são os bastiões xiitas de Bagdá, Baçorá e Carbala que hoje animam a mais encarniçada resistência ao expansionismo iraniano no Iraque, invalidando todas as atribuições identitárias.

A saliência geopolítica e o prisma confessional, que, no entanto, fornecem a trama da maior parte dos comentários da atualidade, lutam, assim, para dar conta das dinâmicas que estruturam profundamente o Oriente Médio. Convém, para melhor compreendê-los, colocarmo-nos à altura dos povos e do seu direito à autodeterminação. Esse direito surge na região como eco da independência grega, conquistada em 1829 contra o Império Otomano, duplamente derrotado nesse conflito, uma vez que o

Egito de Muhammad Ali se volta contra ele e se apodera do Levante. O modelo de despotismo esclarecido, que então se impõe a partir do Cairo, conjuga construção de Estado, modernização autoritária e a afirmação nacionalista. É o início do longo ciclo do Renascimento árabe, a Nahda, mas uma Nahda *top-down*, impulsionada pela determinação de um poder forte, que cede, meio século depois, perante a ocupação britânica do Egito. O revezamento do Renascimento árabe é, no entanto, assegurado por uma Nahda *bottom-up*, cuja efervescência cultural estende-se de Alexandria a Alepo, de Beirute a Bagdá. Esse movimento emancipatório combina as aspirações propriamente "nacionalistas", com invocação dos direitos do povo árabe, sem distinção de confissão, e o registro que hoje qualificaríamos como "islamista", com a reivindicação de uma restituição aos árabes do califado usurpado pelos otomanos. Essas duas correntes dialogam harmoniosamente no seio desta Nahda que, justamente quando as potências europeias jogam a carta das "minorias", forja as chaves de uma coexistência que contrasta com a "balcanização" da parte europeia do território otomano.

Muito embora as forças desta Nahda, conduzidas pelo Xarife Huceine de Meca, tenham se engajado em 1916 ao lado da França e da Grã-Bretanha, essa irmandade de armas foi traída pelo estabelecimento dos "mandatos" dessas duas potências europeias sobre os territórios prometidos aos aliados árabes. O esmagamento pelo exército francês, em 1920, do reino árabe, no entanto constitucional, que o filho de Huceine governava em Damasco marca o fracasso da vertente "nacionalista" desta Nahda, antes que a expulsão de Huceine de Meca e Medina, cinco anos depois, sancionasse a falência de sua vertente "islamista", e isso em benefício do fundamentalismo wahabita e da futura Arábia Saudita. Foi no contexto desse duplo fracasso que se inaugurou, em 1922, com o fim do protetorado britânico sobre o Egito, o ciclo de meio século de independências árabes, que se encerrou em 1971, por ocasião da admissão na ONU dos Emirados Árabes Unidos, do Catar, do Bahrein e de Omã. Mas esse ciclo virtuoso foi frustrado pelas duas décadas de desvio das independências árabes, de 1949 a 1969, quando putschs derrubaram as elites nacionalistas e pluralistas, arquitetas da independência, em benefício de juntas militares supostamente "progressistas".

Essa grade de interpretação permite compreender que as famosas "primaveras árabes" de 2011, longe de serem uma erupção sazonal, fazem parte de uma longa história de combate dos povos árabes por uma autodeterminação frustrada primeiro pelas potências coloniais, e em seguida pelas ditaduras militarizadas. Essa dialética esclarece o fato de que uma dinâmica de contestação na escala do mundo árabe não tira nada do caráter profundamente nacionalista de cada uma das contestações em questão. Mas uma onda contrarrevolucionária se mobilizará para liquidar as reivindicações populares, em nome do retorno a um *status quo* mítico. A crise dos regimes árabes, no entanto, é tão grave que em nenhum lugar o *status quo* prevalecente antes de 2011 está restabelecido. O Egito de al-Sisi tem cinco vezes mais prisioneiros políticos do que sob Mubarak, ao passo que o emulador líbio de al-Sisi desencadeou em vão duas guerras civis, sem nunca conseguir tomar Trípoli. O engajamento maciço da Arábia Saudita e dos Emirados Árabes Unidos no Iêmen pode ser a principal causa de uma crise humanitária sem precedente, mas os protegidos das petromonarquias tiveram que renunciar a retomar Sanaã dos aliados de Teerã. Quanto à Síria, o tirano Assad continua a reinar, mas em um campo de ruínas, cuja metade da população foi deslocada dentro do país ou expulsa de suas fronteiras. Em muitos aspectos, o povo sírio, que havia conquistado sua independência contra o mandato concedido à França pela Sociedade das Nações, tem hoje de suportar o "mandato" concedido de fato pela ONU à Rússia. A bandeira dos opositores de Assad é aliás a mesma de seus anciões nacionalistas em resistência ao mandato francês.

O fio condutor do direito dos povos é, portanto, bem mais útil para esclarecer a atualidade e a prospectiva do Oriente Médio do que os discursos sobre a inevitabilidade dos conflitos religiosos e sobre a "estabilidade" que as ditaduras assegurariam. Os regimes autoritários, longe de apaziguarem as contradições regionais, levam-nas a seu paroxismo ao constantemente reprimirem as aspirações populares a uma autodeterminação enfim autêntica. E se há uma fatalidade no Oriente Médio, ela reside não nesta ou naquela versão falsificada de uma história formidável, mas no consenso internacional que, ativamente ou por omissão, leva a sancionar a persistente negação do direito dos povos da região. As forças emancipatórias, já confrontadas a um grau extremo de repressão por parte dos regimes em vigor, também devem enfrentar, na melhor das hipóteses, a indiferença, e na pior, a complacência em favor das ditaduras. A desastrosa invasão americana do Iraque, que substituiu a máquina de terror de Saddam Hussein, em 2003, por um sistema ao mesmo tempo miliciano e comunitário de uma grande violência, não contribuiu pouco para esse impasse mortífero.

No entanto, a história continua, seja ela grande ou pequena, e este caráter aberto de uma história sempre em devir é, em si, um fator de esperança. É por isso que este mergulho em um milênio e meio do passado do Oriente Médio se esforçou, ao trazer à tona as lógicas do possível em um determinado período e ao restabelecer certos encadeamentos factuais que são muito pouco conhecidos, em desarmar os discursos de ódio, todos fixos em uma abordagem essencialista da região. Essa aventura intelectual foi empreendida no momento em que todos os regimes autoritários, sem exceção, tentam impor uma propaganda de Estado, na qual a história é convocada apenas a justificar a arbitrariedade do momento. O monstro jihadista, com a sua sinistra paródia do "califado", não funcionou de outra forma, nutrindo sua comunicação globalizada das confusões conscientes ou inconscientes de parte da mídia ocidental. A despeito dessas terríveis restrições, pesquisadores, pensadores e militantes da sociedade civil trabalham com tenacidade, em todo o Oriente Médio, para devolver à história destes povos e desta região toda a sua nobreza e toda a sua autenticidade. É em ressonância com seus trabalhos e com suas esperanças que esta obra foi escrita enquanto uma contribuição para o debate necessário e coletivo sobre o passado, e, portanto, o destino desse Oriente Médio que é tão central, tão rico e, ousemos dizê-lo, tão portador de esperança.

Se você me seguiu até aqui, permita-me concluir com esta nota. Uma nota de história e uma nota de esperança.

Índice onomástico

Abas (tio de Muhammad) 68
Abaz Paxá [*'Abbās Pasha; 'Abbās Ḥilmī I*] 216
Abbas (xá) 181-182, 202
Abbas II (xá) 183, 202
Abbas, Mahmoud 361
Abbès, Makram 133
Abd Manaf; cf. Abu Talibe [*Abū Ṭālib*]
Abdal Malique [*'Abd al-Malik ibn Marwān*] (califa) 64-67, 70-71, 96
Abdal Mutalibe [*'Abd al-Muṭṭalib*] (avô de Muhammad) 47
Abdalazize [*'Abd al-'Azīz*] (sultão) 240, 246
Abdalcáder [*Abdelkader; 'Abd al-Qādir*] (emir) 211, 215, 220, 230, 335
Abdelilah (regente) 289
Abderrahmane (emir) 68
Abduh, Muhammad 244
Abdul Mejide [*Abdülmecid*] (sultão) 237-240, 260
Abdul Mejide II [*Abdul-Medjid II, Abdülmecid II*] (califa) 273
Abdulamide II [*Abdülhamid II*] (sultão) 229, 240, 243, 245-249, 253-254, 256, 260, 266
Abdullah (rei de Jordânia) 271, 289, 291-292

Abedalá [*'Abd Allāh*] (pai de Muhammad) 47
Abramo, o Abissínio 38, 58
Abu Baquir [*Abacar, Abū Bakr*] (califa) 175
Abu Daúde [*Abū Dā'ūd*] 75
Abu Hanifa [*Abū Ḥanīfah*] 76-77, 82, 96, 157, 170
Abu Iúçufe [*Abū Yūsuf*] 83
Abu Muslim [*Abū Muslim al--Khurāsānī*] 68-70, 99, 111, 144
Abu Nuwas [*Abū Nu'ās*] 87, 96
Abu Sufiane [*Abū Sufyān*] 49-50, 52, 54
Abu Talibe [*Abū Ṭālib*] (tio de Muhammad) 47-49
Abuçaíde [*Abū Sa'īd*] (cã) 154
Abuçaíde [*Al Busaidi, Āl Bū Sa'īd*] (família) 193, 202
Abulabás [*Açafá, Abū al-'Abbās al--Saffāḥ*] (califa) 68-70, 72, 96, 169
Achcar, Gilbert 385
Adams, John 206
Adarazi [*ad-Darazī*] 106
Adelkhah, Fariba 5
Adil Ceifadim [*al-'Ādil Sayf ad-Dīn*] (rei) 137, 167
Adude Adaulá [*'Aḍud al-Dawlah*] (emir) 109, 132

Afghani, Jamal al-Din al- 242-244
Aga Muhammad [Āghā Moḥammad] (xá) 197
Ahmadinejad, Mahmoud 360, 362, 364
Aibaque [Aybak] (sultão) 142, 167
Aiube [Ayyūb] 140
Aixa [Āʾishah bint Abī Bakr] (esposa de Muhammad) 49, 55
Akçam, Taner 299
Aladide [al-ʿĀḍid] (califa) 121-122
Alamim [al-Amīn] (califa) 73-74, 96
Alamúndaro [Alamoundaros]; cf. Almondir
Aláqueme Biamir Alá [al-Ḥākim bi-Amr Allāh] (califa) 104-107, 109-110, 116, 132
Alarite [Harith] (filarco) 43
Alascari [al-ʿAskarī], Ali (imã) 85
Alascari [al-ʿAskarī], Haçane [Ḥasan] (imã) 85, 107
Albaquir [al-Bāqir, Baqir al-ʿilm], Muhammad [Muḥammad ibn ʿAlī] (imã) 84
Albucari, Muhammad ibne Ismail [Muḥammad ibn Ismāʿīl al-Bukhārī] 75, 96
Alcadir [al-Qādir] (califa) 110, 132
Alcaim [Al-Qāʾim] (califa) 110-111, 132
Alcuarismi [al-Khwārizmī] 74, 96
Aleixo I Comneno (imperador) 114
Alfadle [ibne Iáia, al-Faḍl ibn Yaḥyā], barmecida 72
Algazali [al-Ghazālī] 112-113
Alhalaje [al-Ḥallāj] 79, 96
Ali (califa) 49, 51, 58, 60, 62-63, 65, 68-69, 71, 73-75, 84-85, 92, 96, 98, 100, 107, 109-110, 358
Aljahiz [al-Jāḥiẓ] 94

Aljarjarai [al-Jarjarāʾī] (vizir) 106, 132
Aljauade [al-Jawād], Muhammad [Muḥammad ibn ʿAlī] (imã) 85
Allenby, Edmund 265, 268, 272
Almaçudi [al-Masʿūdī] 94
Almamune [al-Maʾmūn] (califa) 73-74, 78, 88, 96, 111
Almançor [al-Manṣūr] (califa) 70-72, 76, 83, 87, 96
Almauardi [al-Māwardī] 111, 132
Almondir [Mondhir] 43-44
Almostacim [al-Mustaʿṣim] (califa) 144-145
Almostali [al-Mustaʿlī] (califa) 117
Almostancir [al-Mustanṣir] (califa) 143-144
Almotácime [al-Muʿtaṣim] (califa) 78
Almotanabi [al-Mutanabbī] 101
Almuiz [al-Muʿizz] (califa) 100
Al-Mustarhid (califa) 146
Alnaçai [al-Nasāʾī] 75
Alparslano [Alp-Arslan] (sultão) 112
Al-Sadr, Baqir [Bāqir al-Ṣadr] 324
Al-Sadr, Moqtada [Muqtadā al-Ṣadr] 358
Al-Sisi, Abdel Fattah Khalil 370-372, 379, 383
Altabari [al-Ṭabarī] 94
Al-Tahtawi, Rifa'a [Rifāʿah Rāfiʿ al-Ṭahṭāwī] 235, 260
Altirmidi [al-Tirmidhī] 75
Al-Zahāwī, Jamīl Sidqī 257
Al-Zarqawi, Abu Musab 358, 366
Amade [Ahmed] (sultão) 161
Amade ibne Buia [Aḥmad ibn Būyeh] (emir) 93
Amade Xá [Aḥmad Shāh Qājār] 251, 277, 278

Amalrico [*Amaury*] I de Jerusalém (rei) 121-122
Amin, Qasim 244
Amir Kabir 241
Amir-Moezzi, Mohammad Ali 59
Antão (santo) 28
Arafat, Yasser 309, 312, 316-320, 323, 326, 327, 333, 340, 349-353, 355, 383, 391-392
Arcádio (imperador) 24, 33-34, 58
Aretas [*Arethas*]; cf. Alarite [*Harith*]
Arradi [*ar-Rāḍī*] (califa) 93
Assad, Bashar al- 19, 129, 280, 286, 306
Assad, Hafez al- 286, 313, 318, 325-330, 337, 340, 345, 352, 367, 400
Atassi, Hashim al- 281
Atatürk; cf. Kemal, Mustafa
Averróis 112
Avicena [*Ibne Sina, Ibn Sīnā*] 110, 112, 126, 132
Azair [*Aẓ-Ẓāhir*] (califa) 106
Aziz (califa) 103-104, 132
Azzam, Abdullah 336

Báb, Sayyid Ali Muhammad, chamado de 241
Baczko, Adam 385
Baghdadi, Abu Bakr al- 130, 366, 373
Bahá'ulláh 241
Baibars [*Baybars*] (sultão) 141, 142-143, 145-148, 151, 154, 165, 167, 172, 208
Bajazeto (filho de Solimão o Magnífico) 175, 179
Bajazeto (irmão de Murade IV) 189
Bajazeto I Yildirim (sultão) 153, 157, 159, 167

Bajazeto II (sultão) 162, 167, 170
Bajazeto; cf. Bayezid
Bakr, Ahmed Hassan al- 314-315, 324
Balduíno de Bolonha [*Baudouin de Boulogne*] (rei) 116
Balfour, Arthur 265, 271, 293, 297, 377
Banna, Hassan al- 294
Bāqir al-Majlisī 183
Barak, Ehud 352, 353, 383
Baring, Evelyn 218
Barjauã [*Barjawān*] (regente) 104
Barnavi, Élie 342
Barr, James 299
Barzani, Massoud 330
Begin, Menachem 293, 319-320, 326-327, 333, 343, 353
Ben Achour, Yadh 97
Ben Ali, Zine El Abidine [*Zine al-Abidine*] 367, 383
Ben-Gurion, David 288, 291, 293, 310
Bensoussan, Georges 231
Bernadotte, Folke 292, 298
Bianquis, Thierry 133
Bin Laden, Osama 130, 336, 345, 354-355, 358, 366
Bin Salman, Mohammed [*Muḥammad ibn Salmān*] (príncipe) 375, 384
Bin Zayed, Mohammed [*Muḥammad ibn Zāyid*] (emir) 375, 378
Birnbaum, Nathan 224
Bismarck, Otto von 219
Blum, Léon 281-282
Bomati, Yves 203
Bonaparte, Louis-Napoléon [*Napoleão III*] 212-213, 215-216, 388
Bonaparte, Napoleão 205-206, 208, 216, 228, 230
Bonnefoy, Laurent 385

Bonneval, Claude-Alexandre de 191
Bossuet, Jacques-Bénigne 137
Bouyrat, Yann 231
Bozarslan, Hamit 203
Briquel Chatonnet, Françoise 59
Buia [Būyeh] 93
Burton, Richard 231
Bush, George H.W. 344-349, 363, 374
Bush, George W. 354-356, 359, 363, 367, 374-375
Bustani, Boutros 243, 257

Cafur [Kāfūr] 99
Calavuno [Qalāwūn] (sultão) 148
Calide ibne Ualide [Khālid ibn al-Walīd] 52
Calide, barmecida 72
Camil [Al-Kāmil] (rei) 137-140, 167
Cançu Algauri [Qānisawh Al-Ghawrī] (sultão) 163, 167, 171
Carlos Magno (imperador) 81, 90, 387
Carlos V (imperador) 176, 200
Carlos XII (rei) 190
Carter, Jimmy 319-320, 322, 326, 343, 353
Catarina II (imperatriz) 190
Ceifadim [Sayf ad-Dīn], Zengui 120
Ceifadim, cf. Adil Ceifadim [al-'Ādil Sayf ad-Dīn]
Ceife Adaulá [Sayf al-Dawlah] (emir) 101-102, 109, 132
Cem [Djem, Jem] 162
Chabbi, Jacqueline 59
Chantre, Luc 231
Chardin, Jean 183
Cheddadi, Abdesselam 168
Cheynet, Jean-Claude 59
Chichakli, Adib [Adib al-Shishaklī] 300, 306

Chirac, Jacques 361, 391, 392-394
Chokr, Melhem 97
Churchill, Winston 221, 290
Cirilo (patriarca) 29-31
Clerck, Dima de 342
Clinton, Bill 350-354, 363, 383
Cohen, Mitchell 299
Conrado III (rei) 120
Constantino (imperador) 23-24, 37, 40, 136
Constantino V (imperador) 90
Constantino XI (imperador) 159
Cosroes [Khosrow] I (imperador) 35-39, 52, 58, 63
Cosroes [Khosrow] II (imperador) 39-41, 48, 58, 63
Courbage, Youssef 203
Crémieux, Adolphe 223
Cromer (Lorde de); cf. Baring, Evelyn
Cublai [Khubilai] Cã 144
Cudama [Qudāmah] 94
Cuscadã [Sayf ad-Din Khushqadam] (sultão) 162
Cutuz [Quṭuz] (sultão) 143, 145-146, 148

Dakhli, Leyla 385
Dayan, Moshe 310
Debié, Muriel 59
Degeorge, Gérard 203
Demange, Françoise 59
Déroche, François 59
Déroche, Vincent 168
Digard, Jean-Pierre 299
Dióscoro (patriarca) 31
Disraeli, Benjamin 219
Djaït, Hichem 59
Djalili, Hussein 200

Djemal Paxá [*Ahmed Cemal Paşa*] 255, 262-263, 267-268
Dorronsoro, Gilles 385
Dupret, Baudoui 97
Durkheim, Émile 254
Dye, Guillaume 59

Ebussuud 179
Eddé, Anne-Marie 135
Eddé, Dominique 6
Eisenhower, Dwight 304-305, 343
Enver Paxá 254-255, 266
Erdogan, Recep Tayyip 159, 227, 362-363, 369, 376, 381, 403
Eshkol, Lévy 310, 340

Facardin; cf. Faquir Aldim [*Fakhr al-Dīn*]
Faiçal [*Fayşal ibn Husayn*] (rei do Iraque) 264-265, 268, 269, 283, 297, 300
Faisal [*Fayşal ibn 'Abd al-'Azīz ibn 'Abd al-Raḥmān Āl Sa'ūd*] (rei da Arábia Saudita) 308-309, 311, 314, 316, 319, 340, 343
Faquir Aldim [*Fakhr al-Dīn*] 186, 202
Farabi 94, 110, 112
Fargues, Philippe 203
Faruque [*Farouk, Fārūq*] (rei) 289, 295, 301
Fate Ali Xá [*Fatḥ 'Alī Shāh*] 198, 202, 210
Fátima (filha de Muhammad) 49, 98, 100
Fellinger, Gwenaëlle 261
Ficardin, cf. Faquir Aldim [*Fakhr al-Dīn*]

Filipe Augusto (rei) 126
Focas (imperador) 40
Francisco de Assis (santo) 137-138
Francisco I (rei) 176, 200, 387
Frank, Jacob 188
Frederico I Barbarossa (imperador) 126
Frederico II Hohenstaufen (imperador) 138-139, 141, 149, 167
Frémeaux, Jacques 231
Fuade (rei) 272
Fuade Paxá [*Fu'ād Pasha*] 214-215

Gaddafi, Muammar [*Mu'ammar al--Qadhdhāfī*] 87, 302, 320, 340, 368, 379, 383, 393
Galeno 74, 126
Gandhi, Mahatma 271
Garcin, Jean-Claude 203
Gaulle, Charles de 289, 389-390
Gayffier-Bonneville, Anne-Claire de 261
Gazã [*Ghāzān Khan, Maḥmūd Ghāzān*] (cã) 150, 167
Gemayel, Amine 327
Gemayel, Bashir 326
Gengis Cã [*Genghis Khan*] 139, 144, 155
Georgeon, François 261
Georges-Picot, François 16, 265, 270, 297
Giscard d'Estaing, Valéry 390
Godofredo de Bulhão [*Godefroy de Bouillon*] 116
Gökalp, Ziya 254
Gorbatchev, Mikhail 331, 349
Gore, Al 353
Grousset, René 168
Guilherme II (imperador) 224-226, 230

Haçane [al-Ḥasan ibn ʿAlī al-ʿAskarī] (filho de Ali) 60, 62, 84-85
Haçane de Baçorá [al-Ḥasan al-Baṣrī] 79
Haçane Saba [Ḥasan-e Ṣabbāḥ] 113, 117, 119, 130, 132
Hadi, Abd Rabbuh Mansur Al- 375
Hadidi, Subhi 385
Hafsa (esposa de Muhammad) 50
Haftar, Khalifa 379-380, 384
Haj Saleh, Yassin al- 6
Halm, Heinz 133
Hananu, Ibrahim 286
Hariri, Rafic 361, 392, 393
Harune Arraxide [Hārūn ar/al-Rashīd] (califa) 72-73, 76, 83, 85, 90, 94-96, 387
Haxim [Hāshim] 47, 264
Helena (santa) 24, 40
Heráclio (imperador) 40-41, 50, 58, 115
Herzl, Theodor 224, 231
Heyberger, Bernard 97
Hilarião (santo) 29
Hitler, Adolf 284, 287
Hixame [Hishām ibn ʿAbd al-Malik] (califa) 66-67, 96
Hollande, François 394
Honório (imperador) 24
Hourcade, Bernard 299
Huceine [al-Ḥusayn ibn ʿAlī] (filho de Ali) 62-63, 68, 75, 84, 96, 101, 109
Huceine, Xá [Shāh Ḥusayn] 184
Huceine, Xarife [Sharīf Ḥusayn, Ḥusayn ibn ʿAlī al-Hāshimī] 263, 266, 275
Hulagu [Hülegü] Cã 144-146, 149, 155, 157-158, 167
Hunaine ibne Ixaque [Ḥunayn ibn Isḥāq] 74, 96

Hurrém Sultana [Hürrem Sultan] 175
Hussein (rei da Jordânia) 308, 310, 312-313, 320, 334, 350
Hussein, Mahmoud 385
Hussein, Saddam 129, 221, 307, 314, 324-332, 340, 363, 383, 391, 407
Husseini, Hajj Amin al- [Muḥammad Amīn Ṭāhir Muṣṭafā al-Ḥusayni] 282-285, 288

Iacute [Yāqūt] 143
Iáia [ibne Calide, Yaḥyā ibn Khalid], barmecida 72
Iáia [Yaḥyā] (imã do Iêmen) 289
Iáia [Yaḥyā] (profeta); cf. João Batista
Iázide [Yazīd ibn Abī Sufyān] (filho de Abu Sufiane) 52
Iázide [Yazīd] (califa) 60, 62-63, 96
Iázide II [Yazīd ibn ʿAbd al-Malik] (califa) 66
Ibn al-Jawzi 143
Ibn Babūyā 86
Ibne Abdal Uaabe, Muhammad [Muḥammad ibn ʿAbd al-Wahhāb] 193-194
Ibne Almucafa [Ibn al-Muqaffaʿ] 87, 96
Ibne Batuta [Ibn Baṭṭūṭah] 153
Ibne Caldune [Ibn Khaldūn] 69, 99, 111, 128, 134, 156, 167, 173, 276, 325, 338
Ibne Calicane [Ibn Khallikān] 143
Ibne Hambal, Amade [Aḥmad ibn Ḥanbal] 77-79, 96, 151
Ibne Haucal [Ibn Ḥawqal] 110, 132
Ibne Ixaque, Hunaine [Ḥunayn ibn Isḥāq] 47, 74
Ibne Maja [Ibn Mājāh] 75
Ibne Nadim [Ibn al-Nadīm] 110, 132
Ibne Noçáir [Ibn Nuṣayr] 107

Ibne Quilis [*Ibn Killis*] 103
Ibne Ruxide [*Ibn Rushd*]; cf. Averróis
Ibne Saud, Abdalazize [*'Abd al-'Azīz ibn Sa'ūd*] (rei) 275-277, 283, 289, 290, 297
Ibne Saud, Muhammad [*Muḥammad ibn Sa'ūd*] (emir) 194
Ibne Sina [*Ibn Sīnā*]; cf. Avicena
Ibne Taimia [*Ibn Taymiyyah*] 150-151, 167, 164, 325
Ibne Zubair [*ibn al-Zubayr*] 63-64, 69, 94, 96
Ibraim Paxá [*İbrahim Paşa*] (vizir otomano) 194
Ibraim Paxá [*Ibrāhīm Pasha*] (filho de Muhammad Ali do Egito) 209, 212, 234, 236-237
Idris (rei) 302
Inal [*Sayf ad-Din Inal*] (sultão) 161
Inocêncio III (papa) 135
İnönü, Ismet 281, 303
Inru Alcais [*Imru' al-Qays ibn Ḥujr*] (rei) 42
Isdigerdes (imperador) 34
Ismael 64
Ismail [*Ismā'īl ibn Ja'far*] (xá) 169-171, 173, 183-184, 199-200, 202
Ismail Paxá [*Ismā'īl Pasha*] (quediva) 216
Issa; cf. Jesus
Iunus Paxá [*Yūnus Pasha*] (vizir) 177

Jabotinsky, Zeev 265, 271
Jacob Baradeus 31
Jafar Alçadique [*Ja'far al-Ṣādiq*] (imã) 68, 84, 197
Jafar, barmecida 72-73
Jalaladim Mingueburnu [*Jalāl al-Dīn Mingburnu*] 139

James, Boris 385
Janbulad, Ali 186
Jaurès, Jean 248
Jefferson, Thomas 206-207
Jerônimo (santo) 29, 58
Jesus 24, 30, 47, 49, 64, 92
João Batista 61, 62-63, 65
João Cantacuzeno (imperador) 152
João Damasceno 90
João Tzimisces (imperador) 102, 115
João Paulo II (papa) 138
Junaide [al-Junayd] 79
Justiniano I (imperador) 35-39, 43, 58, 83, 115, 177
Justino II (imperador) 43

Kaplan, Michel 59
Karaki, al- 173
Karamanli (família) 206
Kassem, Abdul Karim [*'Abd al-Karīm Qāsim*] 306-307, 309
Kassir, Samir 299
Kawakibi, Abderrahmane 245, 261
Kemal, Mustafa 226, 254, 263, 268, 270, 272-274, 278, 279, 286, 297, 376
Kemp, Percy 203
Kerr, Malcolm 308
Khalid (rei da Arábia Saudita) 319
Khalidi, Rashid 299
Khalifa, al- (família) 221
Khamenei, Ali 328, 331-333, 359, 360, 374
Khayr al-Dīn "Barbarossa" 176
Khomeini, Ruhollah 182, 252, 321-325, 327-332, 336-337, 341, 359-360, 391
Khosrow; cf. Cosroes I
Khosrow; cf. Cosroes II

409

Khumbaradji Pasha, Ahmed; cf. Bonneval, Claude-Alexandre de
Khurasani, Akhund 251-252
Kissinger, Henry 317-318
Kléber, Jean-Baptiste 205
Köprülü, Ahmed [*Köprülü Fazıl Ahmet Paşa*] 188-189
Köprülü, Muhammad [*Köprülü Mehmed Paşa*] 188
Kulaynī 86
Kurd ʿAlī, Muḥammad 257

Lacroix, Stéphane 385
Lamartine, Alphonse de 231
Laurens, Henry 231, 299
Lawrence, Thomas Edward 264
Leão I (imperador) 27, 58
Leão III (imperador) 89
Leão V (imperador) 91
Lemire, Vincent 133
Lemkin, Raphael 268
Lesseps, Ferdinand de 216
Lewis, Bernard 133
Loiseau, Julien 168
Louër, Laurence 385
Luís (santo); cf. Luís IX
Luís Filipe (rei) 209
Luís IX (rei) 141-142, 149, 387
Luís VII (rei) 120
Luís XIII (rei) 186-187, 211, 387
Luís XIV (rei) 187, 189
Luís XV (rei) 187
Luís XVI (rei) 195, 236, 387
Luizard, Pierre-Jean 261

Maalouf, Amin 133
Macron, Emmanuel 394-395

Mádi, Muhammad [*Muḥammad ibn al-Ḥasan ibn ʿAlī al-Mahdī al-Ḥujjah*] (imã) 85-86, 96, 107, 170, 173, 197, 358, 360
Mahan, Alfred 222, 290, 343, 375
Maimônides, Moisés 126
Majed, Ziad 385
Maliki, Nouri al- 366, 383
Malique ibne Anas [*Mālik ibn Anas*] 76-77, 96
Malique Xá [*Malik-Shāh*] (sultão) 112, 132
Malsagne, Stéphane 342
Mamude I Gazi [*Mahmūd Ghāzī*] (sultão) 191, 202
Mamude II [*Mahmud II*] (sultão) 209, 237, 240
Mangu Cã [*Möngke Khan*] 144-145, 158
Mantran, Robert 203
Maraval, Pierre 59
Marciano (imperador) 30
Marcos (santo) 31
Mardam-Bey, Farouk 385
Maria 29, 49
Mariam; cf. Maria
Martinez-Gros, Gabriel 97
Maruane I [*Marwān ibn al-Ḥakam*] (califa) 63-64
Maruane II [*Marwān ibn Muḥammad ibn Marwān ibn al-Ḥakam*] (califa) 67-68, 96
Marun (santo) 124
Marun, João 124
Maurício (imperador) 39-40
Mayeur-Jaouen, Catherine 168
McMahon, Henry 263-264, 297
Menderes, Adnan 303

Menou, Abdallah 205, 230
Mervin, Sabrina 97
Micheau, Françoise 97
Mitterrand, François 327, 330, 387, 391-392, 395
Moáuia [*Mu'āwiyah*] (califa) 52, 54-55, 69, 75, 95-96
Moáuia [*Mu'āwiyah*] II (califa) 63
Mocadaci [*Al-muqaddasī ou al-Maqdisī*] 110
Molière 189, 202
Mollet, Guy 305
Monnier, Fabrice 299
Montesquieu 183, 202
Morabia, Alfred 97
Moreau, Odile 261
Morrisson, Cécile 168
Morsi, Mohammed 370, 383
Mossadegh, Mohammed 304-305, 323, 340
Motadel, David 299
Mouline, Nabil 133
Mozafaradim Xá [*Mozaffar od-Dīn Shāh*] 248, 250
Mubarak, Hosni 326, 329, 345, 368, 370, 379, 400
Muça Alcazim [*Mūsā al-Kāzim*] (imã) 84-85, 169
Muça ibne Noçáir [*Mūsā ibn Nuṣayr*] 65
Muhammad (profeta) 47-52, 54-56, 58, 60-61, 70, 75-76, 80-81, 86, 124, 163, 169, 172, 196, 205, 233, 243, 264
Muhammad (sultão mameluco) 163
Muhammad Ali [*Muḥammad 'Alī, Meḥmet 'Alī Pasha*]; cf. Muhammad Ali do Egito

Muhammad Ali do Egito 208-210, 216, 220, 230, 233-238, 241, 388
Muhammad Ali Xá 250-251
Muhammad I (sultão) 157
Muhammad II Fatih (sultão) 159-162, 167, 175
Muhammad IV [*Avcı Mehmed*] (sultão) 188-189, 202
Muhammad Reza Xá 287-288, 297, 303-304, 313, 321-322
Muhammad V (sultão) 254, 273
Muhammad Xá 210-211, 230
Muhasibi [*al-Muḥāsibī*] 79
Muiz Adaulá [*Mu'izz al-Dawlah*] (emir) 109
Murade [*Murad, Amurath*] (sultão) 153, 157, 167
Murade II (sultão) 158
Murade III (sultão) 180
Murade IV (sultão) 180, 182, 189, 202
Murade V (sultão) 240
Musailima [*Musaylimah*] 48, 51
Muslim, Abu Huceine [*Abū Al-ḥusayn Muslim*] 75
Mutavaquil [*al-Mutawakkil*] (califa) 171-172
Mutavaquil [*al-Mutawakkil*] (califa) 78

Nácer [*al-Nāṣir li-Dīn Allāh*] (califa) 143
Naceradim Xá [*Nāṣer al-Dīn Shāh*] 241-243, 260
Nadir Xá [*Nādir Shāh*] 197, 199, 202
Naguib, Muḥammad 301
Nahavandi, Houchang 203
Napoleão I; cf. Bonaparte, Napoleão
Napoleão III; cf. Bonaparte, Louis-Napoléon

Naser ed-Din [*Nāṣer od-Dīn*]; cf.
Naceradim Xá [*Nāṣer al-Dīn Shāh*]
Nasir al-Din [*Nāṣir al-Dīn*]; cf.
Naceradim Xá [*Nāṣer al-Dīn Shāh*]
Nasser, Gamal Abdel 129, 300-302, 304-314, 316, 337, 340, 371
Nathan de Gaza 188
Nestório 29-30
Netanyahu, Benjamin 351-352, 365, 369, 372, 376, 378, 383, 384
Nicéforo I (imperador) 90
Nichanian, Mikaël 299
Nicolau I (imperador) 213
Nixon, Richard 317
Nizar 117
Noradine [*Nūr al-Dīn, Nureddin*], zênguida 120-125, 128-132, 151, 165, 228
Nouri, Fazlullah 250

Obama, Barack 364-367, 369-372, 373-377, 383, 393-394
Oljeitu [*Öljeitü, Üljäytü*] (cã) 154
Omar ibne Abdalazize [*'Umar ibn 'Abd al-'Azīz*] (califa) 66, 87
Omar ibne Alcatabe [*'Umar I, 'Umar ibn al-Khaṭṭāb*] (califa) 58, 66, 87
Omayya 47
Orã (bei) 151, 167
Otomão [ou *Osmã, Osman Gazi, 'Uthmān*] (bei) 152, 167, 174
Otomão ibne Afane [*'Uthmān ibn 'Affān*] (califa) 54-55, 58, 175
Otomão II (sultão) 180

Pacômio (santo) 28
Paula (santa) 29
Peres, Shimon 333, 351

Pétriat, Philippe 342
Picard, Élizabeth 342
Pompidou, Georges 390
Prawer, Joshua 133
Ptolomeu 41
Putin, Vladimir 363, 372, 374-378, 380, 394, 396

Qaitbay [*Qā'it Bāy*] (sultão) 162-163, 167
Qardahi, Christine 257
Quesnay, Arthur 385
Quitebuga [*Kitbuga*] 145
Qusai [*Quṣayy ibn Kilāb*] 46-47

Rabia Aladauia [*Rābi'ah al-'Adawīyah*] 20, 79, 96
Rabin, Yitzhak 310, 333, 349-351, 383
Racine, Jean 189, 202
Ragheb, Youssef 168
Raymond, André 168
Razoux, Pierre 342
Reagan, Ronald 326-327, 331, 343
Reuter, Paul Julius 242
Rey, Matthieu 261
Reza Khan; cf. Reza Xá
Reza Xá 278-279, 287, 297
Reza, Ali (imã) 85
Ricardo Coração de Leão (rei) 126
Richard, Francis 203
Richard, Yann 299
Rıza, Ahmet [*Ahmed Rıza*] 253
Rocaia [*Ruqayyah*] 54
Rocard, Michel 392
Rodinson, Maxime 59
Rogan, Eugene 261
Roosevelt, Franklin 289-290, 297, 343

Rothschild, Edmond de 223-224
Rouhani, Hassan 372, 374, 383
Roux, Jean-Paul 168
Roxelana; cf. Hurrém Sultana
Roy, Olivier 342

Sabbatai Zevi [Shabbetai Tzevi] 187, 202
Sacco, Joe 342
Sadat, Anwar 288, 301, 314-315, 318, 319-321, 326, 340, 353
Saddam; cf. Hussein, Saddam
Sade Adaulá [Sa'd al-Dawla] (emir) 102
Safi ad-Din Ishaq 163
Ṣāḥib al-Jawāhir 198
Said Paxá [Sa'īd Pasha] 216
Said, Edward W. 231
Saladino [Ṣalāḥ al-Dīn] (rei) 122-132, 134, 137, 138-140, 142, 149, 163, 225, 228, 306, 344
Sale [Aiube, al-Ṣāliḥ Ayyūb] (sultão) 139-143
Saleh, Ali Abdullah ['Alī 'Abd Allāh Ṣāliḥ] 330, 368, 375, 380
Salman al-Farsi 49
Salman bin Abdulaziz (rei) 375, 381
Salman Pak, cf. Salman al-Farsi
Salomão 37, 177
Sanbar, Elias 342
Sanune [Sahnūn] 77
Sapor II [Shāpūr II] (imperador) 32
Sarkozy, Nicolas 393-394
Saud [Āl Sa'ūd] (família) 192, 194, 202, 233, 235, 259
Sauvaget, Jean 203
Segev, Tom 342
Selim I [Selim Sarı] 170-172, 174, 177-178, 194, 199, 202

Selim II (sultão) 179-180, 202
Selim III (sultão) 234, 237, 260
Sérgio (santo) 41, 67
Seurat, Michel 325, 342
Severo (patriarca) 31
Shamil [Chamil] (imã) 211, 220, 230, 335
Shamir, Yitzhak 333-334, 349, 351
Sharon, Ariel 326-328, 352-354, 355, 362, 383
Sherley, Robert 181
Shirazi, Hassan 242, 251-252
Shlaim, Avi 385
Simeão o Estilita (santo) 29, 58
Sinan 176
Sital Mulque [Sitt al-Mulk] 104, 106
Sivan, Emmanuel 133
Solimão [Sulaymān ibn 'Abd al-Malik] (califa) 66
Solimão [Süleyman] (profeta); cf. Salomão
Solimão [Süleyman] I, o Magnífico (sultão) 174-179, 181, 194, 200, 202
Solimão II (sultão) 189
Solimão Xá [Ṣafī II, Shah Sulaymān] (xá) 184
Stalin, Joseph 290-291, 295, 303
Stern, Avraham 288
Sykes, Mark 19, 264-266, 270, 297

Takla, Bishara 243
Takla, Sami 243
Talabani, Jalal 330
Talat Paxá [Mehmed Talat Paşa] 255, 266
Tamaspe [Ṭahmāsp] (xá) 173-175, 201-202
Tamerlão [Timur Lenk] 155-158, 163, 166, 167

Tejel Gorgas, Jordi 385
Teodósio I (imperador) 24
Teodósio II (imperador) 27, 29, 34
Teófilo (imperador) 91
Teufique [*Tawfīq*] (quediva) 217
Thani, al- (família) 221
Tibério (imperador) 43-44
Tillier, Mathieu 97
Timur; cf. Tamerlão
Tolan, John 168
Toynbee, Arnold 228
Truman, Harry 290-291, 303, 343
Trump, Donald 376-378, 380, 384, 394-395, 400-403
Tuci, Abu Jafar [*Abū Ja'far al-Ṭūsī*] 86
Tuci, Naceradim [*Naṣīr al-Dīn al-Ṭūsī*] 144
Tugril [*Ṭughril*] (sultão) 111-112
Tuman (sultão) 171
Turã Xá [*Tūrān Shāh*] 141-142
Tusun Paxá [*Ṭūsūn Pasha*] 233
Tutuxe [*Tutush*] 112

Ualide [*al-Walīd ibn 'Abd al-Malīk*] (califa) 65
Um Cultum [*Umm Kulthum bint Muhammad*] 54
Urbano II (papa) 114
Urvoy, Dominique 97
Uzun Hassan [*Uzun Ḥasan*] 163-164, 167

Vatin, Nicolas 168
Vitória (imperatriz) 218
Volney 195
Voltaire 137

Washington, George 206
Weizmann, Haïm 293
Wilson, Woodrow 265, 269

Xafei, Muhammad Ibne Idris [*Muḥammad ibn Idrīs al-Shāfi'ī*] 77, 82
Xajar Aldur [*Shajar al-Durr*] (sultana) 141-142, 167
Xi Jinping 380, 396
Xircu [*Shīrkūh*] 121-122

Zaíde [*Zayd*] 84, 192
Zain Alabidin [*Zayn al-'Ābidīn*] (imã) 84, 192
Zainabe [*Zaynab*] (irmã do imã Huceine) 101
Zangwill, Israel 224
Zaratustra 33, 53
Zaydan, Jurji 243
Zengui [*Zangī*], Imadadim ['*Imād al-Dīn*] 119-120, 125, 132
Zoroastro; cf. Zaratustra

ÍNDICE DE LUGARES

Abou Roummaneh 294
Abu Dhabi 369, 380, 402
Abu Ghraib 357
Abuquir [*Abū Qīr, Abukir*] 205
Acre 103, 116, 120, 124, 126-127, 137-139, 222, 241
Acroino [*Akroinon*] 89
Áden 227, 230, 375
Adrianopla [*Adrianópolis*]; cf. Edirne
Afeganistão 139, 218-219, 220, 334-336, 355
Afyonkarahisar; cf. Acroino [*Akroinon*]
Ain Jalut [*'Ayn Jālūt*] 145, 156, 158, 167
Alamein (El-) 288
Alamute [*Alamut*] 113, 117, 119, 132, 144
Albânia 160, 238
Alemanha 138, 217, 225-226, 227, 262, 297, 303, 357, 360, 374
Alepo 18, 26, 66-67, 101-102, 107, 109, 112, 118-121, 123-124, 131-132, 137, 140, 143-146, 148, 156, 160-162, 164, 167, 171-172, 176-177, 184-187, 191, 194-195, 201-202, 238, 245, 265, 267, 269-270, 281, 286, 362, 371, 373, 376, 384, 399, 405

Alexandreta (cidade) 176, 185
Alexandreta (sanjaque de); cf. Hatay
Alexandria 17, 25-31, 40, 117, 128, 152, 161, 163, 176, 201, 205, 208, 209, 216-217, 234, 243, 249, 257, 288, 294
Al-Faw [*Fao*] 331
Algeciras 226
Almançora [*Al-Manṣūrah*] 142
Alsácia-Lorena 219
Amã 275, 351
Amório [*'Ammūriye*] 90, 96
Amritsar 271
Amwas 38
Anatólia 15, 21, 40, 78, 89-91, 101, 112, 114, 116, 118, 120-121, 125, 128, 135, 140-141, 146, 152-155, 158, 160-163, 165, 171, 174, 180, 209, 213, 226, 228, 237, 245-248, 253, 256, 258, 267, 269, 272-273, 286
Ancara 17, 73, 90, 153, 157, 167, 225, 272-273, 281, 313, 331, 359, 362, 371, 376-377, 381
Andalus (Al-) 65, 98, 112
Andaluzia 69, 72
Antália [*Attaleia*] 89

Antioquia 25-27, 29, 31-36, 36-38, 40, 43, 102, 114, 116-117, 120-121, 125, 126, 132, 148, 184, 270, 362
Aqaba 265, 310, 329
Aquisgrana [Aix-la-Chapelle, Aachen] 90
Arábia feliz; cf. Iêmen
Arábia 16-17, 23, 26, 38, 41-42, 45-46, 48, 56, 60, 62-64, 69, 75, 94, 150, 172, 192, 194, 208, 221, 227, 233-234, 259, 264, 274, 282, 289, 308, 311, 317, 319, 326, 330, 336-339, 343-347, 348, 354, 360, 363, 367-368, 371, 374-377, 380-381, 383-384
Arábia Saudita 17, 78, 276-277, 297, 304, 307, 316, 319, 331, 335, 340, 361, 363, 384
Arábica (península); cf. Arábia
Arbil [Erbil] 271, 347, 359, 363
Ardahan 219
Argel 180, 226, 334, 341
Argélia 211, 215, 227, 230, 305, 334-335, 388-389
Armênia 25-26, 31, 33, 39-40, 56, 58, 67, 89, 91, 116, 125, 148, 184, 326
Ascalão [Ashkelon] 119, 121, 127, 132, 141
Ásia Menor 89, 91-92, 114, 116, 126, 136, 151-153, 157, 161, 165
Assuã [Aswān] 305
Augsburgo 174
Austrália 263
Áustria 175, 188-189, 209, 217, 229, 246, 253
Azerbaijão 40, 54, 139, 155, 163, 174-175, 184, 191, 251-252, 277

Baçorá [Basra, Al-Baṣrah] 53-54, 62, 71, 79, 92, 96, 200, 228, 263, 265, 271, 329, 347

Bactro [Báktra, Balkh] 72
Badr 49, 58
Bagdá 15, 17-18, 25, 70-79, 81, 83-88, 91-96, 98, 100-101, 103, 109-112, 118, 122-123, 127-129, 132, 135, 139, 142-145, 146-149, 151-153, 154-155, 163-164, 167, 170-171, 175, 182, 184, 191, 196, 199-200, 202, 226, 228, 257, 263, 265, 271, 275, 287, 304-307, 314-315, 324, 328-331, 338-339, 344-347, 356-358, 366, 373, 404
Bahrein 92, 221, 233, 301, 305, 321, 368-369, 406, 583
Bálcãs 21, 26, 40, 91, 224, 238, 254, ˋ255, 258
Baluchistão 218
Bandar Abbas 181
Basileia 224, 230
Batumi 219
Beca [Beqaa] 186, 270
Beirute 215, 223, 228, 243, 257, 263, 270, 287-289, 294, 295, 305, 308, 318, 326-330, 339, 341, 345, 361, 383, 384, 390, 391-393, 395
Belém 29, 58, 139, 212
Bélgica 374
Bengasi [Benghazi] 226, 368, 383
Berlim 219, 224-225, 228, 230, 240, 255, 262, 268, 288, 347, 356, 397
Beroia; cf. Alepo
Bizâncio; cf. Constantinopla
Bósforo 159, 172, 209
Bósnia 24, 160, 238, 240, 246, 288
Bósnia-Herzegovina 253
Bosra 31, 41
Brazzaville 221
Brousse; cf. Bursa
Bruxelas 240, 374

Budapeste 224
Bulgária 190, 219, 240, 255
Bursa 152-153, 157, 167, 191
Bushehr 218

Cabul 219-220, 230, 335, 401
Cabur [*Khabur*] 267
Cadésia [*al-Qādisiyyah, al-Qādisīyah*] 52, 58, 324
Cairo 15, 17-19, 62, 89, 100-104, 106, 109-110, 113, 122-123, 137, 142, 143, 146, 154, 161, 164, 176, 208, 216, 234, 249, 294, 297, 300, 338
Cairuão [*Kairouan, Al-Qayrawān*] 77
Calcedônia 27, 30-31, 58
Calínico; cf. Raqqa
Canadá 263
Capadócia 90-91, 116
Caracórum [*Karakorum*] 140, 144, 145
Caraque [*Al-Karak, Kerak*] 123
Carbala 62-63, 96, 175, 179, 196-197, 201, 233, 257, 347, 360, 381
Cartago 40
Cartum 220-221, 230
Cáspio (mar) 15, 93, 140, 197, 218, 227
Catar 221, 233, 301, 305, 345, 369, 370, 377, 401
Cáucaso 15, 35-36, 41, 54, 56, 197, 211, 213, 218, 227, 228, 230, 238, 251, 256, 381
Cazaquistão 158
Chaldiran 171, 173, 202
Chatila 327, 341
China 16, 30, 139, 144, 158, 167, 360, 374, 380, 396
Chipre 54, 127, 180, 218, 276
Chouf [*Shouf*] 186, 214
Cilícia 90, 102, 116, 125

Circésio [*Circesium*] 39
Cirenaica 24, 207, 226-227, 283, 287-288, 368, 380
Cisjordânia 20, 292, 307, 311-312, 314, 319-320, 333-334, 345, 350-353, 355, 364, 366-367, 378, 383
Clermont-Ferrand 114
Congo 221
Constantina 160, 211
Constantinopla 15-19, 21, 23-27, 29-31, 34-41, 43, 47, 53, 56-58, 60, 66, 89-92, 96, 102, 104, 112-114, 116, 121, 125-126, 134-136, 146, 149, 152-154, 158-161, 163, 165, 167, 172, 174-177, 180, 184-191, 199-201, 205, 208-209, 213-217, 219, 222, 225-226, 230, 234, 243, 245, 247, 253, 256, 258, 260, 262-263, 272-273, 297, 387
Coração [*Khorāsān*] 15, 67-70, 73-74, 85, 90, 111, 139, 144, 158, 163, 173, 181
Corásmia [*Khwārezm*] 135, 139, 140
Córdoba 98, 126, 129
Coreia do Norte 356
Corinto (golfo de) 179
Corno de Ouro 159-160
Córsega 176
Costa da Trégua; cf. Emirados Árabes Unidos
Costa dos Piratas; cf. Emirados Árabes Unidos
Côte d'Azur 278
Creta 91, 188, 189, 240, 245
Crimeia 190, 211-213, 218, 226, 230, 239, 246
Croácia 189
Ctesifonte 16-17, 23, 25, 32, 34-36, 38-43, 49, 52, 54, 56, 71, 199, 263

Cufa [*Kufa, Al-Kūfah*] 53-55, 62, 66, 68, 71, 76, 87, 92, 96
Curdistão 123, 272, 285-287, 330-331, 347, 373
Cuzistão [*Khūzestān*] 88

Dabique [*Dabiq*] 66, 171-172, 202
Dácia 26
Damasco 17-18, 26, 31, 40, 54-56, 60-65, 67, 71, 94, 96, 100-102, 112, 118-123, 127-128, 131-132, 137, 140-143, 145, 148, 150-153, 156, 162, 164, 167, 172, 184-186, 188, 191, 194, 209, 215, 223, 225, 226, 228, 230, 233, 239, 249, 262-265, 268-270, 275-276, 280-281, 286-287, 289, 294-297, 300, 306-311, 313, 315, 319, 327-328, 334, 338, 345, 352, 361, 371-373, 384, 388-389, 393-394
Damieta [*Dumyāṭ*] 137, 141-142
Danúbio 24, 210
Dara 34-35, 39-40
Dardanelos 263, 272
Daria [*Al-Dir'īyah*] 194, 234
Daylam 93
Deir al-Qamar [*Deir El Qamar*] 186
Deir ez-Zor 39, 222, 267
Deli [Delhi] 155
Derna 207
Diarbaquir [*Diyarbakır*] 118, 142, 155, 184-185, 286
Dibsi 267
Djerba 193
Djibuti 221
Dodecaneso 272
Dubai 360, 402

Edessa 31, 34, 40, 91, 114, 120
Edirne 126, 153, 167, 191, 255, 260

Éfeso 26, 30, 58
Egeu (mar) 161
Egito 15-21, 25-26, 28, 30-32, 37, 40-41, 53-54, 61-62, 66-68, 72, 75, 77, 98-99, 101, 103-104, 113, 121-129, 141-142, 147, 149, 162, 167, 172, 195, 205-206, 207, 209, 216, 226, 230, 232, 234, 238, 241, 271, 294-296, 301, 306, 326, 338, 340, 367, 368, 369-371, 379, 380-382, 388
Eilat 50, 310
Emaús; cf. Amwas
Emirados Árabes Unidos 221, 227, 301, 305, 316, 321, 363, 368, 378, 382, 402
Erevã [*Yerevan*] 182, 272
Erzurum 175
Esmirna; cf. Izmir
Espanha 36, 98, 187, 200, 357
Espira [*Speyer*] 120
Estados Unidos 19-20, 206-208, 222, 225-226, 265-266, 269, 288-291, 303-308, 311-318, 321, 323, 328, 330, 332, 334, 336, 338-340, 343, 345-349, 351, 354-360, 363-366, 369-370, 372-380, 383, 390-395
Etiópia 38, 45, 48, 58
Eufrates 17, 24-25, 32, 39, 42-43, 52-53, 55, 67, 72, 103, 128, 144-145, 150, 152, 163, 164, 184, 199, 221, 236, 267, 321

Fachoda 221
Fener [*Phanar*] 159
Florença 186
Fostate [al-*Fusṭāṭ*]; cf. Cairo
França 18-21, 120, 126, 141, 176, 184, 187, 195, 208-220, 225-228, 232, 235-237, 257, 262-265, 266,

269-270, 272-274, 276, 280-283,
285-287, 289, 296, 305, 311, 322,
328, 330, 343, 347, 357-358, 360,
372, 374, 376, 387-397
Frankfurt 81, 90

Gálata 160
Galileia 62, 145
Galípoli 263, 266
Gasvim [*Qazvin*] 173, 175, 199
Gaza 20, 26, 29, 40, 42, 46, 77, 112, 119, 121, 141, 153, 162, 171, 188, 265, 268, 283, 292, 305, 311, 319-320, 333, 345, 362, 364-367, 383
Gaziantep 362
Genebra 247, 269, 318, 340, 352, 383
Gênova 137, 176
Geórgia 37, 41, 140, 155, 210, 247
Golã [Colinas de] 44, 311, 315, 318-319, 352, 364, 369
Grã-Bretanha 18-21, 205, 206, 208-209, 212, 214, 217-219, 223, 225-227, 240, 251, 262-266, 269, 274-278, 282-284, 287-290, 296, 297, 303-308, 343, 347, 357, 360, 374, 405
Granada 187
Grande Zabe 68
Grécia 208, 215, 230, 237, 255, 260, 272, 303
Guatemala 304
Guzerate [*Gujarat*] 53

Haifa 115, 241, 294
Halabja 332, 372
Hama 141, 145
Hamadan 34, 109-110, 242
Harã 67

Hassa 275
Hatay 281
Hatim [*Ḥaṭṭīn*, *Hittine*] 124, 132, 148
Havaí 222
Hebron 139, 162, 223, 283, 314, 352
Hejaz 17, 42, 44-45, 56-57, 77, 147, 172, 226-228, 230, 233, 245, 249, 264, 269, 275, 277, 297
Heliópolis 294
Heracleia 90
Herate [*Harāt*, *Herāt*] 181, 210, 218, 335
Hira (Al-) 42-44, 46
Holanda; cf. Países Baixos
Homs 52, 61, 102, 124, 145, 228
Hunain [*Hunayn*] 50
Hungria 189, 202, 217, 229, 246, 253, 305

Ibérica (península) 65, 187
Idlib 376
Iêmen 20, 38, 42, 44-46, 58, 61, 77, 92, 96, 123, 126, 128, 137, 140, 154, 192, 226, 233, 245, 277, 293, 305, 308-309, 311, 316, 330, 337, 340, 345, 366-369, 375, 380, 403
Ilíria 36
Índia 14, 139, 155-156, 163, 184, 187, 205, 210, 216, 218, 228, 263, 271, 283
Índias; cf. Índia
Índico (oceano) 35, 38, 193
Indo 66
Indonésia 77
Inglaterra; cf. Grã-Bretanha
Irã 158, 279, 286, 296, 313, 326, 332-334, 340-341, 356, 378, 383
Iraque 17-21, 55, 57, 61-62, 65-66, 71, 75, 79, 84, 88, 92-96, 98-99, 103,

419

107, 109, 111, 112, 121, 128, 130-131, 143, 146, 157-158, 163, 170-171, 175, 179, 182, 186, 196-201, 221, 226, 228, 233-234, 241-242, 246-247, 251-252, 257, 259, 263, 265, 269-271, 276-277, 282, 285-289, 295, 297, 300, 303-304, 306-309, 321, 324-325, 329-334, 336, 340, 344-348, 356-366, 369, 372-374, 376, 378, 381, 390

Irlanda 284

Isfahan 52, 109, 119, 155, 170, 182-184, 197, 199-200, 202, 242, 251-252

Israel 290-293, 295, 300, 302, 305, 307, 310-320, 324-328, 333-334, 337-338, 340, 343-346, 348-356, 361-365, 372, 374, 376-378, 382-384, 387, 389-395, 400

Istanbul; cf. Constantinopla

Itália 18, 36, 39, 137, 187, 217, 226-227, 263, 272, 283, 287, 357

Itálica (península); cf. Itália

Izmir 157, 176, 187, 249, 272-273

Izmit 26, 152

Iznik; cf. Niceia

Jafa 127, 139, 142, 223-224

Japão 249

Jarmuque [*Yarmūk*] 52, 58

Java 193

Jdaideh (Al) 185

Jericó 350

Jerusalém 24, 27, 30, 37, 40-41, 47, 49-50, 58, 64-65, 69, 96, 102, 104-105, 113-118, 120-124, 126-127, 129-130, 132, 134-135, 138-141, 143, 148, 167, 177, 186, 188, 212-213, 222-223, 225, 230, 258, 268, 270, 282-283, 291-292, 297, 298, 310, 314, 319, 328, 334, 340, 349, 353, 364-365, 377, 384, 387, 390

Jidá [*Jeddah, Djedda*] 234, 249, 275

Jolfa 182

Jordânia 62, 271, 276, 292, 295, 307-308, 310-314, 316, 317, 319-320, 329, 334, 338, 340, 345, 350, 365, 370, 390

Jordão 67, 265, 271, 292, 310-312

Judeia e Samaria; cf. Cisjordânia

Judeia 29, 319, 320

Karlowitz 189, 202

Kars 219

Kazimain [*Al-Kāẓimayn*] 85, 196

Kharg 210

Khorramshahr 218, 328, 329

Konya 114, 128, 135, 151

Kosovo 153, 157-158

Kosovo Polje 153

Küçük-Kainarji [*Küçük Kaynarca*] 190, 202

Kut [*Al-Kūt, Kūt al-'Amārah*] 329

Kuwait 19, 221, 227, 230, 259, 305, 307, 316, 344-347, 357, 383, 392

Lataquia [*Al-Lādhiqīyah*] 102, 116, 228, 375

Lausanne 226, 272, 273, 286, 292, 297-298

Lepanto 179, 202

Líbano 132, 155, 185-186, 215-216, 239, 244, 265, 268-270, 280, 282, 285, 287, 289, 292, 295, 297, 312-313, 317-320, 325-328, 333, 337-338, 340-341, 343, 345, 349, 352-353, 358, 361-362, 370, 381, 383, 387-393, 395

Líbia 15, 24, 206-207, 209, 226-227, 230, 254, 258, 259, 283, 287-288, 302, 320, 338, 340, 367-370, 372, 379, 381, 384, 393
Lida [*Lod*] 61, 66
Londres 19, 187, 206, 212-214, 216-221, 224, 228, 262, 264, 269, 271, 275-277, 282-285, 287, 289, 291, 303-305, 335, 358
Luxor 236

Macedônia 26, 234, 253, 255
Mádia [*Mahdia*] 105
Madri 349, 358, 383, 392
Mahabad 287
Malatya 91, 96, 101, 116, 155
Manziquerta [*Manzikert*] 112, 132
Marrocos 65, 207, 226-227, 230, 274, 280, 295
Marselha 176
Marwa 46
Mascana [*Maskanah, Meskene*] 267
Mascate 193
Meca 42, 44, 46-52, 58, 63-65, 69, 73, 79, 93-94, 96, 100, 103, 112, 119, 123-124, 147, 154, 172, 175, 192, 195, 201, 228, 233-234, 236, 249, 260, 263, 275-276, 283, 291, 332
Medina 42, 45, 48-52, 54-56, 58, 60, 62-63, 65-66, 69, 71, 76-77, 84, 94, 100, 112, 172, 175, 192, 195, 226, 228, 230, 233, 236, 249, 264, 275-276
Mediterrâneo 24-25, 36, 42-43, 91, 103, 109, 127, 129, 176, 180, 199, 206, 209, 216, 224, 243
Merve [*Merv*] 54, 58, 68, 74
Mesopotâmia 17, 23, 32, 34, 44, 46, 52-54, 56, 67-68, 86, 103, 109, 123-124, 128, 130, 137, 140, 155, 157, 163, 171, 227
Mexede [*Mashhad/Meshed*] 73, 85, 181, 183, 189, 196, 198, 201, 279, 323
Missouri 290
Mohács 189, 202
Mongólia 140
Monte Líbano 124, 185-186, 214-215, 222, 230, 239, 243, 257, 269-270, 280
Montenegro 255
Moscou 19, 250, 266, 291, 318, 373, 376-377, 396
Mossul 41, 66, 109, 118-120, 123-124, 130, 132, 199-201, 265, 267, 271, 285, 297, 306, 315, 373-374, 377, 384, 394
Mudros [*Moudros*] 269, 297
Munique 313
Mzab 193

Nablus 139, 223
Najaf 63, 86, 173, 175, 179, 196-198, 201, 233, 242, 251-252, 257, 279, 321-324, 333, 347, 358, 360, 373, 381
Najrã [*Najran*] 45, 50
Narbonense [*Narbonnaise*] 66
Nazaré 139, 223
Neauphle-le-Château 322
Négede [*Najd*] 194, 275-276
Negro (mar) 15, 136, 140-141, 154, 161-162, 210, 213, 218, 262
Neguev 223
Niavende [*Nahavand*] 52
Nice 176, 202
Niceia 24, 27, 90, 114, 128, 132, 136, 146, 152
Nilo 17, 53, 62, 88, 103, 128, 137-138, 141, 154, 164, 172, 205, 209, 220, 305

421

Nínive; cf. Mossul
Nísibis 34
Nixapur [*Neyshābūr*] 75
Noruega 349, 392
Nova York 130, 354, 366, 383
Nova Zelândia 263
Núbia 26
Nuremberg 268
Nusaybin; cf. Nísibis

Omã 192-193, 202, 221, 233, 301, 305, 321
Omdurmã [*Omdurman*] 220
Orã [*Orão*] 211
Ormuz 33, 181, 321
Orontes 124, 236
Oslo 349-351, 383
Ouchy 226

Pacífico (oceano) 222, 400
Países Baixos 217
Palestina 61, 64, 66, 101-102, 114, 119, 122, 126, 134, 139, 146-147, 171, 205, 212, 222-225, 228, 230, 249, 258, 265, 268-271, 282-285, 288, 290-292, 307, 309, 312-314, 317, 323, 333-334, 341, 350, 365, 378
Palmira 26, 67, 92
Paquistão 220, 304, 335-336, 345, 355, 360, 366
Paris 19, 176, 189, 195, 205-206, 212-214, 216-217, 219, 226, 228, 235-236, 239-240, 244, 253, 258-260, 263-264, 269, 271, 274, 277, 281, 285, 297, 305-306, 322, 361, 383, 387-395
Pequim 150, 380, 397, 402
Persépolis 321
Pérsia 13, 15, 19, 22, 24-26, 30, 32-34, 41-43, 45, 50, 53, 56, 70, 93, 95, 104, 109, 113, 117, 130, 140, 144, 146, 154-155, 157, 163, 167, 170, 173-175, 182, 196-200, 202, 210-211, 218, 227, 230, 241, 246, 251, 259, 260, 277-278
Pérsico (golfo) 18, 35, 42, 45-46, 103, 109, 181, 184, 193, 210, 218, 221, 227-228, 233, 287, 295, 332, 344, 357
Petra 42
Philae 37
Pisa 137
Plovdiv 126
Polônia 189
Ponto 26
Portugal 18
Prússia 209, 212

Qarafa [*Al-Qarāfah*] 104
Qom 196, 198, 201, 250, 278-279, 322-323, 360
Quds (Al-); cf. Jerusalém
Quênia 193, 354
Quircuque [*Kirkuk*] 265, 294

Rafa 223
Ramallah 362, 392
Ramla 66
Raqqa [*Al-Raqqah*] 35, 55, 72, 76, 78, 185, 267
Ravena 24
Ray; cf. Teerã
Reino-Unido; cf. Grã-Bretanha
Resafa [*Reṣafa, ou Rusafa*] 43, 67
Riad 17, 259, 260, 275, 310, 318, 338, 339, 345, 369, 403
Rishon LeZion 223
Rodes 226

Rojava 287, 373
Roma 14, 23-27, 30, 47, 58, 90, 112, 114, 124-125, 187, 226, 283
Romênia 311
Rum; cf. Anatólia
Rumélia [*Rumeli*] 153, 159
Rússia 198, 208-215, 218-220, 223, 225-227, 229, 236, 240, 245, 250-251, 258, 262, 265-266, 286, 360, 363, 368, 369, 370, 372, 374, 375, 379, 380, 387, 394

Saara 15
Sabra 327, 341
Sadá [*Sadah, Saada, Ṣaʿda*] 192
Safed 223
Salamia [*Salamīya*] 92, 96
Salônica 26, 253-254
Samarcanda [*Samarqand*] 75, 96, 155, 157, 167
Samarra 78, 85, 88, 91, 94-96, 111, 143, 196
San Remo 19, 269-270, 272, 297
Sanaã 38, 192, 226, 311, 340, 368, 375
Sanliurfa; cf. Edessa
São Petersburgo 212
São Simeão 29
Selêucia 32
Sérvia 24, 153, 160, 255
Sèvres 272-273, 286, 297
Sham [*Bilād ash-Shām, ou Grande Síria*] (país de); cf. Síria
Shiraz 109, 155, 164, 170, 197, 252
Sicília 44, 91, 98, 113, 117, 126-127, 138
Sidon [*Ṣaydā, Saida, Sayida*] 102-103, 119, 142, 145, 176, 186, 319
Sifim [*Ṣiffīn*] 55

Sinai (monte) 34
Sinai (península do) 62, 119, 205, 223, 230, 263, 267, 305, 311, 315, 319, 320, 326, 379
Síria 17-20, 24-25, 31-32, 38, 42, 44, 52-57, 60-61, 67, 69, 71-72, 77, 87, 92, 94-95, 98-104, 107, 111-112, 115, 117-119, 121, 123, 126, 128-130, 135, 138, 141, 145-147, 149-151, 154, 156-158, 164, 167, 171-172, 184-185, 199, 205, 208-209, 214-215, 228, 230, 233-234, 236-238, 246, 249, 256-259, 265, 267-270, 280-283, 286-289, 295, 300, 302, 306-311, 313, 315, 318-319, 324-329, 337, 338, 340, 343, 345, 348-349, 352, 360-363, 366-369, 371-377, 379, 382-384, 388-392, 394
Sirte (cidade) 380, 384
Sirte (golfo de) 24
Sivas 128, 141, 155
Sofia 26
Somália 193
Sudão 220-221, 227, 354
Suécia 190, 374
Suez 19, 216-217, 222, 230, 263, 271, 300, 305, 310-312, 316, 340, 364, 388-389
Suleimânia [*As-Sulaymaniyah*] 271, 286, 347

Tabriz 119, 140, 150-151, 163-164, 170-171, 173, 202, 241, 273, 251, 323
Tabuque [*Tabuk*] 50
Taiz 192
Takht-e Soleyman 40, 53
Tânger 226, 230
Tanzânia 354

Tasquente [*Tashkent, Toshkent*] 218
Tauro 52, 91
Tebas 26, 28
Teerã 17, 19, 109, 173, 196-197, 210, 230, 241, 248-252, 260, 277, 297, 304, 322-324, 329-332, 334-335, 339, 360-361, 374, 376-378, 391
Tel Aviv [*Telavive*] 224, 230, 291, 311, 327, 351, 377, 383, 402
Tiberíades (cidade) 62, 141
Tiberíades (lago de) 124
Tigre 17, 25, 32, 34, 78, 128, 130, 144, 155, 157, 221, 263, 321
Tikrit 129
Tiro 62, 127, 328
Tobruque [*Tobruk*] 226
Trácia 26
Transcaucásia 37
Transilvânia 189
Transjordânia 268, 271, 276, 291-292, 337
Trebizonda [*Trabzon*] 136, 160, 167
Trípoli (Líbano) 103, 116-117, 120, 125, 132, 176, 270, 294
Trípoli (Líbia) 185, 207, 226-227, 230, 302, 369, 380, 383-384
Tripolitânia 24, 180, 226, 368
Túnis 180, 207, 217, 232, 240, 320, 333-334
Tunísia 18, 36, 84, 98-100, 105, 128, 149, 227, 230, 232, 260, 367, 391, 393
Turcomenistão 16, 54, 68
Turquia 24, 31, 56, 142, 237, 263, 268, 271, 272, 273, 278, 281, 285, 294, 296-297, 303-304, 313, 330, 337, 340-341, 347-348, 362, 369-371, 375-377, 379, 382, 394
Turquistão 218, 227

Uganda 224
Urfa; cf. Edessa
URSS 19, 273, 275, 278, 287, 290-291, 303-305, 307, 311, 317-318, 326-327, 329, 331, 335, 340, 344, 348, 363, 390, 400
Uude [*Uḥud*] 49, 58
Uzbequistão 135

Van (cidade) 175, 266
Van (lago de) 112
Veneza 135-137, 188-189
Vermelho (mar) 26, 38, 42, 109, 127, 172, 192, 216
Versalhes 189
Vézelay 120
Vichy 287
Viena 175, 189, 224, 240, 374-375
Vietnã 343

Washington 19, 130, 206-207, 289, 291, 304, 308, 335, 340, 343-350, 352, 354-355, 365-367, 369, 372, 378, 383, 392, 394, 397, 401-403

Xatalárabe [*Shaṭṭ Al-'Arab*] 221, 321, 331, 344

Yalta 290
Yathrib; cf. Medina

Zagros 123
Zanzibar 193, 221

Mapas

1-1. O Oriente Médio entre bizantinos e sassânidas (395-630)

1-2. A difusão do Islã na Península Arábica (612-632)

2-1. O Oriente Médio omíada (661-750)

2-2. O Iraque abássida (749-945)

3-1. O Oriente Médio dos dois califados (969-1095)

3-2. As duas primeiras cruzadas (1095-1149)

4-1. O Oriente Médio dos aiúbidas aos mamelucos (1193-1260)

4-2. As invasões de Tamerlão (1387-1404)

5-1. O Oriente Médio de 1501 a 1555

5-2. A fronteira de 1639 entre otomanos e safávidas

6-1. O Oriente Médio de 1798 a 1810

6-2. A Guerra dos Estados Unidos na Líbia (1801-1805)

7-1. O Oriente Médio em 1882

7-2. Da "crise armênia" ao genocídio (1894-1916)

8-1. O Oriente Médio em 1923

8-2. A formação da Arábia Saudita (1902-1932)

9-1. O Oriente Médio de 1949 a 1971

9-2. A "Guerra dos Seis Dias" em 1967

10-1. O Oriente Médio em 1990-1991

10-2. A crise síria (2011-2021)

Cada capítulo corresponde a dois mapas, um geral do Oriente Médio, e o outro centrado em uma região e/ou um conflito específicos.

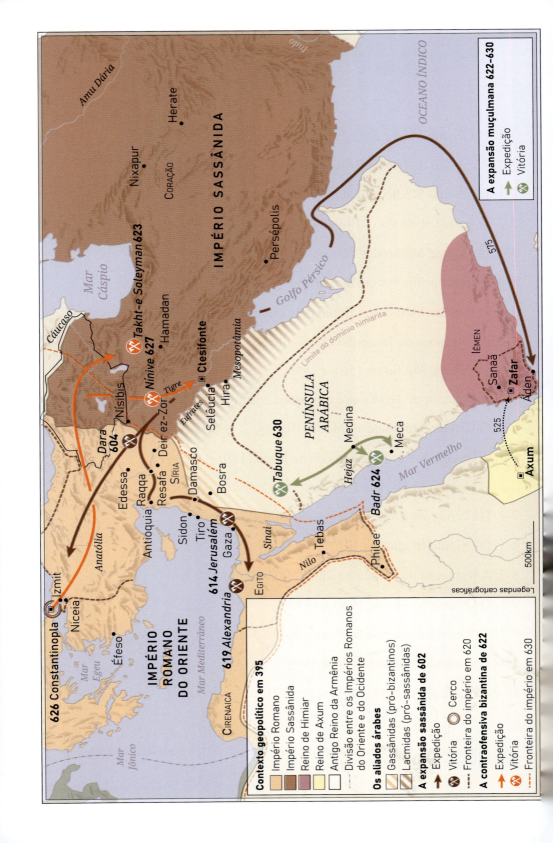

1-1.
◄ O Oriente Médio entre bizantinos e sassânidas (395-630)

1-2.
A difusão do Islã na Península Arábica (612-632)
▼

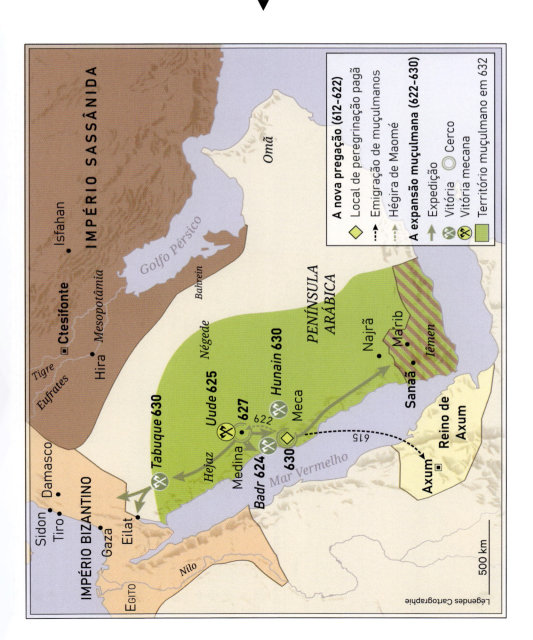

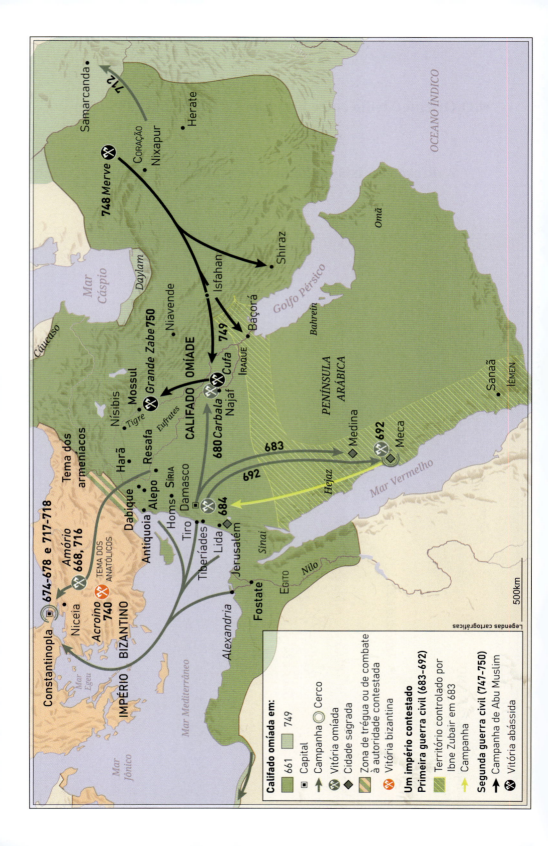

2-1.
◀ O Oriente Médio omíada (661-750)

2-2.
O Iraque abássida (749-945)
▼

Legendas cartográficas

- ■ Capital sucessiva do califado abássida
- Uma fronteira sob tensão
- Ofensiva: ↑ Abássida ↑ Bizantina ◎ Cerco
- Vitória ⊗ (Abássida) Vitória ⊗ (Bizantina)
- Guerra civil fratricida (809-813)
  - → Exército de Almamune
  - ◉ Cerco
  - ⊗ Vitória de Almamune sobre seu meio-irmão Alamim
- ⚡ Tensão e revolta
- 🛡 Insurreição
- ⇢ Incursões carmatas (início do séc. X)

IMPÉRIO BIZANTINO
Anatólia
Heracleia
838
806 ⊗ Maciço de Tauro
Malatya 934
837
Edessa 944
Cáucaso
Mar Cáspio
Alta Mesopotâmia
Raqqa
SÍRIA
Antioquia
Sidon
Damasco
Tiro
CALIFADO ABÁSSIDA
Daylam
CORAÇÃO
Samarra 836-892
Bagdá 762-836/892-945
Cufa 749-762
813
Tigre
Eufrates
IRAQUE
Baixa Mesopotâmia
CUZISTÃO
Revolta dos zanjes 869-883
Baçorá 762
830-832
EGITO

500km

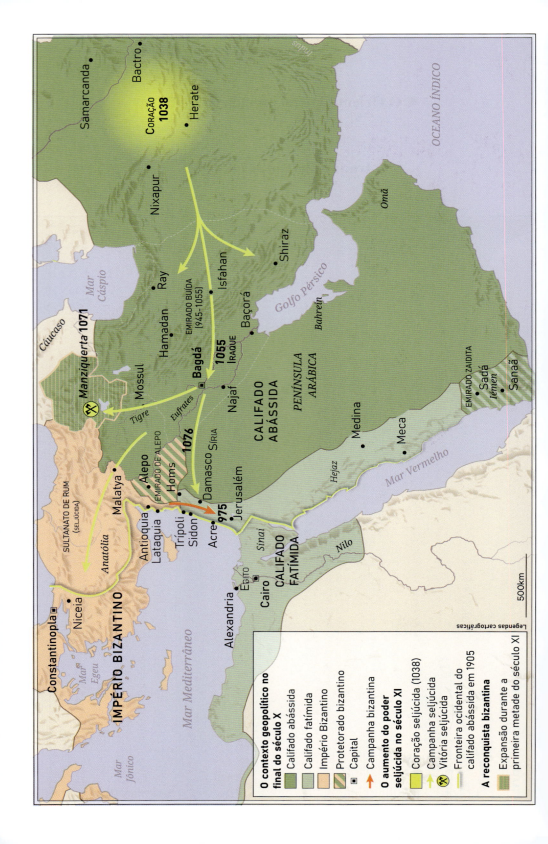

3-1.
◀ O Oriente Médio dos dois califados (969-1095)

3-2.
As duas primeiras cruzadas (1095-1149)
▼

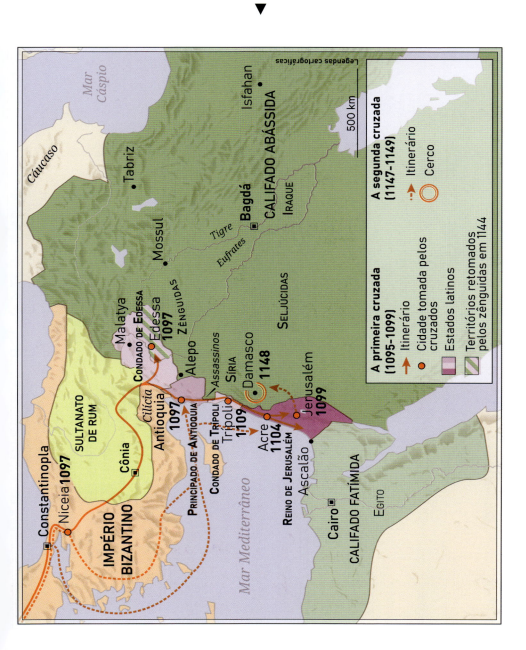

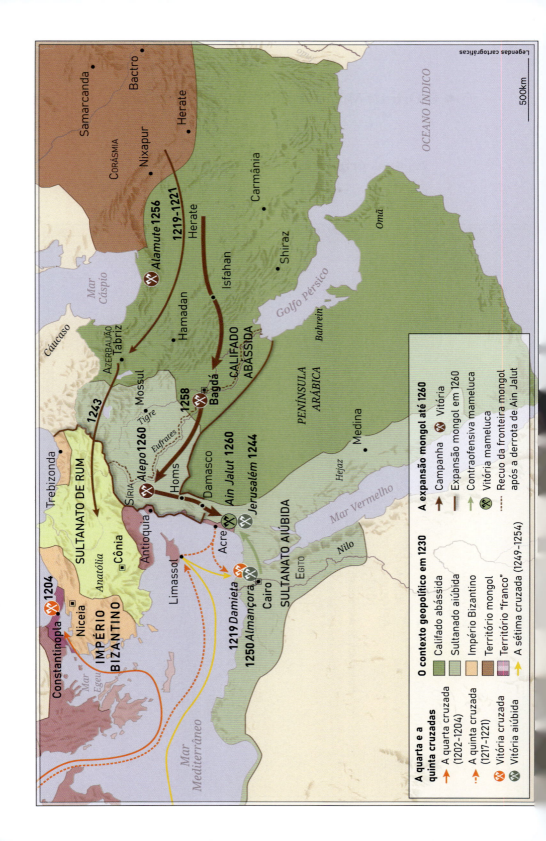

4-1.
◀ **O Oriente Médio dos aiúbidas aos mamelucos (1193-1260)**

4-2.
As invasões de Tamerlão (1387-1404)
▼

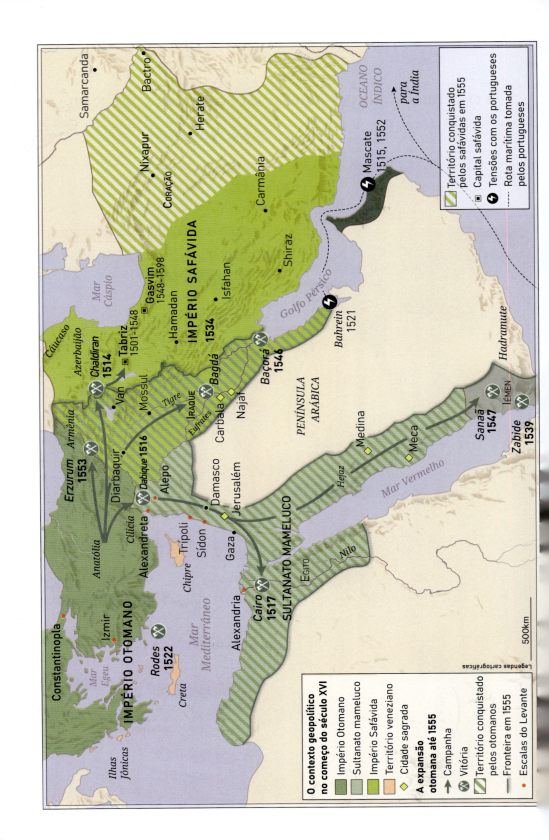

5-1.
◄ O Oriente Médio de 1501 a 1555

5-2.
A fronteira de 1639 entre otomanos e safávidas
▼

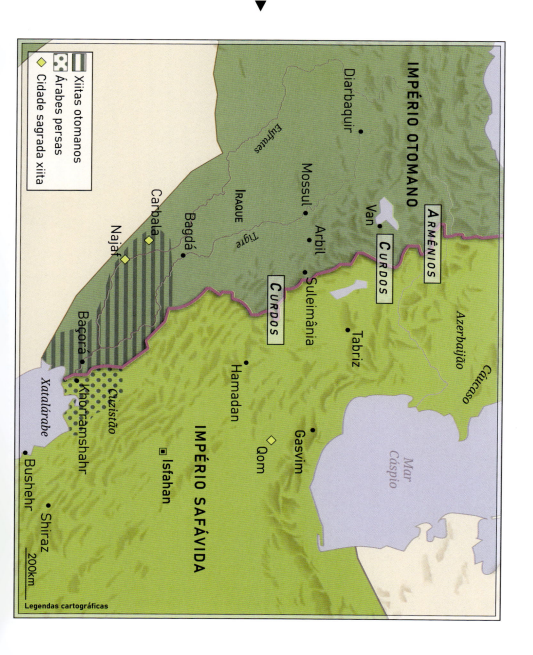

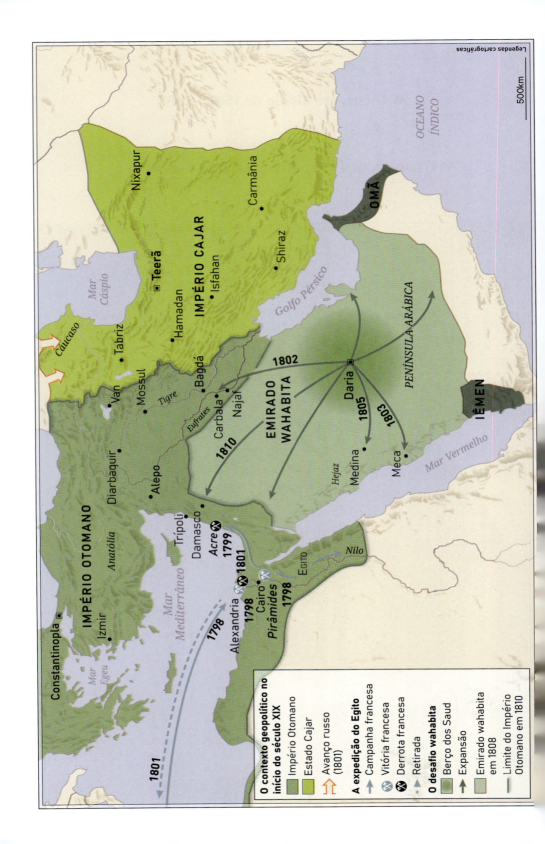

6-1.
◀ O Oriente Médio de 1798 a 1810

6-2.
A Guerra dos Estados Unidos na Líbia (1801-1805)
▼

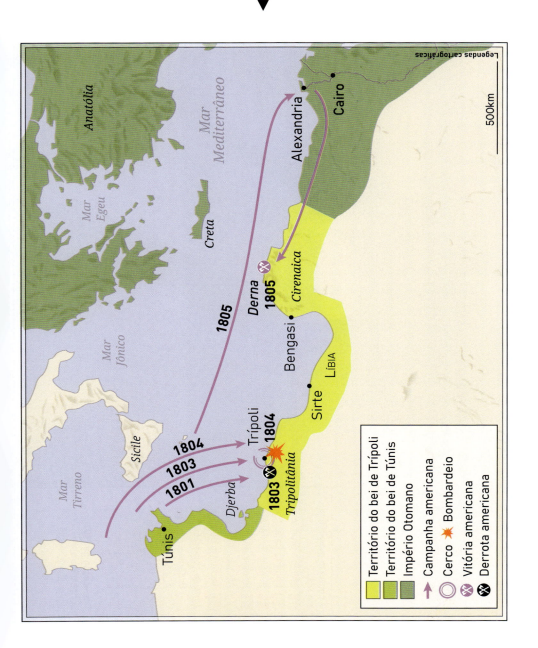

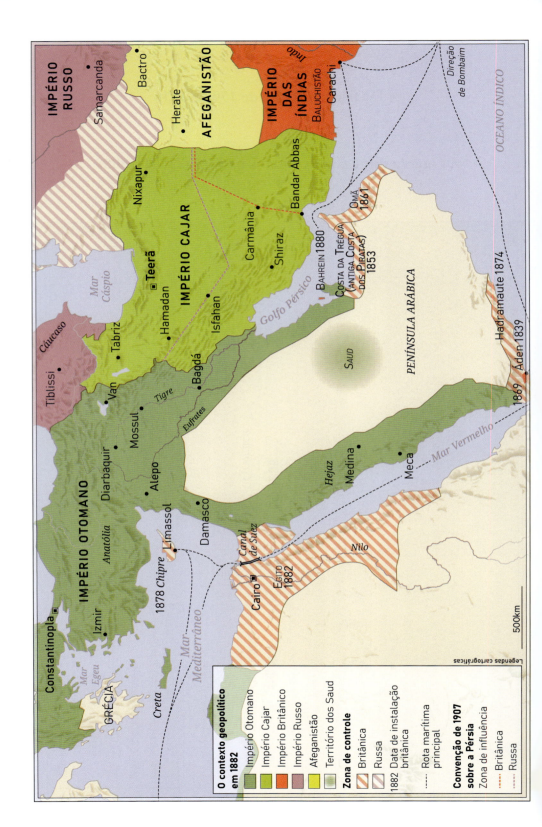

7-1.
◄ O Oriente Médio em 1882

7-2.
Da "crise armênia" ao genocídio (1894-1916)
▼

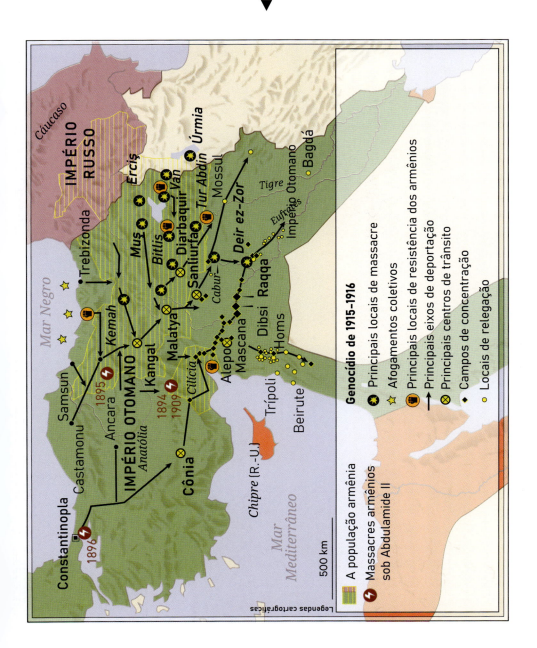

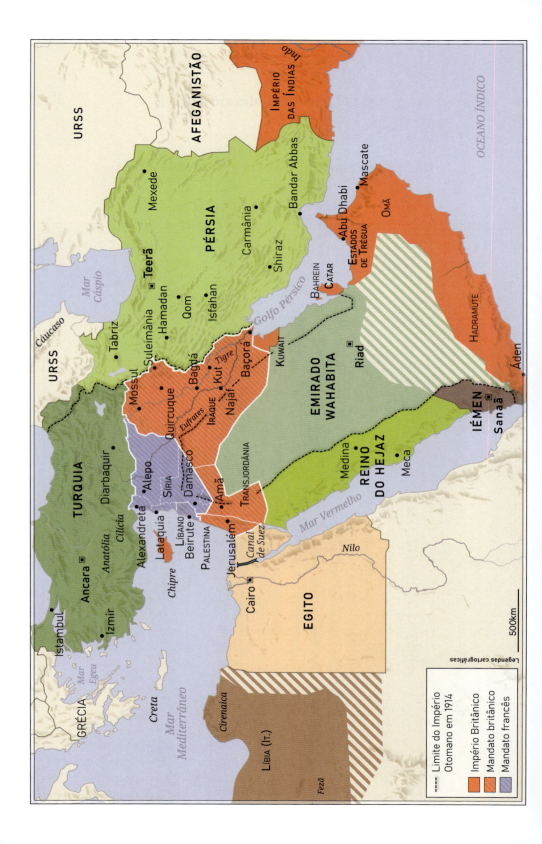

8-1.
◀ O Oriente Médio em 1923

8-2.
A formação da Arábia Saudita (1902-1932)
▼

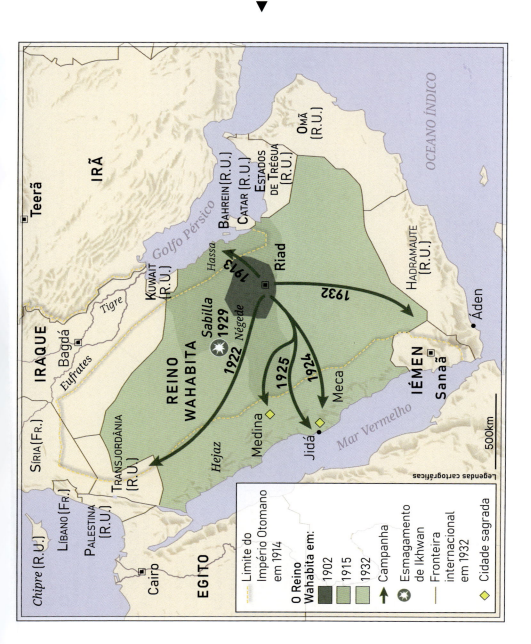

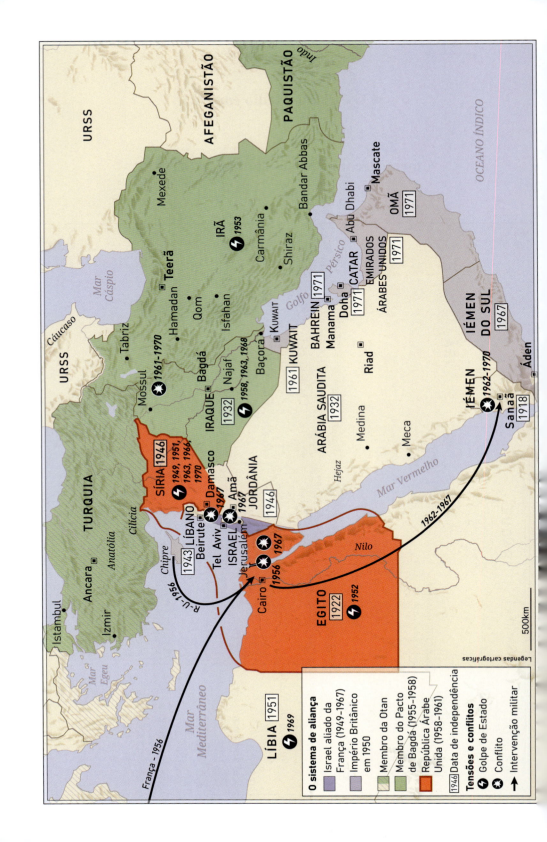

9-1.
◀ O Oriente Médio de 1949 a 1971

9-2.
A "Guerra dos Seis Dias" em 1967
▼

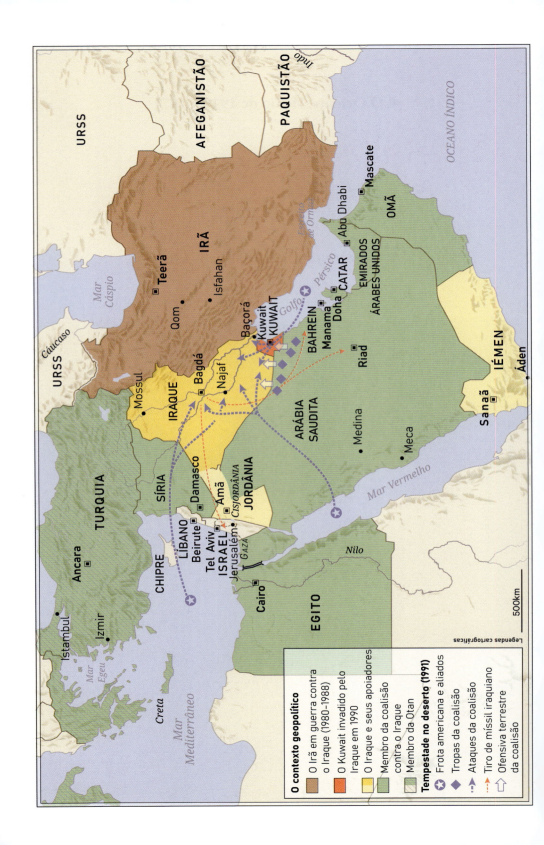

10-1.
◄ O Oriente Médio em 1990-1991

10-2.
A crise síria (2011-2021)
▼

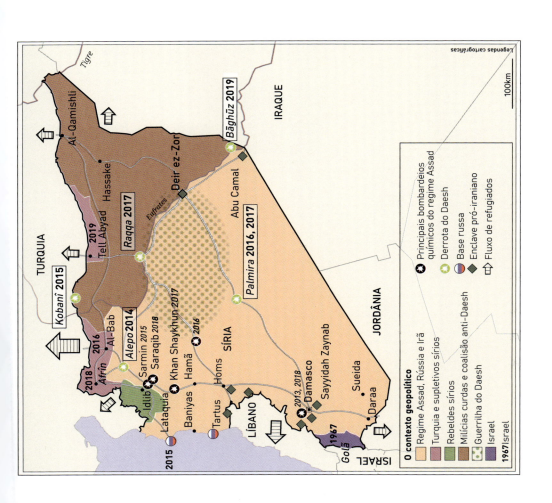

Conecte-se conosco:

 facebook.com/editoravozes

 @editoravozes

 @editora_vozes

 youtube.com/editoravozes

 +55 24 2233-9033

www.vozes.com.br

Conheça nossas lojas:
www.livrariavozes.com.br

Belo Horizonte – Brasília – Campinas – Cuiabá – Curitiba
Fortaleza – Juiz de Fora – Petrópolis – Recife – São Paulo

  Vozes de Bolso

EDITORA VOZES LTDA.
Rua Frei Luís, 100 – Centro – Cep 25689-900 – Petrópolis, RJ
Tel.: (24) 2233-9000 – E-mail: vendas@vozes.com.br